문제해결을 위한

컴퓨팅 사고와 파이썬

지은이 **김지연**

인하대학교에서 컴퓨터정보공학 전공으로 공학박사 학위를 받았고, 대우정보시스템(주), LG전자(주)에 근무하면서 그룹전산화 업무와 공정관리시스템 개발, 이동통신시스템 개발 업무를 수행했습니다. University of North Texas에서 방문 연구원으로 무선통신 분야를 연구하였고, 현재는 대진대학교에 재직하고 있습니다. 저서로는 『데이터베이스 기초와 실습 : 액세스 2013』(한빛아카데미, 2015), 『엑셀과 파워포인트 2016』(한빛아카데미, 2017), 『엑셀 2016』(한빛아카데미, 2018), 『파워포인트 2016』(한빛아카데미, 2019), 『액세스 2019로 배우는 데이터베이스 기초와 실습』(한빛아카데미, 2020) 등이 있습니다.

문제해결을 위한 컴퓨팅 사고와 파이썬

초판발행 2021년 5월 31일
2쇄발행 2022년 9월 4일

지은이 김지연 / **펴낸이** 전태호
펴낸곳 한빛아카데미(주) / **주소** 서울시 서대문구 연희로2길 62 한빛아카데미(주) 2층
전화 02-336-7112 / **팩스** 02-336-7199
등록 2013년 1월 14일 제2017-000063호 / **ISBN** 979-11-5664-537-5 93000

책임편집 김성무 / **기획** 정서린 / **편집** 정서린, 권수연 / **진행** 안비단
디자인 표지 윤혜원 내지 박정화 / **전산편집** 이소연 / **제작** 박성우, 김정우
영업 김태진, 김성삼, 이정훈, 임현기, 이성훈, 김주성 / **마케팅** 길진철, 김호철, 주희

이 책에 대한 의견이나 오탈자 및 잘못된 내용에 대한 수정 정보는 아래 이메일로 알려주십시오.
잘못된 책은 구입하신 서점에서 교환해 드립니다. 책값은 뒤표지에 표시되어 있습니다.

홈페이지 www.hanbit.co.kr / 이메일 question@hanbit.co.kr

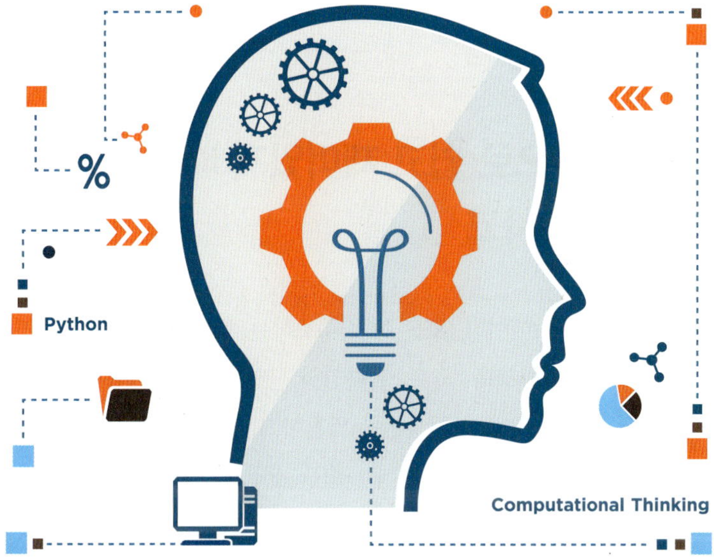

문제해결을 위한

컴퓨팅 사고와 파이썬

김지연 지음

한빛아카데미
Hanbit Academy, Inc.

지은이 머리말

파이썬으로 쉽고 재미있게 배우는 컴퓨팅 사고

인공지능, 빅데이터, 로봇 등이 주도하는 4차 산업혁명이 도래하면서 현대 사회는 컴퓨터 기술이 금융, 자동차, 교육, 의료 등 다양한 산업 분야에 널리 적용되고 있습니다. 이러한 현상이 앞으로 더욱 가속화되면 전공 분야를 막론하고 컴퓨터를 활용한 문제해결 능력이 필수적으로 요구되는 소프트웨어 중심사회로 점차 변화될 것입니다.

소프트웨어 중심사회의 경쟁력 강화를 위한 다양한 소프트웨어 교육과정이 국내외 많은 교육기관에 개설되고 있습니다. 우리 역시 정부 주도 하에 초·중등 교육과정에서부터 소프트웨어 과목을 의무적으로 실시하고 있으며, 소프트웨어 선도학교나 소프트웨어 중심대학 사업 등을 통해 국가 차원에서 소프트웨어의 가치 확산에 앞장서고 있습니다.

이러한 소프트웨어 교육 환경의 변화로 인하여 컴퓨터 교육은 단순한 코딩 학습에서 벗어나, 컴퓨터를 활용하여 문제를 해결하는 사고 체계를 학습하는 것이 목표가 되는 새로운 형태의 학습 과정이 필요하게 되었습니다. 많은 학자들이 정의하고 있는 컴퓨팅 사고(Computational Thinking)는 누구나 활용할 수 있는 보편적인 사고 체계로 분류되며, 읽기와 쓰기, 셈하기처럼 모든 사람이 기본적으로 갖춰야 하는 역량으로 제시되고 있습니다. 이는 특정 프로그래밍 언어를 이용한 단순한 코딩 학습이 아니라, 해결할 문제가 컴퓨터에서 효과적으로 수행되도록 문제 그 자체와 해결 방법을 표현하는 것에 관한 사고 과정이라 할 수 있습니다.

컴퓨팅 사고 학습을 위해 다양한 프로그래밍 언어들이 활용되고 있는데 이 책에서는 배우기 쉽고 간결한 파이썬이 사용됩니다. 파이썬은 코드 작성이 쉽고 효율적일 뿐 아니라, 작성한 코드를 실행하는 단계가 간단하고 명료하여 프로그래밍 언어를 처음 접하는 학습자에게 매우 효과적인 언어입니다. 그렇다고 해서 파이썬이 학습용 언어로서만 용도가 제한되는 것은 아닙니다. 현재 파이썬은 구글이나 인스타그램과 같은 여러 글로벌 회사에서 서비스하고 있는 소프트웨어에 실제 활용되고 있고, 누구나 사용 가능한 오픈소스 소프트웨어들 또한 파이썬 언어로 제공되는 경우가 많습니다. 풍부한 기능의 라이브러리를 손쉽게 설치할 수 있어서 확장성도 좋은 언어라, 데이터 분석이나 웹 개발, 머신러닝 등 다양한 곳에서 활용되고 있습니다.

이 책은 크고 작은 여러 가지 유형의 문제를 해결해 나가는 과정을 통해 컴퓨팅 사고를 향상시키기 위한 목적으로 만들어졌습니다. 또, 프로그래밍을 처음 접하는 경우에도 쉽게 익힐 수 있는 파이썬의 기본 기능과 기초적인 문법을 사용하여 문제해결을 위한 프로그램을 작성함으로써 프로그래밍의 기본기를 다질 수 있습니다. 우리의 일상에서 흔히 찾아볼 수 있는 여러 가지 현상과 문제의 상황을 컴퓨팅 사고의 요소인 패턴, 추상화, 분해 등과 연결하여 최종적으로는 파이썬 프로그래밍을 통해 자동화하는 것으로 학습을 진행합니다. 프로그래밍의 기초를 다지면서 자연스럽게 컴퓨팅 사고의 개념을 익히고 문제를 해결해 나가는 과정이 독자 여러분의 학습 목표를 달성하는 데 도움이 되었으면 합니다.

컴퓨팅 사고나 파이썬 언어를 다루는 좋은 도서들이 즐비함에도 불구하고 또 한 권의 책을 더 출간하게 되었습니다. 일상의 작은 문제에도 호기심을 갖는 사람이라면 누구나 컴퓨팅 사고를 통해 문제를 쉽고 간단하게 코드화할 수 있기를 바라는 마음으로 집필하였습니다. 개발자나 전공자가 아니라도 누구나 생활 속 다양한 영역에 코딩을 적용할 기회를 가졌으면 하는 바람입니다. 책이 나오기까지 많은 격려와 수고로 지원해 주신 변소현 팀장님 외 한빛아카데미(주) 관계자분들, 특히 열정적이고 세심하게 도와주신 정서린 대리님께 깊은 감사드립니다.

지은이 **김지연**

이 책의 사용 설명서

강의 보조 자료

한빛아카데미 홈페이지에 '교수회원'으로 가입하신 분은 인증 후 교수용 강의 보조 자료를 제공받을 수 있습니다. 한빛아카데미 홈페이지 상단의 〈교수전용공간〉 메뉴를 클릭해 주세요.

http://www.hanbit.co.kr/academy

연습문제 해답 안내

이 책은 대학 강의용 교재로 개발되었으므로 연습문제 해답은 제공하지 않습니다.

예제 소스

실습에 필요한 예제 소스는 다음 주소에서 내려받을 수 있습니다.

http://www.hanbit.co.kr/src/4537

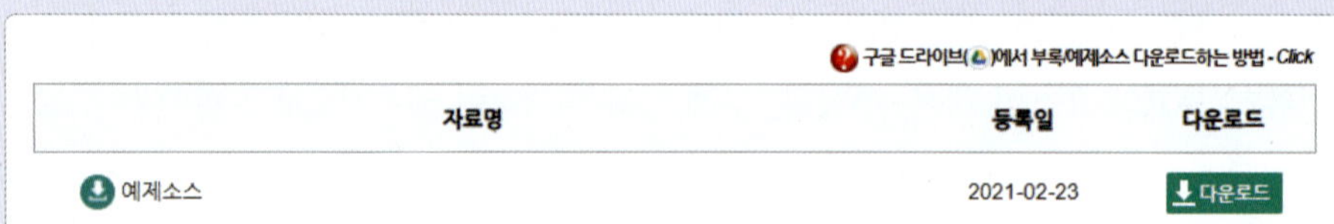

실습 환경

이 책의 실습 환경은 다음과 같습니다. 학습을 시작하기 전에 실습 도구인 파이썬을 꼭 설치하세요.

- **운영체제** Windows 10(Windows 7 이후라면 모두 사용 가능)
- **실습도구** Python 3.9.1 이상

구성 요소

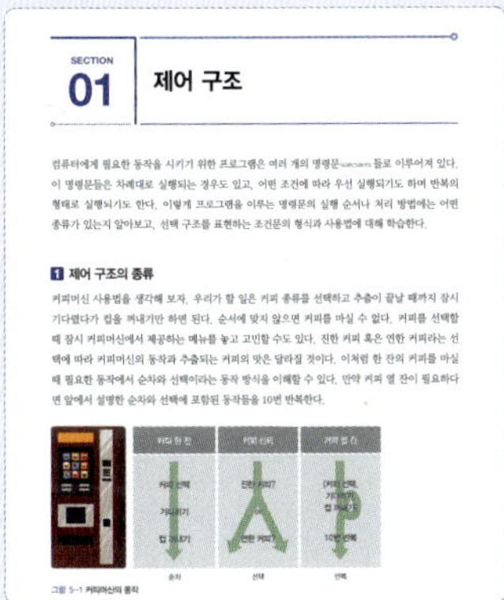

본문

컴퓨팅 사고의 주요 개념을 쉽고 재미있게 설명했습니다.

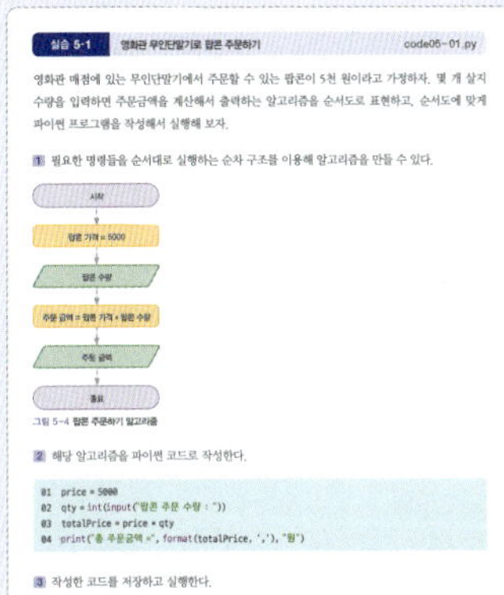

실습

컴퓨팅 사고를 활용하여 실생활 속 다양한 문제들을 해결합니다.

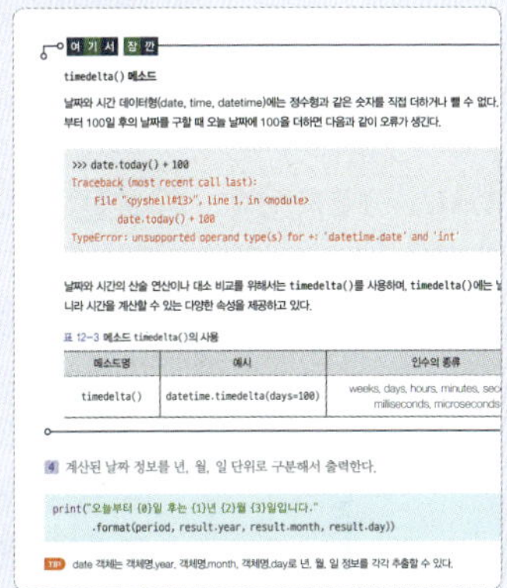

여기서 잠깐/TIP

본문과 관련된 도움말 또는 알아두면 좋은 내용을 담고 있습니다.

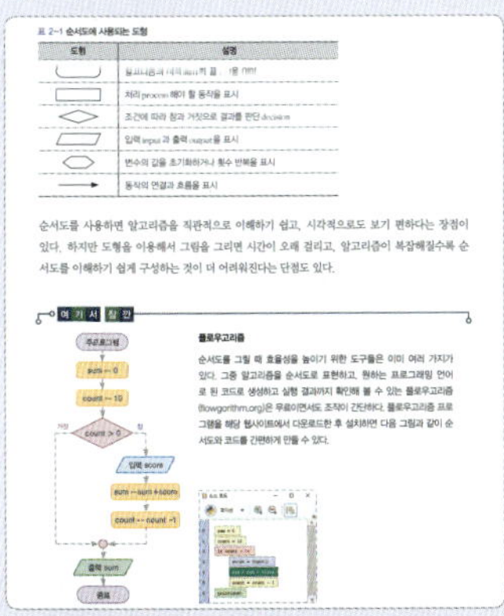

그림과 표

피상적으로만 이해하기 쉬운 컴퓨팅 사고 개념을 그림과 표를 활용하여 체계적으로 학습합니다.

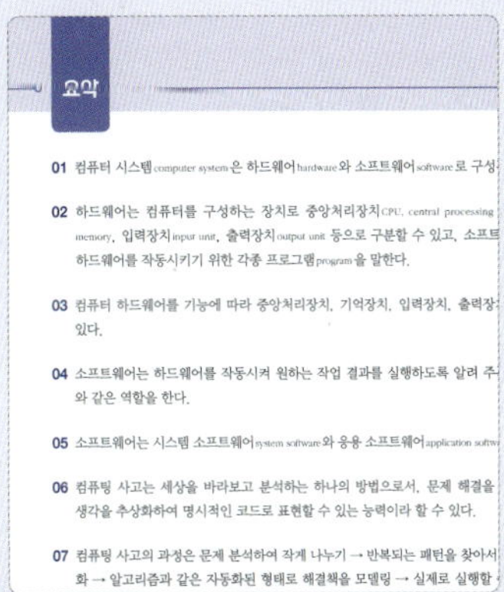

요약

각 챕터가 끝날 때마다 핵심 내용을 간략히 정리했습니다. 앞서 배운 내용을 간결하게 복습할 수 있습니다.

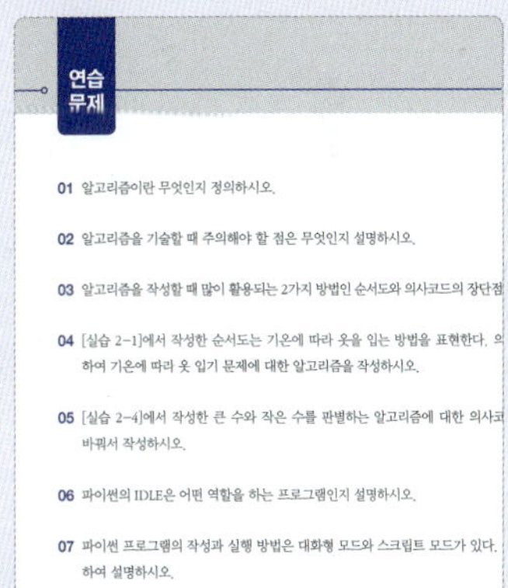

연습문제

각 챕터가 끝날 때마다 다양한 유형의 연습문제를 학습할 수 있습니다.

목차

CHAPTER 03 변수

목차

CHAPTER 04 연산

CHAPTER 05 조건

CHAPTER 06 반복

CHAPTER 07 리스트

CHAPTER 08 튜플과 딕셔너리

CHAPTER 09 문자열과 파일

CHAPTER 10 함수

목차

CHAPTER 11 그래픽 프로그래밍

CHAPTER 12 모듈

CHAPTER 13 데이터 수집과 시각화

목차

CHAPTER 01

컴퓨팅 사고와 프로그래밍

학습목표

- 컴퓨팅 사고의 필요성과 구성 요소를 이해한다.
- 프로그래밍 과정과 프로그래밍 언어의 기능을 이해한다.
- 파이썬 언어의 특징을 이해한다.

SECTION 01

컴퓨팅 사고의 개념

우리가 맞이하고 있는 4차 산업혁명 시대에는 금융, 자동차, 의료, 교육, 농업 등의 다양한 산업 분야에서 컴퓨터 기술의 적용 범위가 점점 더 확대되고 있다. 이에 따라 국내외 많은 나라에서도 컴퓨터를 활용한 문제해결 능력을 중요하게 여겨 국가 차원의 지원을 아끼지 않고 있다.

우리 일상에서도 컴퓨터를 활용하지 않는 영역을 찾아보기 힘들 정도이며, 이제 사람과 컴퓨터는 함께 문제를 해결해 나가는 방향으로 발전하고 있어서 컴퓨터의 역할이 점점 커지고 있다. 이 절에서는 컴퓨터의 특징과 컴퓨팅 사고의 개념을 알아보고, 이를 기반으로 문제를 해결하기 위한 도구로서 프로그래밍의 개념도 알아보기로 한다.

1 컴퓨터의 구성과 특징

복잡한 계산이나 오랜 시간 반복적인 작업을 사람 대신 수행하기 위한 목적으로 만들어진 컴퓨터는 이제 우리의 일상에 많은 영향을 미치고 있다. 스마트폰 알람으로 하루를 시작하는 우리는 지하철이나 자동차 안, 심지어 이동 중인 거리에서도 다양한 모바일 컴퓨터를 이용해 수많은 정보를 검색하고, 학교나 직장에 도착해서도 수업이나 업무 처리를 위해 수시로 컴퓨터를 이용하고 있다.

그림 1-1 생활 속 컴퓨터

일상의 곳곳에 자리한 컴퓨터를 더욱 잘 이용하기 위해서는 컴퓨터가 가진 특징과 관련 용어를 알아야 한다. 컴퓨터 시스템computer system은 하드웨어hardware와 소프트웨어software로 구성된다. 하드웨어는 컴퓨터를 구성하는 장치로 중앙처리장치CPU, central processing unit, 기억장치memory, 입력장치input unit, 출력장치output unit 등으로 구분할 수 있고, 소프트웨어는 이러한 하드웨어를 작동시키기 위한 각종 프로그램program을 말한다. 소프트웨어 없이는 하드웨어의 동작이 불가능하므로 일반적으로 사용하는 컴퓨터란 용어는 엄밀하게 말하면 하드웨어와 소프트웨어를 모두 포함하는 컴퓨터 시스템을 뜻한다.

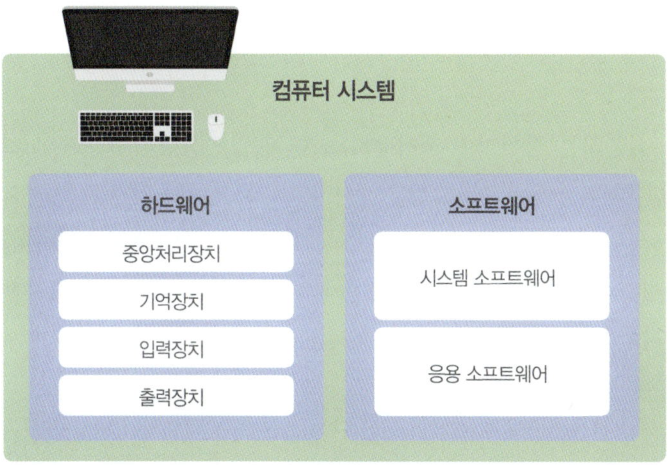

그림 1-2 **컴퓨터 시스템의 구성**

아무리 좋은 사양의 훌륭한 하드웨어가 준비되어 있다 해도 적절한 소프트웨어가 없다면 그 컴퓨터는 쓸모없는 장치일 뿐이다. 일반적으로 컴퓨터 하드웨어를 구입하면 운영체제와 백신 프로그램, 웹 브라우저와 같은 기본 프로그램을 먼저 설치한 후, 원하는 목적에 맞는 다양한 프로그램들을 추가로 설치한다. 이렇게 목적에 따라 다양한 프로그램을 설치해서 사용할 수 있다는 범용성이 다른 기계 장치들과 컴퓨터의 가장 큰 차이점이라고 할 수 있다. 이제 컴퓨터의 하드웨어와 소프트웨어를 자세히 살펴보자.

하드웨어

컴퓨터 시스템의 하드웨어는 여러 가지 장치들로 이루어지는데, 이러한 컴퓨터 하드웨어를 기능에 따라 중앙처리장치, 기억장치, 입력장치, 출력장치로 분류할 수 있다.

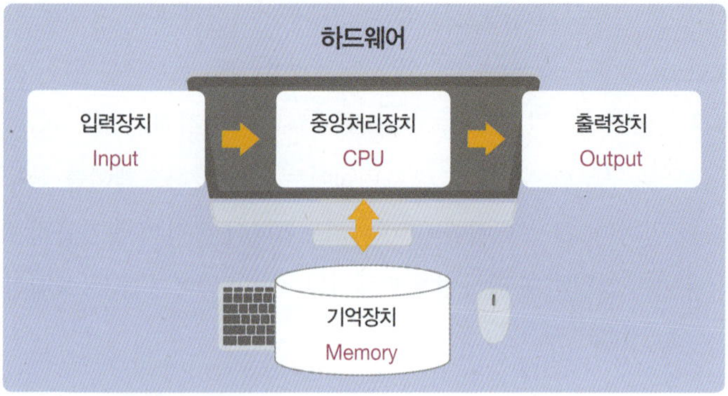

그림 1-3 하드웨어의 기능별 분류

■ 중앙처리장치

컴퓨터가 수행할 명령을 읽고 실행하는 장치이며 제어장치control unit, 연산장치arithmetic logic unit, 레지스터register로 구성된다. 제어장치는 프로그램을 해석하고 다른 장치들의 동작을 지시하는 등 전체 작업을 관리한다. 연산장치는 제어장치의 신호에 따라 필요한 연산을 수행하며, 레지스터는 명령을 실행할 때 필요한 정보를 중앙처리장치 내에 저장한다. 제어장치와 연산장치 등을 하나의 칩chip에 모아놓은 마이크로프로세서microprocessor를 중앙처리장치라는 용어 대신 사용하기도 한다.

그림 1-4 마이크로프로세서

■ 기억장치

기억장치에는 프로그램을 실행할 때 필요한 정보를 저장하는 주기억장치main memory와 하드디스크나 USB 메모리와 같은 보조기억장치auxiliary memory가 있다. 주기억장치는 중앙처리장치 내에 있는 레지스터처럼 실행 중인 프로그램의 정보를 처리하기 위해 빠른 속도를 필요로 한다. 주기억장치 중 메모리라고 불리는 RAMRandom Access Memory은 용량에 따라 처리하는 데이터의 양이 달라지므로 컴퓨터의 실행 속도에 영향을 주며, 컴퓨터의 전원이 차단되면 저장한 정보가 사라지는 휘발성 메모리이다.

보조기억장치는 프로그램을 설치하거나 파일을 저장하는 등 많은 양의 정보를 저장할 수 있으며, 전원 연결과 상관없이 영구적으로 정보를 저장할 수 있는 비휘발성 메모리이다.

그림 1-5 하드디스크

■ 입력장치

키보드와 마우스, 스캐너, 조이스틱과 같이 외부 정보를 컴퓨터에게 전달하기 위한 장치이다. 전달하는 정보의 종류는 문자나 기호, 그림, 소리 등으로, 사람이 사용하는 다양한 데이터를 읽어 들여 0과 1의 이진수 값으로 변환하여 컴퓨터가 처리할 수 있게 한다.

■ 출력장치

컴퓨터에서 처리한 정보는 사람이 이해할 수 있는 문자나 이미지, 소리, 인쇄물 등의 다양한 형태로 전달된다. 이를 처리하는 모니터, 스피커, 프린터 등이 출력장치에 속한다. 최근에는 휴대전화의 진동 기능이나 게임기에서 사용하는 촉감, 압력 등의 촉각을 지원하는 촉각 장치 haptic device, 증강 현실 AR, augmented reality 기술의 발전에 따라 안경이나 헤드셋의 형태로 영상을 출력하는 HMD head mounted display 장치들도 많이 사용되고 있다.

그림 1-6 키보드

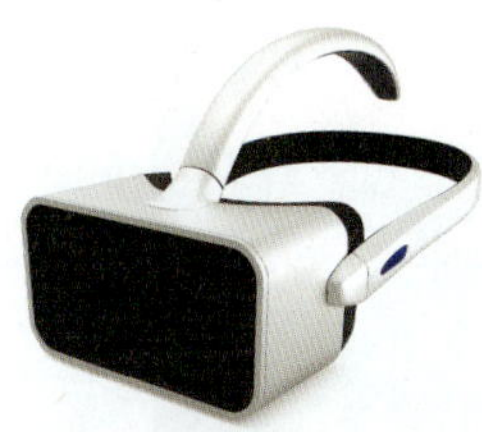

그림 1-7 HMD

소프트웨어

프로그램이라고도 불리는 소프트웨어는 하드웨어를 작동시켜 원하는 작업 결과를 실행하도록 알려 주는 작업 지시서와 같은 역할을 한다. 기능과 목적에 따라 다양한 프로그램이 있으며 일반적으로 시스템 소프트웨어system software와 응용 소프트웨어application software로 분류한다.

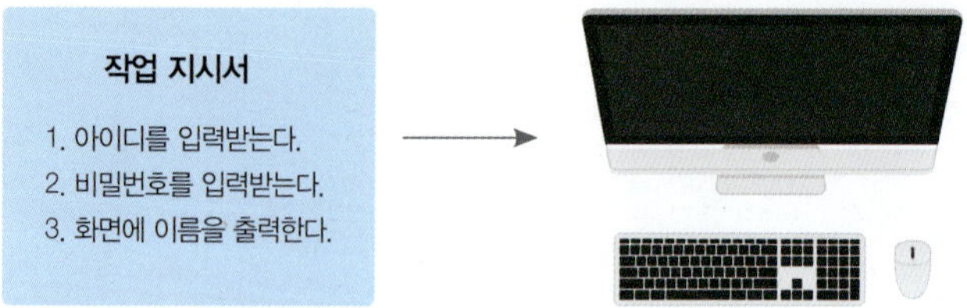

그림 1-8 소프트웨어의 역할

■ 시스템 소프트웨어

하드웨어를 효율적으로 운영하고 사용자가 손쉽게 컴퓨터를 사용하도록 도와주는 프로그램으로, 각종 응용 소프트웨어의 실행에 필요한 작업을 제공하는 역할을 한다. 대표적인 시스템 소프트웨어로 운영체제operating system가 있는데, 컴퓨터의 전원이 켜질 때 하드웨어의 상태를 확인하고 준비시키는 것부터 시작하여 각종 프로그램이 동작될 때 필요한 메모리나 입출력 장치 등을 할당하고 관리한다.

운영체제는 컴퓨터의 기종에 따라 윈도우windows, 유닉스unix, 맥OS mac OS 등이 있으며 최근 스마트폰과 같은 모바일 기기에는 안드로이드android, iOS 등이 사용되고 있다.

그림 1-9 마이크로소프트의 윈도우 운영체제

■ 응용 소프트웨어

컴퓨터 사용자가 요구하는 특정 업무를 처리하기 위해 개발된 프로그램을 응용 소프트웨어 또는 어플리케이션application이라 하며 개인 사무용이나 업무용, 과학 분석용, 산업용, 교육용 등 매우 다양한 응용 분야에 활용되고 있다. 우리가 일반적으로 많이 사용하는 문서 작성 프로그램이나 스프레드시트, 프레젠테이션 프로그램을 비롯해 그래픽 프로그램이나 통신 프로그램, 게임 프로그램 등이 모두 응용 소프트웨어에 속한다. 응용 소프트웨어는 패키지package로 구매하여 설치하거나 웹에서 다운로드하는 SaaS Software as a Service 방식으로 많이 이용된다.

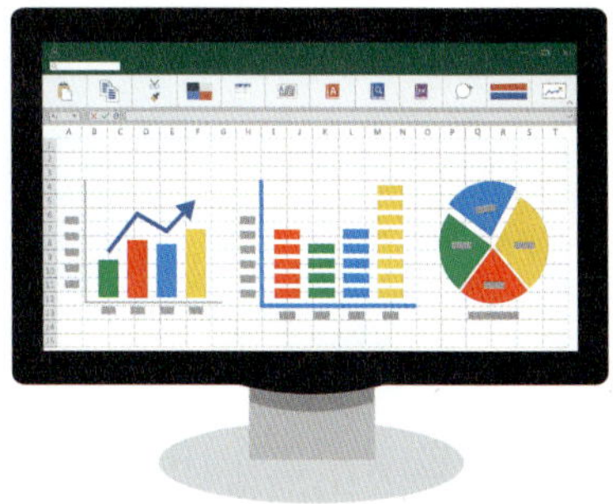

그림 1-10 스프레드시트 프로그램

2 컴퓨팅 사고의 필요성

다양한 목적으로 사용되고 있는 컴퓨터 프로그램들은 누군가 미리 만들어 제공하거나 프로그램이 원하는 동작을 수행하도록 직접 만들어 사용할 수도 있다. 프로그램을 직접 만들지 않더라도 컴퓨터를 자신의 분야에서 효과적으로 사용하려면 다른 사람이 만든 프로그램이 어떻게 동작하고 어떤 결과를 가져오는지 이해할 필요가 있다. 프로그램을 설계하고 만들어내는 사람들이 어떻게 문제를 해결해 나가는지 이해할 수 있다면 분야를 막론하고 컴퓨터라는 효과적인 도구를 유용하게 사용할 수 있을 것이다.

그림 1-11 프로그래머의 컴퓨팅 사고

컴퓨팅 사고는 세상을 바라보고 분석하는 하나의 방법으로 문제해결을 위한 방법이나 생각을 추상화하여 명시적인 코드로 표현할 수 있는 능력이라 할 수 있다. 우리나라 교육부에서는 컴퓨팅 사고를 컴퓨팅의 기본적인 개념과 원리를 바탕으로 문제를 해결할 수 있는 사고 능력이라 정의한다.

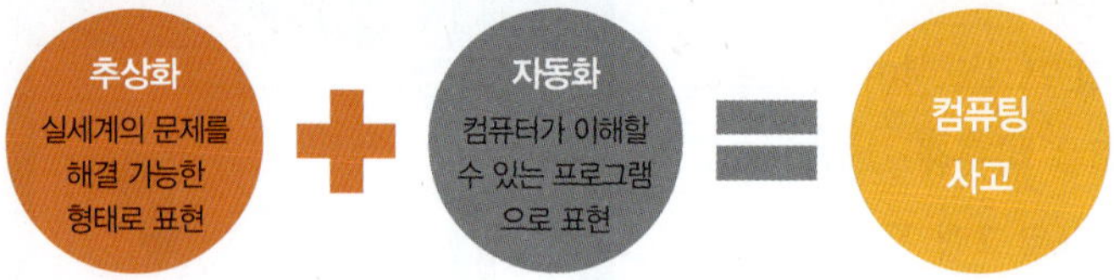

그림 1-12 **컴퓨팅 사고의 개념**

컴퓨팅 사고력은 프로그래머에게만 필요한 것이 아니라, 해결해야 하는 문제가 있고 그 문제를 해결하기 위해 컴퓨터를 사용해야 한다면 누구나 활용할 수 있는 능력이다. 또한, 컴퓨터 분야에만 국한되지 않고 생활 전반에 있는 문제들을 다차원적인 사고로 분석하고, 다양한 해결 방법을 탐색하는 문제해결 과정이라고도 할 수 있다. 가령 더 빨리 학교에 가는 방법이나 경로를 찾거나, 업무의 순서를 효율적으로 설정하는 등 많은 일상의 문제에 컴퓨팅 사고를 적용할 수 있다.

3 컴퓨팅 사고의 과정

현실 세계에서 필요한 의사결정이나 주어진 문제를 해결하려면 먼저 문제를 분석하여 작게 나누고, 필요한 정보를 수집하거나 반복되는 패턴을 찾아서 단순하게 구조화하는 것이 좋다. 이를 문제의 추상화라고 한다. 세부적인 부분을 생략하고 중요한 속성만 묘사하며, 문제를 정의할 때 중요 부분만 강조해서 표현할 수 있다. 이렇게 추상화된 문제는 다음 단계에서 알고리즘과 같은 자동화된 형태로 해결책을 모델링하게 되고, 마지막으로는 실제로 실행할 수 있는 프로그램으로 구현한다. 이처럼 문제를 분석하고 컴퓨터로 구현하는 단계 전반을 컴퓨팅 사고의 과정으로 볼 수 있다.

그림 1-13 **컴퓨팅 사고의 과정**

분해

현실 세계에서 발생하는 문제 대부분은 여러 요인이 복잡하게 얽혀 있다. 이런 복잡한 문제를 분석해 여러 개의 작은 형태로 분해하면 어려운 해결 과정에 좀 더 단순하게 접근할 수 있다. 하나의 복잡한 문제를 작은 단위로 나누는 과정을 분해decomposition라고 한다. 여러 가지 기능을 갖는 하나의 프로그램을 기능별로 구분하거나, 복잡한 구조의 조형물을 작은 형태의 모양들로 나누어 보면 문제를 해결하기 더 쉬워진다.

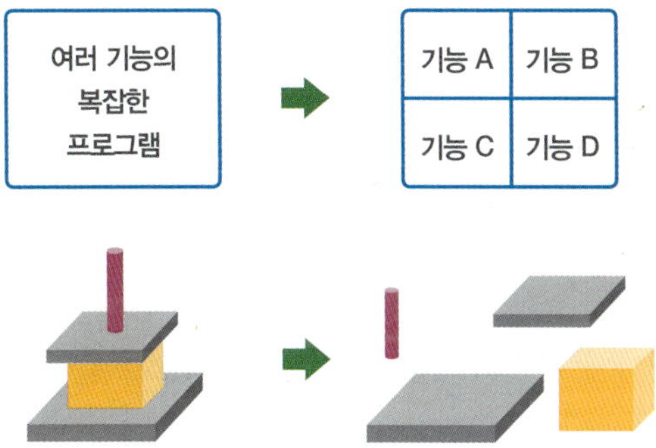

그림 1-14 문제의 분해

패턴 찾기

더 작게 분해된 문제에서 반복적으로 나타나는 형태를 찾아 패턴pattern으로 정의하게 되면 문제를 해결하는 과정을 더 단순하게 나타낼 수 있다. 여러 번 반복되는 절차나 작업을 찾아 하나의 문제 내에서 혹은 다른 문제를 해결하는 과정에서 공유하게 되면 문제를 해결하는 시간을 줄이고 작업의 효율을 높이므로 가급적 많은 패턴을 찾아내는 것이 좋다.

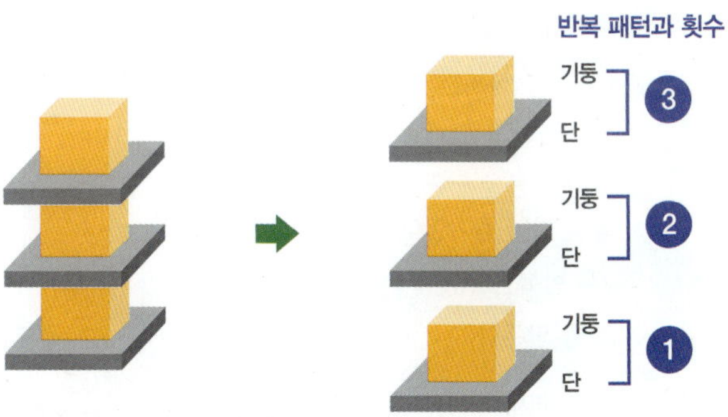

그림 1-15 탑 만들기 문제에서의 패턴 찾기

알고리즘 작성

분해 후 패턴을 찾아 단순화시킨 하나의 문제에 대해 작업의 순서를 정해야 한다. 어떤 문제를 해결하기 위한 작업의 순서가 바로 알고리즘algorithm이다. 알고리즘은 요리의 레시피나 가구 조립도, 작업 설명서처럼 해야 할 일을 순서대로 기술한 것을 뜻하며, 일반적으로 컴퓨터 분야에서는 입력을 받아서 출력값을 만드는 데 필요한 동작을 순서대로 정의하는 것을 말한다.

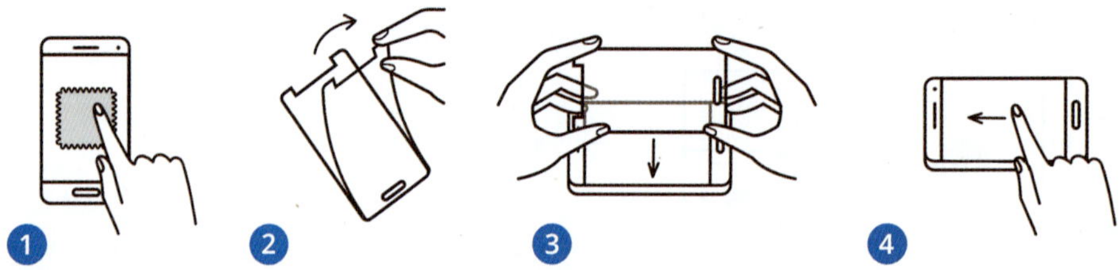

그림 1-16 일의 절차를 표현하는 설명서

문제를 해결하기 위한 알고리즘은 정확하고 자세하게 기술되어야 하므로 일반적으로 순서도flowchart나 의사코드pseudo-code라는 형태로 표현한다. 순서도는 일의 절차를 도형을 이용해 나타내는 방식으로 단순하고 직관적인 표현으로 인해 작업의 흐름을 한눈에 파악할 수 있다.

의사코드는 일의 절차를 문장으로 표현하는 방식으로, 읽는 사람이 내용을 쉽게 이해할 수 있게 단순하고도 정확하게 기술해야 한다.

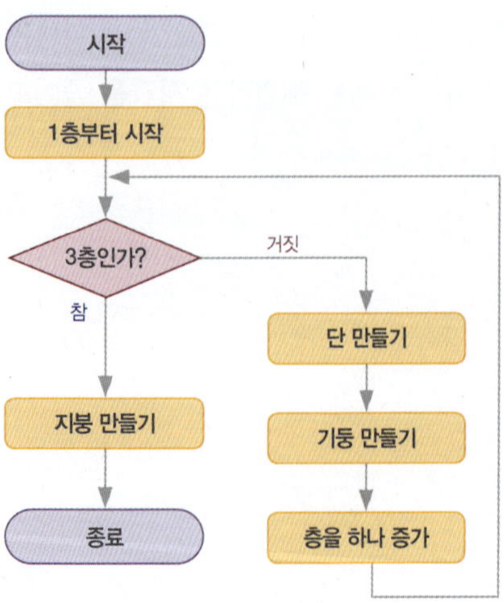


```
1. 1층부터 시작한다.
2. 3층이 아니면,
     단과 기둥을 만든다.
     층을 하나 증가한다.
     2를 반복한다.
3. 지붕을 만든다.
```

순서도 의사코드

그림 1-17 3층 높이 탑 만들기 문제의 순서도와 의사코드

의사코드는 사람이 사용하는 언어나 프로그래밍 언어를 사용할 수도 있어서 정해진 도형을 사용하는 순서도에 비해 다양한 방식으로 알고리즘을 표현할 수 있다. 알고리즘의 작성 방법은 2장에서 자세히 알아보기로 한다.

프로그래밍

프로그래밍은 컴퓨터에게 어떤 동작을 해야 하는지 지시하는 명령들을 작성하는 과정으로, 설계해 둔 알고리즘에 맞게 만들어야 한다. 컴퓨터가 할 일을 적은 문장들이 바로 프로그램이고, 프로그램을 만드는 과정을 프로그래밍programming 혹은 좁은 의미에서는 코딩coding이라고 한다. 프로그래머가 프로그래밍 언어를 이용해 프로그래밍한 결과로 프로그램이 만들어지고, 컴퓨터는 프로그램에 적힌 내용대로 작업을 수행하게 된다. 이러한 과정을 자동화automation라고 하며, 컴퓨팅 사고의 학습에서 꼭 필요한 구현 과정이다.

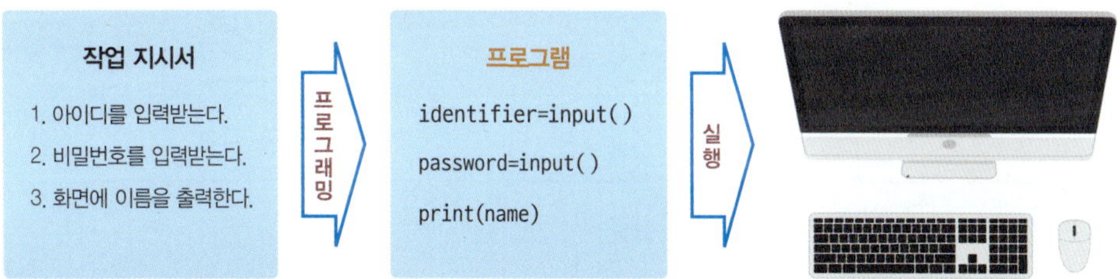

그림 1-18 프로그래밍 개념

이렇게 컴퓨터에게 작업을 지시하기 위해서는 사람이 사용하는 언어가 아니라 컴퓨터가 이해할 수 있는 언어가 있어야 하는데, 이것이 바로 프로그래밍 언어programming language이다. 프로그래밍 언어에 대해서는 이번 장의 2절에서 더 자세히 알아보기로 한다.

4 컴퓨팅 사고의 구성 요소

기존의 많은 연구에서는 컴퓨팅 사고 과정에서 필요로 하는 분해, 패턴 인식, 추상화, 알고리즘 등을 컴퓨팅 사고의 구성 요소로 정의한다. 우리나라 교육부와 한국교육학술정보원KERIS에서도 컴퓨팅 사고의 구성 요소를 [표 1-1]과 같이 9가지로 설정한다. 컴퓨팅 사고에 대한 효율적인 학습을 위해서는 컴퓨팅 사고를 이루는 각 구성 요소별로 관련된 역량을 파악해 각 역량과 관련한 학습 내용을 구성하고, 이에 기준한 평가 방법이 도입되어야 할 것이다.

표 1-1 컴퓨팅 사고의 구성 요소

구성 요소	설명
자료 수집 (Data Collection)	적당한 정보를 수집하는 과정
자료 분석 (Data Analysis)	데이터의 의미를 만들고, 패턴 발견 → 결론 도출
자료 표현 (Data Representation)	적절한 그래프, 차트, 단어, 이미지 등으로 데이터를 구성하고 묘사
문제 분해 (Problem Decomposition)	관리할 수 있게 작은 단위로 작업을 분할
추상화 (Abstraction)	주요 아이디어를 단위 데이터로 정의하기 위해 복잡성 축소
알고리즘과 절차 (Algorithms & Procedures)	문제를 해결하거나 어떤 결과를 달성하기 위해 단계의 순서를 나열
자동화 (Automation)	컴퓨터나 기계를 가지고 반복적이거나 지루한 작업을 수행
시뮬레이션 (Simulation)	프로세스의 모델링 표현, 모델을 사용하여 실험을 수행하는 것을 포함
병렬화 (Parallelization)	동시에 공통의 목표에 도달하는 작업을 수행하기 위해 자원을 구성

SECTION 02 프로그래밍 언어의 개념

소프트웨어나 앱application이라고도 불리는 프로그램은 특정 문제를 해결하기 위해 만들어진 알고리즘에 대한 명령들이 모여 있다. 이 명령들은 프로그래밍 언어를 사용하여 만들어진다. 이러한 과정을 프로그래밍이라 하며, 프로그래머는 목적에 맞는 프로그래밍 언어를 선택하여 프로그램을 만들고 컴퓨터를 실행시킨다. 이러한 프로그래밍 언어의 종류와 이 책의 학습에 사용할 파이썬 언어의 특징도 알아보기로 하자.

1 프로그래밍 언어의 종류

사람이 사용하는 언어를 자연어natural language라고 하고, 컴퓨터가 사용하는 언어를 기계어machine language라고 한다. 기계어는 0과 1로 이루어진 이진수로 이루어지는데, 이렇게 사람과 컴퓨터가 서로 다른 언어를 사용하기 때문에 사람이 컴퓨터에게 일을 시키기 위해서는 의사소통을 위한 수단이 필요하다. 그래서 사람이 이해하기 쉽고 작성하기 좋은 형태의 프로그래밍 언어(고급 언어)가 나타나게 되었다. 목적과 용도에 따라 수많은 프로그래밍 언어가 만들어지게 된 것이다. 프로그래밍 언어로 작성된 프로그램은 컴퓨터에서 기계어로 변환되어야 실행할 수 있고, 이 과정을 컴파일compile이라고 한다.

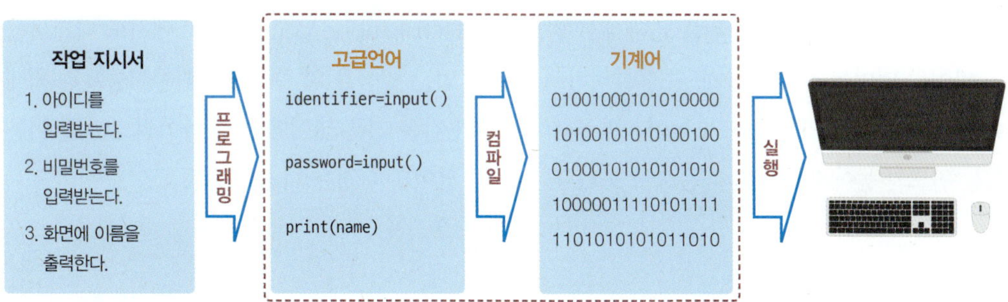

그림 1-19 컴파일의 개념

프로그래밍 언어는 세대별 혹은 응용 분야나 컴파일 방법 등에 따라 다양한 기준으로 구분된다. 여기서는 학습용 언어로서의 특징에 맞추어 블록 기반과 텍스트 기반 언어로 구분하기로 한다.

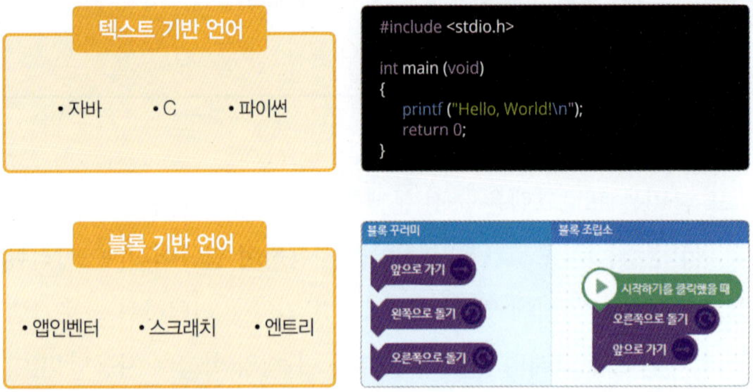

그림 1-20 텍스트 기반 언어와 블록 기반 프로그래밍 언어

자바java나 C, 파이썬python과 같이 현실 세계의 문제해결에 널리 사용되는 텍스트 기반 언어는 컴퓨터가 실행할 수 있도록 변환 가능한 문법 구조를 사람이 익혀야 프로그램을 만들 수 있다.

반면에 스크래치scratch, 엔트리entry와 같은 블록 기반 언어는 쉬운 인터페이스와 직관적인 명령어를 제공하여 입력 오류나 문법 오류를 줄여 프로그래밍을 처음 사용하는 학습자의 부담을 덜어준다는 장점이 있다. 블록을 짜 맞추는 코딩 방식은 프로그래밍에 익숙하지 않은 사람들에게는 이해하기 쉽고 흥미를 유발할 수 있는 좋은 도구가 될 수 있다. 텍스트 기반 언어와 블록 기반 언어의 프로그래밍 논리는 같으므로 필요에 따라 선택하면 된다.

2 파이썬 소개

프로그래밍 언어의 인기 순위를 집계해서 발표하는 TIOBE(tiobe.com) 인덱스에서도 나타나듯이 파이썬 언어는 점차 이용자 수를 늘려가며 인기를 얻고 있음을 알 수 있다. 인공지능AI과 빅데이터 분석 기술 등의 활용도가 높아지면서 C나 자바와 같은 기존 언어에 비해 파이썬 언어를 이용하는 빈도가 높아지고 있기 때문으로 보인다. 파이썬 언어의 특징은 다음과 같다.

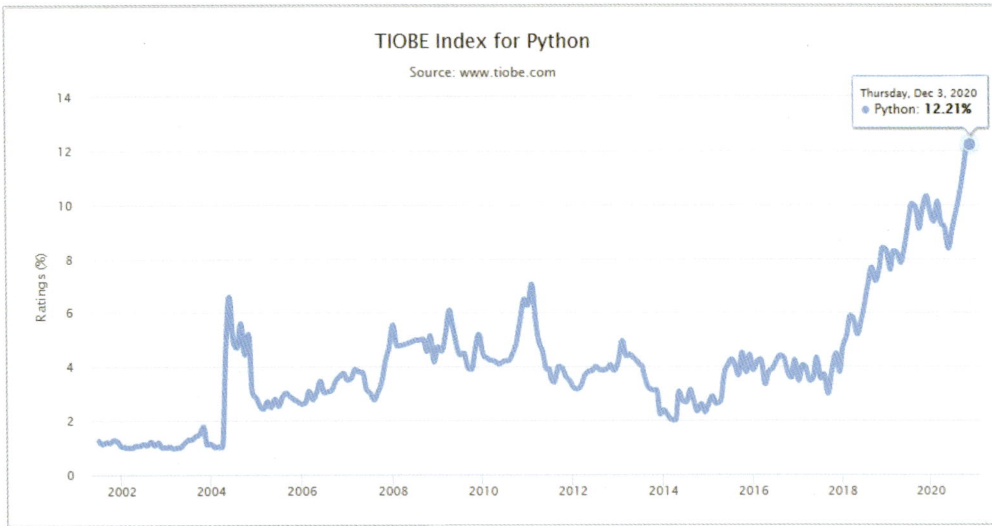

© tiobe.com

그림 1-21 파이썬 언어의 TIOBE 인덱스

■ 쉬운 난이도

파이썬 언어는 구글이나 인스타그램과 같은 기업의 실무 영역에서뿐만 아니라 미국을 비롯한 많은 국가에서 컴퓨터 프로그래밍 학습을 위한 입문용 언어로 많이 사용한다. 우리나라에서도 최근 많은 대학이 컴퓨팅 사고력 학습과 기초 프로그래밍 수업에서 기존의 C나 Java 대신에 파이썬을 채택하고 있다. 네덜란드 개발자인 귀도 반 로섬Guido van Rossum에 의해 만들어진 파이썬 언어는 배우기 쉽고 간결한 문법 구조를 가지고 있어 프로그래밍 학습에 적합하다.

■ 실행 과정이 간단한 인터프리터 언어

프로그램이 실행되기 위해서는 기계어로 변환하는 과정이 필요하다. 이 과정은 2가지 방식으로 나눌 수 있는데, 프로그램을 기계어로 번역한 별도의 실행 파일을 만드는 컴파일compile 방식과 명령어 단위로 번역해서 파일을 만들지 않고 바로 실행하는 인터프리터interpreter 방식이 있다. 파이썬은 실행 결과 확인과 오류 수정이 편리한 특징을 가진 인터프리터 방식으로 실행된다.

■ **높은 확장성과 생산성**

파이썬은 기본으로 설치되는 기능들 외에도 인공지능, 빅데이터, 데이터 시각화, 게임 등 다양한 영역에서 활용할 수 있는 오픈소스open source 라이브러리library를 간단하게 설치하고 활용할 수 있다. 목적에 맞게 미리 만들어져 있는 프로그램들을 묶어 배포하는 이런 라이브러리를 누구나 쉽게 무료로 이용할 수 있어 프로그래밍의 생산성을 높일 수 있다. 파이썬은 실제 사용되는 많은 상용 프로그램에서 채택되는 언어로, 초보자부터 전문가까지 폭넓은 사용자층을 보유하고 있다.

요약

01 컴퓨터 시스템 computer system은 하드웨어 hardware와 소프트웨어 software로 구성된다.

02 하드웨어는 컴퓨터를 구성하는 장치로 중앙처리장치 CPU, central processing unit, 기억장치 memory, 입력장치 input unit, 출력장치 output unit 등으로 구분할 수 있고, 소프트웨어는 이러한 하드웨어를 작동시키기 위한 각종 프로그램 program을 말한다.

03 소프트웨어는 하드웨어를 작동시켜 원하는 작업 결과를 실행하도록 알려 주는 작업 지시서와 같은 역할을 한다.

04 소프트웨어는 시스템 소프트웨어 system software와 응용 소프트웨어 application software로 분류한다.

05 컴퓨팅 사고는 세상을 바라보고 분석하는 하나의 방법으로서, 문제해결을 위한 방법이나 생각을 추상화하여 명시적인 코드로 표현할 수 있는 능력이라 할 수 있다.

06 컴퓨팅 사고의 과정은 문제를 분석하여 작게 나누기 → 반복되는 패턴을 찾아서 단순하게 구조화 → 알고리즘과 같은 자동화된 형태로 해결책을 모델링 → 실제로 실행할 수 있는 프로그램으로의 구현하는 것으로 이루어진다.

07 사람과 컴퓨터가 서로 다른 언어를 사용하기 때문에 사람이 컴퓨터에게 일을 시키기 위해서는 의사소통을 위한 수단이 필요하게 되었고, 이로 인해 프로그래밍 언어가 만들어지게 된 것이다.

08 프로그래밍 언어로 작성된 프로그램은 컴퓨터에서는 기계어로 변환되어야 실행할 수 있고, 이 과정을 컴파일 compile이라고 한다.

09 파이썬 언어의 특징은 쉬운 난이도, 간단한 실행 과정, 높은 확장성과 생산성이다.

연습 문제

01 컴퓨터에서 사용되는 입력장치에는 어떤 종류가 있는지 기술하시오.

02 자신의 컴퓨터 시스템에서 출력으로 사용하고 있는 장치는 어떤 것이 있는지 확인하시오.

03 다음 중 운영체제의 종류가 아닌 것은?

① MS Windows ② UNIX
③ Android ④ Java

04 다음 중 시스템 소프트웨어에 해당하지 않는 것은?

① 운영체제 ② 유닉스
③ 안드로이드 ④ 이메일

05 자신의 스마트폰에서 사용하는 운영체제의 이름과 버전을 확인하시오.

06 알고리즘의 개념을 설명하시오.

07 알고리즘을 기술하는 2가지 방식에는 어떤 것이 있는지 설명하시오.

08 프로그래밍 언어가 필요한 이유를 설명하시오.

09 컴파일이란 무엇인지 설명하시오.

10 파이썬 언어의 특징을 설명하시오.

CHAPTER 02

알고리즘과 파이썬 소개

학습목표

- 알고리즘의 개념을 이해하고 알고리즘을 작성한다.
- 파이썬을 설치하고 간단한 파이썬 프로그램을 작성한다.

SECTION 01

알고리즘의 개념과 작성법

1장 컴퓨팅 사고 과정에서도 설명한 알고리즘은 어떤 일이나 문제를 해결하는 절차라고 정의할 수 있다. 가구의 조립 설명서, 상품의 매뉴얼, 요리의 레시피나 여행 일정표 등 현실 세계에서 일어나는 많은 사건이나 문제에서도 찾아볼 수 있는 개념이다. 컴퓨터 분야에서는 알고리즘이 어떤 의미로 사용되는지 알아보고, 알고리즘을 작성하는 방법에 대해 학습해 보자.

1 알고리즘의 개념

알고리즘은 컴퓨터를 이용하여 문제를 해결할 때 프로그래밍을 위한 설계도 역할을 한다. 입력input 되는 값으로 목적에 맞는 연산calculate 이나 처리process 과정을 거쳐 필요한 결과 값을 출력output 하는 일반적인 프로그램의 동작들을 알고리즘으로 먼저 기술한다.

가령, 학생 정보를 입력받아 성적을 계산해서 파일에 저장한다거나 프린터로 출력하는 프로그램을 만든다고 하자. 프로그램을 만들기 위해 먼저 필요한 동작들을 순서에 맞게 알고리즘으로 작성한다. ❶ 입력되는 학생 정보 중에서 성적 계산에 필요한 점수를 이용해 ❷ 합계와 평균을 구하고 등급을 정한 다음 ❸ 결과를 보여주는 동작들을 차례로 연결하여 입력과 계산, 그리고 출력 순으로 알고리즘에 기술한다.

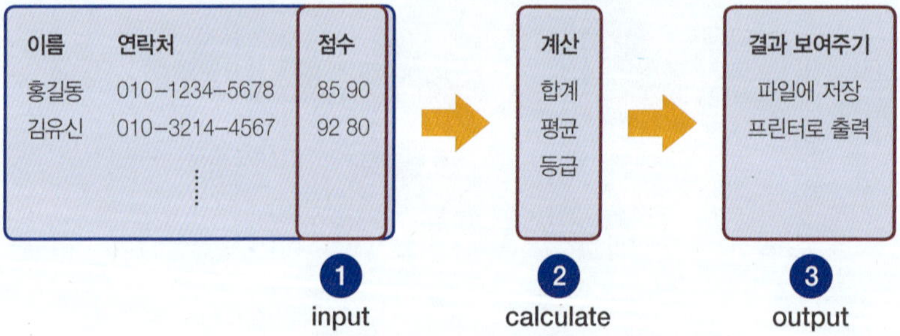

그림 2-1 성적 처리 문제의 알고리즘

알고리즘 만들 때 주의사항

알고리즘을 기술할 때 주의할 점을 몇 가지 살펴보면 다음과 같다.

■ **순서에 맞는 동작 연결**

요리할 때 재료를 손질한 다음 익혀야 하는 것처럼 먼저 수행하는 동작과 나중에 해야 할 동작을 순서에 맞게 연결한다.

■ **동작에 대한 정확한 의미**

필요하지 않은 동작은 알고리즘에 넣지 말아야 하며 모호하게 해석되지 않도록 명확하고 구체적인 표현을 사용한다.

■ **반드시 종료되는 알고리즘**

목적을 달성하는 시점을 알고리즘이 종료되는 조건으로 사용해 무한 동작하지 않도록 작성한다.

■ **다양한 알고리즘 유형**

하나의 문제에 대한 알고리즘은 여러 가지가 존재할 수 있다. 요리를 만드는 방법도 여러 가지가 있듯이 특정 문제를 해결하기 위한 알고리즘도 다양하게 만들어질 수 있다. 제시되는 여러 알고리즘 중에서 문제를 해결하기에 가장 효율적인 알고리즘을 선택하면 된다.

2 알고리즘의 작성법

정확성과 효율성을 고려하여 알고리즘을 작성하려면 복잡한 흐름을 가지더라도 누구나 이해할 수 있고 보기 쉽게 표현해야 한다. 이러한 알고리즘의 작성을 위해 많이 사용하는 순서도flowchart와 의사코드pseudo-code에 대해 알아보자.

순서도

순서도는 알고리즘의 논리적인 구조와 작업의 순서를 그림으로 표현하는 방법이다. [표 2-1]과 같이 몇 가지 정해진 도형을 이용하여 도형 내부에 필요한 작업을 기술하면 된다. 도형의 모양에 따라 의미가 다르므로 가급적 정확한 모양을 선택해야 하고 화살표(→)를 사용해 각 도형이 순서에 맞게 연결되도록 한다.

표 2-1 순서도에 사용되는 도형

도형	설명
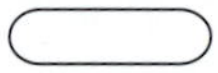	알고리즘의 시작 start과 끝 end을 의미
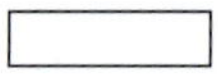	처리 process해야 할 동작을 표시
	조건에 따라 참과 거짓으로 결과를 판단 decision
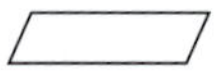	입력 input과 출력 output을 표시
	변수의 값을 초기화하거나 횟수 반복을 표시
	동작의 연결과 흐름을 표시

순서도를 사용하면 알고리즘을 직관적으로 이해하기 쉽고, 시각적으로도 보기 편하다는 장점이 있다. 하지만 도형을 이용해서 그림을 그리면 시간이 오래 걸리고, 알고리즘이 복잡해질수록 순서도를 이해하기 쉽게 구성하는 것이 더 어려워진다는 단점도 있다.

여기서 잠깐

플로우고리즘

순서도를 그릴 때 효율성을 높이기 위한 도구들은 이미 여러 가지가 있다. 그중 알고리즘을 순서도로 표현하고, 원하는 프로그래밍 언어로 된 코드로 생성하고 실행 결과까지 확인해 볼 수 있는 플로우고리즘(flowgorithm.org)은 무료이면서도 조작이 간단하다. 플로우고리즘 프로그램을 해당 웹사이트에서 다운로드한 후 설치하면 다음 그림과 같이 순서도와 코드를 간편하게 만들 수 있다.

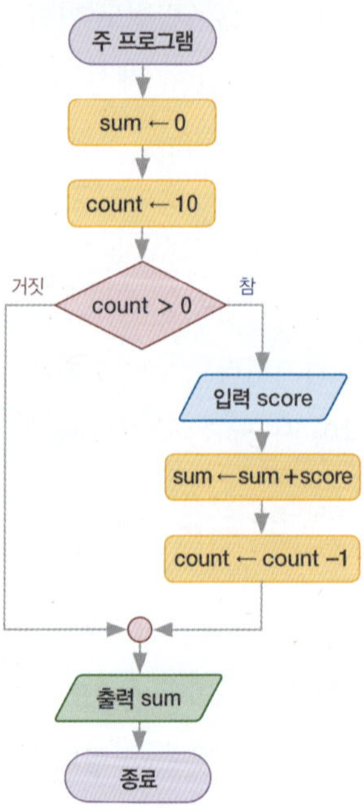

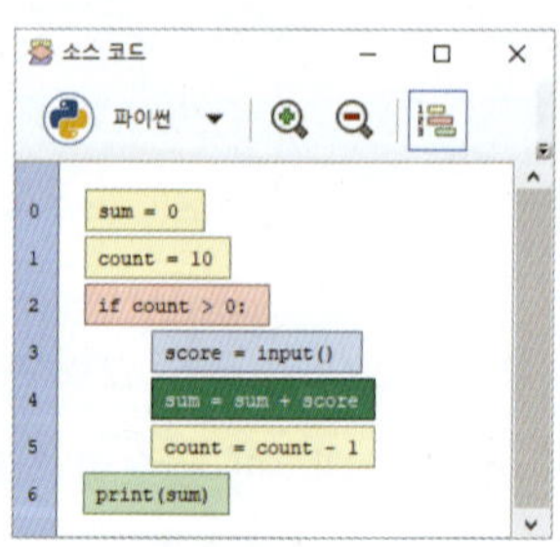

그림 2-2 플로우고리즘으로 만든 점수 10개의 합계를 출력하는 순서도와 파이썬 코드

실습 2-1 기온에 따른 옷 입기 순서도 만들기

기온에 따라 다르게 옷 입는 알고리즘을 순서도로 표현해 보자. 기온을 입력받아 24°보다 낮으면 긴바지를, 그렇지 않으면 반바지를 입으려고 한다. 또 기온이 10°보다 낮은 경우에는 외투를 입을 계획이다. 한글 프로그램을 실행하여 옷 입기 알고리즘을 순서도로 작성해 보자.

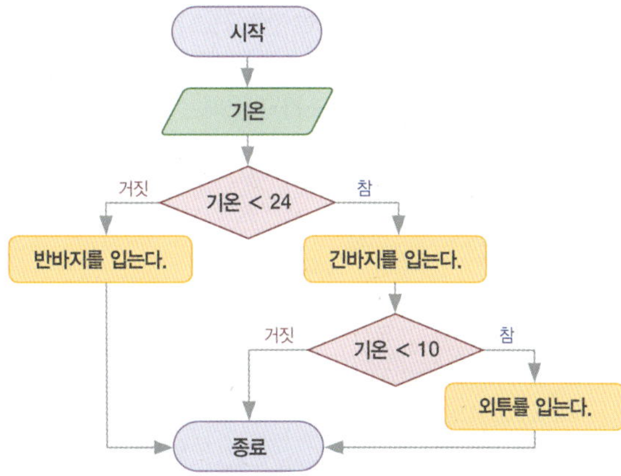

그림 2-3 기온을 기준으로 옷 입는 알고리즘의 순서도

TIP 한글 프로그램에서는 순서도에 사용되는 도형들을 그룹으로 묶어놓고 제공한다. 한글 프로그램에서 [도형]–[다른 그리기 조각]을 누르고 [선택할 꾸러미]–[순서도]를 클릭하면 순서도 그리기에 필요한 도형을 추가할 수 있다.

실습 2-2 무인 단말기 주문하기 순서도 만들기

최근에는 무인 단말기kiosk로 티켓이나 음식 등 다양한 상품을 주문하는 곳이 많아지고 있고 영화관에서도 무인 단말기를 흔히 발견할 수 있다. 영화관 매점 무인 단말기에서 먹고 싶은 음식을 주문하는 동작을 순서도로 나타내 보자.

메뉴판에서 원하는 음식과 수량을 모두 선택하면 주문 금액의 합계를 표시해 주는 동작을 순서에 맞게 연결하여 알고리즘으로 만들어 보자. 이번에는 파워포인트 프로그램의 도형을 이용해 알고리즘을 순서도로 표현해 본다.

TIP 파워포인트 프로그램에서 순서도를 그리려면 [삽입] 메뉴의 [일러스트레이션] 탭–[도형]을 누르고 [순서도] 그룹에 있는 도형들을 이용하면 된다.

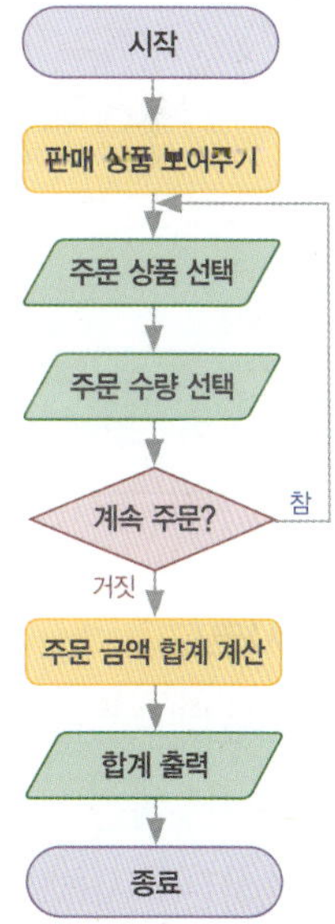

그림 2-4 영화관 매점 무인 단말기 알고리즘의 순서도

여 기 서 잠 깐

순서도를 작성할 때 주의할 점

친구들과 1박 2일 국내 여행을 가려고 한다. 다음 그림 2개는 어떻게 준비해야 할지 각자 생각한 알고리즘을 순서도로 표현한 그림이다. 순서도 (a)와는 달리 순서도 (b)는 도형이 모두 연결되지 않아 종료 지점이 불명확한 동작들이 발생한다. 이처럼 순서도를 만들 때는 도형이 순서대로 모두 연결되도록 해야 하고, 알고리즘이 명확하게 종료되도록 표현해야 한다.

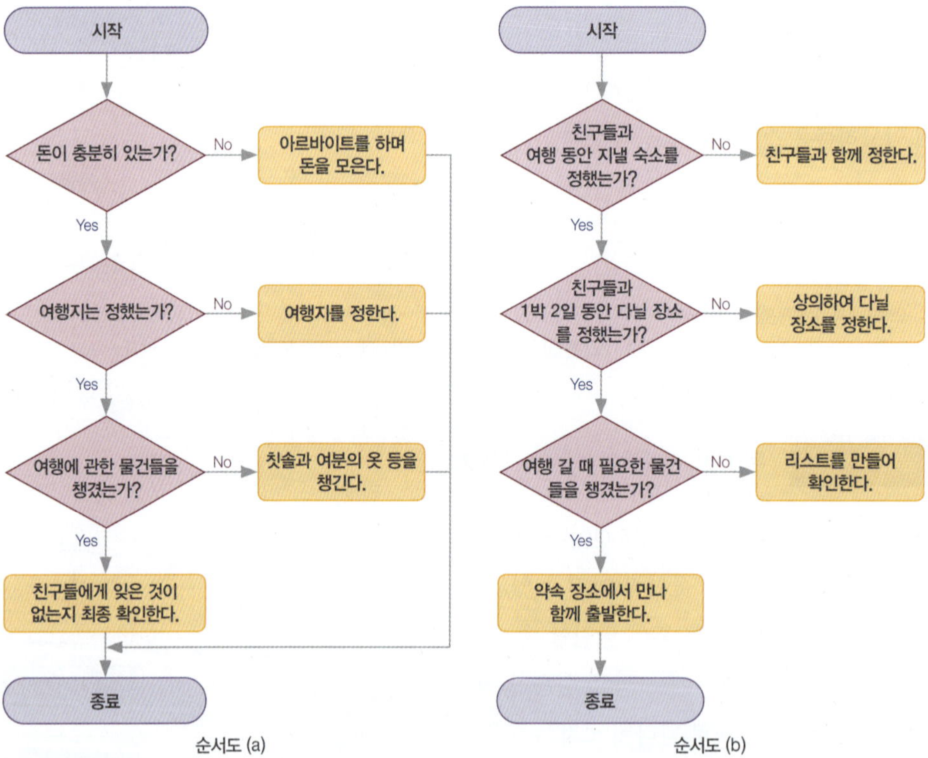

그림 2-5 올바른 순서도(a)와 잘못된 순서도(b)

의사코드

의사코드는 프로그래밍 언어와 유사한 서술형의 문장으로 알고리즘을 표현하는 방법이다. 순서도를 사용하는 경우 복잡한 논리 구조를 표현할 때 비효율적이라는 단점이 있다. 그래서 문장을 기술하는 의사코드가 일반적인 알고리즘 작성에 더 선호되기도 한다. 프로그램을 작성해서 해결해야 하는 문제는 복잡한 논리 구조를 갖는 경우가 많고, 알고리즘이 설계도가 되어 결국 프로그램이 만들어져야 하므로 프로그래밍 언어와 유사한 형태를 보이는 의사코드가 더 많이 활용된다.

의사코드는 특정 프로그래밍 언어의 문법을 사용할 필요 없이 사람이 사용하는 언어(자연어)를 이용하여 절차를 순서대로 정확하게만 기술하면 된다. 따라서 다양한 형태의 의사코드가 만들어질 수 있다. 다음은 점수 10개를 입력받아 합계를 출력하기 위한 알고리즘을 의사코드로 표현한 예이다.

```
(단계 1) sum을 0으로 설정한다.
(단계 2) count를 10으로 설정한다.
(단계 3) count <= 0 이면, (단계 8)로 이동한다.
(단계 4) score를 입력한다.
(단계 5) sum에 score를 더한다.
(단계 6) count를 1만큼 감소한다.
(단계 7) (단계 3)으로 이동한다.
(단계 8) sum을 출력한다.
```

해결해야 하는 문제 상황에 알맞은 알고리즘을 다양한 의사코드 형식으로 몇 가지 더 작성해 보자.

실습 2-3 환전 알고리즘을 의사코드로 표현하기

환전을 원하는 금액과 여행할 국가를 입력하여 환전되는 금액이 얼마인지 알려주는 환율 계산기 프로그램의 알고리즘을 만들어 보자. 단, 계산 가능한 국가는 미국과 중국으로 제한하기로 한다.

```
(단계 1) 환전할 원화 금액 money를 입력한다.
(단계 2) 여행할 국가 nation을 입력한다.
(단계 3) 만약 nation이 '미국'이면, exchange = money / 1125.00
(단계 4) 만약 nation이 '중국'이면, exchange = money /173.93
(단계 5) 만약 nation이 '미국'도 '중국'도 아니면, 오류 메시지를 출력한다.
         그렇지 않으면, exchange를 출력한다.
```

실습 2-4 숫자 크기를 판별하는 의사코드 만들기

2개의 수 중에서 큰 수와 작은 수를 판별하는 알고리즘을 의사코드로 만들어 보자. 2개의 수는 임의의 정수로 프로그램을 실행할 때 입력받기로 한다. 작성된 다음 의사코드는 이전에 만든 것보다 프로그래밍 언어의 형식과 더 유사하면서도 영어의 문법 구조와 비슷해 이해하기 어렵지 않을 것이다.

```
입력 : 2개의 정수 a, b
출력 : big, small
if a > b then
    big = a
    small = b
else
    big = b
    small = a
```

SECTION 02

파이썬 설치와 기본 사용법

문제해결의 과정에서 만들어진 알고리즘을 실행할 수 있는 프로그램으로 구현하기 위해 프로그래밍 언어가 필요하다고 앞서 배웠다. 이제부터 파이썬을 설치해서 어떻게 프로그램을 작성하고 실행하는지 알아보자.

1 파이썬 설치

다른 프로그래밍 언어보다 파이썬은 설치 과정이 매우 간단하고 시간도 오래 걸리지 않는다. 설치 용량도 GB giga byte 가 있어야 하는 다른 언어에 비해 아주 적어 수십 MB mega byte 정도로도 설치할 수 있다. 이 책에서 설치할 파이썬 버전은 3.9.1로 하고 있으며, 버전이 달라도 실습 과정은 같다.

실습 2-5 파이썬 설치하기

파이썬 공식 홈페이지의 다운로드 서비스를 이용하여 자신의 컴퓨터에 파이썬을 설치해 보자.

1 웹브라우저를 실행하고 파이썬 공식 홈페이지(http:/python.org)에 접속한다.

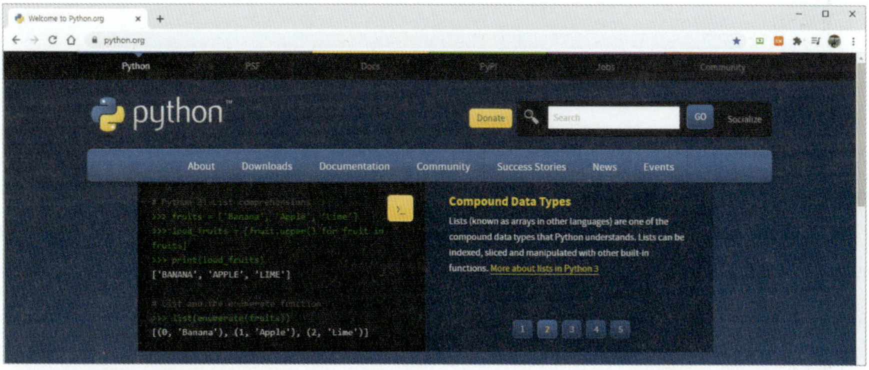

그림 2-6 파이썬 사이트 메인 화면

2 [Downloads] 메뉴를 클릭하고 [Windows]를 선택한다. 자신의 컴퓨터에서 사용하는 운영체제가 윈도우가 아닌 경우에는 [Mac OS X]나 [Other Platforms]를 눌러 적합한 항목을 선택한다.

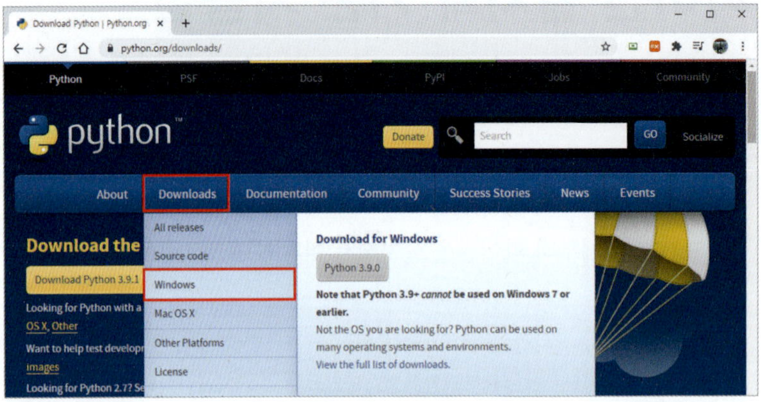

그림 2-7 [Downloads] 메뉴 클릭 후 [Windows] 선택

3 사용할 수 있는 설치 파일 목록이 나타나면 최근 버전의 [Download Windows Installer (64-bit)]를 누른다. 사용하는 컴퓨터의 운영체제가 32비트 윈도우인 경우 [Download Windows Installer (32-bit)]를 선택한다.

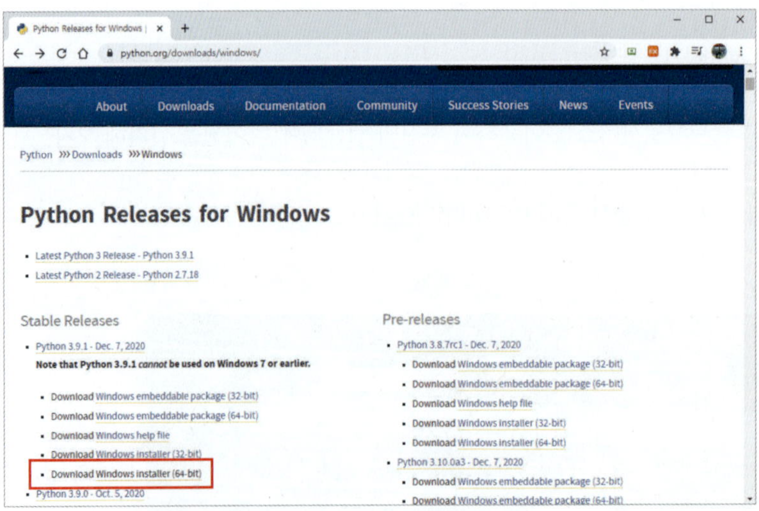

그림 2-8 [Download Windows Installer (64-bit)] 선택

TIP [Downsload embeddable package]는 압축된 파일을 다운로드하는 방식으로 일반적인 설치 과정 대신 원하는 폴더에 실행 가능한 파이썬 프로그램을 저장하는 방식이다. 실행에 필요한 경로 설정 등을 직접 지정해야 하므로 설치 방식보다 일반적이지 않다.

4 설치 파일을 다운로드할 폴더를 선택하고 [저장]을 누른다.

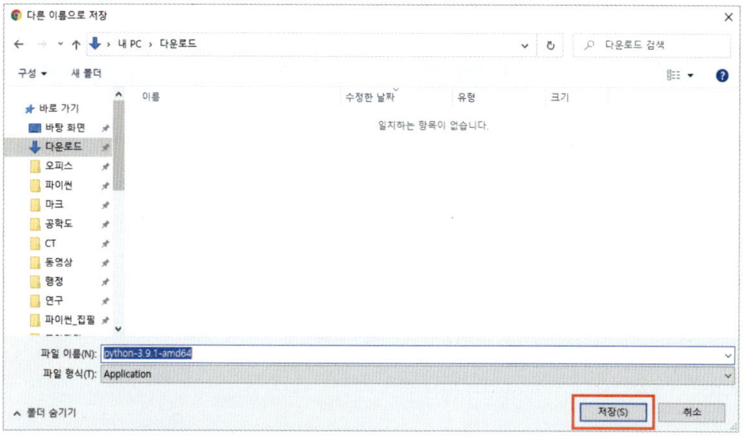

그림 2-9 **설치 파일을 다운로드할 폴더 선택**

5 다운로드한 폴더에 있는 설치 파일을 실행하고, 설치 시작 화면에서 [Add Python 3.9 to PATH] 항목을 반드시 클릭한다. [Install Now]를 누르면 파이썬에서 기본적으로 선택한 사용자 폴더에 프로그램을 설치하기 시작한다.

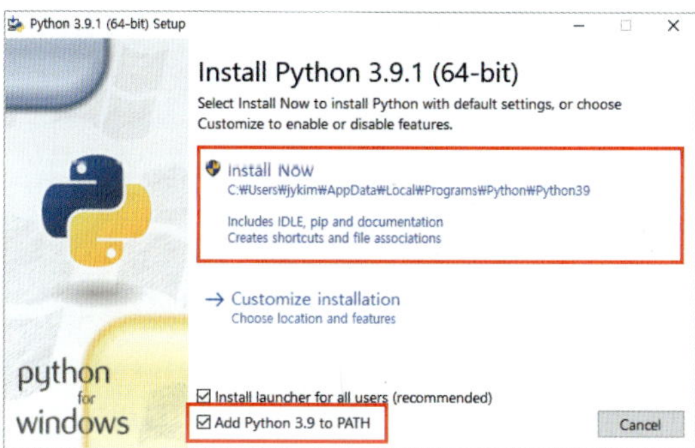

그림 2-10 **설치 시작**

TIP [Add Python 3.9 to PATH]라는 경로 설정 항목을 클릭하지 않으면 파이썬 프로그램을 작성해서 실행하거나 외부 라이브러리 설치 등의 작업에서 경로를 인식하지 못해 불편을 초래할 수 있다. 설치 폴더를 바꾸거나 불필요한 항목을 빼고 설치하려면 [Customize installation]을 이용한다.

6 설치 과정이 끝난 후 설치 성공을 알리는 화면이 나타나면 [Close]를 누른다.

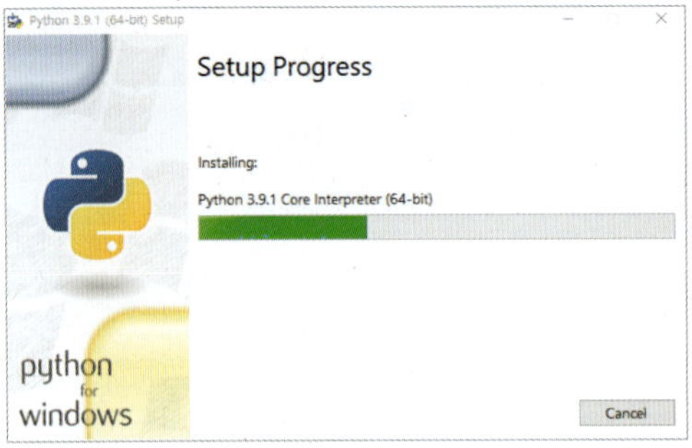

그림 2-11 **설치 진행**

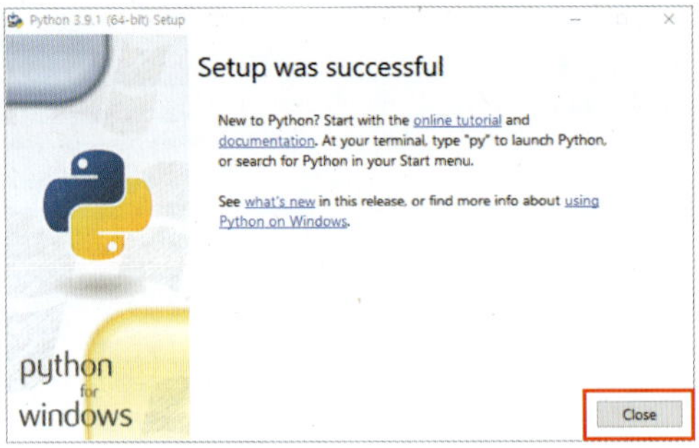

그림 2-12 **설치 완료**

실습 2-6 파이썬 설치 확인과 도움말 보기

파이썬 프로그램 설치가 끝나면 프로그램이 잘 동작하는지 확인해 보자.

1 윈도우 키(⊞)와 [R]을 함께 누르면 [실행] 창이 나타나는데, 열기 항목에 'cmd'라고 입력하고 [확인]을 누른다.

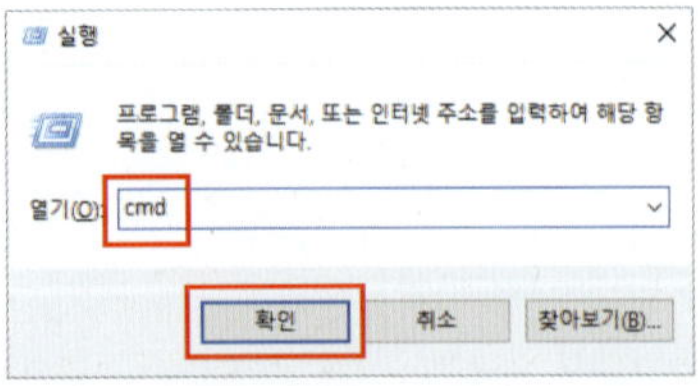

그림 2-13 **명령 프롬프트 열기**

2 명령 프롬프트 창이 나타나면 'python'이라고 명령을 입력하고 [Enter]를 누른다. 그림과 같이 표시되면 파이썬 프로그램이 잘 동작한다는 의미이다.

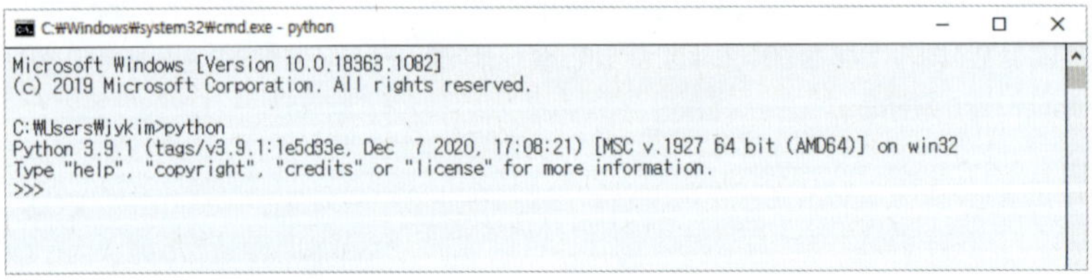

그림 2-14 **파이썬 프로그램 동작 확인**

여기서 잠깐

시스템 환경 변수 설정 방법

파이썬을 설치할 때 경로 설정 항목을 클릭하지 않으면, 설치 작업이 성공적으로 종료되더라도 시스템에서 파이썬 실행 경로를 인식하지 못한다. [그림 2-14] 메시지가 나오지 않을 때는 시스템 환경 변수를 설정하거나, 파이썬 프로그램을 제거한 후 다시 설치해야 한다. 시스템 환경 변수 설정 방법은 다음과 같다.

❶ [제어판]-[시스템]-[고급 시스템 설정]을 누른다.

그림 2-15 고급 시스템 설정

❷ 시스템 속성 창이 나타나면 [환경 변수]를 누른다.

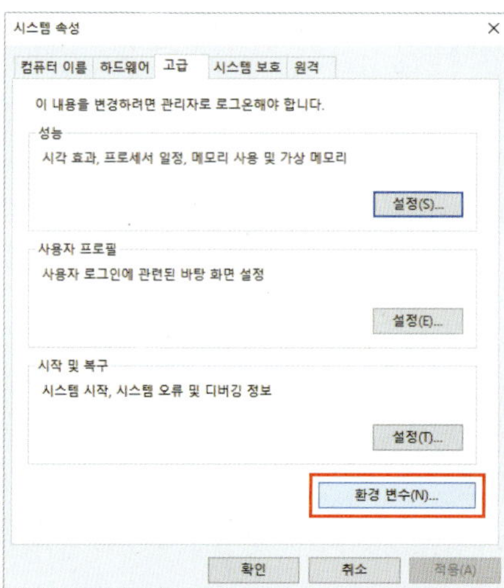

그림 2-16 환경 변수 클릭

❸ 환경 변수 창이 나타나면 [시스템 변수] 목록에서 [Path]를 선택하고 [편집]을 누른다.

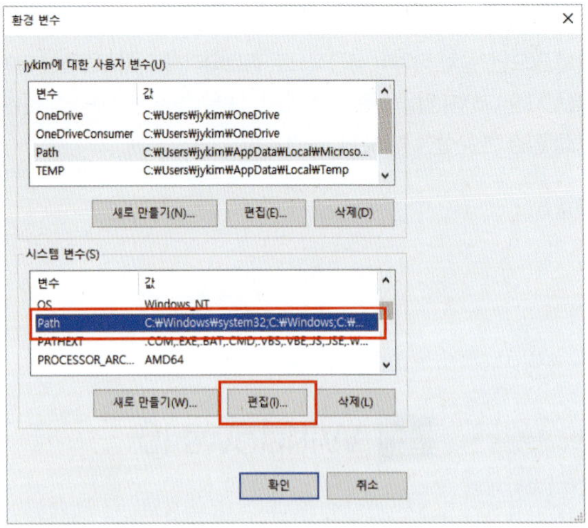

그림 2-17 **시스템 변수 편집**

❹ 환경 변수 편집 창에서 [새로 만들기]를 눌러 파이썬 설치 폴더를 입력하고 [확인]을 누른다. 파이썬은 기본적으로 'C:\Users\사용자 Id\AppData\Local\Programs\Python\Python39'와 'C:\Users\사용자 Id\AppData\Local\Programs\Python\Python39\Scripts'와 같은 사용자 폴더에 설치된다.

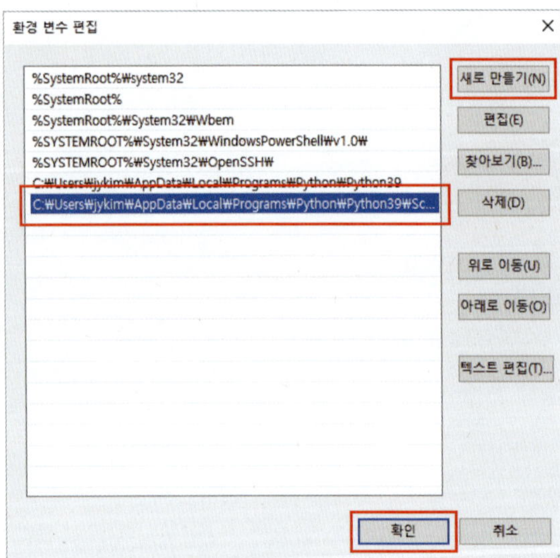

그림 2-18 **환경 변수 추가**

3 파이썬 프롬프트prompt라고 하는 '>>>' 뒤에 명령(코드)을 입력할 수 있는데, 'license()'라고 입력하면 파이썬 언어의 개발 과정history을 볼 수 있다. 내용 보기를 마치려면 [q]를 입력한다.

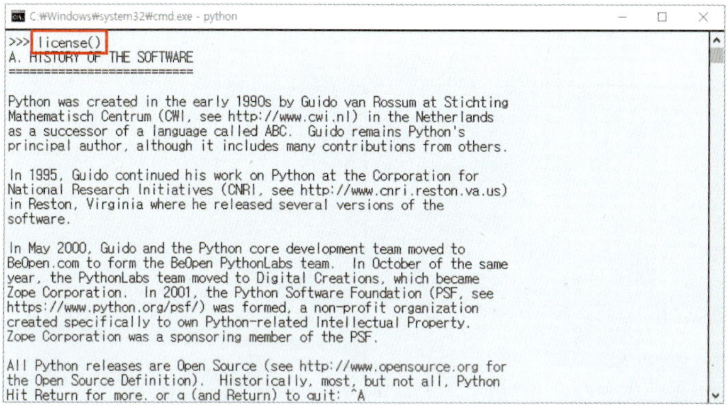

그림 2-19 license() 입력 화면

4 파이썬 프롬프트(>>>) 뒤에 'help()'를 입력하면 파이썬 도움말 문서의 내용을 볼 수 있다. 도움말 프롬프트인 'help>' 뒤에 'symbols'나 'keywords'라고 입력하면 관련된 내용을 보여준다.

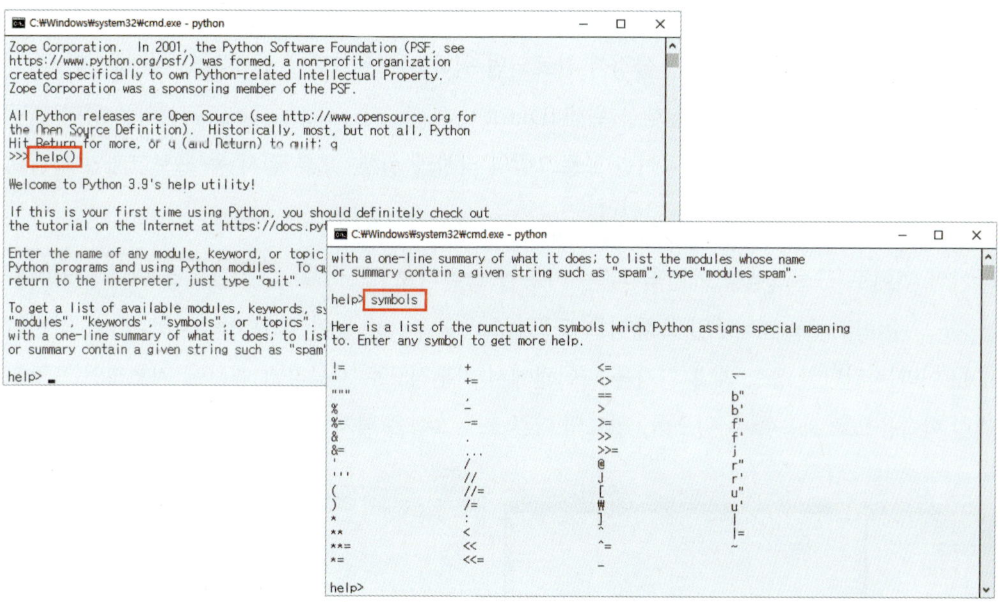

그림 2-20 help()와 symbols 입력 화면

5 도움말 프롬프트(help>) 뒤에 q라고 입력하면 도움말 메뉴가 종료되고, 파이썬 프롬프트(>>>)로 돌아온다. 파이썬 실행을 종료하려면 'quit()'을 입력하면 되고, [☒] 단추를 눌러 명령 프롬프트 창을 닫을 수 있다.

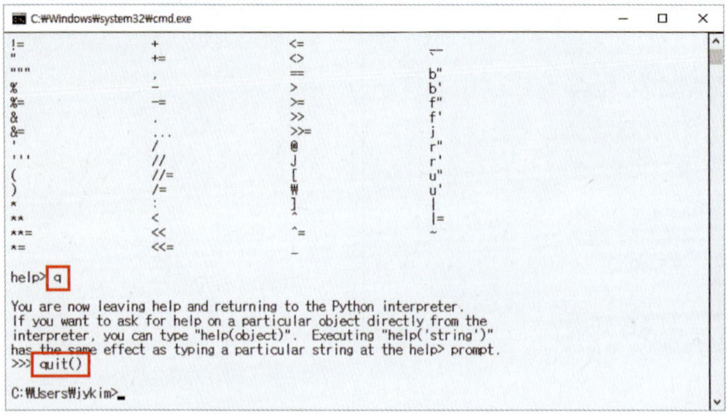

그림 2-21 q와 quit() 입력 화면

2 간단한 파이썬 프로그래밍

파이썬 설치와 실행 환경에 대한 설정이 완료되면 원하는 프로그램을 작성하고 실행해 볼 수 있다. 파이썬 프로그램의 작성과 실행을 위해 IDLE Integrated DeveLopment Environment 이라는 통합 개발 환경을 사용한다. 통합 개발 환경이란 프로그램의 작성과 실행, 오류 검사 등 프로그래밍에 필요한 기능을 모아 놓은 프로그램을 말한다.

파이썬 언어로 프로그램을 개발할 때는 비주얼 스튜디오 Visual Studio, 이클립스 Eclipse, 파이참 Pycharm, 주피터 Jupyter, 비주얼 스튜디오 코드 Visual Studio Code 등이 많이 사용되고 있다. 하지만 IDLE이라는 간단한 통합 개발 환경을 파이썬에서 기본적으로 제공하기 때문에 기초적인 프로그래밍 학습용으로 사용할 수 있으며, 별도의 다른 프로그램을 설치하지 않아도 된다.

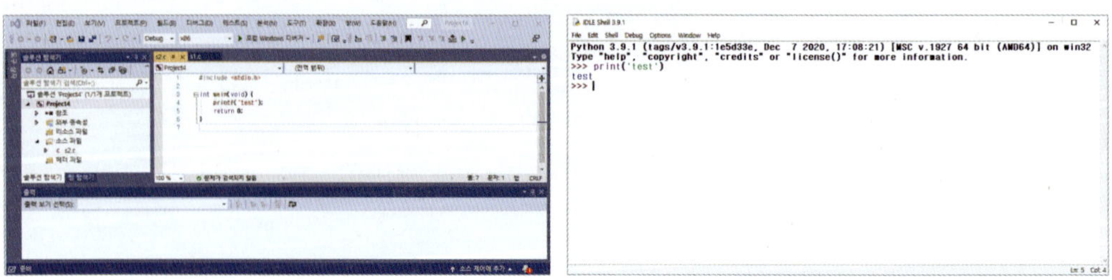

그림 2-22 통합 개발 환경인 비주얼 스튜디오와 IDLE

IDLE 쉘

IDLE 프로그램을 실행하면 쉘shell(또는 파이썬 쉘)이라고 부르는 창이 나타난다. 여기에 파이썬 명령을 입력하면 실행 결과를 바로 확인할 수 있어서 대화형interactive 모드라고 한다. 이 대화형 모드에서 파이썬 프로그램을 문장 단위로 입력하고 실행 결과를 바로 확인할 수 있다.

실습 2-7 **쉘 실행과 코드 입력하기**

IDLE을 이용해 쉘에 파이썬 코드를 입력하고 실행해 보자.

1 윈도우 키(⊞)를 눌러 설치된 프로그램 항목에서 'IDLE(Python 3.9 64-bit)'를 선택한다.

그림 2-23 **IDLE(Python 3.9 64-bit) 선택**

TIP IDLE를 마우스 오른쪽 버튼으로 눌러 [시작 화면에 고정]으로 설정하게 되면 더 간편하게 실행할 수 있다.

2 쉘 창이 나타나고 [실습 2-6]에서 보았던 파이썬 프롬프트(>>>)가 표시됨을 알 수 있다. 이제 파이썬 프롬프트 뒤에 파이썬 코드를 입력하면 실행 결과를 바로 확인할 수 있다.

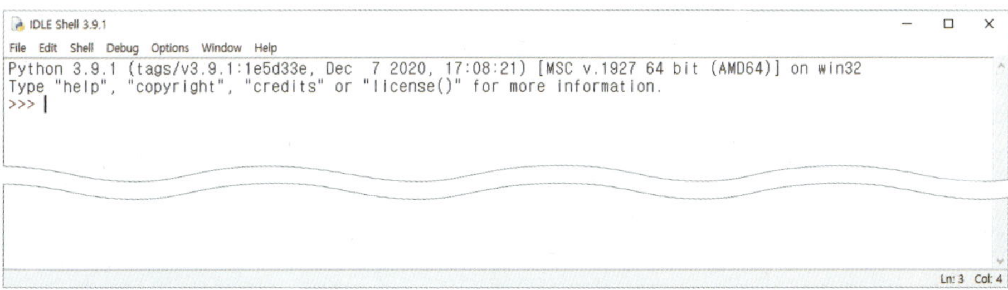

그림 2-24 **파이썬 프롬프트(>>>) 확인**

TIP 마우스로 클릭해서 실행하는 것이 아니라, 파이썬 쉘처럼 실행할 명령을 키보드로 입력하는 방식에서는 컴퓨터가 입력을 기다리고 있음을 표시하는 것이 프롬프트(>>>)이다. 이 프롬프트 뒤에서 깜빡거리는 커서 위치에 필요한 명령을 입력하면 된다.

3 파이썬 프롬프트에 'print('test')'라고 입력하고 Enter 를 누른다. 다음 행에 'test'라는 문장이 실행 결과로 나온다. 실행 결과를 표시할 때는 프롬프트가 나타나지 않는다.

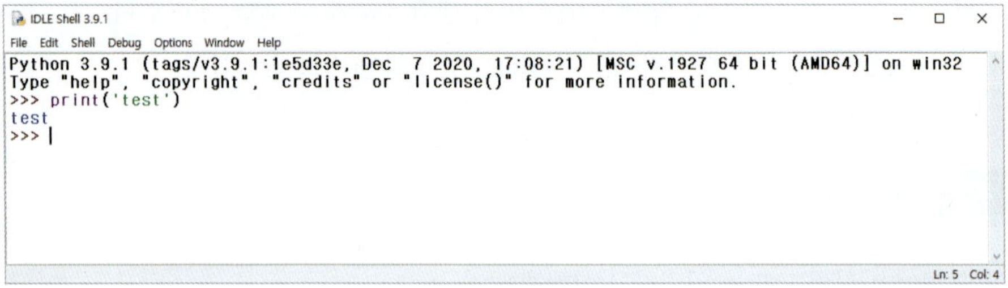

그림 2-25 print('test') 입력

TIP print()는 출력할 숫자나 문자, 계산식 등을 괄호 안에 넣어 주면 쉘 창에 표시해 주는 함수이다. 작성된 프로그램이 잘 동작하는지 결과를 확인하기 위해 자주 사용하는 기능이다. 파이썬에서는 print()처럼 필요할 때 불러서 사용할 수 있도록 자주 사용하는 기능을 미리 만들어 제공하는데, 이것을 함수라고 한다.

4 숫자와 연산자를 입력하여 계산할 수도 있다. 더하기(+), 빼기(−), 곱하기(*), 나누기(/) 연산자를 숫자와 함께 입력하고 결과를 확인한다.

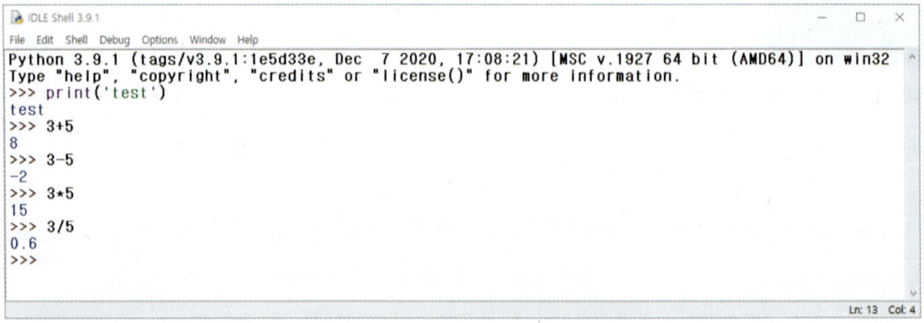

그림 2-26 연산자의 이용

TIP 파이썬 언어에서 문자열string(텍스트라고도 하며, 하나 이상의 문자를 의미)은 작은따옴표(' ')나 큰따옴표(" ")를 시작과 끝에 붙여서 표시하는 반면, 숫자는 특별한 기호 없이 그대로 사용한다. 만약 숫자에 따옴표를 붙여 '3'이라고 쓴다면, 이 값은 숫자 3이 아닌 문자열 3으로 인식되므로 계산에 사용할 수 없다.

5 문자열도 더하기(+)와 곱하기(*) 연산이 가능한데, 문자열의 덧셈 결과는 문자열의 연결이 되고, 곱셈 결과는 문자열의 반복을 의미한다.

TIP 쉘에 명령 코드를 입력할 때 이전에 사용한 문장을 불러와 다시 실행하거나 수정할 수도 있다. 키보드의 방향키나 마우스를 클릭해서 불러올 문장을 선택하고 Enter 를 누르면 파이썬 프롬프트 뒤에 불러온 명령이 자동으로 입력된다.

```
>>> print('test')
test
>>> 3+5
8
>>> 3-5
-2
>>> 3*5
15
>>> 3/5
0.6
>>> 'test'+'program'
'testprogram'
>>> 'test'*5
'testtesttesttesttest'
>>> 
```

그림 2-27 **문자열의 덧셈과 곱셈**

6 문자열 기호를 사용하지 않거나 문자열과 숫자의 덧셈, 문자열과 문자열의 곱셈 등 허용되지 않은 방식으로 코드를 작성하는 경우에는 빨간색의 오류 메시지가 쉘에 표시된다.

```
>>> test*5
Traceback (most recent call last):
  File "<pyshell#11>", line 1, in <module>
    test*5
NameError: name 'test' is not defined
>>> 'test'+5
Traceback (most recent call last):
  File "<pyshell#12>", line 1, in <module>
    'test'+5
TypeError: can only concatenate str (not "int") to str
>>> 'test'*'test'
Traceback (most recent call last):
  File "<pyshell#13>", line 1, in <module>
    'test'*'test'
TypeError: can't multiply sequence by non-int of type 'str'
>>> 
```

그림 2-28 **문자열 연산의 오류가 발생하는 경우**

7 쉘을 종료하고 창을 닫으려면 파이썬 프롬프트에 'exit()'를 입력하거나, 단축키 [Ctrl]+[Z] 혹은 [[X]] 단추를 클릭한다.

```
  File "<pyshell#11>", line 1, in <module>
    test*5
NameError: name 'test' is not defined
>>> 'test'+5
Traceback (most recent call last):
  File "<pyshell#12>", line 1, in <module>
    'test'+5
TypeError: can only concatenate str (not "int") to str
>>> 'test'*'test'
Traceback (most recent call last):
  File "<pyshell#13>", line 1, in <module>
    'test'*'test'
TypeError: can't multiply sequence by non-int of type 'str'
>>> 
>>> 
>>> exit()
```

그림 2-29 **창 닫기**

TIP 맥이나 리눅스에서는 단축키 [Ctrl]+[D]를 사용해서 창을 닫는다.

코드 편집기

셸에서 작성한 코드는 셸을 종료할 때 입력한 내용이 모두 사라지게 되어 코드를 재사용할 수가 없다. 프로그램의 길이가 길어지면 문장 단위로 입력하고 실행하는 대화형 모드가 불편하기도 하다. 이런 경우 셸의 메뉴에 있는 코드 편집기editor를 사용할 수 있는데, 이것을 스크립트script 모드라고 한다. 편집기를 이용해 코드를 입력한 후 파일로 저장(.py)할 수 있고, 저장한 파이썬 코드 파일을 필요할 때마다 불러와 처음부터 끝까지 한 번에 실행할 수 있다.

실습 2-8 **코드 편집기 사용하기**

코드 편집기를 이용해 파이썬 코드를 입력하고 실행시켜 보자.

1 IDLE 셸을 실행하고 [File]–[New File]을 클릭한다.

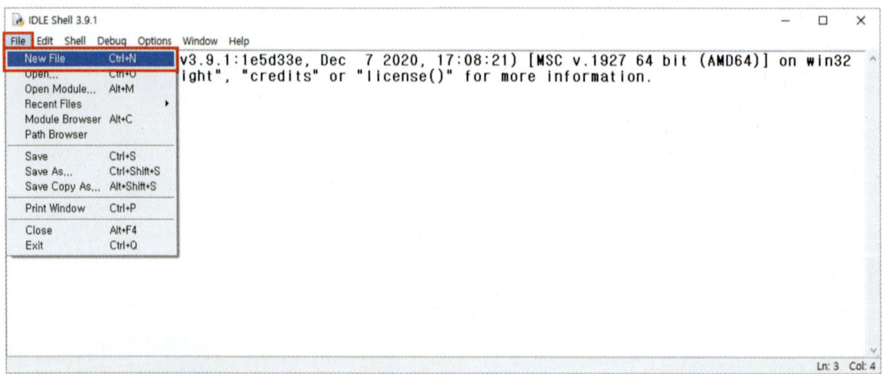

그림 2-30 **새로운 파일 생성**

2 메모장처럼 생긴 편집기 창이 나타나면 그림과 같이 코드를 입력한다.

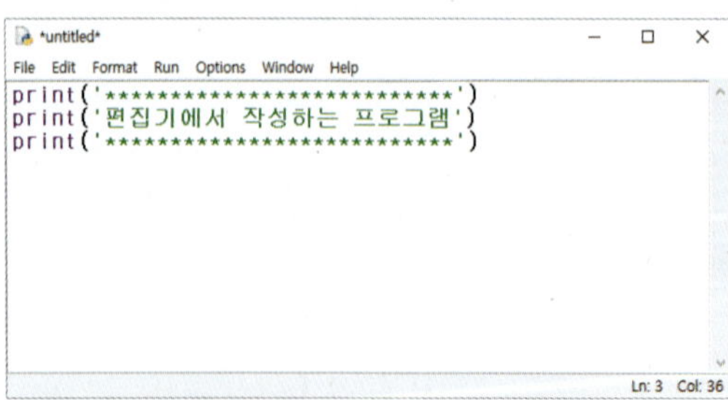

그림 2-31 **실행할 코드 입력**

여기서 잠깐

자동완성 기능

쉘이나 편집기에는 자동완성 기능이 있다. 가령, pr을 입력하고 키보드의 [Tab]을 누르면 관련된 파이썬 함수 등을 목록에 표시한다. 필요한 항목을 선택하고 [Space bar]를 누르거나 마우스를 클릭하면 쉘이나 편집기에 자동으로 입력된다.

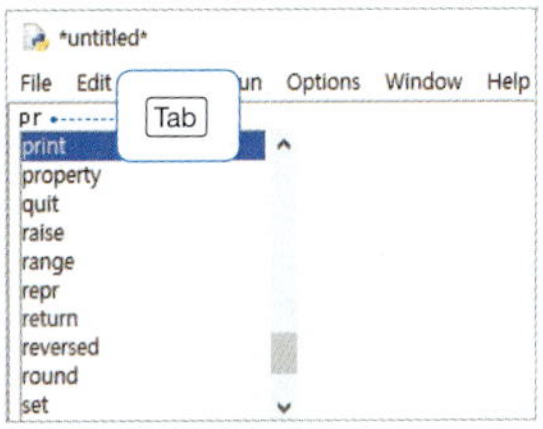

그림 2-32 자동완성 기능

3 입력을 마치면 편집기 창에서 [File]-[Save]를 눌러 폴더를 선택하고, 파일 이름을 입력한 다음 [저장]을 클릭한다.

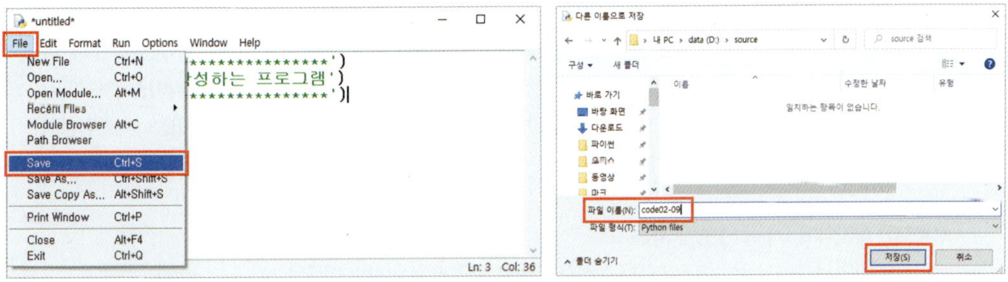

그림 2-33 파일 저장

TIP 파일의 확장자는 .py로 자동으로 저장되므로 따로 입력하지 않는다.

4 작성한 파이썬 코드를 실행하려면 편집기 창의 [Run]-[Run Module]을 클릭한다.

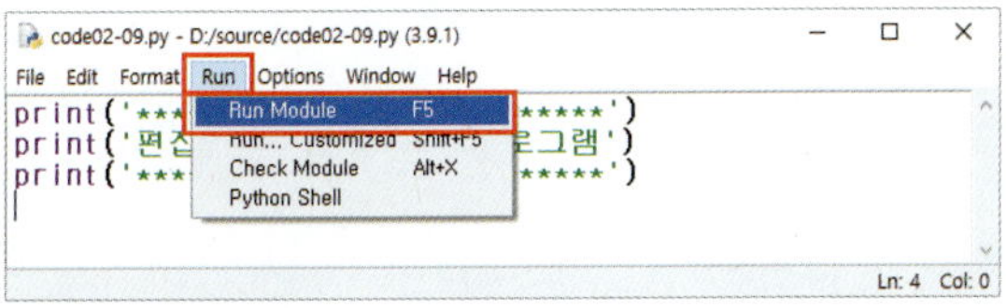

그림 2-34 코드 실행

TIP 코드 실행은 자주 사용하는 메뉴이므로, 단축키 [F5]도 꼭 기억해 두자.

5 실행 결과는 쉘에 표시된다. 편집기를 닫아도 파일로 저장해 둔 코드는 다시 불러 여러 번 실행할 수도 있고, 코드를 편집하거나 복사할 수도 있어서 편리하다.

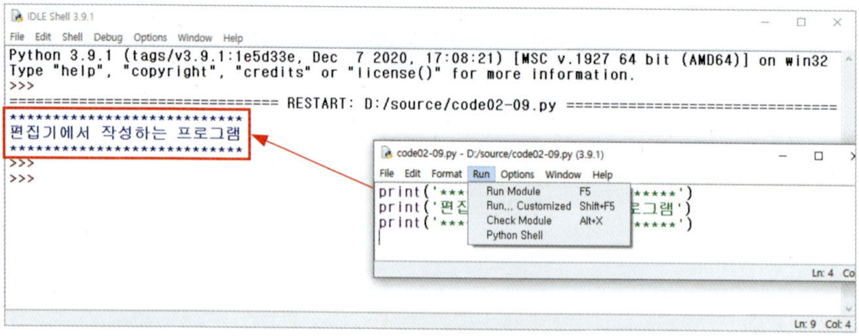

그림 2-35 실행 결과 확인

TIP 저장한 파일을 다시 열어 편집하려면 쉘 메뉴의 [File]-[Open]을 이용하면 된다.

여기서 잠깐

실행창을 멈춤 상태로 유지하기

일반적으로 파일을 열거나 프로그램을 실행할 때 운영체제에서 제공하는 파일탐색기를 이용하는 경우가 많다. 파일탐색기에서 저장된 위치를 찾아 파일을 더블클릭하면 연결된 프로그램이 실행된다. 그런데 파이썬 코드 파일(.py)을 파일탐색기에서 더블클릭하면 실행 창이 잠깐 나타났다 사라져 실행 결과를 확인하기 어렵다. 실행 창이 닫히지 않도록(멈춤 상태) 하려면 다음 2가지 방법 중 하나를 사용하면 된다.

- **프로그램 마지막에 input() 함수 사용**

  코드 편집기에서 다음과 같이 프로그램을 작성하고 바탕 화면에 저장(파일 이름은 'hello.py')한다.

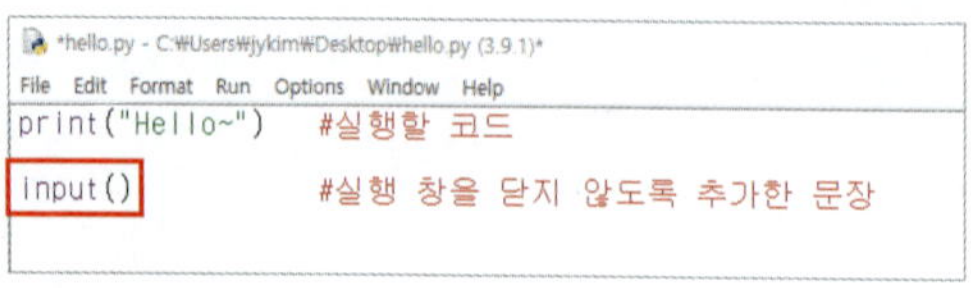

그림 2-36 input() 함수 사용

바탕 화면에서 'hello.py'를 더블클릭하면 실행 결과가 창에 표시된다. 키보드에서 Enter 를 눌러야 실행이 끝나고 창이 닫힌다.

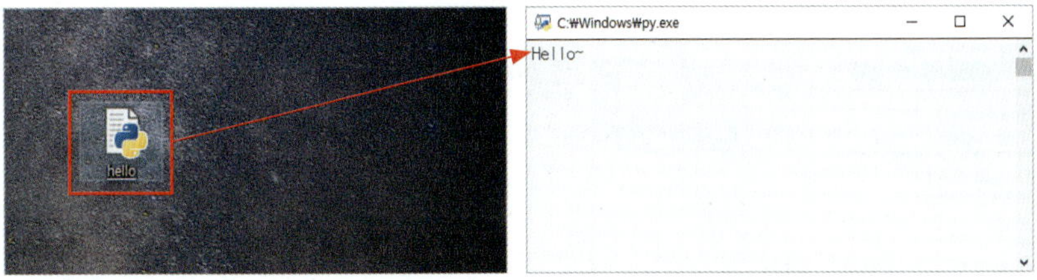

그림 2-37 실행 후 창 닫기

■ **운영체제의 system( ) 함수 사용**

코드 편집기에서 다음과 같이 프로그램을 작성하고 바탕 화면에 저장('hello.py')한다.

```
*hello.py - C:₩Users₩jykim₩Desktop₩hello.py (3.9.1)*
File  Edit  Format  Run  Options  Window  Help

import os              #os.system() 함수를 사용하기 위한 설정
print("Hello~")        #실행할 코드
os.system('Pause')     #실행 창을 닫지 않도록 추가한 문장
```

그림 2-38 system( ) 함수 사용

키보드의 아무 키나 눌러 창을 닫을 수 있다.

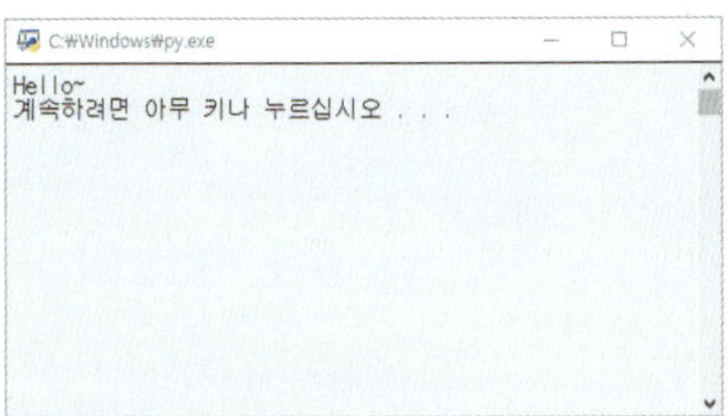

그림 2-39 실행 후 창 닫기

실습 2-9 작업 환경 설정하기

쉘이나 편집기의 폰트 크기나 배경 색상 등 작업 환경을 설정하면 프로그래밍 작업을 좀 더 편리하게 할 수 있다. 쉘과 편집기의 환경 설정 도구를 활용해 보자.

1 쉘의 메뉴에서 [Options]-[Configure IDLE]을 클릭한다.

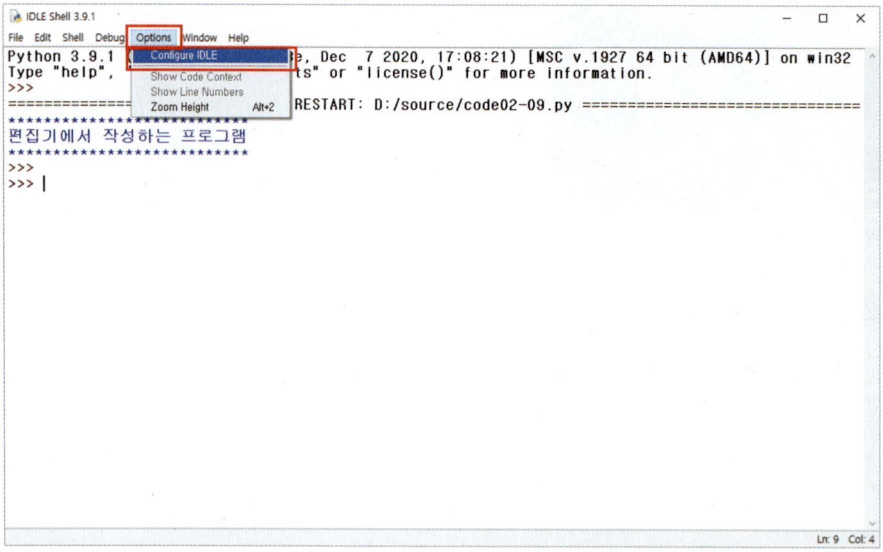

그림 2-40 [Configure IDLE] 클릭

TIP 편집기 창에서도 동일한 메뉴를 선택할 수 있다.

2 Settings 창이 나타나면 [Fonts/Tabs] 탭을 눌러 [Size]를 '14'로 변경한다.

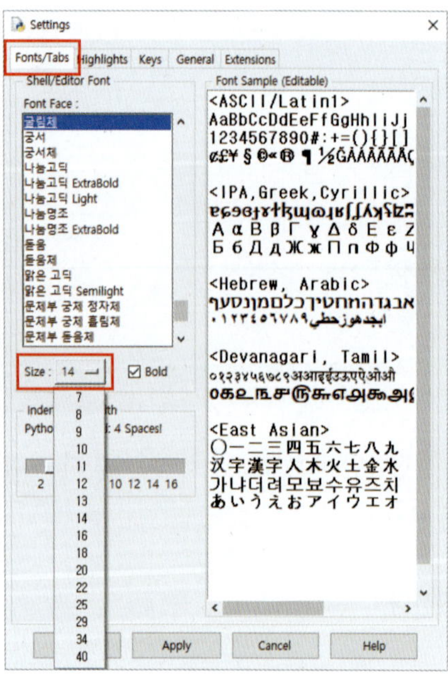

그림 2-41 글자 크기 조절

3 [Highlights] 탭을 눌러 [Highlighting Theme]의 [a Built–in Theme] 목록에서 [IDLE Dark]를 선택하고 [Ok]를 누른다.

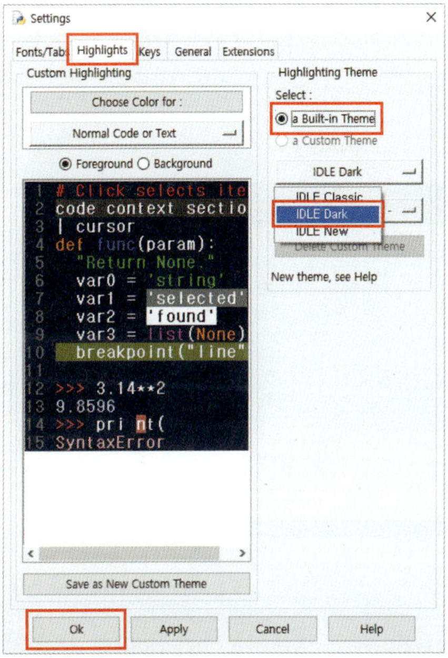

그림 2-42 화면 색 전환

TIP [Custom Highlighting] 항목을 하나하나 바꿔 [Save as New Custom Theme]를 눌러 저장하면 자신만의 프로그램 개발 환경으로 사용할 수 있다.

4 셸과 편집기 창의 모양이 설정된 형태로 변경된다. 셸을 종료하고 다시 실행해도 변경된 환경이 계속 유지된다.

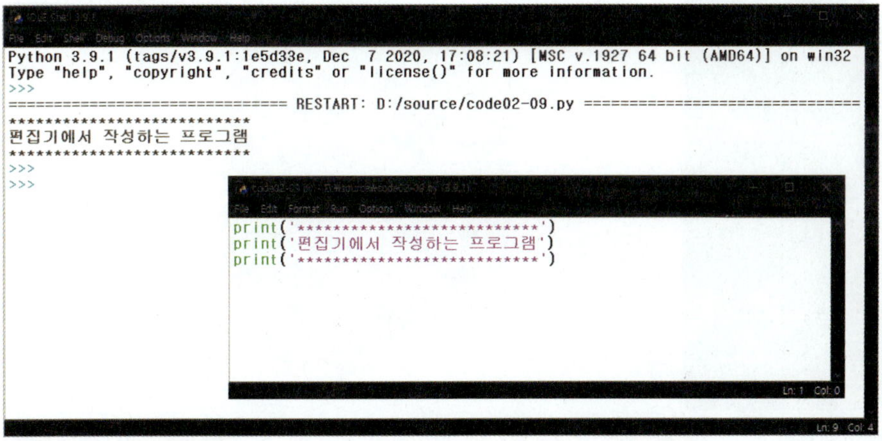

그림 2-43 환경 설정 확인

실습 2-10 파이썬 예제 프로그램 실행하기

셸의 기능에는 파이썬 예제 프로그램을 실행할 수 있는 메뉴가 제공된다. 다양한 형태의 그림과 애니메이션을 실행해 볼 수 있어서 파이썬 코드가 어떻게 활용될 수 있는지 알 수 있다.

1 셸 창의 메뉴에서 [Help]–[Turtle Demo]를 클릭한다.

그림 2-44 [Turtle Demo] 실행

2 [Examples] 탭을 눌러 프로그램 목록 중에서 [bytedesign]을 선택하고 [START]를 누르면 실행 결과를 볼 수 있다.

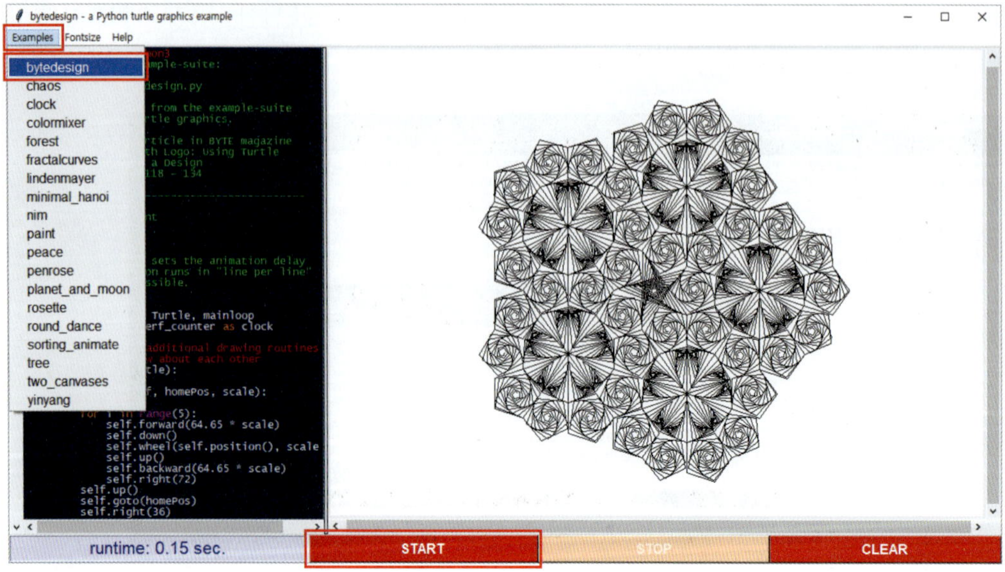

그림 2-45 [bytedesign] 결과 확인

3 [Examples] 탭을 눌러 다른 프로그램들도 선택해서 다양하게 실행해 보자.

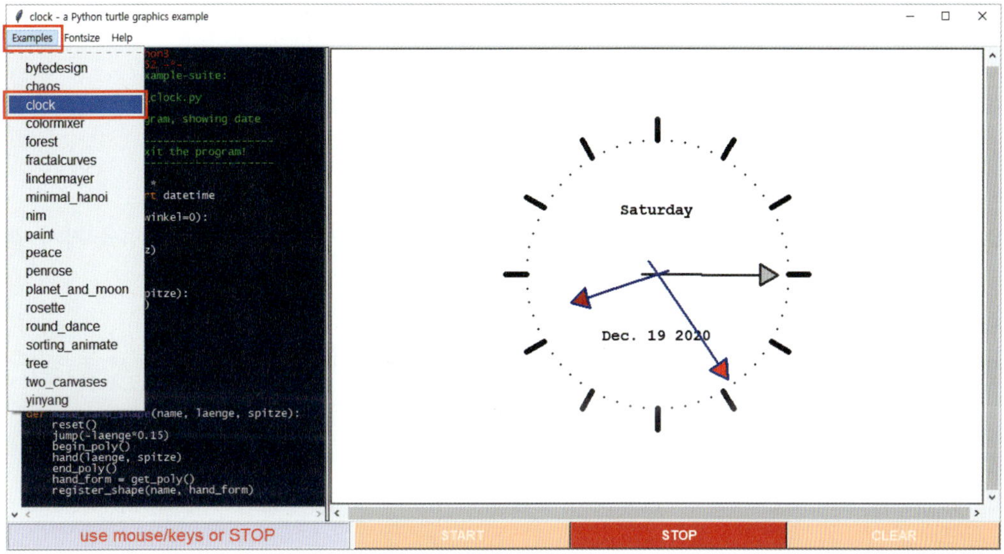

그림 2-46 [clock] 결과 확인

요약

01 알고리즘은 어떤 일이나 문제를 해결하는 절차이다. 문제를 해결할 때 프로그래밍을 위한 설계도 역할을 한다.

02 알고리즘은 입력input되는 값으로 목적에 맞는 연산calculate이나 처리process 과정을 거쳐 필요한 결과 값을 출력output하는 일반적인 동작들을 기술한다.

03 알고리즘을 기술할 때는 순서에 맞는 동작 연결, 동작에 대한 정확한 의미, 반드시 종료되는 알고리즘, 다양한 유형의 알고리즘이 가능하다는 것을 알아두면 좋다.

04 순서도는 알고리즘의 논리적인 구조와 작업의 순서를 그림으로 표현하는 방법이다.

05 순서도를 사용하면 알고리즘은 직관적으로 이해하기 쉽고, 시각적으로도 보기 편하다는 장점이 있다. 하지만 도형을 이용해서 그림을 그리면 시간이 오래 걸리고, 알고리즘이 복잡해질수록 순서도를 구성하는 것이 더 어려워진다는 단점도 있다.

06 의사코드는 프로그래밍 언어와 유사한 서술형의 문장으로 알고리즘을 표현하는 방법이다.

07 의사코드는 복잡한 논리 구조를 갖는 알고리즘을 표현하기 좋다.

08 통합 개발 환경이란 프로그램의 작성과 실행, 오류 검사 등 프로그래밍에 필요한 기능을 모아 놓은 프로그램을 말하며, 파이썬 프로그램의 작성과 실행을 위해 IDLE Integrated Development Environment를 활용한다.

09 IDLE 쉘에서는 파이썬 프로그램을 문장 단위로 입력하고 실행 결과를 바로 확인할 수 있는데 이를 대화형 모드interactive라고 한다.

10 IDLE 코드 편집기editor에서는 코드를 파일(.py)로 저장할 수 있고, 저장한 코드를 불러와 수정하거나 다시 실행할 수 있다. 이러한 방식을 스크립트script 모드라고 한다.

연습문제

01 알고리즘이란 무엇인지 정의하시오.

02 알고리즘을 기술할 때 주의해야 할 점은 무엇인지 설명하시오.

03 알고리즘을 작성할 때 많이 활용되는 2가지 방법인 순서도와 의사코드의 장단점을 설명하시오.

04 [실습 2-1]에서 작성한 순서도는 기온에 따라 옷을 입는 방법을 표현한다. 의사코드를 사용하여 기온에 따라 옷 입기 문제에 대한 알고리즘을 작성하시오.

05 [실습 2-4]에서 작성한 큰 수와 작은 수를 판별하는 알고리즘에 대한 의사코드를 순서도로 바꿔서 작성하시오.

06 파이썬의 IDLE는 어떤 역할을 하는 프로그램인지 설명하시오.

07 파이썬 프로그램의 작성과 실행 방법은 대화형 모드와 스크립트 모드가 있다. 두 방법을 비교하여 설명하시오.

08 파이썬 셸에 다음의 코드를 한 문장씩 입력할 때, 실행 결과가 무엇인지 각각 적으시오.

① `print('안녕^^' * 5)`
② `print(3 * 5)`
③ `print('3' * 5)`
④ `print(12 + 34)`
⑤ `print('홍길동' + '김유신')`
⑥ `print('홍길동', 12345, '김유신')`

09 자신의 이름과 학번을 나란히 한 줄로 출력하는 코드를 작성하시오.

연습문제

10 파이썬 코드 편집기를 실행해서 다음 프로그램을 입력한 후, 'ex02-10.py'로 저장하고 실행하시오.

```
print('#' * 20)
print('3과 5의 합 = ', 3 + 5)
print('3과 5의 차 = ', 3 - 5)
print('3의 5 제곱 = ', 3 ** 5)
print('*' * 20)
```

CHAPTER 03

변수

학습목표

- 컴퓨터에서 처리하는 다양한 정보의 표현 방법을 이해한다.
- 변수의 개념과 필요성을 알고 활용한다.

SECTION
01 정보의 표현

컴퓨터는 숫자나 문자뿐 아니라 사운드, 이미지, 영상, 위치 정보, 지문이나 얼굴 등의 생체 정보 등 아주 다양한 종류의 데이터를 처리할 수 있다. 그런데 1장에서 컴퓨터가 이해하는 언어는 0과 1밖에 없어서 컴퓨터에게 명령할 때는 프로그래밍 언어와 컴파일 과정이 있어야 된다고 배웠다. 이 절에서는 컴퓨터의 기본적인 데이터 처리 방법과 함께 어떻게 이러한 다양한 형태의 정보를 표현할 수 있는지 알아보겠다.

1 컴퓨터의 데이터 처리

계산을 위한 기계로 만들어진 컴퓨터는 이제 다양한 프로그램을 통해 사람이 필요로 하는 형태의 많은 정보를 처리할 수 있게 되었다. 컴퓨터에 저장하거나 처리하는 숫자, 문자 등의 값을 일반적으로 데이터라고 한다. 컴퓨터를 사용하면 이러한 데이터를 목적에 맞게 알맞은 형태의 정보로 다룰 수 있다. 데이터와 정보라는 용어를 좀 더 명확하게 구분해 보고, 컴퓨터에 저장되는 이진 데이터 표현법을 알아보자.

데이터와 정보

데이터란 어떤 의미나 목적을 포함하지 않은 수집되거나 측정된 값 혹은 자료를 의미한다. 정보는 이런 데이터를 의도나 목적에 맞게 분석 혹은 가공하여 그 의미를 표현한 것으로서, 판단이나 의사 결정, 문제해결에 이용할 수 있다. 데이터가 처리나 분석 혹은 가공되어 의사 결정에 사용되면 정보로서의 가치를 가지게 된다. 그런 의미에서 컴퓨터는 정보처리장치이며, 데이터를 사람이 이용할 수 있는 정보로 제공하는 장치라고 할 수 있다.

우리의 일상에서 빈번하게 만들어지는 여러 종류의 데이터를 생각해 보자. 문자나 숫자, 이모티콘, 이미지나 소리, 영상뿐만 아니라 위치 정보, 체온이나 지문과 같은 생체 정보까지 다양하고 많은 데이터가 다양한 컴퓨팅 장치를 통해 수집되어 저장된다. 이렇게 만들어진 데이터는 사람들의 취향을 분석하는 데 쓰이기도 하고 광고나 선거 활동에 사용될 수도 있으며 길 찾기나 건강관리를 목적으로 사용될 수도 있다.

그림 3-1 일상생활에서 접하는 다양한 데이터

이진 데이터의 표현

컴퓨터에서 데이터를 처리하는 기본 단위는 비트bit, binary digit이며, 0과 1의 이진binary값을 표현한다. 컴퓨터는 필요한 모든 데이터를 이진수로 처리하며, 비트는 스위치나 전구의 off나 on처럼 0이나 1이라는 2개의 값만 저장된다.

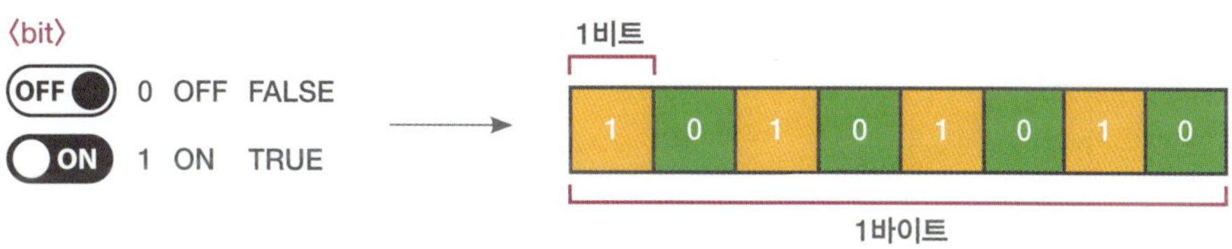

그림 3-2 이진 데이터의 개념

여러 개의 비트들을 비트열bit string이라고도 부른다. 비트열이 모이면 아주 많은 값을 표현할 수 있다. 가령 8개의 비트를 바이트byte라고 하는데, 1byte로는 0에서 255까지 256개의 값을 표현할 수 있다. [표 3-1]과 같이 비트열의 개수에 따라 표현 가능한 값의 개수를 패턴으로 나타낼 수 있다.

표 3-1 비트열의 개수에 따라 표현 가능한 값의 범주

비트 개수	표현 가능한 값의 개수	비트와 값의 패턴
1	2	2^1
2	4	2^2
3	8	2^3
4	16	2^4
8	256	2^8
16	65,536	2^{16}
n	2^n	2^n

여기서 잠깐

데이터 단위

컴퓨터의 메모리 크기나 디스크 용량을 언급할 때, 기가giga나 테라tera라고 하는 용어를 들어본 적이 있을 것이다. 많은 양의 데이터를 처리하기 위해서는 많은 비트가 필요하므로 이해하기 편하게 여러 개의 비트를 묶어서 표현하는 단위이다. 비트의 수를 표현할 때 사용하는 단위에는 다음과 같은 종류가 있다.

표 3-2 데이터 단위

이름	비트 개수	값의 개수	저장 항목의 예
비트(bit)	1	$2^1 = 2$	예/아니오
바이트(byte)	8	$2^8 = 256$	알파벳 하나
킬로(kilo)	10	2^{10} = 약 10^3	문단 몇 개
메가(mega)	20	2^{20} = 약 10^6	1분 길이 노래
기가(giga)	30	2^{30} = 약 10^9	256개 노래
테라(tera)	40	2^{40} = 약 10^{12}	영화 1300편
페타(peta)	50	2^{50} = 약 10^{15}	국내 인구 1/2의 주민정보
엑사(exa)	60	2^{60} = 약 10^{18}	2018년 드롭박스 데이터 용량
제타(zetta)	70	2^{70} = 약 10^{21}	세계 인구 1인당 36t 분량의 책

2 다양한 정보의 표현

우리가 컴퓨터에게 명령을 내릴 때 사용하는 하드웨어를 입력장치라고 한다. 주로 사용하는 입력장치로 키보드나 마우스, 마이크나 터치패드 등이 있고, 이를 통해 문자나 음성, 지문 등 다양한 형태로 컴퓨터에게 필요한 명령을 내릴 수 있다.

또 컴퓨터는 처리한 결과를 사람에게 알려줄 때 모니터나 프린터, 스피커 등 다양한 출력장치를 통해 문자나 이미지, 영상, 사운드, 진동 등 다양한 형태의 정보를 제공한다. 이렇게 다양한 데이터를 다루기 위해서는 컴퓨터에 입력되는 명령을 이진 데이터로 변환하는 과정과 역으로 이진 데이터를 다시 다양한 정보로 변환해서 출력하는 과정이 있어야 한다. 문자, 사운드, 이미지와 같은 다양한 종류의 데이터가 컴퓨터에서 어떻게 표현되고 처리되는지 알아보도록 하자.

텍스트

키보드에서 문자와 숫자, 기호 등의 텍스트text를 입력하면 모니터에는 입력한 대로 출력된다. 마치 타자기에 종이를 끼우고 입력하면 그대로 인쇄되는 것처럼 보인다. 당연한 원리라고 생각할 수 있지만, 컴퓨터는 입력을 단순히 보여주는 기능뿐만 아니라 입력한 데이터를 계산하거나 저장하고 다른 프로그램을 실행시키는 등의 여러 가지 동작을 수행한다.

이렇게 여러 동작을 수행하기 위해 입력한 값은 모두 이진값으로 변환되어 처리된다. 가령, 메모장을 실행하고 키보드의 'H'와 'i'를 차례로 눌렀을 때, 실제로는 '01001000'과 '01101001'이란 두 값이 입력장치를 통해 컴퓨터의 연산장치로 전송되는 것이다. 모든 문자에 이렇게 고유 번호를 붙여 놓고, 문자가 입력될 때마다 각 문자에 해당하는 번호로 변환하는 것이 바로 컴퓨터의 텍스트 표현 방법이다.

그림 3-3 컴퓨터의 텍스트 표현 방법

문자마다 번호를 붙인다는 것은 문자를 이진수로 표현한다는 의미이며 문자 코드표로 정의되어 있다. 문자 코드표는 모든 컴퓨터에서 동일하게 유지되도록 해야 통신이나 파일 공유 작업이 가능하므로 아스키ASCII, American Standard Code for Information Interchange라고 하는 코드 표준을 사용한다. 아스키는 전체 128(=2^7)개 문자에 대해 각 문자당 8개 비트(첫 번째 비트 0은 다른 용도로 사용)를 사용해 다양한 값을 표현한다.

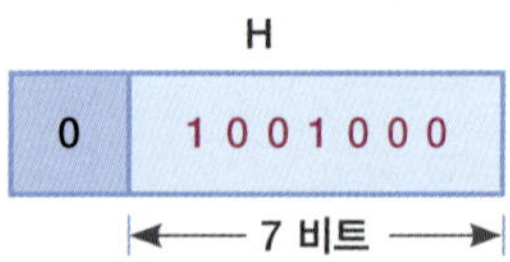

아스키 코드표 일부

Binary	Char	Binary	Char
00100000	space	01000001	A
00100001	!	01000001	B
00100010	"	01000011	C
00100011	#	01000100	D
00100100	$	01000101	E
00100101	%	01000110	F
00100110	&	01000111	G
00100111	'	01001000	H
00101000	(	01001001	I

그림 3-4 아스키 코드표

여 기 서 잠 깐

유니코드

아스키 코드는 전 세계의 많은 언어에서 사용하는 다양한 문자를 모두 표현할 수 없다. 하지만 인터넷의 발달로 점점 더 많은 정보가 다양한 언어로 만들어지고 전 세계를 대상으로 공유되는 속도 역시 빨라지고 있다. 세상의 어느 곳에 있는 컴퓨터를 사용하더라도 다양한 언어로 만들어진 정보가 문제없이 처리될 수 있도록 유니코드Unicode가 만들어졌고, 유니코드는 16개의 비트를 사용하여 65,536개의 문자를 표현할 수 있다. 다음 그림은 'Hi'와 '한글'이라는 텍스트를 유니코드 기준으로 표현한 이진값이다.

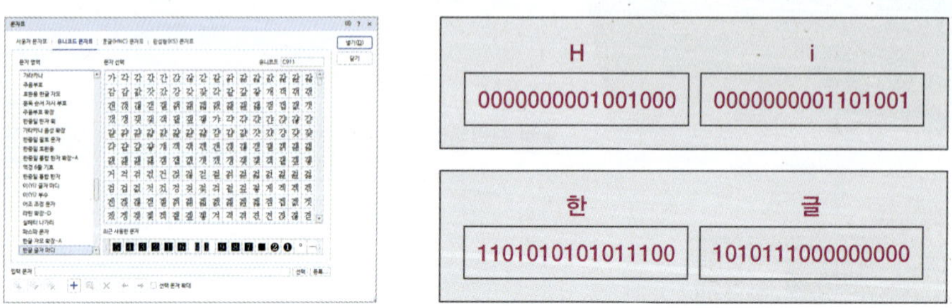

그림 3-5 유니코드의 표현

이미지

컴퓨터에서 이미지image를 처리하는 방식은 연속적인 점을 찍어 그림을 그리듯 아주 작은 격자를 사용해 표현한다. 이것을 픽셀Pixel, picture element 또는 화소라고 하고 격자 모양으로 잘게 쪼갠 이미지의 최소 단위로 정의할 수 있다. 동일한 크기의 이미지라면 화소 수가 많은 경우(더 잘게 쪼갠 경우) 더 선명하게 표시되지만, 이미지 저장 용량은 커진다. 모니터나 스마트폰에서는 해상도resolution라는 용어로 성능을 표시하는데, 해상도는 동일한 면적에 표시할 수 있는 픽셀 수를 의미한다. 해상도가 높을수록 더 또렷하게 볼 수 있고 이러한 해상도를 측정하는 단위로 PPIPixels per Inch를 사용한다.

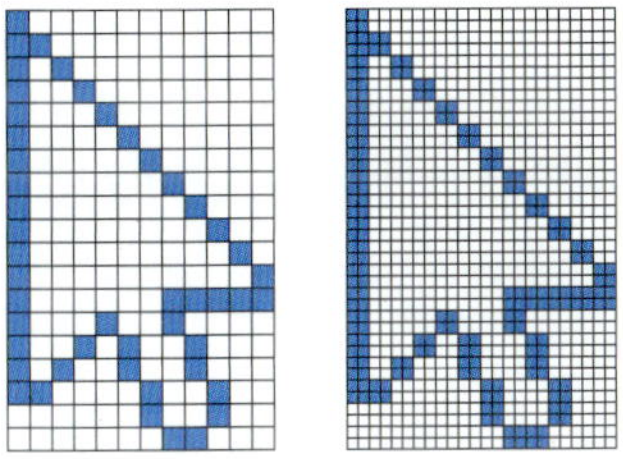

그림 3-6 픽셀 수가 다른 동일 이미지

픽셀 단위로 저장하는 값은 이미지의 색상 정보라고 할 수 있다. 흑백 이미지에서 0은 흰색, 1은 검은색을 나타낼 수 있어서 픽셀당 하나의 비트만으로도 색상 정보를 표현할 수 있다.

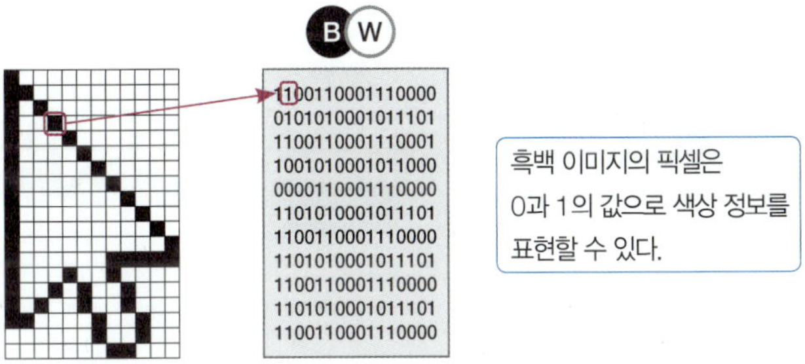

그림 3-7 이미지 구성 요소인 픽셀의 정보

만약 하나의 픽셀에 더 많은 비트를 할당한다면 다양한 색상 정보를 표현하여 회색조나 컬러 이미지를 나타낼 수 있다. 가령 픽셀당 8개의 비트를 사용한다면 2^8인 256가지 색상을 표현할 수 있다. 일반적으로 컬러 이미지의 각 픽셀은 24비트로 구성되고, RGB(빨강, 녹색, 파랑)의 기본 색상을 조합함으로써 2^{24}가지 다양한 색상 정보를 표현할 수 있다.

그림 3-8 **회색조와 컬러 이미지에서 픽셀의 정보**

TIP RGB 색상 표현에서 검정색의 경우 24개의 비트 값이 모두 0이 되고, 일반적으로 8비트씩 나누어 (0,0,0)으로 값을 표기한다. 흰색은 24비트 모두 1이고, 8비트씩 나누어 표기하면 (255,255,255)가 된다. 색상을 표시할 때는 # 문자와 함께 16진수도 많이 사용하는데, 검정색의 경우 #000000, 흰색은 #FFFFFF로 나타낼 수 있다.

사운드

음악이나 음성, 음향 효과처럼 귀로 들을 수 있는 청각 정보를 사운드sound라고 하고, 사운드는 공기를 통해 전달되는 아날로그 신호이다. 컴퓨터의 입력장치인 마이크로 수집되는 사운드는 디지털 신호로 변환하는 과정ADC, Analog-to-Digital Converter을 거치게 된다. 컴퓨터에 저장된 사운드를 재생하려면 역으로 변환하는 과정DAC, Digital-to-Analog Converter과 스피커 등의 출력장치를 통해 원래의 아날로그 신호 형태로 전달되어야 한다.

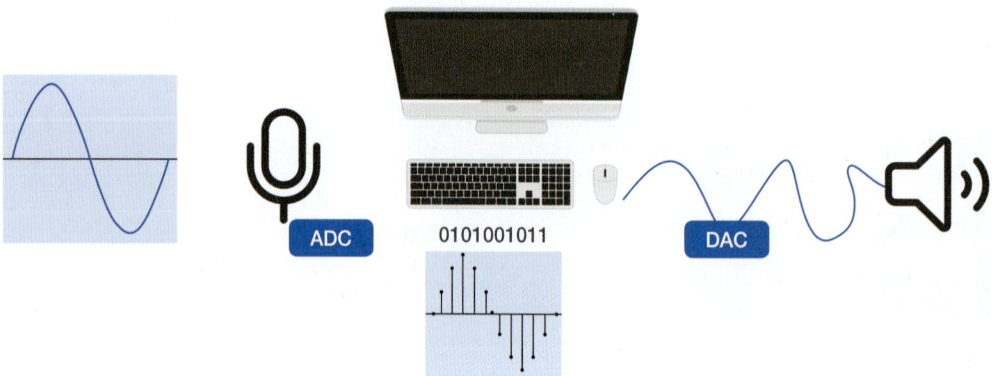

그림 3-9 **사운드의 변환 과정**

디지털 신호 변환 과정은 사운드를 샘플링sampling하여 일련의 숫자 값으로 바꾸는 과정이다. 샘플링이란 아날로그 파형wave form의 표본을 측정하는 것으로 표본화라고도 한다. 1초 동안 측정하는 표본의 개수를 표본화율sampling rate이라고 하고, 표본화율은 사운드의 음질에 영향을 미친다.

표본화율이 높은 경우 생성되는 사운드의 저장 용량은 커지게 되지만, 원음에 가까운 값을 저장하게 되어 음질은 높아진다.

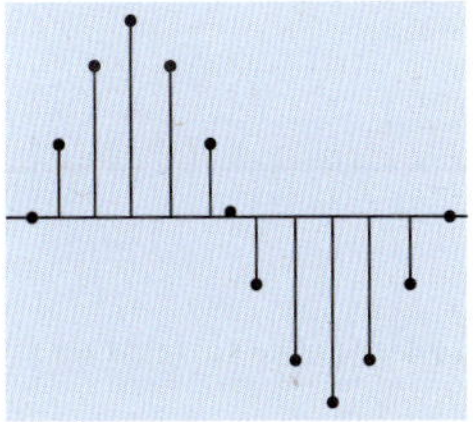

0101001011

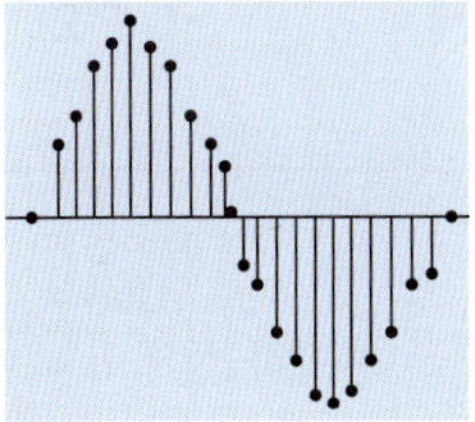

010100101101011011

그림 3-10 표본화율에 따라 달라지는 사운드의 음질과 용량

SECTION
02 변수의 개념과 활용

1절에서 학습한 것처럼 컴퓨터는 다양한 형태의 데이터를 처리하거나 저장할 수 있다. 컴퓨터는 실행 중인 프로그램에 필요한 데이터들을 주기억장치인 메모리에 두고 사용하는데, 이때 변수라는 개념이 필요하다. 이 절에서는 변수의 개념과 사용하는 방법을 알아보자.

1 변수의 개념과 사용

프로그램이 실행되는 동안 필요한 데이터를 저장하는 공간을 변수variable라고 한다. 변수는 다양한 물건을 담는 그릇과 같은 역할을 한다. 숫자, 문자 같은 데이터를 저장하고 컴퓨터의 메모리에 만들어진다.

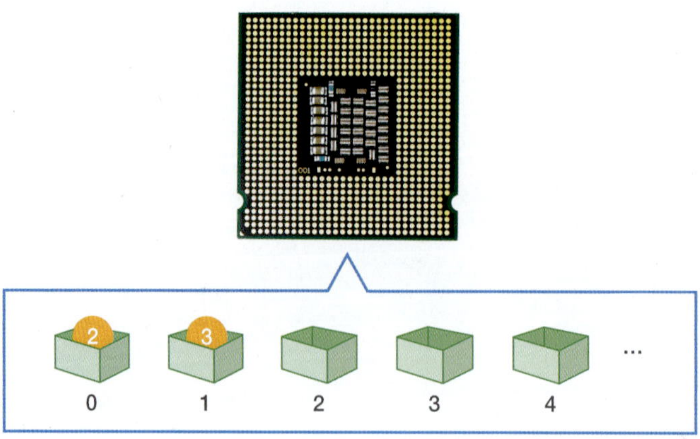

그림 3-11 물건을 담는 상자와 같이 값을 저장하는 변수

메모리 주소와 변수명

메모리에는 주소가 있어서 데이터가 저장되는 위치를 구별할 수 있지만, 숫자로 된 많은 주소를 사용자가 일일이 기억해서 사용하기란 쉽지 않다. 사람 역시 주민등록번호나 학번이 있지만 기억

하기 쉽고 의미 있는 이름을 짓는 것처럼, 메모리 역시 주소 대신 사용할 수 있는 이름을 만들어서 사용하면 유용하다. 변수의 이름(변수명)은 결국 메모리의 특정 위치에 이름을 붙이는 것이라고 할 수 있다.

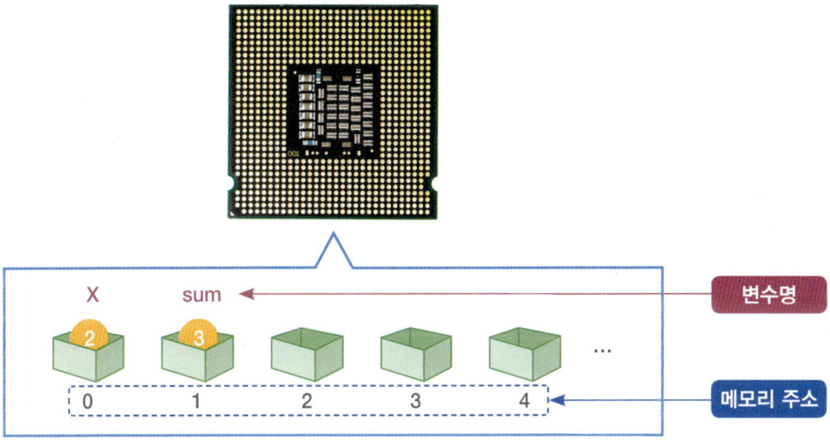

그림 3-12 메모리 주소와 변수명

변수 생성과 값 저장

파이썬에서는 다음과 같이 변수명과 대입assign 연산자(=)를 사용하여 변수를 만들고 값을 저장할 수 있다. 대입 연산자 우측에는 숫자나 문자 등 메모리에 저장하려는 값을 직접 적거나 수식을 사용한다.

```
>>> 변수명 = 저장할 값
>>> sum = 3
```

오른쪽 값을 왼쪽 변수에 저장(대입)

실습 3-1 변수를 만들고 값 저장하기

파이썬 셸에서 변수를 만들어 값을 저장하고, 변수에 저장된 값을 확인해 보자.

1 IDLE 셸을 실행한 다음, 프롬프트 뒤에 다음 코드를 차례대로 입력한다. x, y, z인 3개의 변수가 만들어지고 각 변수에 지정한 숫자 값과 문자열이 저장된다.

```
>>> x = 3
>>> y = 5
>>> z = "안녕"
```

그림 3-13 **변수 생성과 값 저장**

2 각 변수에 저장된 값을 쉘 창에서 확인하자. 다음과 같이 쉘에서는 파이썬 프롬프트 뒤에 변수명을 바로 입력해도 되고, `print(x)`처럼 출력 함수 `print()`에 변수명을 사용해도 된다.

```
>>> x
3
>>> y
5
>>> z
'안녕'
```

3 변수의 값을 저장할 때 수식을 사용해도 된다. 대입 연산자 우측의 수식을 먼저 계산해서 그 결과를 변수 sum에 저장하게 되는데 x와 y에 저장된 데이터를 더한 값이 결과가 된다.

```
>>> sum = x + y
>>> print(sum)
8
```

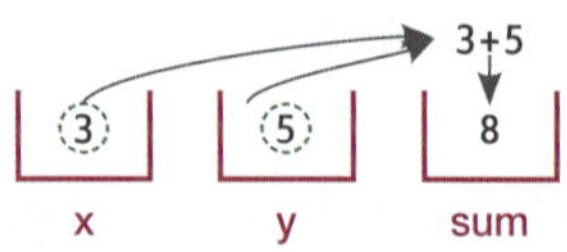

그림 3-14 **변수 값 저장 시, 수식 사용**

변수명 생성 시 주의 사항

변수의 이름은 구별하기 쉽게 만들면 되지만 다음의 규칙은 꼭 지켜야 한다.

- 문자(A–z)와 숫자(0–9), _(underscore)를 사용할 수 있다.
- '2x'처럼 변수명이 숫자로 시작하면 안 된다.
- 대소문자를 구분하므로, 'data'와 'Data'는 다른 변수로 취급된다.
- '합계'와 같은 한글 변수명도 사용할 수 있다.
- 파이썬의 키워드(keyword)인 True, if, for 등은 사용할 수 없다.

실습 3-2 파이썬의 키워드 확인하기

파이썬의 키워드란 용도가 미리 정해져 있는 단어를 의미한다. 다른 용어로는 예약어reserved word 라고도 한다. 파이썬 뿐만 아니라 대부분의 프로그래밍 언어는 예약어를 가지고 있고 이를 변수 이름으로 사용할 수 없다. 파이썬에서 사용하는 예약어로는 무엇이 있는지 확인해 보자.

```
>>> import keyword
>>> print(keyword.kwlist)
['False', 'None', 'True', '__peg_parser__', 'and', 'as', 'assert', 'async', 'await',
'break', 'class', 'continue', 'def', 'del', 'elif', 'else', 'except', 'finally', 'for',
'from', 'global', 'if', 'import', 'in', 'is', 'lambda', 'nonlocal', 'not', 'or', 'pass',
'raise', 'return', 'try', 'while', 'with', 'yield']
```

2 변수 값의 변경과 입력

변수(변하는 수)라는 용어에서도 알 수 있듯이 변수에 저장되는 값은 대입 연산자를 사용해 바꿀 수 있다. 게임에서 획득한 점수나 남아있는 게임 가능 횟수 등 값이 바뀌는 정보가 바로 프로그램에서 변수로 저장되는 예라고 할 수 있다. 사용자 아이디와 비밀번호 등 사용자가 값을 직접 입력하여 프로그램에서 사용하는 변수의 값이 결정되기도 한다. 파이썬에서는 키보드에서 값을 입력받아 문자열의 형태로 저장하는 input() 함수를 제공한다.

실습 3-3 변수 값을 변경하고 입력받기

변수의 값을 다른 값이나 변수 혹은 수식을 이용해 변경해 보고, 입력 함수 input()을 이용해 키보드에서 입력받아 보자.

1 변수 number와 name에 각각 숫자와 문자열을 저장하고 출력해 본다. 두 값을 한 줄에 출력하려면 print() 함수에 콤마(,) 기호를 사용한다.

```
>>> number = 5
>>> name = "Kim"
>>> print(number, name)
5 Kim
```

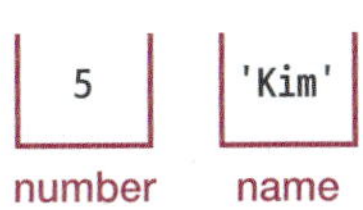

그림 3-15 변수 생성과 값 저장

2 대입 연산자 우측에 바꾸려는 값이나 수식을 입력하면 변수의 값이 변경된다.

```
>>> number = 3
>>> name = "Kim" * number
>>> print(number, name)
3 KimKimKim
```

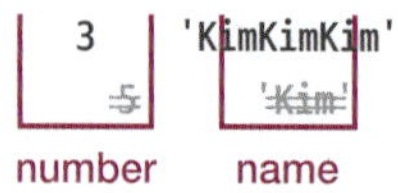

그림 3-16 변수 값 변경

3 input() 함수를 이용해 name 변수 값을 키보드로 직접 입력받아 바꾸고 출력한다.

```
>>> name = input("이름 입력 : ")
이름 입력 : 홍길동
>>> print(name)
홍길동
```

input() 함수의 괄호() 안에 적은 메시지가 입력할 때 표시됨

그림 3-17 변수 값 입력받기

4 number 변수에는 input() 함수로 입력한 정수를 저장하고, 수식을 만들어 출력한다.

```
>>> number = int(input("번호 입력 : "))
번호 입력 : 5
>>> print(name * number)
홍길동홍길동홍길동홍길동홍길동
```

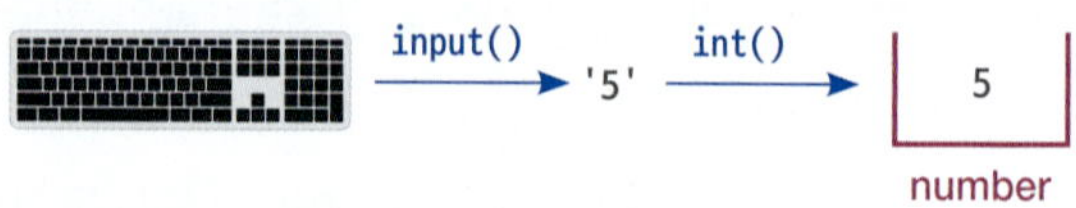

그림 3-18 정수 입력과 수식의 결과 출력

여기서 잠깐

input() 함수

input() 함수는 키보드로 입력한 값을 모두 문자열로 받아들이기 때문에 정수형으로 바꾸기 위해 int()라는 형type 변환 함수를 함께 사용했다. 형 변환은 바로 이어서 자세히 알아보겠다. int()를 사용하지 않으면 number 변수에는 '5'라는 문자가 저장되고 name * number 수식에 다음과 같은 오류가 생긴다.

```
>>> number = input("번호 입력 : ")
번호 입력 : 5
>>> print(name * number)
Traceback (most recent call last):
    File "<pyshell#16>", line 1, in <module>
        print(name * number)
TypeError: can't multiply sequence by non-int of type 'str'
```

3 데이터형과 형 변환

컴퓨터는 이진값으로 모든 데이터를 처리하지만, 사람이 이해할 수 있는 정보를 표현하기 위한 다양한 방법을 제공한다고 1절에서 학습하였다. 프로그램을 작성할 때도 필요한 데이터를 이진수로 표현하는 것이 아니라 문자나 정수, 실수 등 사람이 쉽게 이해할 수 있는 형태로 기술한다. 또 프로그램에서 필요한 데이터는 변수를 이용해 저장한다고 하였는데, 이 변수에 저장되는 값의 종류를 데이터형data type이라고 한다. 파이썬에서는 다음과 같은 데이터형을 기본으로 제공한다.

표 3-3 데이터형의 종류

데이터형	설명	예시
int	정수(integer)	5 -1 100 -13123
float	실수(floating-point)	5.23 -0.024 2349012.412
str	문자열(string)	"python" '문자' '123'
bool	불린(boolean)	True False

TIP type() 함수로 특정 변수나 값이 어떤 데이터형인지 알 수 있는데 type(5), type(x), type('Hi')와 같이 사용하면 된다.

정수와 실수

정수형과 실수형은 일반적으로 사용하는 모든 숫자를 말한다. 파이썬에서는 정수형의 크기에 제한이 없어서 아주 큰 숫자도 원활히 저장할 수 있고, 정수형과 실수형 모두 사칙 연산과 같은 계산에 사용할 수 있다.

실습 3-4 점수의 합계와 평균을 계산해서 출력하기

변수를 이용해 3개의 점수에 대한 합계를 출력해 보자. 정수형이나 실수형인 점수 값을 저장하기 위해 변수를 만들고, type() 함수를 이용해서 각 변수의 데이터형도 알아본다.

1 3개의 변수에 각각 점수를 저장하고 합계를 계산한다.

```
>>> x = 85
>>> y = 92
>>> z = 76.5
>>> sum = x+y+z
```

2 type( ) 함수로 각 변수의 데이터형을 확인한다.

```
>>> type(x)
<class 'int'>
>>> type(sum)
<class 'float'>
```

3 합계를 출력하고, 평균도 계산해서 출력한다.

```
>>> print("합계 = ", sum)
합계 =  253.5
>>> print("평균 = ", sum/3)
평균 =  84.5
```

여기서 잠깐

bin( ) 함수

파이썬에서 기본으로 제공하는 bin( ) 함수는 정수형 데이터를 이진수로 바꿔서 보여준다. 이 함수를 이용하면 메모리에 실제로 저장되는 값의 형태를 알 수 있다. 정수 2는 이진수로 '10'이고 이진수임을 알리는 표시 '0b'를 붙여서 '0b10'으로 표시한다. 만약 변수 x에 85가 저장되어 있다면 '0b1010101'이라고 표시한다. 하지만 bin( ) 함수에 실수형 데이터를 적용하는 경우 다음과 같은 오류 메시지를 출력한다.

```
>>> bin(2)
'0b10'
>>> bin(x)
'0b1010101'
>>> bin(sum)        # sum의 값이 실수형인 경우
Traceback (most recent call last):
    File "<pyshell#13>", line 1, in <module>
        bin(z)
TypeError: 'float' object cannot be interpreted as an integer
```

문자열

하나 이상의 문자를 저장하는 데이터형을 문자열(텍스트)이라 하고, 파이썬에서는 큰따옴표(" ")나 작은따옴표(' ')를 문자열 기호로 사용한다. 1절에서 학습한 것처럼 컴퓨터에서 문자를 처리할 때는 아스키 코드표와 같은 문자 변환 기준에 따라 숫자로 변환시키는 과정이 필요하다. 파이썬에서 처리하는 문자열도 실제로 메모리에 저장되는 값은 문자 코드표로 변환한 숫자 값이 된다. 문자열은 사람과 컴퓨터의 상호작용을 위해 매우 중요한 데이터형이므로 파이썬에서는 문자열을 처리하기 위한 다양한 함수를 함께 제공한다.

```
>>> name = "Kim"
```

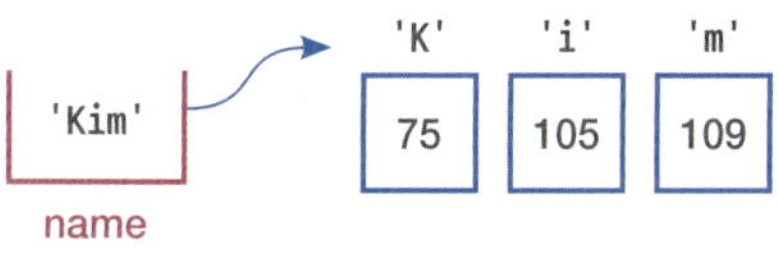

그림 3-19 **문자열 처리**

실습 3-5 **입력한 문자의 실제 숫자 값 확인하기**

키보드로 입력한 문사를 변수에 저장하고, 저장된 값을 출력해 보자. 파이썬에서 제공하는 ord() 함수를 이용해서 특정 문자의 실제 처리되는 숫자 값이 무엇인지 확인해 보자.

1 키보드로 하나의 문자를 입력받아 변수 ch에 저장하고 값을 확인한다.

```
>>> ch = input("문자 하나만 입력하세요 : ")
문자 하나만 입력하세요 : a
>>> ch
'a'
```

2 ord() 함수를 이용해 입력한 문자 'a'가 실제로 처리되는 값이 97임을 확인할 수 있다. bin() 함수를 다시 적용하면 97에 해당하는 이진값도 확인할 수 있다.

```
>>> ord(ch)
97
>>> bin(ord(ch))
'0b1100001'
```

여기서 잠깐

ord() 함수

ord() 함수에는 하나의 문자만 사용할 수 있다. 다음과 같이 문자열을 적용하는 경우 오류 메시지를 출력한다.

```
>>> ord('ab')
Traceback (most recent call last):
    File "<pyshell#23>", line 1, in <module>
        ord('ab')
TypeError: ord() expected a character, but string of length 2 found
```

실습 3-6 문자열의 다양한 형태 알아보기

변수에 다양한 형태의 문자열 값을 저장하고 출력해 보자.

1 문자열 데이터형은 덧셈과 곱셈 연산이 가능하다. 문자열과 문자열의 덧셈으로 문자열을 연결할 수 있고, 문자열과 정수형의 곱셈으로 문자열을 반복할 수 있다.

```
>>> a = "Hello," + "students~"
>>> type(a)
<class 'str'>
>>> b = 3
>>> print(a * b)
Hello,students~Hello,students~Hello,students~
```

2 긴 문자열의 경우 여러 줄로 나눈 상태(줄바꿈)로 변수에 저장할 수 있다. 변수 a에 저장된 값을 확인해 보면 줄바꿈 문자('\n')가 들어있음을 알 수 있다.

```
>>> a = """Hello,
students~"""
>>> print(a)
Hello,
students~
>>> a
'Hello,\nstudents~'
```

두 줄로 나뉜 문자열이 변수에 저장됨
3개의 따옴표를 사용하면 입력한 모양(Enter나 Tab 등이 적용) 그대로 저장

문자열 변수 a를 출력한 모양

문자열 변수 a에 실제 저장된 값

3 문자열 사이에 줄바꿈 문자나 탭 문자('\t')를 넣어 변수에 저장하고 출력한다.

```
>>> b = "안녕하세요,\t학생 여러분~\n반갑습니다!"
>>> print(b)
안녕하세요,	학생 여러분~
반갑습니다!
```

실습 3-7 문자열 서식(formatting) 설정하기

문자열을 서로 연결할 때 덧셈 연산을 사용해도 되지만, 포맷 코드(%)로 특정 위치에 원하는 값을 넣어 문자열로 만드는 방법도 있다. %s(문자열), %d(정수), %f(실수)와 같은 포맷 코드는 출력할 문장 사이에 변수의 값을 함께 표시할 때 특히 유용하게 활용된다.

1 좋아하는 과일을 변수에 저장해 두고, 하나의 문장으로 표현하려고 한다. 덧셈 연산으로 문자열과 변수의 값을 연결하는 경우와 포맷 코드를 사용하는 경우를 비교한다.

```
>>> a = "사과"
>>> "I think " + a + " is the best fruit"
'I think 사과 is the best fruit'
>>> "I think %s is the best fruit" % a
'I think 사과 is the best fruit'
```

%s 자리가 변수 a의 값으로 교체

2 여러 개의 값이 필요할 때는 % 기호 뒤에 괄호를 이용하고, 개수가 일치하도록 주의하자. 정수형 자리에는 %d 포맷 코드를 사용한다.

```
>>> b = "배"
>>> "I think %s and %s are the best fruits" %(a, b)
'I think 사과 and 배 are the best fruits'
>>> c = 3
>>> "You ate %d %s today" %(c, a)
'You ate 3 사과 today'
```

변수 c는 정수형이라 %d를 사용

3 실수형에는 %f 포맷 코드를 사용하면 되는데, 마침표('.') 뒤에 숫자를 사용해 소수점 이하 자릿수를 정할 수 있다.

```
>>> "반지름은 %d이고, 원주율은 %.2f입니다." % (10, 3.141592)
'반지름은 10이고, 원주율은 3.14입니다.'
```

소수점 이하 2자리까지만 표시하도록 설정

여기서 잠깐

포맷 코드의 종류

문자열 서식 설정을 위한 포맷 코드는 다양하게 사용이 가능하다. 실수에 사용되는 포맷 코드를 %5.1f로 기술하면 전체 자릿수를 5로 하고 소수점 이하 자릿수를 1로 한다는 의미이다. 파이썬에서는 포맷 코드 외에도 문자열 서식 설정에 `format()` 메소드를 사용하는데, 9장의 문자열 학습에서 다루기로 한다.

표 3-4 **포맷 코드의 종류와 사용 예시**

포맷 코드	설명	예시	실행 결과
%s	문자열	"I like %s" %("meet")	'I like meet'
%d	정수	"키는 %d(cm)" %(180)	'키는 180(cm)'
%f	실수	"%f와 %5.1f" %(3.14, 3.14)	'3.140000와 3.1'
%c	문자	"90 이상은 %c 등급" %("A")	'90 이상은 A 등급'
%x	16진수	"100은 16진수로 %x" %(100)	'100은 16진수로 64'
%e	지수	"100은 %e" %(100)	'100은 1.000000e+02'

불린

불린boolean은 참True과 거짓False값을 저장하는 데이터형이다. 값을 서로 비교하거나 특정 조건을 검사할 때 주로 사용한다.

실습 3-8 숫자의 크기 비교하기

파이썬에서 조건 검사에 주로 사용하는 비교 연산자(〉, 〈, 〉=, 〈= 등)는 실행의 결과를 불린 값으로 표시한다. 2개의 숫자를 변수에 저장하고 크기를 비교해 보자.

1 정수형 변수를 만들고 값을 저장한 다음, '〉' 연산자로 식을 만들어 결과를 확인한다.

```
>>> x = 3
>>> y = 5
>>> x > y
False
```

2 이번에는 비교 연산자를 사용한 수식의 결과를 변수 answer에 저장하고 데이터형과 저장된 값을 출력한다.

```
>>> answer = x > y
>>> type(answer)
<class 'bool'>
>>> print(answer)
False
```

형(Type) 변환

파이썬 언어에서는 변수를 만들 때 저장하는 값에 따라 변수의 데이터형이 자동으로 정해진다. 하지만 변수의 데이터형을 프로그램 중간에 변경할 필요가 있거나, 입력 함수 `input()`에서 키보드로 입력한 문자열을 숫자로 변환해서 계산에 사용해야 하는 경우도 있다. 이처럼 변수의 데이터형을 바꾸는 것을 형 변환이라고 하고, `int()`, `float()`, `str()` 함수를 사용한다.

표 3-5 데이터형에 따른 형 변환

함수	설명	예시	실행 결과
int()	다른 데이터형을 정수로 변환	int("100")	100
float()	다른 데이터형을 실수로 변환	float(3)	3.0
str()	다른 데이터형을 문자열로 변환	str(12345)	'12345'

실습 3-9 값을 입력받아 실수형으로 합계 출력하기

키보드로 2개의 숫자를 실수형으로 입력하고 합계를 출력한다. 입력 함수 input()을 사용할 때 형 변환 함수를 함께 이용한다.

1 두 변수 x와 y에 입력한 값을 형 변환하여 실수형으로 저장한다.

```
>>> x = float(input("첫번째 수 : "))
첫 번째 수 : 123.456
>>> y = float(input("두번째 수 : "))
두 번째 수 : 1000
```

정수로 입력해도 실수형으로 변환되어 저장

2 합계를 계산해서 출력한다. 포맷 기호를 사용하는 경우와 문자열을 연결하는 경우, 쉼표(,)를 이용해 순서대로 출력하는 경우의 3가지 결과를 비교한다.

```
>>> print("%f와 %f의 합은 %f" %(x, y, x+y))
123.456000와 1000.000000의 합은 1123.456000
>>> print(str(x) + "와 " + str(y) + "의 합은 " + str(x+y))
123.456와 1000.0의 합은 1123.456
>>> print(x, "와 ", y, "의 합은 ", x+y)
123.456 와  1000.0 의 합은  1123.456
```

포맷 기호 사용

숫자는 문자열로 변환한 후 연결(+)

순서대로 출력(,)

4 변수의 값 복사와 교환

변수에 저장된 값을 다른 변수에 그대로 복사할 수도 있다. 다음 그림처럼 변수 x에 10이 저장되어 있고, 다른 변수 y에 x의 값을 복사하려면 y = x 문장을 사용하면 된다. 대입 연산자(=)의 우측에 특정 값이나 수식이 아닌 다른 변수명이 오면 그 변수에 저장되어 있던 값이 그대로 복사된다.

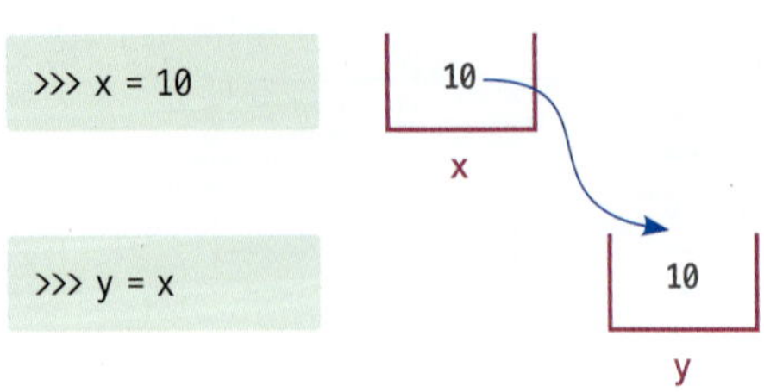

그림 3-20 변수의 값 복사

서로 다른 두 변수에 저장되어 있는 값을 바꾸어야 할 때가 있다. 가령 x에 10, y에 20이 저장되어 있을 때 두 값을 교환하여 x는 20, y는 10을 갖도록 하는 경우이다. 파이썬에서는 x, y = y, x 라는 문장으로 간단하게 값을 교환할 수 있다. 8장에서 학습할 튜플 Tuple 이라는 자료 구조를 사용하는 것인데, 다른 프로그래밍 언어에서는 제공되지 않는 독특한 표현이다.

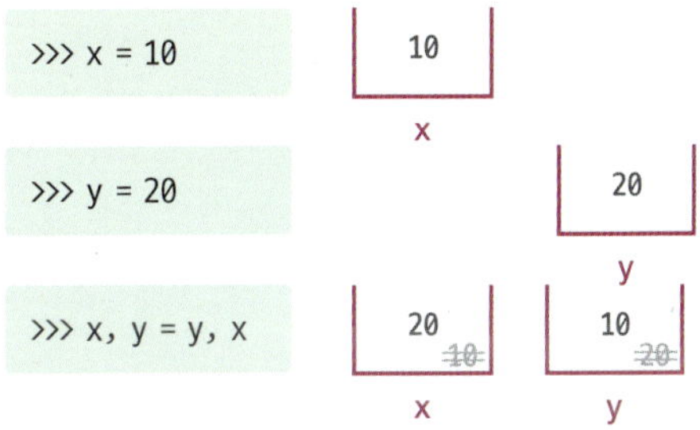

그림 3-21 두 변수의 값 교환

여 기 서 잠 깐

두 변수의 값을 바꾸는 일반적인 방법

일반적으로는 두 변수의 값을 서로 교환하기 위해 다음의 방법을 사용해야 한다. 메모리에 저장된 데이터는 다른 값으로 변경하는 순간 기존의 값이 사라지게 된다. 그래서 두 변수의 값을 교환한다는 의미는 마치 2개의 병에 들어있는 음료수를 서로 바꾸는 것이라고 할 수 있다. 두 병의 내용물을 교환하기 위해서는 여분의 빈 병이 하나 더 필요하다.

두 변수의 값을 교환할 때도 임시로 데이터를 저장할 변수를 하나 만든 다음, 변수의 값이 교환되도록 한 단계씩 옮겨 주어야 한다. 하지만 파이썬에서는 [그림 3-21]의 방법으로 간단히 교환할 수 있다.

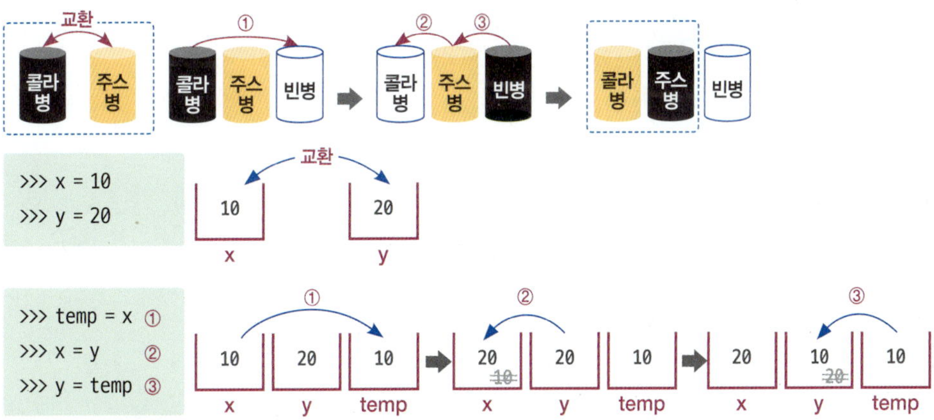

그림 3-22 두 변수의 값을 교환하는 일반적인 방법

실습 3-10 변수의 값을 복사하고 교환하기

변수에 저장된 값을 복사하고 교환하는 파이썬 프로그램을 작성해 보자.

1 변수 x에 저장된 값을 y에 복사해서 출력한다.

```
>>> x = 10
>>> y = x
>>> print("x = %d, y = %d" %(x, y))
x = 10, y = 10
```

TIP 두 변수에 동일한 값 10을 저장할 때 'x = y = 10'으로 작성해도 된다.

2 변수의 값을 서로 교환한 후 출력한다.

```
>>> x = "콜라"
>>> y = "주스"
>>> x, y = y, x
>>> print("x = %s, y = %s" %(x, y))
x = 주스, y = 콜라
```

요약

01 데이터란 어떤 의미나 목적을 포함하지 않은 수집되거나 측정된 값 혹은 자료를 의미한다.

02 정보는 이런 데이터를 의도나 목적에 맞게 분석 혹은 가공하여 그 의미를 표현한 것으로서, 판단이나 결정을 하고 문제해결에도 이용할 수 있다.

03 컴퓨터에서 데이터를 처리하는 기본 단위는 비트bit, binary digit이며, 0과 1의 이진binary값을 표현한다. 컴퓨터는 필요한 모든 데이터를 이진수로 처리한다.

04 모든 문자에 고유 번호를 붙여 놓고, 문자가 입력될 때마다 각 문자에 해당하는 번호로 변환하는 것이 바로 컴퓨터의 텍스트 표현 방법이다.

05 픽셀 또는 화소는 격자 모양으로 잘게 쪼갠 이미지의 최소 단위로 정의할 수 있다.

06 해상도는 동일한 면적에 표시할 수 있는 픽셀 수를 의미한다. 해상도를 측정하는 단위로 PPI Pixels per Inch를 사용한다.

07 프로그램이 실행되는 동안 필요한 데이터를 저장하는 공간을 변수variable라고 한다.

08 파이썬에서는 변수명과 대입 연산자(=)를 사용하면 변수가 만들어지고 값을 저장할 수 있고, 저장된 값을 다른 값으로 변경할 수도 있다.

09 `input()` 함수는 키보드에서 값을 입력받아 문자열의 형태로 저장한다.

10 변수에 저장되는 값의 종류인 데이터형에는 `int`(정수), `float`(실수), `str`(문자열), `bool`(불린)이 있다.

11 변수의 데이터형을 바꾸는 것을 형 변환이라고 하고, `int()`, `float()`, `str()` 함수를 사용한다.

12 하나 이상의 문자를 저장하는 데이터형을 문자열(텍스트)이라고 하고, 파이썬에서는 큰따옴표(" ")나 작은따옴표(' ')를 문자열 기호로 사용한다.

13 파이썬에서 조건 검사에 주로 사용하는 비교 연산자(>, <, >=, <= 등)는 실행의 결과를 불린 값으로 표시한다.

연습 문제

01 데이터와 정보의 차이점을 간단하게 설명하시오.

02 파이썬의 `bin()` 함수를 이용해서 십진수 300을 이진수로 표현하시오.

03 파이썬의 `ord()` 함수를 이용해 문자열 'cat'가 메모리에 어떤 값으로 저장되는지 확인하고, 3개의 십진수로 표현하시오.

04 이미지의 해상도를 측정하는 단위는 무엇이며, 해상도와 저장 용량의 관계를 설명하시오.

05 사운드의 디지털 변환 과정에서 표본화율은 무엇을 의미하는지 설명하시오.

06 파이썬 프로그램에 필요한 변수의 이름을 다음과 같이 만들려고 한다. 잘못된 변수명을 모두 고르시오.

① TrueValue ② ab! ③ aB2 ④ 2ab ⑤ class

⑥ _ab ⑦ AB_C ⑧ ab 2 ⑨ 에이비 ⑩ class2

07 다음의 코드를 입력하고 123과 456이라고 입력하면 오류가 발생한다. 오류가 발생하지 않도록 프로그램을 수정하시오.

```
number1 = input()
number2 = input()
print(number1, '-', number2, '=', number1-number2)
```

08 다음 프로그램을 실행한 결과 출력되는 값은 무엇인가?

```
x = 3
y = 5
x = y
y = x
print("x = ", x)
print("y = ", y)
```

09 연습문제 **08**은 두 변수 x와 y의 값을 서로 바꾸기 위한 프로그램을 잘못 작성한 예이다. 프로그램을 수정하여 두 변수의 값을 교환하는 올바른 코드로 작성하시오.

10 문자열 서식을 설정해서 출력하려고 한다. 다음 코드의 오류를 찾아 올바르게 수정하시오.

```
print("%s는 %d개 있고, %s는 없습니다." %("사과", "포도", 3))
```

CHAPTER 04

연산

학습목표

- 추상화의 개념과 필요성을 이해한다.
- 계산에 사용되는 연산자의 종류를 알고 필요한 수식을 작성한다.

SECTION 01

추상화

컴퓨팅 사고는 문제해결 방법이나 생각을 추상화하여 자동화하는 과정이라 할 수 있다. 현실 세계의 문제를 해결 가능한 형태로 만들고, 이를 컴퓨터 프로그램으로 표현할 수 있어야 한다. 추상화 과정에서 만들어지는 결과물은 프로그램을 작성할 때 기본 설계도의 역할이자 핵심 정보 요소가 된다. 이 절에서는 추상화의 개념과 과정을 자세히 알아보자.

1 추상화의 개념

추상화abstraction란 복잡한 대상이나 상황을 간결하고 단순화하여 표현하는 과정이다. 추상화가 잘 된 결과물은 표현하고자 하는 대상을 빠르고 명확하게 이해할 수 있도록 하고, 유사한 다른 문제에 대한 일반화된 처리 방법을 제공하기도 한다.

컴퓨팅 사고 학습에서뿐만 아니라 우리 생활 곳곳에서도 이러한 추상화의 개념이 많이 활용되고 있다. 대상의 특징만 표현해 간략하게 표현한 그림이나 책의 전체 내용을 요약해서 알려주는 줄거리, 핵심 정보만 간결하게 표현하는 각종 표지판과 길 안내도 등이 바로 일상에서 볼 수 있는 다양한 추상화의 사례이다.

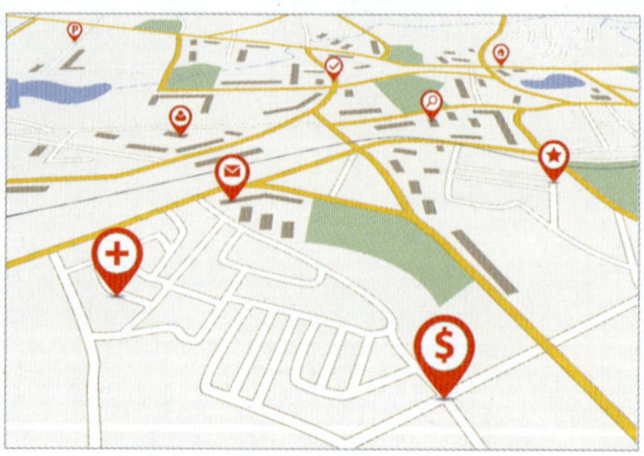

그림 4-1 실생활에서의 추상화 사례

추상화를 사용하면 구체적인 상황에 대한 자세한 설명 없이도 필요한 정보를 전달할 수 있다. 추상화는 복잡한 문제의 해결 과정을 더 쉽고 간단하게 만들기 위해 필요한 단계이며, 반복되는 패턴을 찾아서 단순하게 구조화하고 중요 부분을 강조하거나 일반화해서 표현하는 작업이다.

제어 추상화

2장에서 문제를 해결할 때 해야 할 일을 순서대로 작성하는 알고리즘을 학습했다. 알고리즘을 기술할 때 사용하는 순서도와 의사코드는 실행할 명령들을 순서에 맞게 나열하여 프로그램의 제어구조control structure를 표현한다.

순차, 선택, 반복과 같은 프로그램의 제어구조를 나타낼 때 복잡한 과정을 생략하고 단순하게 표현하는 방법을 제어 추상화control abstraction라고 한다. 다음의 3층 탑 쌓기 알고리즘을 보자. 왼쪽 알고리즘은 한 층을 높일 때마다 수행해야 하는 상세한 동작들(단과 기둥을 만들고 층수를 하나 증가)이 표현되어 있다. 이에 비해 오른쪽 알고리즘은 '한 층 올리기'라는 명령으로 간단하게 알고리즘을 표현하여 제어 추상화된 형태를 보여준다.

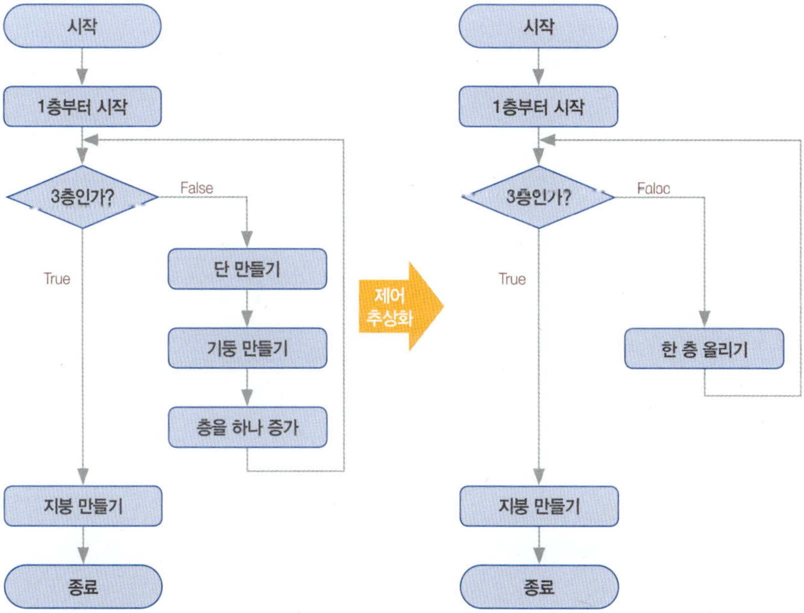

그림 4-2 순서도에서의 제어 추상화

데이터 추상화

제어 추상화와 함께 추상화에 있어서 중요한 과정이 데이터 추상화data abstraction이다. 데이터 추상화는 문제해결을 위해 필요한 데이터를 파악하고 중요한 정보 요소만 구조화시키는 방법이다. 데이터 추상화는 다음과 같은 작업으로 정의할 수 있고, 추상화의 과정은 다음 학습에서 자세히 알아보자.

- 관련 없는 데이터들을 제거하고 문제를 단순화
- 구체적인 데이터를 일반적인 데이터로 요약
- 중요 정보 요소 간의 구조만 핵심적으로 표현

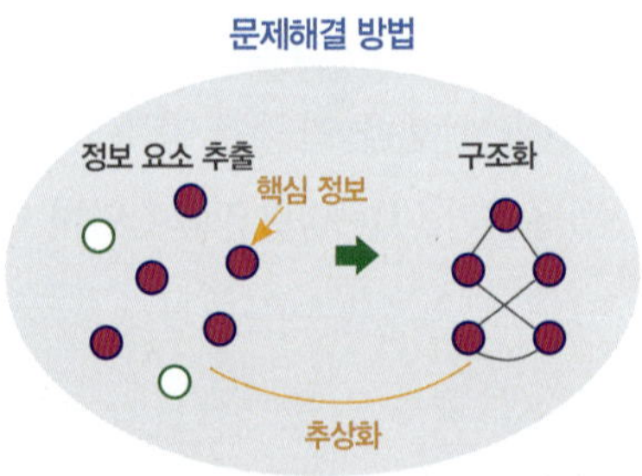

그림 4-3 데이터 추상화 © 김현철, 『정보적 사고에서 인공 지능까지』, 한빛아카데미, 2019

2 추상화 과정

추상화 과정에서는 먼저 문제를 해결하기 위해 필요한 정보가 무엇인지 파악해야 한다. 문제와 관련된 데이터를 수집하고 분석한 뒤, 많은 데이터 중 문제해결에 필요한 중요 정보만 추출한다. 이렇게 추출된 정보 요소들의 연관 관계를 파악하여 관련된 정보를 서로 연결하는 과정을 통해 데이터를 추상화할 수 있다.

정보의 추출

추상화 과정에 대한 간단한 예로 CRMCustomer Relationship Management이라고 하는 기업 활동을 생각해 보자. CRM에서는 고객 정보를 토대로 특성에 맞는 관리 방법을 계획하는 것이 중요하다. 수집된 데이터를 효율적으로 관리하기 위해 세부적으로 분류하고 분석하여 고객의 행동을 예측하고 다양한 마케팅 활동에도 활용한다.

다음과 같이 수집된 고객 데이터 중에서 고객 관리에 중요한 정보 요소만 추출하는 것이 해결해야 할 문제라고 가정해 보자. 이 고객 관리의 목적은 효과적인 마케팅 방법을 찾고 고객 만족도를 높이는 것이다.

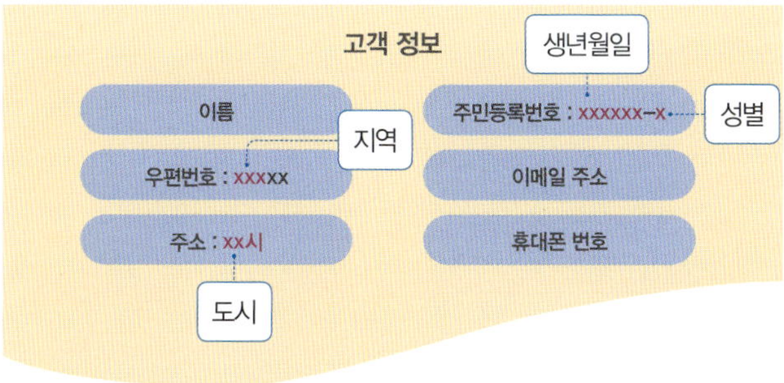

그림 4-4 수집된 고객 데이터

고객 정보 등록 카드에 일반적으로 담긴 항목은 이름, 주민등록번호의 일부분, 주소나 휴대폰 번호 등이다. 이렇게 수집된 고객 데이터 중 주민등록번호는 고객의 나이와 생일, 성별을 파악할 수 있는 자료가 되고, 우편번호와 주소를 통해 고객이 거주하고 있는 지역을 분석할 수 있다. 즉 고객 관리 문제에 고객의 나이와 생일, 성별, 지역, 도시를 활용할 수 있다. 이를 위해서 주민등록번호, 우편번호, 주소를 중요한 정보 요소로 추출하기로 한다.

정보의 연결

중요한 정보 요소를 추출하고 나면, 해당 정보를 통해 무엇을 할 것인지를 정의하고 연관된 정보 요소들 간의 관계를 표시한다. 정보를 정의하고 정보 요소 간의 연관 관계를 표시할 때는 문장이나 그림으로 표현할 수도 있지만, 다음 그림과 같이 그래프graph나 표table를 사용하면 정보의 의미와 관계를 더 효과적으로 나타낼 수 있다.

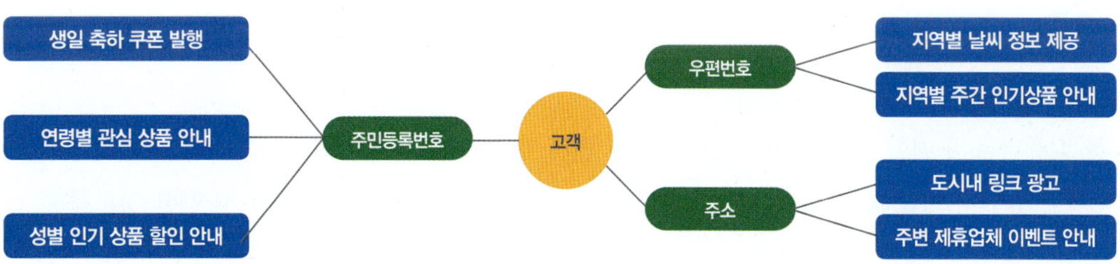

그림 4-5 그래프로 표현한 정보의 구조화

표 4-1 표로 표현한 정보의 구조화

고객 정보	분석 정보	활용 방법
주민등록번호	생일	생일 축하 쿠폰 발행
	나이	연령별 관심 상품 안내
	성	성별 인기 상품 할인 안내
우편번호	지역	지역별 날씨 정보 제공
		지역별 주간 인기상품 안내
주소	도시	도시내 링크 광고
		주변 제휴업체 이벤트 안내

실습 4-1 컴퓨터를 구매하기 위한 정보 추상화하기

지금까지 배운 추상화 개념과 과정을 적용하여 '컴퓨터 구매에 필요한 정보의 추상화'를 만들어 보자. 1장의 학습에서 컴퓨터 하드웨어는 [그림 4-6]과 같이 입·출력 장치와 CPU, 메모리로 구분하였다. 컴퓨터의 많은 장치를 기능별로 분류하고 단순화하여 표현한 것이며, 컴퓨터 구매를 위한 정보 추상화에 활용해 보자.

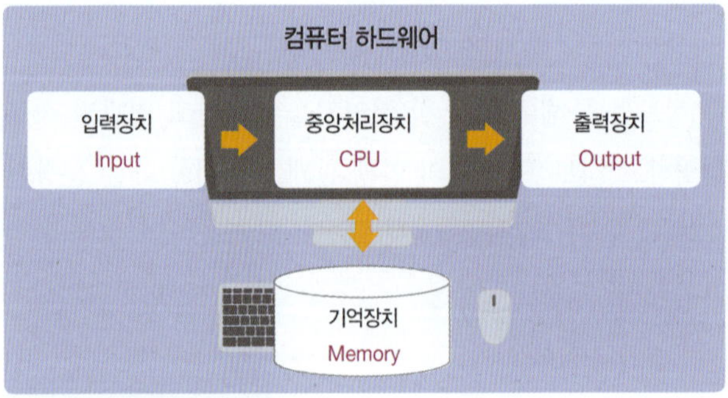

그림 4-6 컴퓨터 하드웨어의 구성

1 컴퓨터를 구매할 때 고려해야 할 정보를 먼저 수집해 보자. 컴퓨터 하드웨어 구성에 필요한 장치로 CPU나 메모리, 그래픽카드, SSD, 모니터나 키보드, 마우스 등 매우 다양한 정보를 수집할 수 있다.

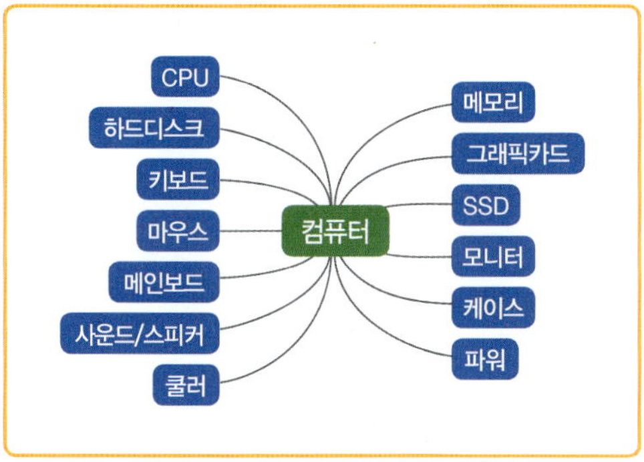

그림 4-7 **컴퓨터 구매에 고려할 장치 정보**

2 다양한 장치들로 구성되는 컴퓨터를 잘 구매하려면 여러 제품을 비교, 검색하는 것이 좋지만, 시간과 노력이 많이 든다. 특히 게임이나 영상 편집 등 작업의 용도에 맞게 컴퓨터를 조립해서 구매한다면 여러 가지 브랜드별 부품 사양이나 가격뿐만 아니라, 부품 간의 호환성까지 고려해야 하니 여간 복잡한 것이 아니다. 구매할 컴퓨터가 크기와 성능이 적당한 일반 사무용이라고 가정하고, 수집한 장치 정보 중에서 주요 정보만 추출해 본다. 일반 사무용 컴퓨터의 주요 장치인 CPU, 메모리, 메인보드, 케이스, 파워를 추출해 다른 색상으로 표시했다.

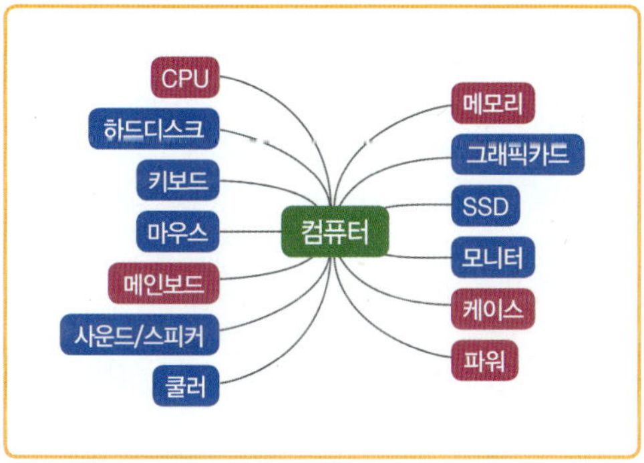

그림 4-8 **주요 장치 정보의 추출**

여기서 잠깐

알마인드

정보의 추상화를 표현하기 위해 알마인드(www.altools.co.kr)라고 하는 프로그램을 사용할 수 있다. 알마인드는 무료 마인드맵mind map 프로그램으로 생각이나 주제를 정리하고 구조화하기에 좋은 도구이다.

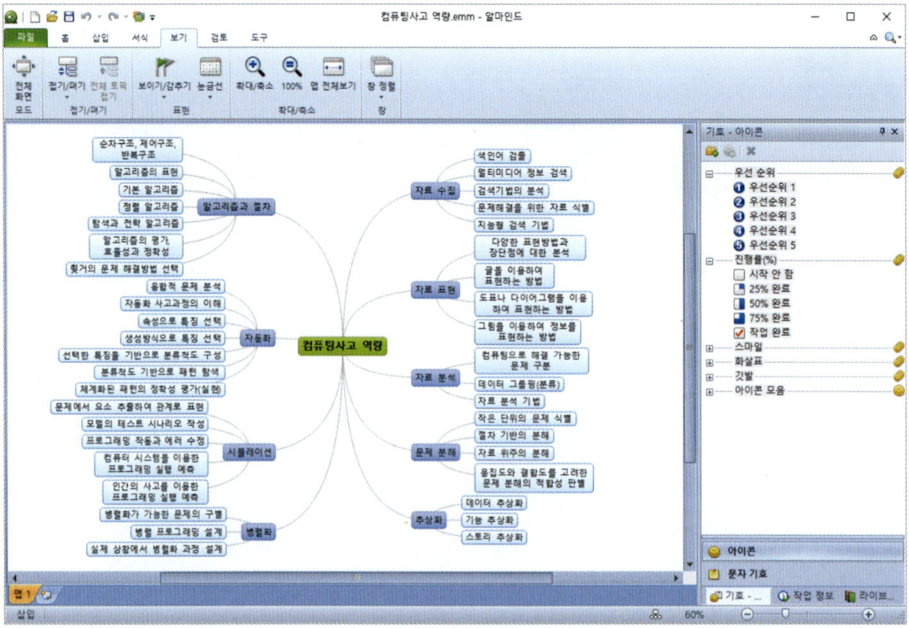

그림 4-9 알마인드

실습 4-2 정다각형 그리기 추상화하기

정다각형은 모든 변의 길이가 같고 모든 각의 크기가 같은 다각형이다. 정삼각형, 정사각형, 정오각형과 정육각형을 자동으로 반복해서 그리는 프로그램을 만들어 보자. 정다각형을 그리기 위한 특징을 조사한 뒤, 프로그램 작성에 필요한 정보 요소를 추상화한다.

1 꼭짓점의 개수를 n이라고 한다면 정n각형은 모든 변의 길이와 내각, 외각의 크기가 같다. 정n각형의 한 내각의 크기와 외각의 크기는 다음의 수식으로 구할 수 있다.

```
내각의 크기 = 180° * (n-2) / n
외각의 크기 = 360° / n
```

2 먼저 정삼각형을 그려 보자. 작은 로봇이 캔버스 위를 이동하면서 펜으로 그림을 그린다고 가정한다. 로봇은 앞으로 이동할 수 있고 시계 반대 방향으로 회전할 수 있다. 이동 거리와 회전 각도를 알려주면 로봇이 움직이는 경로를 따라 선을 그린다.

다음 그림처럼 한 변의 길이만큼 이동한 후 방향을 바꾸기 위해 회전해야 하는데, 회전하는 각도가 바로 외각의 크기이다.

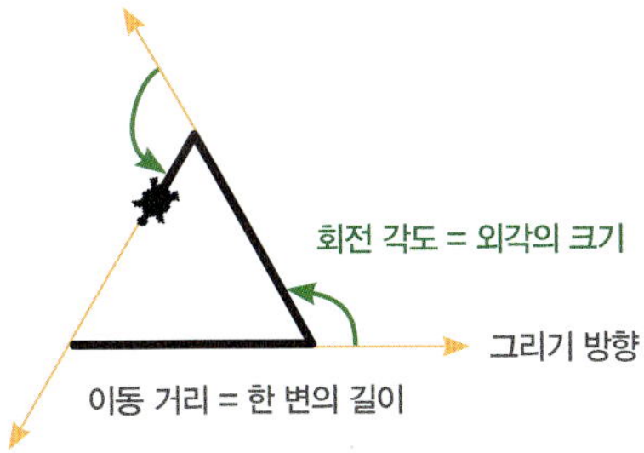

그림 4-10 정삼각형을 그릴 때 로봇의 이동과 회전

3 정삼각형을 그릴 때의 동작을 이용해 정n각형 그리기에 대한 일반화된 특징과 단계별 공통 요소를 찾아보자. 다음 그림처럼 원하는 도형을 그리려면 한 변의 길이만큼 이동한 후 외각의 크기만큼 회전하는 동작을 꼭짓점의 개수(n)만큼 반복한다.

표 4-2 정n각형 그리기의 이동과 회전

정n각형(n=꼭짓점 개수)		단계 1	단계 2	…	단계 n
정삼각형	△	이동 → 회전	회전, 이동		이동, 회전
정사각형	□	이동 → 회전	회전, 이동		이동, 회전
정오각형	⬠	이동 → 회전	회전, 이동		이동, 회전
정육각형	⬡	이동 → 회전	회전, 이동		이동, 회전

TIP 그리기 동작에 대한 추상화 과정을 거치면 프로그램 작성을 위한 알고리즘을 쉽게 설계할 수 있다.

SECTION

02 연산자

복잡한 계산을 정확하게 수행하는 컴퓨터에는 무엇보다 연산 기능이 필수적이다. 컴퓨터의 연산 기능은 우리 일상에서 자주 이용하는 날씨 예보를 비롯해 인공지능, 그래픽이나 의학 등 많은 분야에서 활용되고 있다. 이번 절에서는 계산에 사용되는 연산자의 종류를 알아보고, 다양한 계산 문제에 연산자가 어떻게 활용되는지 파이썬 프로그램 작성을 통해 학습한다.

1 연산자의 종류

다음과 같이 연산자operator와 피연산자operand로 이루어지는 계산식을 수식expression이라고 한다. 파이썬에서는 다양한 연산자를 제공함으로써 필요한 수식을 만들고 결과 값을 계산할 수 있다.

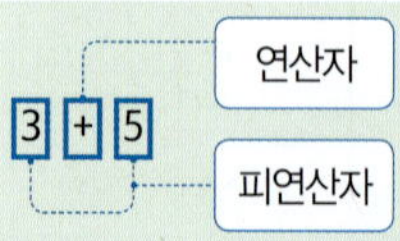

파이썬 프로그래밍에는 사칙연산을 비롯한 다양한 산술 연산자와 비교 연산자, 논리 연산자, 대입 연산자 등을 사용할 수 있다.

표 4-3 다양한 연산자 종류

산술 연산자	+ - * / // % **
비교 연산자	< > <= >= == !=
논리 연산자	and or not
대입 연산자	= += -= *= /= //= %=

TIP 파이썬은 다른 프로그래밍 언어들처럼 비트 단위로 계산하기 위한 비트 연산자도 제공하고 있지만, 이 책에서는 4가지 연산자에 한해 설명한다.

산술 연산자

파이썬에서 사용할 수 있는 산술 연산자에는 덧셈(+), 뺄셈(−), 곱셈(*), 나눗셈(/)의 사칙연산 외에도 몫(//)과 나머지(%)를 구하거나 제곱을 구하는 지수(**) 연산도 포함된다. 산술 연산자는 일반적으로 수학에서 사용하는 연산과 형태가 비슷하여 이해하기 쉽고, 다양한 수식 계산에 활용할 수 있다. 산술 연산자의 종류는 다음과 같다.

표 4-4 산술 연산자의 종류

연산자	예시	의미	실행 결과
+	3 + 5	3과 5의 더하기	8
−	3 - 5	3에서 5를 빼기	−2
*	3 * 5	3과 5의 곱하기	15
/	3 / 5	3을 5로 나누기	0.6
//	3 // 5	3을 5로 나눈 몫	0
%	3 % 5	3을 5로 나눈 나머지	3
**	3 ** 5	3의 5제곱	243

여기서 잠깐

산술 연산자의 우선순위

하나의 수식에 여러 개의 연산자를 사용할 때는 연산자의 우선순위 규칙에 따라 계산 순서를 정한다. 산술 연산자 사이에서는 지수(**), 곱셈·나눗셈·몫·나머지(*, /, //, %), 덧셈·뺄셈(+, −) 연산자의 순서로 우선순위가 정해진다.

그림 4-11 산술 연산자의 우선순위

실습 4-3 몫과 나머지 계산하기

[표 4-4]에서도 알 수 있듯이, 나눗셈 연산의 결과는 실수형 데이터이다. 하지만 거스름돈 계산 같이 때에 따라서는 나눗셈한 결과로 정수형의 몫이나 나머지가 필요할 때가 있다. 2개의 정수를

입력받아 나누기한 몫과 나머지를 출력하는 프로그램을 작성해 보자.

1 나눠지는 수와 나누는 수를 정수형으로 입력받아 변수 x와 y에 각각 저장한다.

```
>>> x = int(input("나눠지는 수 : "))
나눠지는 수 : 3000
>>> y = int(input("나누는 수 : "))
나누는 수 : 500
```

2 몫과 나머지 계산 수식을 실행한 결과를 화면에 출력한다.

```
>>> print("%d를 %d로 나눈 몫 = %d" %(x, y, x//y))
3000를 500로 나눈 몫 = 6
>>> print("%d를 %d로 나눈 나머지 = %d" %(x, y, x%y))
3000를 500로 나눈 나머지 = 0
```

실습 4-4 원의 면적 구하기

원의 면적을 구하는 공식은 반지름의 제곱에 원주율을 곱한 것이다(원의 면적은 $s = \pi r^2$). 원의 반지름을 실수형으로 입력받아 면적을 계산해서 출력하는 프로그램을 작성해 보자. 원주율 π의 값은 3.14로 계산한다.

1 원의 반지름을 실수형으로 입력받아 변수 radius에 저장한다.

```
>>> radius = float(input("원의 반지름 : "))
원의 반지름 : 3.5
```

2 공식에 맞게 수식을 작성하고 계산한 원의 면적을 변수 area에 저장한다.

```
>>> area = 3.14 * radius ** 2
```

TIP 지수 연산자가 곱셈 연산자보다 우선순위가 높기 때문에 괄호()를 사용하지 않아도 지수 연산이 곱셈보다 먼저 실행되어 3.14 * (radius ** 2)로 계산된다.

3 원의 면적 area를 실수형 포맷 코드를 사용하여 화면에 출력한다.

```
>>> print("원의 면적 = %f" % area)
원의 면적 = 38.465000
```

비교 연산자

비교 연산자comparison operator는 2개의 피연산자를 서로 비교하여 참(True)이나 거짓(False)으로 판별하는 수식(조건식)에 사용된다. 비교 연산자는 수학에서 사용하는 등호와 부등호 기호를 사용하고 있고 그 의미 또한 동일하다. 파이썬에서는 다음과 같은 비교 연산자들을 사용한다.

표 4-5 비교 연산자의 종류

연산자	예시	의미	실행 결과
<	3 < 5	3은 5보다 작다	True
>	3 > 5	3은 5보다 크다	False
<=	3 <= 5	3은 5보다 작거나 같다	True
>=	3 >= 5	3은 5보다 크거나 같다	False
==	3 == 5	3은 5와 같다	False
!=	3 != 5	3은 5와 다르다	True

TIP 비교 연산자는 관계 연산자relational operator라고도 부른다.

실습 4-5 나이를 기준으로 영화 매표 여부 확인하기

영화관에서 17세 이상 관람 가능한 영화를 매표하려고 한다. 나이를 입력받아 표를 살 수 있는지 확인하는 프로그램을 작성해 보자.

1 나이를 입력받고 변수 age에 저장한다.

```
>>> age = int(input("나이를 입력하세요 : "))
나이를 입력하세요 : 21
```

2 비교 연산자를 이용하여 관람 가능한 나이인지 판단해서 출력한다.

```
>>> print("매표 가능 여부 : ", age >= 17)
매표 가능 여부 :  True
```

실습 4-6 입력한 정수가 3의 배수인지 확인하기

정수를 하나 입력받고 그 수가 3의 배수이면 'True'를 출력하는 프로그램을 작성해 보자.

1 정수를 하나 입력받아 변수 x에 저장한다.

```
>>> x = int(input("정수를 입력하세요 : "))
정수를 입력하세요 : 12345678
```

2 입력한 정수 x를 3으로 나누어 나머지를 변수 remain에 저장한다. 나머지가 0이라면 x는 3의 배수가 된다.

```
>>> remain = x % 3
```

3 변수 remain에 저장된 값이 0인지 비교 연산자를 이용해서 확인 후 출력한다.

```
>>> print("x는 3의 배수입니까? : ", remain == 0)
x는 3의 배수입니까? :  True
```

TIP 'remain == 0' 수식을 'remain = 0'이라고 잘못 작성하지 않도록 주의하자. '=='는 '같다'를 의미하는 비교 연산자이고, '='는 변수에 값을 저장하는 대입 연산자이다.

논리 연산자

논리 연산자logical operator는 조건식이 여러 개 결합되는 경우 사용된다. 어떤 수가 3의 배수이거나 4의 배수인지 검사하거나, 혹은 아이디와 패스워드를 모두 맞게 입력했는지 확인하는 경우처

럼 2개 이상의 조건이 결합되어 전체 식의 True와 False를 판단하는 형태이다. 파이썬에서 사용할 수 있는 논리 연산자는 다음과 같다.

표 4-6 논리 연산자의 종류

연산자	예시	예시의 조건	실행 결과
and	x and y	x와 y가 모두 True인 경우	True
		x와 y가 하나 이상 False인 경우	False
or	x or y	x와 y가 하나 이상 True인 경우	True
		x와 y가 모두 False인 경우	False
not	not x	x가 True인 경우	False
		x가 False인 경우	True

실습 4-7 학점 계산하기

평가 점수와 결석 횟수로 학점을 계산하려고 한다. 점수가 60점 미만이거나 결석이 4회 이상이면 F 학점으로 판정하는 프로그램을 작성해 보자.

1 점수와 결석 횟수를 입력받아 변수에 저장한다.

```
>>> score = float(input("점수 입력 : "))
점수 입력 : 85.7
>>> absence = int(input("결석 횟수 입력 : "))
결석 횟수 입력 : 1
```

2 논리 연산자를 활용한 수식으로 F 학점 여부를 판단해서 출력한다.

```
>>> print("F 학점 여부 = ", (score < 60) or (absence >= 4))
F 학점 여부 = False
```

TIP 비교 연산자(<, >=)가 논리 연산자(or)보다 우선순위가 높아서 'score < 60 or absence >= 4'와 같이 수식에 괄호를 사용하지 않아도 결과는 동일하다.

실습 4-8 아이디와 비밀번호로 로그인하기

학교 홈페이지에 로그인하려면 아이디와 비밀번호가 미리 정해둔 값과 모두 일치해야 한다. 아이디와 비밀번호를 입력하고 로그인할 수 있는지 알려주는 프로그램을 작성해 보자.

1 가입할 때 사용한 아이디와 비밀번호를 임의로 정해서 변수에 저장한다.

```
>>> id = "hong"
>>> password = "1234"
```

2 로그인하려는 아이디와 비밀번호를 입력하고 변수에 각각 저장한다.

```
>>> input_id = input("아이디를 입력하세요 : ")
아이디를 입력하세요 : hong
>>> input_pass = input("비밀번호를 입력하세요 : ")
비밀번호를 입력하세요 : 12345
```

3 아이디와 비밀번호가 모두 일치하는지 판단해서 로그인 여부를 출력한다.

```
>>> print("로그인 여부 : ", id == input_id and password == input_pass)
로그인 여부 :  False
```

대입 연산자

3장에서 학습한 것처럼 대입 연산자(또는 배정 연산자)는 변수에 값을 저장할 때 사용한다. 대입 연산자의 오른쪽에는 저장할 값이나 수식 혹은 다른 변수 이름을 사용할 수 있다. 대입 연산자의 오른쪽에 수식이 있는 경우, 수식의 계산 결과가 변수에 저장된다. 대입 연산자의 왼쪽에는 값이나 수식을 사용하면 안 되고 반드시 하나의 변수 이름만 사용할 수 있다.

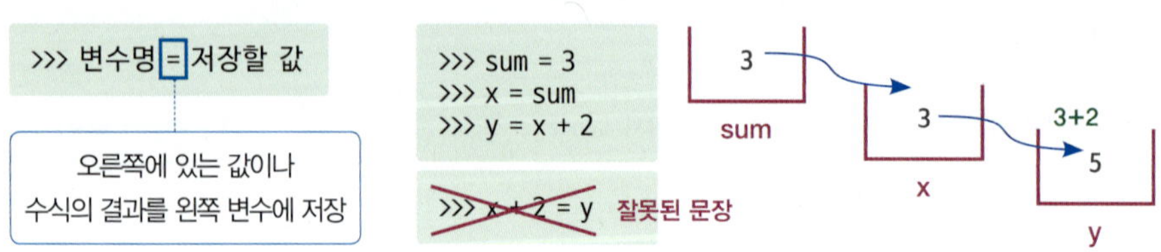

그림 4-12 대입 연산자의 규칙

대입 연산자의 오른쪽에 다른 변수명이 오면 값이 복사되는데, 그림과 같이 하나의 수식에 대입 연산자를 여러 번 사용할 수도 있다. 다음 수식에서는 변수 c에 10을 먼저 저장하고, 그 값이 다른 변수 b와 a에 차례대로 복사된다. 대입 연산자는 항상 오른쪽이 먼저 실행된다는 것을 기억하자.

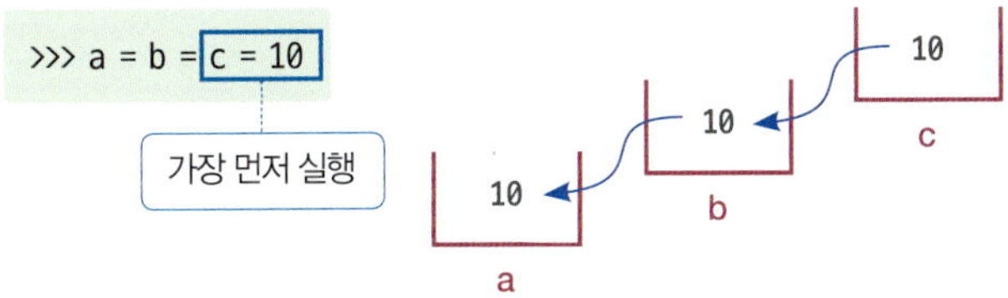

그림 4-13 대입 연산자의 실행 순서

대입 연산자와 산술 연산자를 함께 표기한 연산자들을 복합 대입 연산자compound assignment operator라고 한다. 파이썬에서 사용할 수 있는 복합 대입 연산자들은 다음과 같다.

표 4-7 복합 대입 연산자의 종류

연산자	예시	의미	실행 결과
+=	x += 5	x = x + 5	x의 값이 5 증가
-=	x -= 5	x = x - 5	x의 값이 5 감소
*=	x *= 5	x = x * 5	x는 5배수 값으로 변경
/=	x /= 5	x = x / 5	x를 5로 나눈 값으로 변경
//=	x //= 5	x = x // 5	x를 5로 나눈 몫으로 변경
%=	x %= 5	x = x % 5	x를 5로 나눈 나머지로 변경

실습 4-9 복합 대입 연산자 사용하기

변수 x와 y에 다음과 같이 복합 대입 연산자를 활용한 수식을 만들어 실행한다. 변수의 값이 어떻게 변경되는지 출력 결과를 확인해 보자.

1 변수 x와 y에 각각 정수 10과 5를 저장하고 수식을 만들어 실행한다.

```
>>> x = 10
>>> y = 5
>>> x += y
>>> x *= y
>>> x %= y
```

x += y : x = x + y
x *= y : x = x * y
x %= y : x = x % y

2 변수 x와 y를 출력하여 변경된 값을 확인한다.

```
>>> print("x = %d\ny = %d" %(x, y))
x = 0
y = 5
```

여기서 잠깐

연산자의 우선순위

앞서 살펴본 여러 가지 연산자들이 수식에 같이 사용될 때는 연산자 우선순위에 따라 실행 순서가 결정된다. 산술 > 비교 > 논리 > 대입 연산자의 순으로 우선순위가 높다. 하지만 어떤 상황에서도 가장 먼저 실행해야 할 부분은 괄호( ) 안에 있는 수식이다.

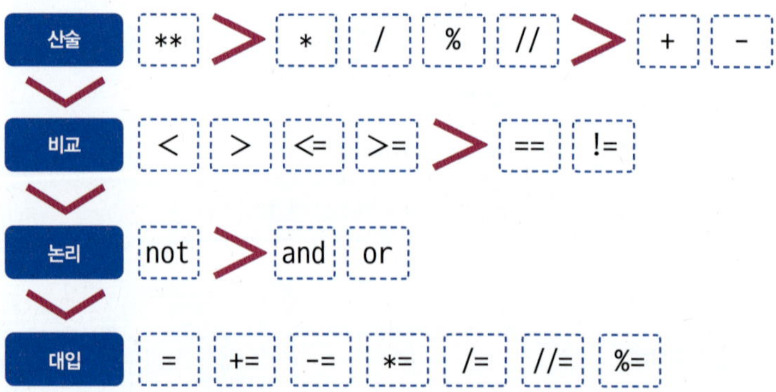

그림 4-14 연산자의 우선순위

2 연산자의 활용

수식 작성에 활용할 수 있는 다양한 연산자를 학습해 보았다. 필요한 연산자를 올바르게 활용하면 여러 가지 문제를 빠르고 정확하게 해결할 수 있다. 문제의 상황에 알맞게 올바른 연산자를 선택할 수 있도록 여러 가지 프로그램을 만들어 보자.

실습 4-10 정다각형의 내각의 합과 한 내각의 크기 계산하기 code04-10.py

[실습 4-2]의 정다각형 그리기 추상화 과정에서 정다각형의 일반화된 정보를 알 수 있었다. 정수 n(3<=n<=6)을 입력하면 정n각형의 내각의 합과 한 내각의 크기를 계산해서 출력하는 프로그램을 작성해 보자.

1 프로그램이 실행되는 순서를 생각한다.

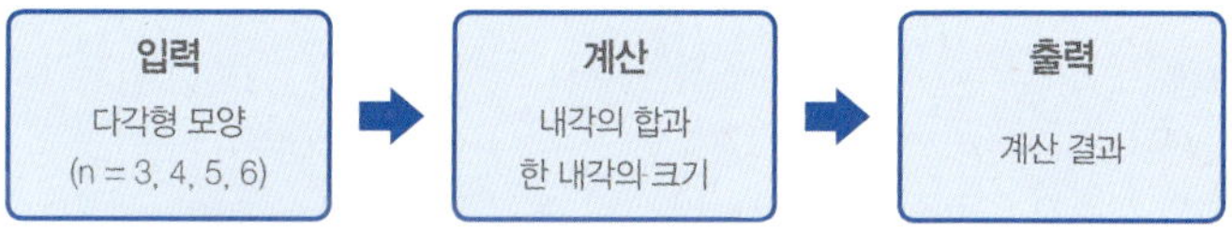

그림 4-15 내각의 합과 한 내각의 크기 계산 순서

2 계산을 위한 수식은 다음 표를 참고한다.

표 4-8 내각의 합과 크기 계산

정n각형	내각의 합	한 내각의 크기
3 <= n <= 6	180*(n-2)	180*(n-2)/n

3 코드 편집기를 열고, 실행 순서와 정해진 계산식에 맞게 필요한 동작을 모두 기술한다.

```
n = int(input("3에서 6 사이의 정수를 입력하세요 : "))  # 다각형 모양 선택
sumAngle = 180 * (n - 2)                            # 내각의 합 계산
intAngle = 180 * (n - 2) / n                        # 한 내각의 크기
print("정%d각형의 내각의 합 = %d도" % (n, sumAngle))
print("정%d각형의 한 내각의 크기 = %d도" % (n, intAngle))
```

4 파일을 저장하고 코드 편집기 [Run] 메뉴의 [Run Module]을 실행한다.

실행 결과

```
3에서 6 사이의 정수를 입력하세요 : 6
정6각형의 내각의 합 = 720도
정6각형의 한 내각의 크기 = 120도
```

여기서 잠깐

주석의 이용

[실습 4-10]의 01~03행은 주석comment 문장을 사용하고 있다. 주석은 '#' 기호부터 그 줄의 마지막 내용까지에 해당하고, 프로그램 실행에서 제외되는 부분이다. 프로그램을 작성할 때 참고할 사항이나 필요한 설명을 자유롭게 기술하면 된다. 주석을 여러 행에 나누어 작성하려면 큰따옴표나 작은따옴표 3개(' ' ', " " ")를 이용한다. 다음 프로그램은 01~03행이 모두 주석이 된다. 편집기에서는 단축키를 이용해서 주석 기호(##)를 자동으로 붙일 수 있는데, 주석 처리할 문장을 선택하고 Alt+3을 누르면 된다. 주석 기호를 제거하는 단축키는 Alt+4이다.

```
01  '''=========================
02     다각형의 내각 계산 프로그램
03     ========================='''
04  n = int(input("3에서 6 사이의 정수를 입력하세요 : "))          # 다각형 모양 선택
05  sumAngle = 180 / (n - 2)                                       # 내각의 합 계산
```

실습 4-11 거스름돈 계산하기 code04-11.py

문구점에서 연필을 사려고 한다. 연필 한 자루가 400원이라고 한다면, 몇 자루의 연필을 살 수 있고 거스름돈은 얼마인지 계산하는 프로그램을 만들어 보자. 가진 돈이 얼마인지는 키보드로 입력받도록 한다.

1 프로그램이 실행되는 순서를 먼저 생각한다.

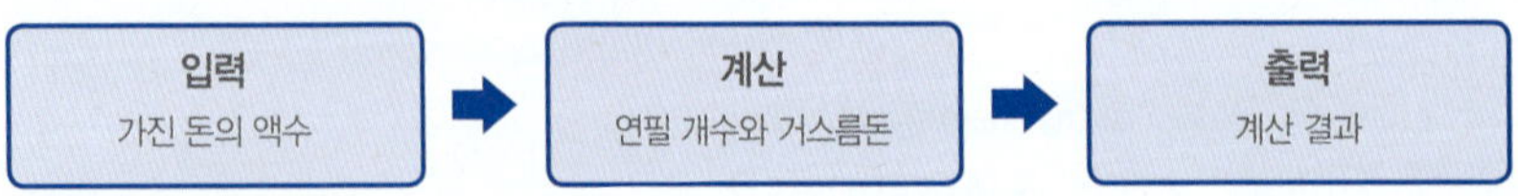

그림 4-16 연필 개수와 거스름돈 계산 순서

2 가진 돈이 3천 원이라고 가정하고 IDLE 쉘에서 간단하게 먼저 계산한다. 나눗셈 연산으로 계산하면 살 수 있는 연필의 개수는 7.5 자루가 된다.

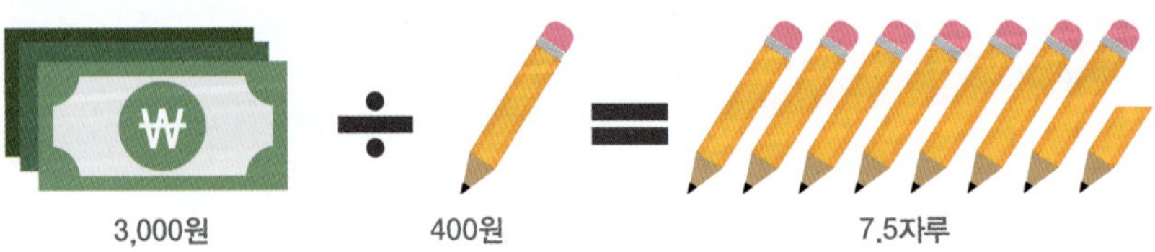

그림 4-17 살 수 있는 연필 개수 계산

```
>>> 3000 / 400
7.5
```

3 연필은 자루 단위로만 살 수 있기 때문에 다른 계산 방법을 사용해야 한다. 몫과 나머지를 계산하는 산술 연산자(//, %)를 사용해서 다시 계산한다.

그림 4-18 연필 개수와 거스름돈 계산

```
>>> 3000 // 400
7
>>> 3000 % 400
200
```

4 몫과 나머지 계산 방법과 실행 순서에 맞게 전체 프로그램을 코드 편집기에서 작성해서 저장한다.

```
money = int(input("원 단위로 액수를 입력하세요. : "))  # 가진 돈의 액수
pencil = 400                                           # 연필 가격
print("연필 개수: %d 자루" % (money // pencil))         # 연필 개수 계산 후 출력
print("거스름돈 : %d 원" % (money % pencil))            # 거스름돈 계산 후 출력
```

5 실행 결과를 확인한다.

```
실행 결과
원 단위로 액수를 입력하세요. : 3000
연필 개수: 7 자루
거스름돈 : 200 원
```

실습 4-12 박테리아 개체 수 계산하기 code04-12.py

된장이나 와인, 빵이나 치즈 등 발효 과정을 통해 만들어지는 식품들이 많다. 특정 재료에 효모나 박테리아 같은 미생물이 작용해서 다른 물질로 바뀌는 현상을 이용한 것이다. 박테리아의 번식은 지수 함수적인 성장의 대표적인 예라 할 수 있고, 시간에 대한 박테리아 개체 수를 나타낸 그래프는 다음 그림과 같다.

만약 시간당 두 배로 분열하는 박테리아 100개가 있다면, 한 시간 후 200개, 두 시간 후에는 400개로 증식이 일어난다. 하루가 지나고 나면 박테리아 개체 수는 얼마로 늘어나 있을지 알아보자.

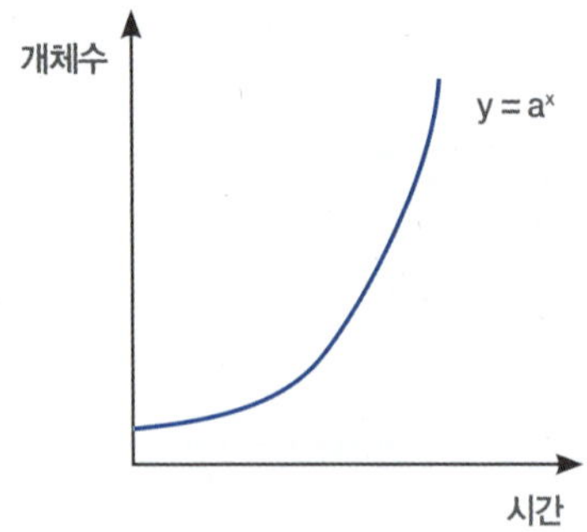

그림 4-19 박테리아 증식 개체 수

1 프로그램 실행 순서는 다음과 같다.

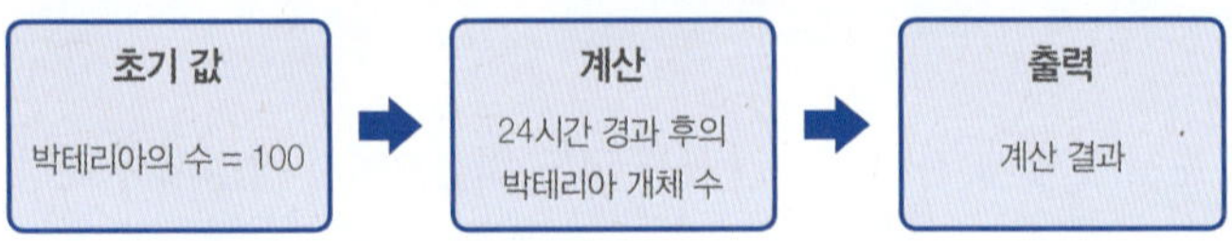

그림 4-20 박테리아 개체 수 계산 순서

2 증식한 박테리아 수를 계산하기 위해 주어진 조건에 맞게 시간에 따른 박테리아 수에 대해 일반화한다. 시간(x)이 경과함에 따라 증식하는 개체 수에 대해 다음과 같이 지수 함수식을 구할 수 있다.

```
>>> 100                          # 시작 개체 수
100
>>> 100 * 2                      # 1시간 후 = 100*2
200
>>> (100 * 2) * 2                # 2시간 후 = 100*2^2
400
>>> (100 * 2 * 2) * 2            # 3시간 후 = 100*2^3
800                              # 100 * (2 ** x)이므로 x 시간 후 = 100*2^x
```

3 실행 순서에 맞게 전체 프로그램을 만들고 저장한다.

```
01 number = 100                          # 시작 개체 수
02 x = 24                                # 경과 시간
03 result = number * (2 ** x)            # x 시간 후 박테리아의 개체 수 계산
04 print("%d개의 박테리아의 %d시간 후 개체 수 = %d" % (number, x, result))
```

4 실행 결과를 확인한다.

실행 결과

```
100개의 박테리아의 24시간 후 개체 수 = 1677721600
```

여기서 잠깐

format() 함수

문자열 사이에 정수를 표현하기 위해 포맷 코드 '%d'를 사용한다. 크기가 큰 정수를 출력할 때는 더 읽기 쉽게 세 자리마다 쉼표(,)를 넣어 구분하는 것이 좋다. 파이썬에서 기본 제공하는 내장 함수built-in function의 하나인 format()은 숫자 데이터의 형식format을 지정할 때 이용한다. [실습 4-12] 프로그램의 04행을 다음과 같이 수정할 수 있다.

```
04 print("%d개의 박테리아의 %d시간 후 개체 수 =" % (number, x), format(result, ','))
   # 100개 박테리아의 24시간 후 개체 수 = 1,677,721,600라고 출력
```

format() 함수 사용법은 다음 표와 같다.

표 4-9 format() 함수 사용법

예시	의미	실행 결과
format(123456789, ',')	세자리마다 쉼표(,) 넣기	'123,456,789'
format(123456789, '15')	자릿수를 15로 하기	' 123456789'
format(123456789, '<15')	자릿수를 15로 하고 왼쪽 정렬하기	'123456789 '
format(123456789, '015')	자릿수를 15로 하고 빈 자리를 0으로 채우기	'000000123456789'
format(123456789, 'x')	16진수로 표시하기	'75bcd15'
format(123456789, 'e')	지수 표기법으로 표시하기	'1.234568e+08'
format(12345.6789, '.2f')	소수점 이하 2자리로 실수 표시하기	'12345.68'

실습 4-13 친구들과 피자 나눠 먹기 code04-13.py

음식에 대한 문제를 하나 더 풀어 보자. 세 명의 친구가 모여 피자를 주문하려고 한다. 피자를 2판 주문한다면 한 사람당 몇 조각씩 먹을 수 있을까? 똑같이 먹는 경우, 남는 조각 수도 구해보자. 피자 한 판은 8조각으로 나뉘어 있다고 가정한다.

그림 4-21 2판의 피자를 3인분으로 나누기

1 초기 값을 설정하고 프로그램 실행 순서를 정한다.

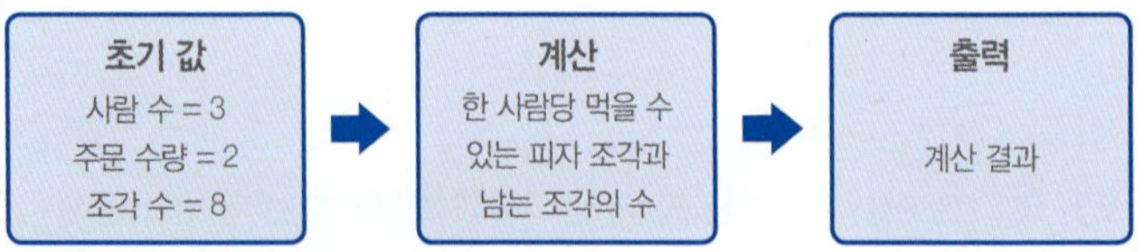

그림 4-22 피자 나눠먹기 계산 순서

2 실행 순서에 맞게 전체 프로그램을 만들고 저장한다.

```
person = 3                               # 사람 수
order = 2                                # 피자 주문 수량
piece = 8                                # 피자당 조각 수
result = (order * piece) // person       # 한 사람당 먹을 수 있는 조각 수
remain = (order * piece) % person        # 남는 조각 수

print("%d 조각씩 먹을 수 있고, %d 조각이 남습니다." % (result, remain))
```

3 실행 결과를 확인한다.

실행 결과

```
5 조각씩 먹을 수 있고, 1 조각이 남습니다.
```

실습 4-14 장학금 대상인지 확인하기 code04-14.py

내년도 장학금을 타려면 올해 학점 평균이 3.0 이상이어야 하고, 10시간 이상의 봉사시간이 있어야 한다. 두 학기의 학점과 봉사시간을 입력받아 장학금을 받을 수 있는지 출력하는 프로그램을 작성해 보자.

표 4-10 장학금 받는 기준

올해 학점 평균	봉사시간
3.0 이상	10시간 이상

1 프로그램 실행 순서를 정한다.

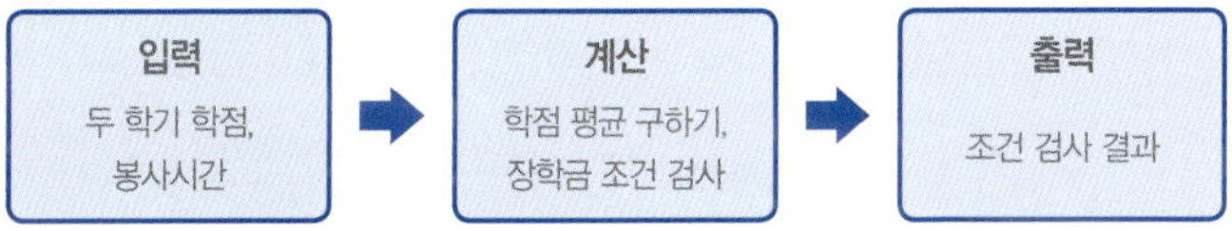

그림 4-23 장학금 조건 검사하기 순서

2 산술 연산자를 이용해 학점 평균을 먼저 계산하고 장학금 대상인지 판단한다. 장학금을 받는 조건은 학점 평균과 봉사시간이 모두 정해진 기준 이상이어야 하므로, 비교 연산식 2개를 논리 연산자 and로 결합한다.

그림 4-24 장학금 대상 기준

3 실행 순서와 문제의 조건식에 맞게 프로그램을 만들고 저장한다.

```
grade1 = float(input("1학기 학점 입력 : "))
grade2 = float(input("2학기 학점 입력 : "))
time = int(input("봉사시간 입력 : "))

average = (grade1 + grade2) / 2                 # 학점 평균 구하기
result = (average >= 3.0) and (time >= 10)      # 장학금 대상인지 검사하기
print("장학금 대상 여부 =", result)              # 결과 출력하기
```

4 실행 결과를 확인한다.

실행 결과

```
1학기 학점 입력 : 3.34
2학기 학점 입력 : 2.85
봉사시간 입력 : 12
장학금 대상 여부 = True
```

요약

01 추상화abstraction란 복잡한 대상이나 상황을 간결하고 단순화하여 표현하는 과정이다.

02 추상화를 사용하면 표현하고자 하는 대상을 빠르고 명확하게 이해할 수 있고, 유사한 다른 문제에 대한 일반화된 처리 방법을 알 수 있다.

03 프로그램의 흐름을 나타낼 때 복잡한 과정을 생략하고 단순하게 표현하는 방법을 제어 추상화control abstraction라고 한다.

04 데이터 추상화data abstraction는 문제해결을 위해 필요한 데이터를 파악하고 중요한 정보 요소만 구조화시키는 방법이다.

05 추상화 과정에서는 관련 없는 데이터들을 제거하고 문제를 단순화, 구체적인 데이터를 일반적인 데이터로 요약, 중요 정보 요소 간의 구조만 핵심적으로 표현한다.

06 연산자 종류

산술 연산자	+ - * / // % **
비교 연산자	< > <= >= == !=
논리 연산자	and or not
대입 연산자	= += -= *= /= //= %=

07 연산자는 산술 〉 비교 〉 논리 〉 대입 연산자의 순으로 우선순위가 높다. 하지만 어떤 상황에서도 가장 먼저 실행해야 할 부분은 괄호() 안에 있는 수식이다.

연습 문제

01 해외에서 판매하는 물건을 인터넷으로 구매하려고 한다. 구매할 상품의 가격을 유로화(EUR)로 입력하면 우리나라 원화로 알려주는 프로그램을 작성하시오. 환율은 1유로에 1,337.92원이라고 가정한다. 출력은 소수점 이하 2자리로 표시한다.

실행 결과

```
상품 금액(EUR) 입력 : 83.92
원화 환산 = 112278.25
```

02 이름과 나이를 입력하면 다음과 같이 개월 수로 바꾸어 출력하는 프로그램을 작성하시오.

실행 결과

```
이름 입력 : 홍길동
나이 입력 : 25
홍길동 님이 태어난지 300 개월이 되었습니다.
```

03 반지름이 r인 구의 부피는 다음과 같이 계산할 수 있다(π=3.14). 반지름을 입력받고 구의 부피를 계산하여 출력하는 프로그램을 작성하시오.

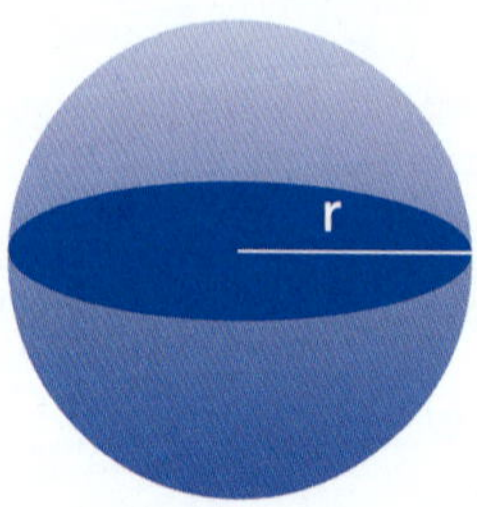

$$v = \frac{4}{3}\pi r^3$$

실행 결과

```
반지름 입력 : 5
구의 부피 = 523.33
```

04 은행에 예금을 할 때는 이율도 중요하지만, 단리보다 복리 방식으로 이자를 계산하는 경우가 훨씬 유리하기 때문에 이자 지불 방식도 비교하는 것이 효율적이다. 예금할 원금과 이자율을 입력하면, 10년 후 받게 될 원리금(원금과 이자) 합계를 단리와 복리로 각각 계산해서 소수점 첫째 자리에서 반올림하여 출력하는 프로그램을 작성하시오. 단리와 복리의 원리금 합계를 계산하는 식은 다음과 같다.

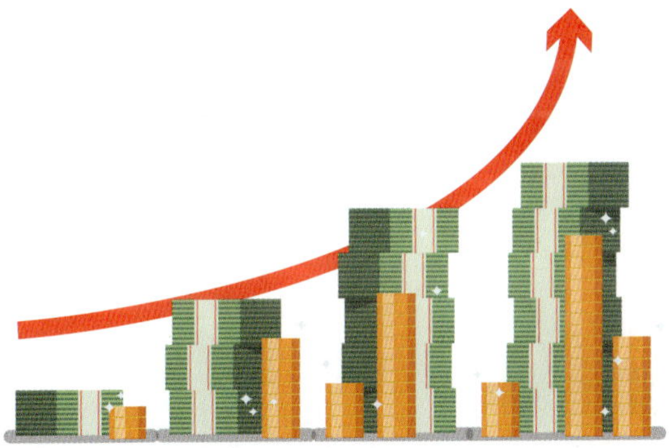

$$s1 = a(1 + rn)$$
$$s2 = a(1 + r)^n$$

s1은 단리, s2는 복리, a는 원금, r은 이자율, n은 기간(1년 기준)

실행 결과

```
원금 입력 : 10000000
이자율 입력 : 0.05
(단리) 원리금 합계 =  15000000
(복리) 원리금 합계 =  16288946
```

연습 문제

05 감염재생산지수는 감염병이 전파되는 속도를 수치로 나타낸 것이다. 즉, 환자 1명이 추가 전파하는 환자 수를 말한다. 코로나19의 감염재생산지수가 1.5라고 가정하여 1주일 후 예상되는 감염자 수를 계산하시오. 현재 감염자 수를 입력받고, 감염이 일어나는 시간은 하루가 걸린다고 가정하자.

실행 결과

```
현재 감염자 수 입력 : 100
7일 후 예상 감염자 수는 1708.6 명입니다.
```

CHAPTER 05

조건

학습목표

- 프로그램의 흐름을 나타내는 제어 구조의 개념과 종류를 이해한다.
- 조건문의 형식을 알고 다양한 프로그램 작성에 활용한다.

SECTION

01 제어 구조

컴퓨터에게 필요한 동작을 시키기 위한 프로그램은 여러 개의 명령문statement들로 이루어져 있다. 이 명령문들은 차례대로 실행되는 경우도 있고, 어떤 조건에 따라 우선 실행되기도 하며 반복의 형태로 실행되기도 한다. 이렇게 프로그램을 이루는 명령문의 실행 순서나 처리 방법에는 어떤 종류가 있는지 알아본다.

1 제어 구조의 종류

커피머신 사용법을 생각해 보자. 우리가 할 일은 커피 종류를 선택하고 추출이 끝날 때까지 잠시 기다렸다가 컵을 꺼내기만 하면 된다. 순서에 맞지 않으면 커피를 마실 수 없다. 커피를 선택할 때 잠시 커피머신에서 제공하는 메뉴를 놓고 고민할 수도 있다. 진한 커피 혹은 연한 커피라는 선택에 따라 커피머신의 동작과 추출되는 커피의 맛은 달라질 것이다. 이처럼 한 잔의 커피를 마실 때 필요한 동작에서 순차와 선택이라는 동작 방식을 이해할 수 있다. 만약 커피 열 잔이 필요하다면 앞에서 설명한 순차와 선택에 포함된 동작들을 10번 반복한다.

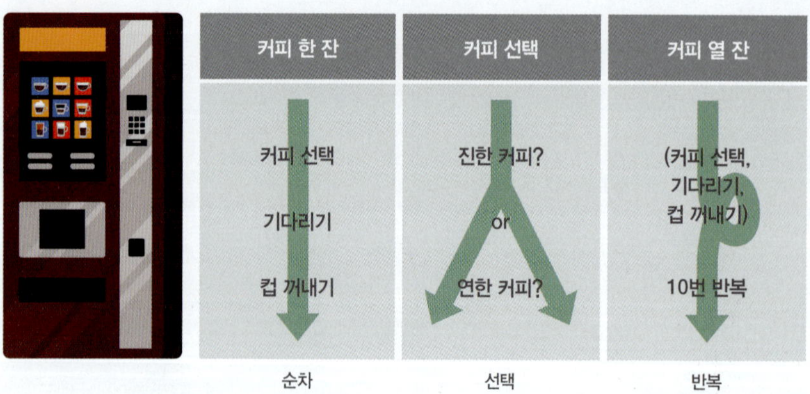

그림 5-1 커피머신의 동작

커피머신 사용법처럼 프로그램을 만들 때도 필요한 동작들이 어떻게 실행되어야 하는지 정해야 한다. 프로그램에서 해야 할 동작의 흐름이나 순서를 처리하는 방법을 제어 구조control structure라 한다. 제어 구조는 3가지의 형태가 있는데, 순차 구조sequence structure, 선택 구조selection structure, 반복 구조iteration structure이다. 프로그램을 작성할 때 이 3가지 제어 구조를 조합하여 필요한 동작들이 실행되도록 한다.

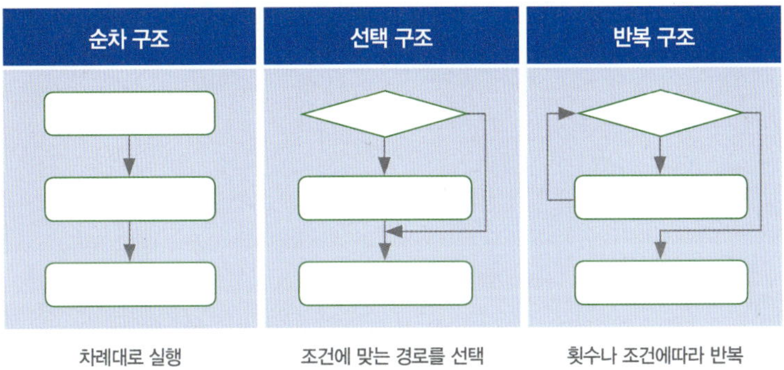

그림 5-2 **프로그램의 3가지 제어 구조**

순차 구조

필요한 명령들을 차례대로 실행하는 형태로, 지금까지 실습해 보았던 모든 프로그램이 순차 구조로 작성되었다. 다음 그림처럼 변수의 값을 지정하거나 입력을 받고 계산한 결과를 출력하는 순서로 여러 프로그램을 작성했는데, 프로그램의 각 명령문이 순차적으로 실행되는 방식이다.

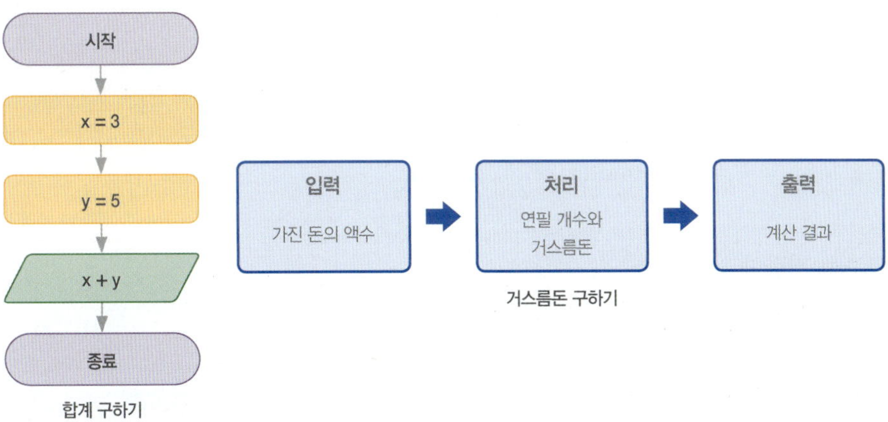

그림 5-3 **순차 구조의 예**

실습 5-1 영화관 무인단말기로 팝콘 주문하기 code05-01.py

영화관 매점에 있는 무인단말기에서 주문할 수 있는 팝콘이 5천 원이라고 가정하자. 몇 개 살지 수량을 입력하면 주문 금액을 계산해서 출력하는 알고리즘을 순서도로 표현하고, 순서도에 맞게 파이썬 프로그램을 작성해서 실행해 보자.

1 필요한 명령들을 순서대로 실행하는 순차 구조를 이용해 알고리즘을 만들 수 있다.

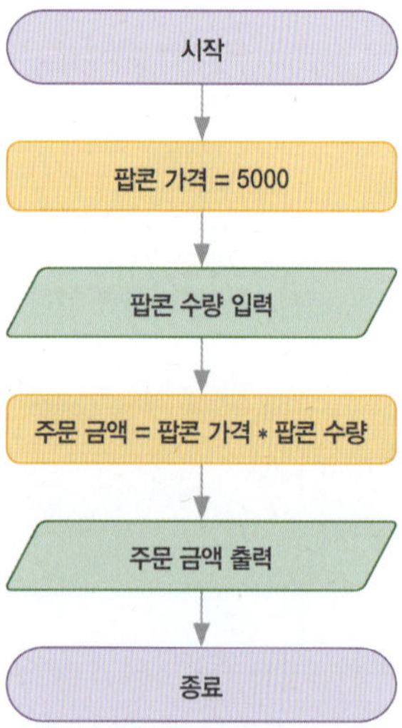

그림 5-4 **팝콘 주문하기 알고리즘**

2 해당 알고리즘을 파이썬 코드로 작성한다.

```
price = 5000
qty = int(input("팝콘 주문 수량 : "))
totalPrice = price * qty
print("총 주문금액 =", format(totalPrice, ','), "원")
```

3 작성한 코드를 저장하고 실행한다.

실행 결과

```
팝콘 주문 수량 : 3
총 주문금액 = 15,000 원
```

선택 구조

프로그램을 순차적으로 실행하는 것만으로는 다양한 조건에 맞는 동작을 구현하기 어렵다. 주문한 제품의 금액을 지불하거나 주차요금을 정산할 때 결제 방법을 선택하는 경우를 생각해 보자. 현금이나 카드 등 원하는 결제 수단을 선택하고 선택 옵션에 따라 해당하는 다음 동작을 차례대로 실행하는 것이 일반적인데, 이러한 결제 과정을 순서도로 표현해 보자. 조건(현금 혹은 카드)을 선택하면, 조건에 따라 실행하는 명령문이 달라진다.

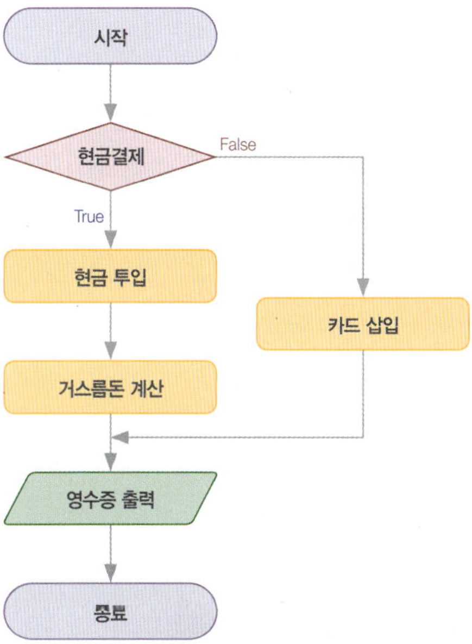

그림 5-5 결제 방법에 따라 다른 동작을 보여주는 선택 구조의 예

대부분 프로그램에서는 이처럼 해야 할 일을 결정하기 위해 선택 구조를 사용하고 있다. 아이디와 비밀번호가 입력되면 맞는지 판단하고, 예약해둔 알람이 정해진 시간이 되면 울리거나, 층 번호를 누르면 해당 층으로 엘리베이터가 이동하는 것처럼 말이다.

선택 구조는 조건에 따라 실행할 동작을 선택할 수 있고, 순서도에서는 마름모 도형으로 표시한다. 조건은 참인가 거짓인가를 표현하는 수식으로 나타내며, 선택 구조에서는 이 조건식conditional expression을 올바르게 적는 것이 중요하다. 조건식을 포함하여 선택 구조를 기술하는 명령문을 조건문conditional statement이라고 하고, 파이썬에서는 다양한 유형의 조건문을 제공하고 있다. 파이썬에서 조건문을 기술하는 방법은 다음 절에서 자세히 알아보기로 하자.

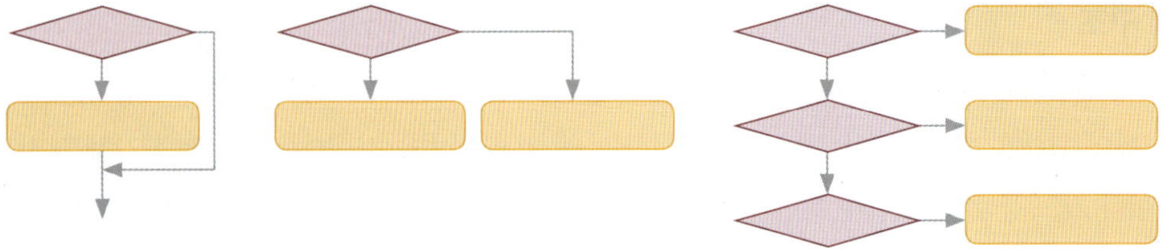

그림 5-6 다양한 선택 구조의 형태

반복 구조

동일한 동작을 여러 번 되풀이해서 실행할 때 사용하는 제어 구조는 반복이다. 프로그램에서 사용되는 반복 구조는 조건에 따라 특정 동작을 계속 반복할지 말지를 결정하거나, 혹은 정해진 횟수만큼 특정 동작을 반복하도록 작성한다. 다음 그림과 같이 주위에서 흔히 볼 수 있는 주차장 출입구에는 주차 상황을 보여주는 안내판이 있다. 주차 가능한 자리가 있을 때(empty 〉 0)는 주차장 출입문을 열고(door open) 주차 가능대수를 감소(empty −= 1)하는 동작을 반복 실행하도록 반복 구조를 사용한다. 자리가 없는 경우에는 주차장 출입문은 아무런 동작도 하지 않는다. 반복 구조는 6장에서 더 자세히 학습하기로 한다.

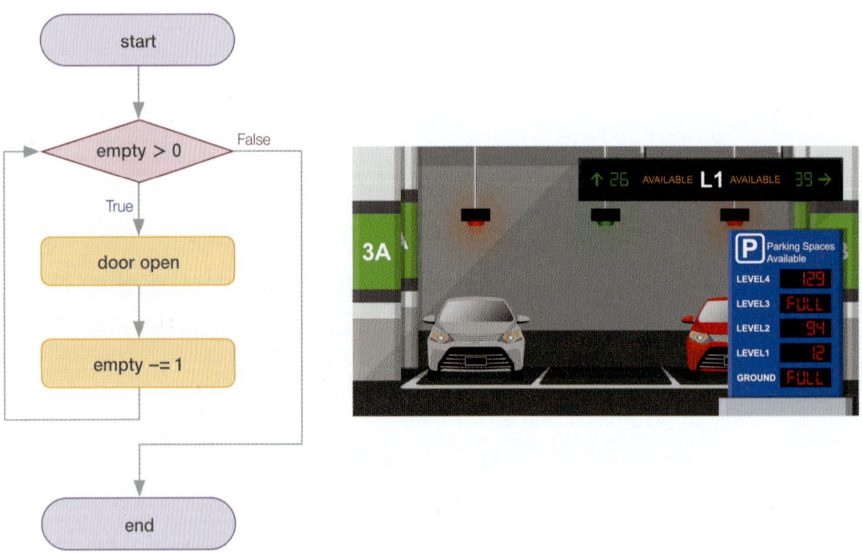

그림 5-7 주차장 출입문의 반복 동작을 보여주는 반복 구조의 예

SECTION

02 조건문

참 또는 거짓으로 판단되는 조건식에 따라 실행할 동작을 다르게 선택하는 조건문이 파이썬 언어에서는 어떻게 기술되는지 학습하고, 다양한 실습을 통해 여러 가지 상황의 문제해결에 조건문이 어떻게 활용되는지도 알아보자.

1 조건문의 종류

파이썬에서 사용할 수 있는 조건문은 if 문, if~else 문, if~elif 문이 있다. 또한 조건문 안에 다른 조건문이 내포된 형태인 다중 if 문도 사용할 수 있다. 여러 가지 형식의 if 문이 어떻게 기술되고 활용되는지 학습해 보자.

if 문

가장 단순한 형태의 조건문으로, 조건식이 True인 경우 실행할 명령을 기술하면 된다. 조건식은 4장에서 학습한 비교 연산자나 논리 연산자를 사용하므로, 수식 계산의 결과가 True나 False가 된다. 파이썬에서는 if 뒤에 조건식을 기술한 다음, 반드시 콜론(:)을 입력해야 하고, 조건식이 참인 경우 실행할 동작은 들여쓰기한 후 적어야 한다.

여기서 잠깐

파이썬의 들여쓰기

파이썬 언어에서는 들여쓰기가 중요하다. 들여쓰기가 맞지 않으면 원하는 실행 결과가 나오지 않거나 오류로 처리될 수도 있다. 파이썬 쉘이나 편집기에서는 if 문의 콜론(:) 뒤에서 Enter를 입력하면 자동으로 들여쓰기가 되며, Tab이나 Space bar로 직접 들여쓰기를 설정해도 된다. 또, 편집기에서는 Ctrl+] 와 Ctrl+[단축키로 들여쓰기와 내어쓰기를 실행할 수 있어서 여러 개 문장을 한 번에 처리하기 편리하다.

■ 참인 조건에만 실행할 문장이 있는 경우

변수 x에 저장된 값이 양수인지 검사하고, 참인 경우 '양수입니다.'라고 출력하는 프로그램이다. 만약 x의 값을 양수(3)로 입력하면 화면에 해당 문자열을 출력하지만, 양수가 아닌 값(−5)을 입력하면 아무런 동작을 실행하지 않고 프로그램을 종료한다.

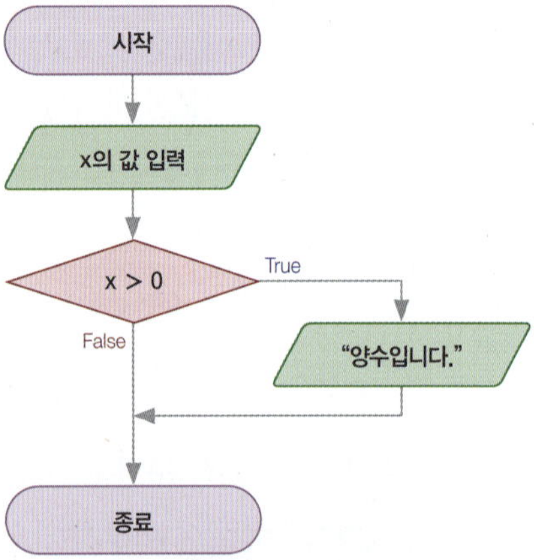

그림 5-8 참인 조건에만 문자열을 출력

```python
x = int(input("입력 : "))
if x > 0:
    print("양수입니다.")
```

콜론

텍스트 입력 후 Enter 2번 누르면 실행

들여쓰기

실행 결과

```
입력 : 3
양수입니다.
```

실행 결과

```
입력 : -5
```

■ 참인 조건에 실행할 문장이 여러 개인 경우

프로그램을 수정해서 들여쓰기를 기준으로 2개의 출력 문장을 블록으로 구성해 본다. 블록에 있는 문장들은 하나의 동작처럼 연속적으로 실행된다. 프로그램을 실행하면 변수 x의 값이 양수일 때만 2개의 출력 문장이 실행되고, 그렇지 않은 경우 아무 동작도 실행하지 않고 종료된다. 조건이 참일 때 실행할 문장이 여러 개인 경우 사용할 수 있는 방법이다.

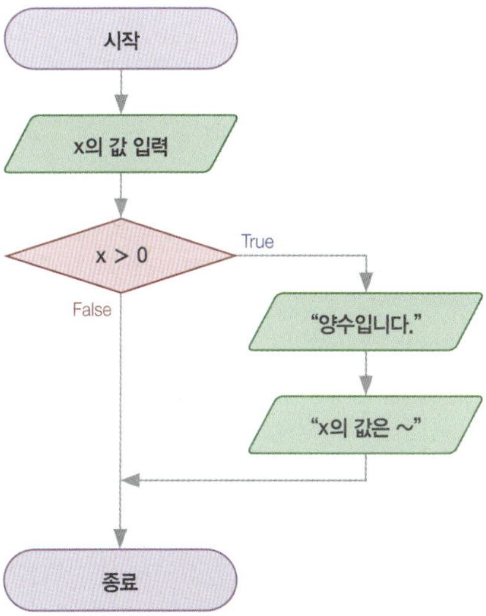

그림 5-9 참인 조건에만 여러 문장을 출력

```
x = int(input("입력 : "))
if x > 0 :
    print("양수입니다.")
    print("x의 값은 ", x)
```

블록

들여쓰기

실행 결과

```
입력 : 3
양수입니다.
x의 값은 3
```

실행 결과

```
입력 : -5
```

■ 조건과 상관없이 무조건 실행할 문장이 있는 경우

프로그램을 다시 수정해서 그림과 같이 작성해서 실행해 본다. 변수 x의 값을 출력하는 문장은 x의 값과 상관없이 실행된다. 들여쓰기하지 않은 마지막 출력 문장은 if 문에 포함되지 않으므로, 조건식과 관계없이 순차적으로 실행되기 때문이다.

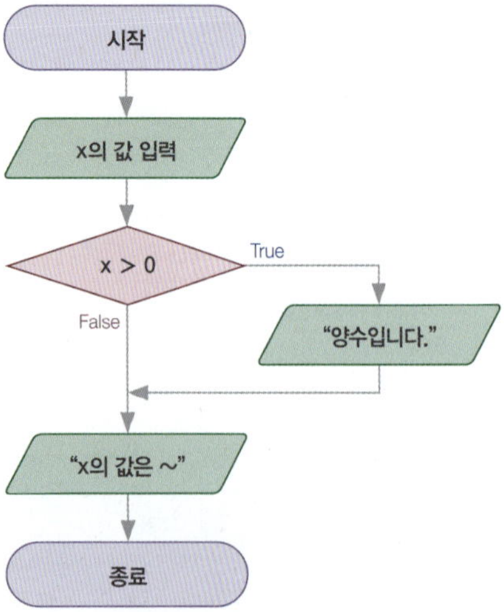

그림 5-10 조건 상관없이 x의 값을 출력

```
x = int(input("입력 : "))
if x > 0 :
    print("양수입니다.")
print("x의 값은 ", x)
```

들여쓰기

실행 결과

```
입력 : 3
양수입니다.
x의 값은 3
```

실행 결과

```
입력 : -5
x의 값은 -5
```

■ 비교, 논리 연산자를 활용하여 다양한 조건식을 표현하는 경우

if 문에는 다음과 같이 비교 연산자와 논리 연산자를 활용하여 다양한 형태의 조건식을 적을 수 있다.

```
x = 10
if x == 20 :
    print("x는 20입니다.")
```

비교 연산자(equal)

```
x = True
if x :
    print("x는 True입니다.")
```

x == True : 와 같은 의미

```
x = "user1"
if x != "user1" :
    print("로그인 실패")
```

비교 연산자(not equa)

```
x = True ; y = False
if x or y :
    print("둘 중 하나는 True")
```

논리 연산자

실습 5-2 미성년자 여부 확인하기 code05-02.py

나이를 입력하면 성년인지 판단해서 입장 가능한지 알려 주는 출입 안내 프로그램을 작성해 보자.

1 이름과 나이를 입력하고 입장 가능한 나이인지 판단한 다음, 안내 메시지를 출력한다.

```
name = input("이름을 입력하세요 : ")
age = int(input("나이를 입력하세요 : "))
if age >= 19 :
    print(name, "님은 성년입니다.")
    print("입장하세요~")
```

2 프로그램을 저장하고, 다양한 입력값을 사용해 실행한다.

실행 결과

```
이름을 입력하세요 : 홍길동
나이를 입력하세요 : 25
홍길동 님은 성년입니다.
입장하세요~
```

실행 결과

```
이름을 입력하세요 : 김유신
나이를 입력하세요 : 17
```

실습 5-3 F 학점 여부 판정하기 code05-03.py

if 문을 사용하여 F 학점인지 판정하는 프로그램을 만들어 보자. 점수와 결석 횟수를 입력받고, 점수가 60점 미만이거나 결석이 4회 이상이면 F 학점으로 판정한다.

1 점수와 결석 횟수를 입력받아 변수에 저장하고, if 조건식으로 판단한 결과를 출력한다.

```
score = float(input("점수 입력 : "))
absence = int(input("결석 횟수 입력 : "))
if score < 60 or absence >= 4:
    print("F 학점입니다.")
```

2 프로그램을 저장하고, 다양한 값을 입력해 실행 결과를 확인한다.

실행 결과

```
점수 입력 : 76
결석 횟수 입력 : 4
F 학점입니다.
```

실행 결과

```
점수 입력 : 90.2
결석 횟수 입력 : 2
```

if~else 문

조건식 검사 결과가 참일 때와 거짓일 때, 각각 실행할 명령이 있는 경우에는 if~else 문을 사용한다. 다음 그림은 변수 x의 값이 양수인 경우와 그렇지 않은 경우 실행할 동작이 각각 존재하는 형태이다. x에 양수를 입력할 때와 0이나 음수를 입력할 때 해당 출력 문장이 실행된다.

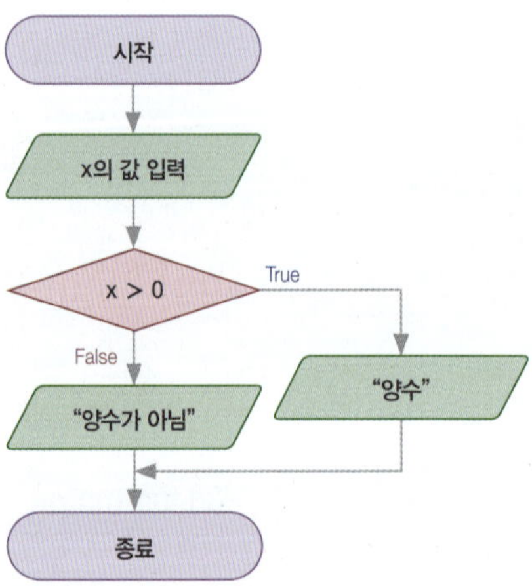

그림 5-11 if-else 문 사용 예

```
x = int(input("입력 : "))
if x > 0 :
    print("양수")
else :
    print("양수가 아님")
```

실행 결과

```
입력 : 3
양수
```

실행 결과

```
입력 : -5
양수가 아님
```

여기서 잠깐

pass 실행

파이썬에서는 아무 것도 실행하지 않는 pass를 사용할 수 있다. 가령 다음 코드는 조건식이 True일 때 아무 동작도 하지 않고, False일 때만 변수 x의 값을 출력한다.

```
if x > 0 :
    pass
else :
    print(x)
```

실습 5-4 미성년자 확인 후 출입 안내하기 code05-04.py

if~else 문을 사용해서 [실습 5-2]를 수정해 보자. 성년인 경우와 미성년인 경우, 각각 입장 여부를 안내한다.

1 이름과 나이를 입력하고 입장 가능한 나이인지 판단한다. 조건식의 판단 결과에 따라 각각 다르게 안내 메시지를 출력한다.

```
name = input("이름을 입력하세요 : ")
age = int(input("나이를 입력하세요 : "))
if age >= 19 :
    print(name, "님은 성년입니다.")
    print("입장하세요~")
```

```
else :
    print(name, "님은 미성년입니다.")
    print("출입할 수 없습니다.")
```

2 프로그램을 저장하고 실행 결과를 확인한다.

실행 결과

```
이름을 입력하세요 : 홍길동
나이를 입력하세요 : 25
홍길동 님은 성년입니다.
입장하세요~
```

실행 결과

```
이름을 입력하세요 : 김유신
나이를 입력하세요 : 17
김유신 님은 미성년입니다.
출입할 수 없습니다.
```

실습 5-5 AI 비서의 날씨 안내하기 code05-05.py

최근에는 AI 기술이 적용된 다양한 서비스를 일상에서 많이 볼 수 있는데, 날씨를 안내하는 간단한 AI 비서 프로그램을 만들어 보자. 현재 기온과 미세먼지 농도를 입력하면 오늘 날씨에 대해 친절한 안내 메시지를 각각 출력한다. 기온을 영상과 영하로 구분하고, 미세먼지 농도를 쾌적과 나쁨으로 구분해서 상황에 따라 출력 메시지를 다르게 한다.

1 기온과 미세먼지 값을 입력받고, if~else 문을 활용해 조건 검사 결과에 따라 출력 문장의 내용을 다르게 만든다.

```
temp = int(input("기온 : "))
dust = int(input("미세먼지 : "))

if temp > 0 :
    print("오늘 기온은 영상 %d 도입니다." % temp)
else :
    print("오늘 기온은 영하 %d 도입니다." % temp)

print("미세먼지 농도는 %d 마이크로그램으로," % dust, end=' ')

if dust > 80:
```

2개의 문장을 한 줄로 이어서 출력

```
12        print("나쁨 수준입니다. 마스크를 착용하세요.")
13    else :
14        print("쾌적합니다.")
```

여 기 서 잠 깐

print() 함수의 종료 문자 설정하기

print() 함수를 사용하면 자동으로 줄 바꿈이 일어나서, 다음과 같이 사용하면 두 줄로 출력된다. print() 함수는 기본적으로 출력의 종료 문자(end)를 줄 바꿈('\n')으로 지정하기 때문이다. 만약 2개의 문장을 한 줄로 이어서 출력하고 싶다면 09행에서 공백(' ')으로 지정한 것처럼 종료 문자를 다른 값으로 설정하면 된다.

```
print("미세먼지 농도는 %d 마이크로그램으로," % dust)
print("쾌적합니다.")
```

2 프로그램을 저장하고, 기온과 미세먼지의 값을 다르게 입력해서 실행 결과를 비교한다.

실행 결과

```
기온 : -5
미세먼지 : 30
오늘 기온은 영하 -5 도입니다.
미세먼지 농도는 30 마이크로그램으로, 쾌적합니나.
```

실행 결과

```
기온 : 25
미세먼지 : 90
오늘 기온은 영상 25 도입니다.
미세먼지 농도는 90 마이크로그램으로, 나쁨 수준입니다. 마스크를 착용하세요.
```

다중 if 문

복잡한 조건을 선택해야 할 때에는 조건문 안에 다른 조건문이 더 필요한 경우도 있다. 다음과 같이 입력한 값을 양수, 0, 음수로 나누어 선택하려면 다중 if 문을 사용할 수 있다.

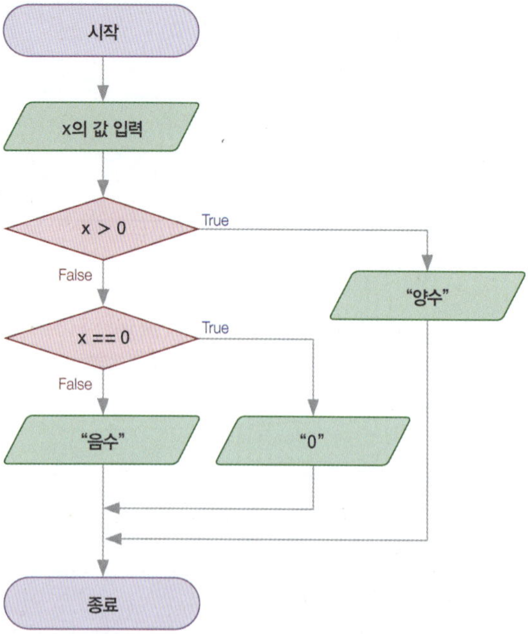

그림 5-12 다중 if 문 사용 예

```
x = int(input("입력 : "))
if x > 0 :
    print("양수")
else :
    if x == 0 :
        print("0")
    else :
        print("음수")
```

실행 결과

```
입력 : 3
양수
```

실행 결과

```
입력 : -5
음수
```

실행 결과

```
입력 : 0
0
```

실습 5-6 코디네이터가 기온에 따라 옷 골라주기 code05-06.py

2장에서 다음과 같이 기온에 따른 옷 입기 순서도를 만들었다. 설계한 알고리즘에 맞도록 조건문을 사용하여 프로그램을 작성해 보자.

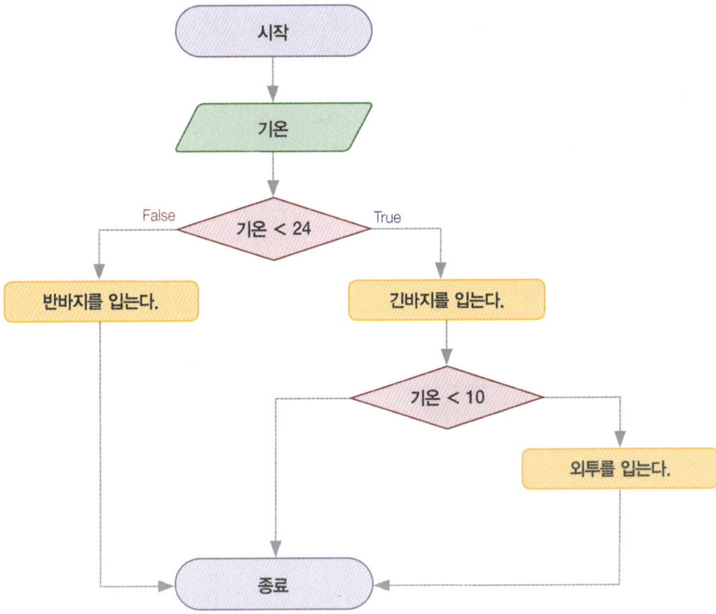

그림 5-13 옷 입기 순서도

1 기온을 입력받아 변수에 저장하고, 조건에 따라 다르게 옷 입기 메시지를 출력한다.

```
temp = int(input("오늘 기온을 입력하세요 : "))
print("오늘 기온은 %d도입니다." % temp)

if temp < 24 :
    print("긴바지를 입으세요.")
    if temp < 10 :
        print("외투도 입는 게 좋겠네요.")
else :       #기온이 24도 이상인 경우
    print("반바지를 입으세요.")
```

2 프로그램을 저장하고, 기온을 다양하게 입력해 실행 결과를 확인한다.

실행 결과

```
오늘 기온을 입력하세요 : 28
오늘 기온은 28도입니다.
반바지를 입으세요.
```

실행 결과

```
오늘 기온을 입력하세요 : 5
오늘 기온은 5도입니다.
긴바지를 입으세요.
외투도 입는 게 좋겠네요.
```

실습 5-7 체질량지수로 건강 상태 알아보기 code05-07.py

체질량지수(BMI)는 비만도를 알 수 있는 수치이다. 키와 몸무게를 이용하여 계산한 값으로 체중 미달, 정상 체중, 과체중 혹은 비만 여부를 판단할 수 있다. 키와 몸무게를 입력하면 건강상태를 알려주는 프로그램을 작성해 보자.

1 프로그램의 실행 순서와 BMI 계산 방법을 알아보자. BMI는 입력받은 몸무게를 키 제곱으로 나누면 되는데, 키를 미터(m) 단위로 계산해야 한다.

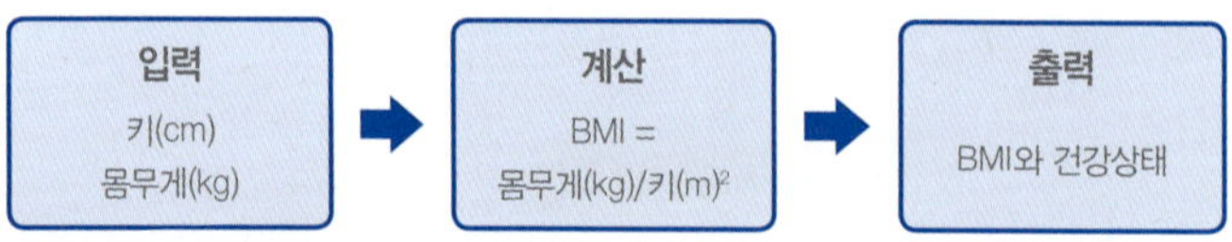

그림 5-14 BMI 계산과 프로그램 실행 순서

2 출력할 건강상태 정보는 다음 표를 참고한다. 계산된 BMI 값에 따라 비만도 분류와 건강 위험도를 출력한다.

표 5-1 BMI 계산 기준

체질량지수 범위	비만도 분류	건강 위험도
18.5 미만	저체중	높음
18.5 이상 25 미만	정상체중	낮음
25 이상 30 미만	과체중	낮음
30 이상	비만	높음

3 프로그램을 작성하고 저장한다.

```
height = int(input("키 입력(cm) : "))
weight = int(input("몸무게 입력(kg) : "))

bmi = weight / (height / 100) ** 2                # 키를 미터 단위로 변환한 후 계산
print("*** 체질량지수 %.1f :" % bmi, end=' ')   # 소수점 이하 1자리로 출력

```

```
if bmi < 25 :                                      # 저체중이거나 정상 체중인 경우
    if bmi < 18.5 :
        print("저체중, 건강 위험도 높음 ***")
    else :
        print("정상체중, 건강 위험도 낮음 ***")
else :                                             # 과체중이거나 비만인 경우
    if bmi < 30 :
        print("과체중, 건강 위험도 낮음 ***")
    else :
        print("비만, 건강 위험도 높음 ***")
```

4 키와 몸무게를 입력해서 실행 결과를 확인한다.

실행 결과

```
키 입력(cm) : 175
몸무게 입력(kg) : 73
*** 체질량지수 23.8 : 정상체중, 건강 위험도 낮음 ***
```

실행 결과

```
키 입력(cm) : 160
몸무게 입력(kg) : 47
*** 체질량지수 18.4 : 저체중, 건강 위험도 높음 ***
```

if~elif 문

여러 개의 조건을 선택하기 위해 다중 if 문을 사용해 보았는데, 조건이 다양해질수록 중첩된 if 문이 많아져 복잡해진다. if~elif 문은 다중 if 문을 단순하게 표현할 수 있다. 다중 if 문을 사용해서 만들었던 양수, 0, 음수를 판단하는 프로그램을 if~elif 문으로 바꾸면 다음과 같이 작성할 수 있다. if~elif 문은 여러 개의 조건을 필요한 만큼 계속 추가할 수 있어서 작성하기 쉽고, 프로그램의 구조적인 면에서도 더 간단하고 이해하기 쉽다. 구조만 다를 뿐 두 프로그램의 결과는 동일하다.

```
# 다중 if 문

x = int(input("입력 : "))
if x > 0 :
    print("양수")
else :
    if x == 0 :
        print("0")
    else :
        print("음수")
```

=

```
# if~elif 문

x = int(input("입력 : "))
if x > 0 :
    print("양수")
elif x == 0 :
    print("0")
else :
    print("음수")
```

실습 5-8 나이별 연령대 판단하기 code05-08.py

이름과 나이를 입력받아 나이에 따라 연령대를 말해주는 프로그램을 작성해 보자. 선택해야 하는 조건이 여러 개이므로, if~elif 문을 사용하여 조건문을 구성한다.

1 프로그램을 작성하고 저장한다.

```
name = input("이름을 입력하세요 : ")
age = int(input("나이를 입력하세요 : "))

if age < 20 :
    print(name, "님은 청소년입니다.")
elif age < 30 :
    print(name, "님은 20대입니다.")
elif age < 40 :
    print(name, "님은 30대입니다.")
elif age < 50 :
    print(name, "님은 40대입니다.")
elif age < 60 :
    print(name, "님은 50대입니다.")
else :
    print(name, "님은 60대 이상입니다.")
```

2 이름과 나이를 입력해서 실행 결과를 확인한다.

```
실행 결과
이름을 입력하세요 : 홍길동
나이를 입력하세요 : 36
홍길동 님은 30대입니다.
```

```
실행 결과
이름을 입력하세요 : 김유신
나이를 입력하세요 : 17
김유신 님은 청소년입니다.
```

실습 5-9 if~elif 문을 사용하여 체질량지수로 건강 상태 알아보기 code05-09.py

[실습 5-7]에서 만들었던 체질량지수로 건강상태를 알려주는 프로그램을 if~elif 문을 사용하여 수정해 보자. 프로그램의 실행 순서와 계산 방법은 같고, 코드의 구조만 변경한다. 기존 프로그램에 비해 더 간결하면서도 동일한 실행 결과를 얻을 수 있다.

1 프로그램을 작성하고 저장한다.

```
height = int(input("키 입력(cm) : "))
weight = int(input("몸무게 입력(kg) : "))

bmi = weight / (height / 100) ** 2                # 키를 미터 단위로 변환한 후 계산
print("*** 체질량지수 %.1f :" % bmi, end=' ')   # 소수점 이하 1자리로 출력

if bmi < 18.5 :
    print("저체중, 건강 위험도 높음 ***")
elif bmi < 25 :
    print("정상체중, 건강 위험도 낮음 ***")
elif bmi < 30 :
    print("과체중, 건강 위험도 낮음 ***")
else :
    print("비만, 건강 위험도 높음 ***")
```

2 키와 몸무게를 입력해서 실행 결과를 확인한다.

```
실행 결과
키 입력(cm) : 170
몸무게 입력(kg) : 65
*** 체질량지수 22.5 : 정상체중, 건강 위험도 낮음 ***
```

실행 결과

```
키 입력(cm) : 175
몸무게 입력(kg) : 95
*** 체질량지수 31.0 : 비만, 건강 위험도 높음 ***
```

2 조건문의 활용

조건에 따라 선택적으로 동작하도록 프로그램을 제어하는 선택 구조에 대해 학습해 보았다. 선택 구조를 표현하기 위한 다양한 조건문을 용도에 맞게 잘 활용하면 문제를 올바르게 해결할 수 있다. 여러 가지 선택 구조에 관한 문제들을 다루어 보면서 조건문의 활용 방법을 익혀 보자.

실습 5-10 **단위 변환기 만들기** code05-10.py

일상에서 많이 사용되는 온도나 무게, 길이와 같은 측정값을 간혹 다른 단위로 표현해야 할 때가 있다. 특히, 다른 나라에 가 본 경험이 있다면 각종 단위 기준이 우리나라와 달라서 혼란스러운 적이 있을 것이다. 현지의 기온에 맞춰 옷을 입을 때나 시장에서 과일이나 물건을 살 때 단위변환기가 있다면 무척 편리하게 사용할 수 있다. 온도나 무게, 길이를 입력하면 우리가 사용하는 단위로 변환해 주는 단위 변환기를 만들어 보자.

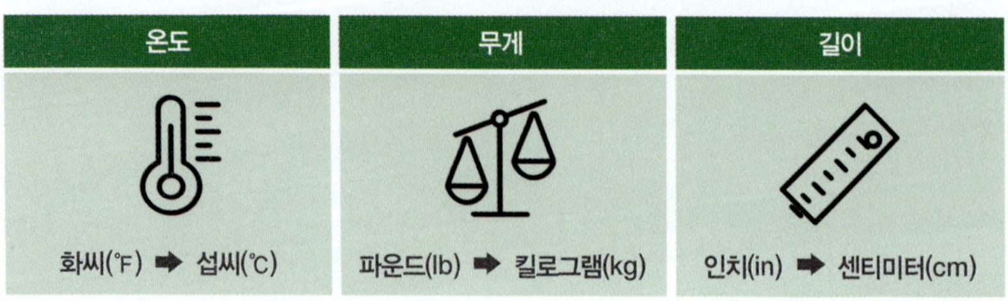

그림 5-15 **온도, 무게, 길이의 단위 변환**

1 프로그램이 실행되는 순서를 생각해 보자.

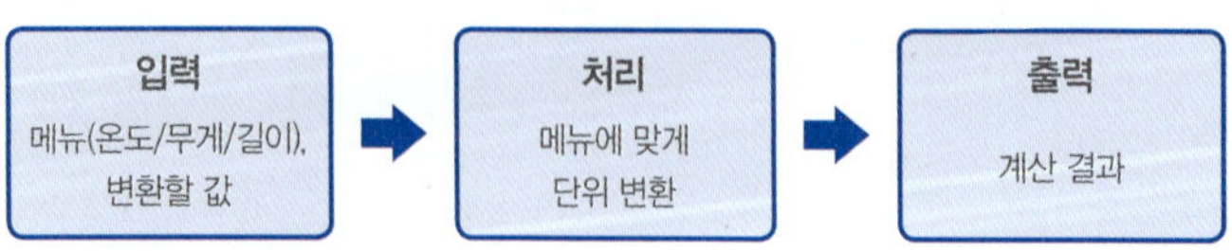

그림 5-16 **단위 변환기 실행 순서**

2 단위 변환 계산에 필요한 수식을 알아본다.

표 5-2 단위 변환 계산

화씨(℉) → 섭씨(℃)	(화씨온도 - 32) / 1.8
파운드(lb) → 킬로그램(kg)	파운드무게 * 0.453592
인치(in) → 센티미터(cm)	인치길이 * 2.54

3 실행 순서에 따라 프로그램을 작성하고 저장한다.

```
menu = int(input("번호 입력(1:온도, 2:무게, 3:길이) : "))
value = float(input("변환할 값 입력 : "))

if menu == 1 :              # 온도 단위 변환
    print("변환 결과 = %.2f ℃" % ((value - 32) / 1.8))
elif menu == 2 :            # 무게 단위 변환
    print("변환 결과 = %.2f kg" % (value * 0.453592))
elif menu == 3 :            # 길이 단위 변환
    print("변환 결과 = %.2f cm" % (value * 2.54))
else :       # 잘못된 메뉴 선택
    print("메뉴 선택 오류!")
```

TIP 코드 편집기에서 기호를 입력하려면 한글 자음과 [한자] 키를 사용한다. 각종 단위 기호들(℃, kg, cm)는 한글 자음 [ㄹ]을 입력하고 [한자] 키를 눌러서 원하는 기호로 변환하면 된다.

4 메뉴와 변환할 값을 입력해서 실행 결과를 확인한다.

실행 결과

```
번호 입력(1:온도, 2:무게, 3:길이) : 1
변환할 값 입력 : 62
변환 결과 = 16.67 ℃
```

실행 결과

```
번호 입력(1:온도, 2:무게, 3:길이) : 2
변환할 값 입력 : 2.5
변환 결과 = 1.13 kg
```

실행 결과

```
번호 입력(1:온도, 2:무게, 3:길이) : 3
변환할 값 입력 : 35
변환 결과 = 88.90 cm
```

실행 결과

```
번호 입력(1:온도, 2:무게, 3:길이) : 0
변환할 값 입력 : 12
메뉴 선택 오류!
```

실습 5-11 주민등록번호로 성별 판단하기 code05-11.py

우리나라 국민이라면 누구나 가지고 있는 주민등록번호는 여러 가지 의미를 내포하고 있는 구조화된 데이터이다. 앞부분의 숫자 6개는 생년월일을 의미하고 뒷부분 중 첫 자리 숫자는 성별, 나머지 숫자들은 지역이나 오류 검증 등의 목적으로 총 13자리 숫자로 구성되어 있다. 성별을 나타내는 숫자는 2000년 이전 출생자는 1과 2로 남자와 여자를 구별하고, 2000년 이후 출생자에 대해서는 3과 4로 구분한다. 주민등록번호 뒷부분의 숫자 하나를 입력하면 성별을 판단해서 출력해 주는 프로그램을 작성해 보자.

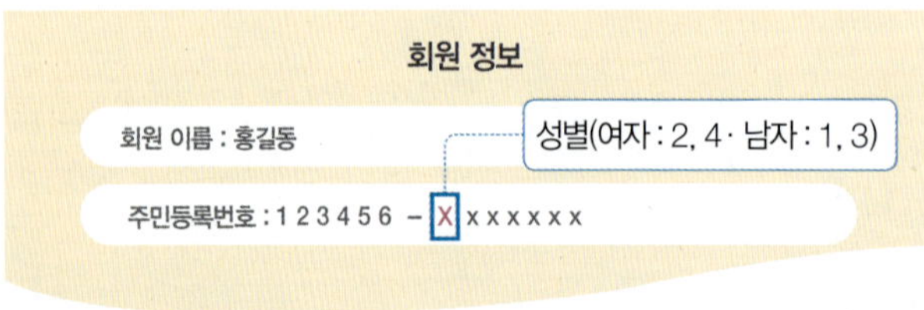

그림 5-17 **성별 판단하는 기준**

1 프로그램이 실행되는 순서를 생각해 보자.

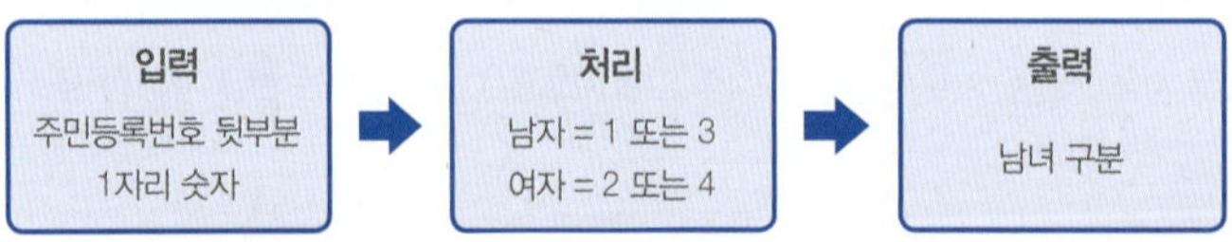

그림 5-18 **성별 판단 순서**

2 순서에 맞게 프로그램을 작성하고 저장한다.

```
number = int(input("주민등록번호 뒷부분 한 자리 숫자를 입력하세요 : "))

if 1 <= number <= 4 :
    if number % 2 == 1 :      # 2로 나눈 나머지가 1인 경우(=1 또는 3)
        print("회원은 남자입니다.")
    else :
        print("회원은 여자입니다.")
else :                        # 잘못된 입력인 경우
    print("올바른 값이 아닙니다!")
```

3 값을 입력해서 실행 결과를 확인한다.

실행 결과

```
주민등록번호 뒷부분 한 자리 숫자를 입력하세요 : 2
회원은 여자입니다.
```

실행 결과

```
주민등록번호 뒷부분 한 자리 숫자를 입력하세요 : 3
회원은 남자입니다.
```

실행 결과

```
주민등록번호 뒷부분 한 자리 숫자를 입력하세요 : 5
올바른 값이 아닙니다!
```

실습 5-12 연령별 영화 추천하기 code05-12.py

영화관에서 현재 상영 중인 영화를 골라 보려고 한다. 연령별로 인기 있는 영화를 자동으로 추천해 주는 프로그램을 만들어 보자.

영화 \ 연령대	10대 이하	20~30대	40~50대	60대 이상
어벤저스				
률란				
테넷				
오!문희				

그림 5-19 **연령별 영화 추천하기**

실행 결과

```
나이를 입력하세요 : 25
** 추천 영화 목록 **
률란
테넷
오!문희
```

실행 결과

```
나이를 입력하세요 : 43
** 추천 영화 목록 **
테넷
```

1 입력받은 나이를 기준으로 영화를 선택해서 출력하도록 실행 순서를 정하고, 작성한 프로그램을 저장한다.

```python
age = int(input("나이를 입력하세요 : "))

print("** 추천 영화 목록 **")
if age < 20:
    print("어벤저스")
if age < 40:
    print("뮬란")
if 20 <= age < 60:
    print("테넷")
if 20 <= age < 40 or age >= 60:
    print("오!문희")
```

2 나이를 입력해서 실행 결과를 확인한다.

실습 5-13 성적 등급 결정하기 code05-13.py

입력한 점수를 기준으로 성적 등급을 판단하는 알고리즘을 순서도로 표현한 그림이다. 순서도의 실행 순서와 등급 판단 기준에 따라 프로그램을 작성해 보자.

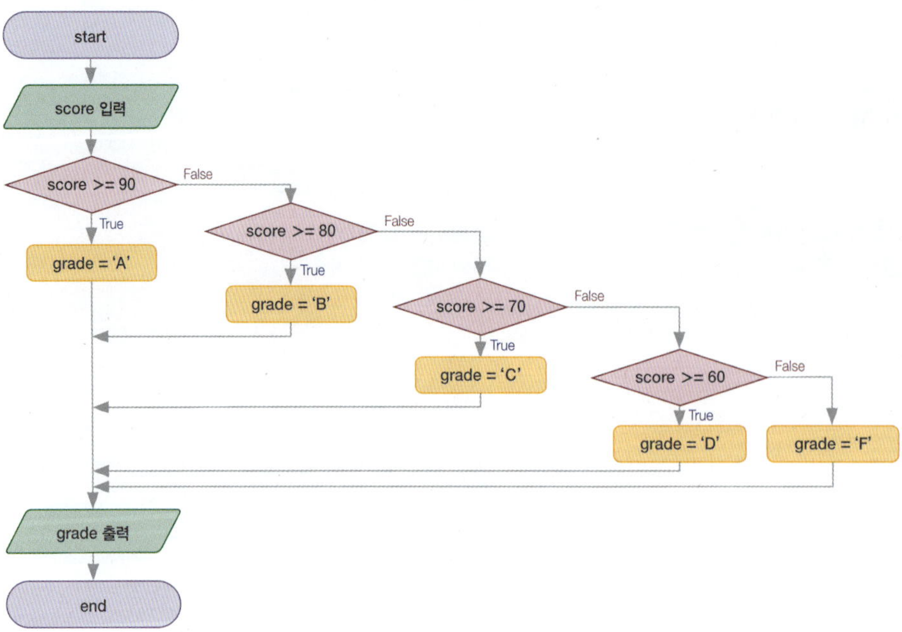

그림 5-20 성적 등급 결정하기 알고리즘

1 순서도에 나타난 것처럼 입력 → 등급 판단 → 출력의 순으로 프로그램을 작성해서 저장한다.

```
score = int(input("점수를 입력하세요 : "))
grade = ''

if score >= 90:
    grade = 'A'
elif score >= 80:
    grade = 'B'
elif score >=  70:
    grade = 'C'
elif score >= 60:
    grade = 'D'
else:
    grade = 'F'

print("등급은", grade)
```

2 프로그램을 실행시켜 점수를 입력하고 등급이 잘 출력되는지 확인한다.

실행 결과

```
점수를 입력하세요 : 94
등급은 A
```

실행 결과

```
점수를 입력하세요 : 70
등급은 C
```

실습 5-14 환율 계산하기 code05-14.py

해외여행을 준비하면서 사용할 경비를 계산하려고 한다. 원화 금액을 입력하면 그 금액이 여행하려는 나라의 화폐로 얼마인지 계산해 주는 프로그램을 만들어 보자. 여행하려는 나라는 미국, 영국, 러시아, 중국 중 한 곳으로 할 예정이다.

1 계산에 필요한 각국의 환율 정보를 수집한다.

표 5-3 각국의 환율

국가	환율(원)	단위
미국	1188.50	달러
영국	1570.13	파운드
러시아	15.01	루블
중국	173.93	위안

2 입력 → 계산 → 출력의 순으로 프로그램을 작성해서 저장한다.

```
money = int(input("환전하려는 금액(원) : "))
nation = input("국가 선택(미국/영국/러시아/중국) : ")

exchange = 0; currency = " "

if nation == "미국":
    exchange = money / 1188.50
    currency = "달러"
elif nation == "영국":
    exchange = money / 1570.13
    currency = "파운드"
elif nation == "러시아":
    exchange = money / 15.01
    currency = "루블"
elif nation == "중국":
    exchange = money / 173.93
    currency = "위안"
else:
    print("국가를 잘못 입력했습니다.")

print("%.2f" % exchange, currency)          # 소수점 이하 2자리로 단위도 함께 출력
```

3 프로그램을 실행시켜 금액과 국가를 입력하고 환전액을 확인한다.

실행 결과

```
환전하려는 금액(원) : 500000
국가 선택(미국/영국/러시아/중국) : 미국
420.70 달러
```

실행 결과

```
환전하려는 금액(원) : 500000
국가 선택(미국/영국/러시아/중국) : 러시아
33311.13 루블
```

요약

01 프로그램에서 해야 할 동작의 흐름이나 순서를 처리하는 방법을 제어 구조control structure라 한다.

02 제어 구조는 순차 구조sequence structure, 선택 구조selection structure, 반복 구조iteration structure로 구분한다.

03 순차 구조는 필요한 명령들을 차례대로 실행하는 형태이다.

04 선택 구조는 조건에 따라 실행할 동작을 선택할 수 있고, 순서도에서는 마름모 도형으로 표시한다.

05 조건은 참인가 거짓인가를 표현하는 수식이다.

06 조건식을 포함하여 선택 구조를 기술하는 명령문을 조건문conditional statement이라고 한다.

07 if 문에서는 조건식이 True인 경우 실행할 명령을 기술하면 된다.

08 if~else 문은 조건식 검사 결과가 참일 때와 거짓일 때 각각 실행할 명령이 있는 경우에 사용한다.

09 다중 if 문은 복잡한 조건을 선택해야 해서 조건문 안에 다른 조건문이 더 필요한 경우에 사용한다.

10 if~elif 문은 여러 개의 조건을 필요한 만큼 계속 추가할 수 있다.

연습 문제

01 입력한 정수의 절대 값을 출력하는 프로그램이다. 다음과 같이 실행 결과가 나오도록 프로그램의 오류를 찾아 수정하시오.

실행 결과

```
정수 입력 : 3
x의 절대 값 = 3
```

실행 결과

```
정수 입력 : -3
x는 음수
x의 절대 값 = 3
```

```python
x = int(input("정수 입력 : "))
if x < 0 :
    print("x는 음수")
x *= (-1)
print("x의 절대 값 = ", x)
```

02 자연수(양의 정수)를 하나 입력받아 그 수가 3의 배수인지 아닌지 알려주는 프로그램을 작성하시오.

실행 결과

```
자연수 입력 : 12345
3의 배수입니다.
```

실행 결과

```
자연수 입력 : 136
3의 배수가 아닙니다.
```

실행 결과

```
자연수 입력 : -12345
자연수를 입력하세요.
```

03 정수 3개를 입력받아 가장 작은 값을 출력하는 프로그램을 작성하시오.

실행 결과

```
첫 번째 정수 입력 : 5
첫 번째 정수 입력 : 10
첫 번째 정수 입력 : 3
가장 작은 수 = 3
```

실행 결과

```
첫 번째 정수 입력 : 0
첫 번째 정수 입력 : -2
첫 번째 정수 입력 : 10
가장 작은 수 = -2
```

연습문제

04 2가지 메뉴를 제공하는 커피머신의 안내 창에 다음과 같이 메시지를 표시하려고 한다. 실행 결과를 참고하여 커피머신의 동작 안내 메시지를 출력하는 프로그램을 작성하시오.

실행 결과

```
메뉴 선택 (1:진한커피 2:연한커피) : 1
진한커피를 내립니다.
잠시 기다리세요...
컵을 꺼내세요.
```

실행 결과

```
메뉴 선택 (1:진한커피 2:연한커피) : 2
연한커피를 내립니다.
잠시 기다리세요...
컵을 꺼내세요.
```

05 선택한 도형의 넓이를 계산하는 프로그램을 작성하시오. 도형의 종류는 사각형, 삼각형, 원으로 하고, 도형의 종류에 따라 입력값을 다르게 해서 계산에 사용한다(다음의 실행 방법 참고).

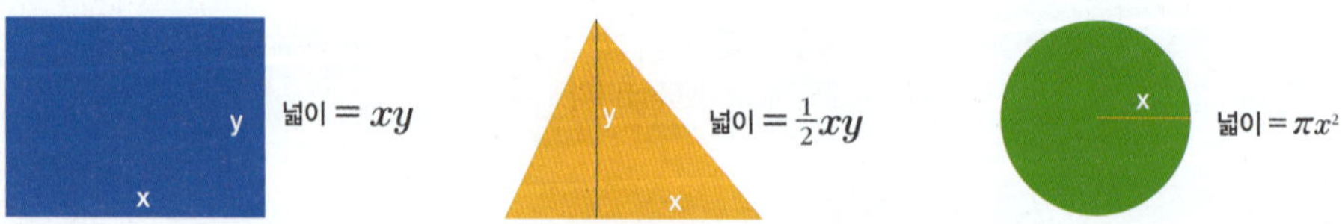

실행 결과

```
도형 선택 (1:사각형, 2:삼각형, 3:원) : 1
가로 입력 : 5
세로 입력 : 4
도형의 넓이 =  20
```

실행 결과

```
도형 선택 (1:사각형, 2:삼각형, 3:원) : 2
밑변 입력 : 10
높이 입력 : 6
도형의 넓이 =  30.0
```

실행 결과

```
도형 선택 (1:사각형, 2:삼각형, 3:원) : 3
반지름 입력 : 5
도형의 넓이 =  78.5
```

실행 결과

```
도형 선택 (1:사각형, 2:삼각형, 3:원) : 5
잘못된 입력입니다.
```

CHAPTER 06

반복

학습목표

- 반복 구조의 필요성과 장점을 이해한다.
- 반복문의 형식과 사용법을 이해한다.
- 그래픽 프로그램에 반복문을 활용한다.

SECTION 01

반복 구조

컴퓨터를 이용한 작업 수행의 장점 중 하나는 같은 동작을 지치지 않고 계속 반복하는 것이다. 5장에서 학습한 것처럼 프로그램은 순차와 선택, 반복이라는 3가지 제어 구조를 사용하여 필요한 동작을 수행한다. 이 장에서는 반복 구조의 필요성과 반복문을 사용하는 방법을 알아보고, 이를 활용한 다양한 프로그램을 만들어 보자.

1 일상에서 볼 수 있는 반복

반복은 같은 일을 되풀이하거나 동일한 요소를 2번 이상 배열하는 것을 의미한다. 주위를 둘러보면 다양한 반복 사례를 찾을 수 있다. 알람 소리에 잠에서 깨어 학교와 직장에 가는 일상의 반복이나, 자전거를 타거나 운동을 할 때, 또 무언가를 학습할 때도 같은 동작을 일정하게 반복해야 한다. 또, 벽지의 무늬에서부터 화분에 피어난 꽃잎의 개수와 모양에서도 반복적인 패턴을 찾을 수 있다.

그림 6-1 일상에서의 패턴

실습 6-1	반복적인 규칙 찾기

다음의 숫자들에서도 반복적인 규칙을 찾을 수 있다. 연속으로 출력된 숫자들 사이에서 공통된 패턴을 찾아보자.

A 1 3 5 7 9 11 … 97 99

B 1 2 4 5 7 8 10 11 13 14 16 17 19

C 0 1 3 6 10 15 21 28 36 45 55

그림 6-2 숫자 속에서의 패턴

1 Ⓐ는 100보다 작은 자연수 중에서 홀수만 출력한다.

1 (+2) 3 (+2) 5 (+2) 7 (+2) 9 (+2) 11 … 97 (+2) 99

2 Ⓑ는 20보다 작은 자연수 중에서 3의 배수를 빼고 출력한다.

1 2 ~~3~~ 4 5 ~~6~~ 7 8 ~~9~~ 10 11 ~~12~~ 13 14 ~~15~~ 16 17 ~~18~~ 19

3 Ⓒ는 0에서 10까지 정수를 차례대로 더한 값을 출력한다.

0 (+1) 1 (+2) 3 (+3) 6 (+4) 10 (+5) 15 (+6) 21 (+7) 28 (+8) 36 (+9) 45 (+10) 55

2 반복 구조의 필요성

반복 구조는 프로그램에서 같은 처리 과정을 되풀이해야 할 때 사용한다. 예를 들어 5명의 사람이 커피머신으로 커피를 마시려면 커피 내리기 동작을 순서대로 5회 반복 실행해야 한다.

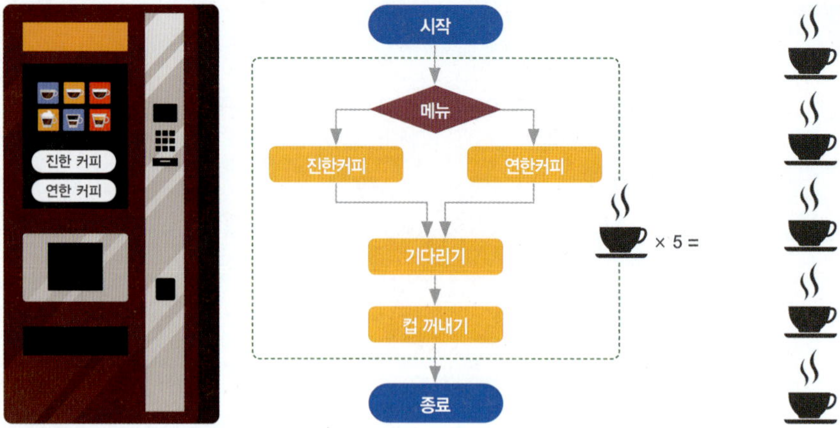

그림 6-3 커피머신의 반복 동작

만약 순차 구조만 사용하여 커피 내리기 프로그램을 만든다면, 같은 동작을 연속적으로 나열해야 하므로 코드가 길어지고 코드 작성 시간을 불필요하게 소비하게 된다.

반복 구조를 사용하면 정해진 횟수만큼 수행할 동작을 기술하면 되고, 반복 횟수가 더 많아지더라도 전체 코드가 길어지지 않는다. 만약 백 명의 사람이 마실 커피를 준비해야 한다면 반복 구조의 필요성을 더 잘 이해할 수 있을 것이다.

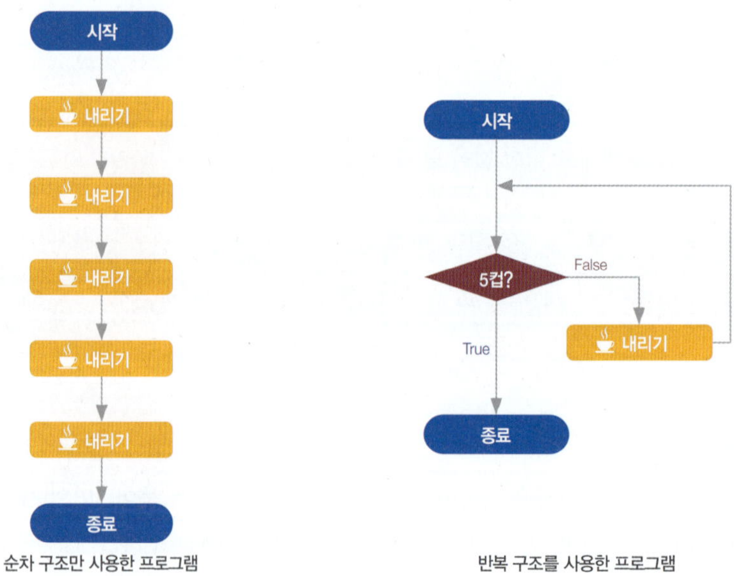

그림 6-4 순차 구조와 반복 구조 비교

SECTION

02 반복문의 종류

반복문의 개념을 알았으니 파이썬을 이용하여 반복 구조를 표현하기 위한 반복문이 어떻게 구성되는지 알아보자. 또 여러 가지 반복문의 특징을 활용하여 필요한 작업이 효율적으로 수행되도록 실제 프로그램을 만들어 보자.

파이썬에서 제공하는 반복문은 특정 조건이 충족될 때 반복할 동작을 계속해서 실행하는 while 문과 주어진 횟수만큼만 반복하게 하는 for 문이 있다. 나아가 while 문의 조건을 참(True)으로 설정하여 원하는 동작을 무한 반복으로 실행시킬 수도 있다. 각 반복문의 구문 형식과 사용법을 알아보고 반복이 필요한 다양한 문제에 활용해 보자.

그림 6-5 일상생활에서의 반복

표 6-1 반복문의 종류

	조건 반복	횟수 반복	무한 반복
반복 기준	조건의 충족	반복 횟수	무한 실행
사용 예	지칠 때까지 반복하라	10번 반복하라	계속하라
반복문	while	for	while True

1 while 문

조건에 의해 반복을 제어하는 while 문은 조건식의 판단 결과에 따라 반복 여부를 선택한다. 조건이 참일 때 반복할 문장을 실행하고, 다시 조건식을 검사하는 순서로 흐름이 제어된다. 문장의 구조는 5장에서 학습한 if 문과 유사하게 콜론과 들여쓰기를 사용하여 조건식과 반복할 문장 혹은 블록(여러 개의 문장)을 표시한다.

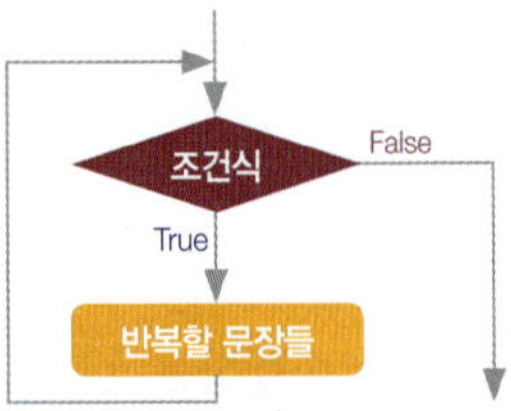

그림 6-6 while 문 구조

```
while 조건식 :
    반복할 문장들
```

(들여쓰기)

실습 6-2 while 문을 이용하여 규칙을 가진 숫자 출력하기 code06-02.py

100보다 작은 양의 정수 중에서 홀수만 출력하는 프로그램을 while 문을 사용하여 만들어 보자.

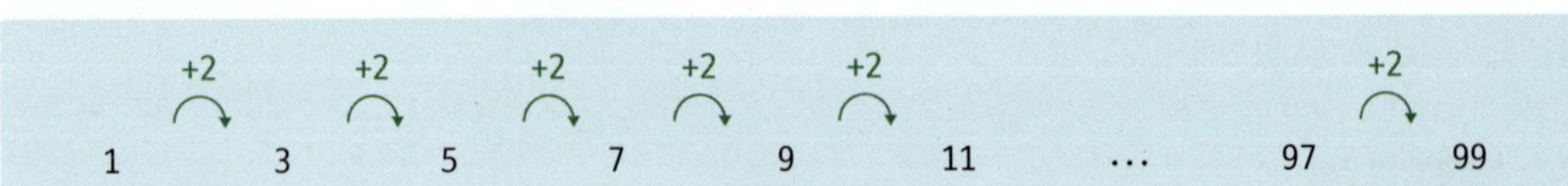

1 코드를 작성하고 파일로 저장한다.

```
x = 1                           # 변수 x의 초기화

while x < 100 :                 # x의 값이 100보다 작으면 반복하고, 아니면 종료
    print(x, end = " ")         # x의 값을 출력하고 줄 바꿈 대신 한 칸 띄움
    x = x + 2                   # x를 2 증가시킴
```

2 저장한 코드 파일을 실행시켜 결과를 확인한다.

실행 결과

```
1 3 5 7 9 11 13 15 17 19 21 23 25 27 29 31 33 35 37 39 41 43 45 47 49 51 53 55 57 59 61 63 65 67
69 71 73 75 77 79 81 83 85 87 89 91 93 95 97 99
```

실습 6-3 랜덤 숫자 맞히기 게임 만들기 code06-03.py

숫자 맞히기 게임 프로그램을 만들어 보자. 컴퓨터가 랜덤random으로 정해 놓은 1부터 20 사이의 정수를 맞히는 게임이다. 사용자가 입력한 수가 정해 놓은 값과 같으면 정답이라고 알려주고 프로그램을 종료한다. 두 수가 다른 경우에는 숫자를 다시 입력받아 비교해서 더 큰지, 작은지를 화살표(↑, ↓)로 알려준다.

그림 6-7 랜덤 게임 규칙과 실행 순서

1 컴퓨터가 랜덤 정수를 하나 정하려면 다음 코드의 01행처럼 random 모듈을 불러온다. 그리고 02행에서 `random.randint()`를 사용해 정수 값 하나를 추출하고 변수 answer에 저장한다. `randint()`의 두 인수(1, 20)가 추출할 범위가 된다.

```
01 import random                    # random 모듈 불러오기
02 answer = random.randint(1, 20)   # 1에서 20 사이의 랜덤 정수 저장
```

TIP 지금까지 출력을 위해 사용한 `print()`의 경우 기본적으로 사용 가능한 내장 함수built-in function이다. 하지만 `randint()`는 import로 random 모듈을 불러 와야 사용할 수 있다. 특정 기능을 하는 변수나 함수 등을 정의해 놓은 파일(.py)을 모듈module이라 하고, `randint()`는 random 모듈에 포함되어 있다. 또, `print()`처럼 함수 이름만으로는 사용할 수 없고 '모듈명.'을 붙여야 하는데, 이와 같은 함수를 메소드method라고 부른다. 메소드 또한 함수의 일종이므로, 포괄적으로 함수라고 불러도 된다. 모듈은 12장에서 자세히 학습하겠다.

2 입력받은 값을 저장하기 위한 변수 number를 만들고, 정답이 나올 때까지 '입력 → 값의 비교 → 출력' 동작을 반복한다.

```
number = 0                        # 입력하는 값을 저장할 변수

while number != answer:
    number = int(input("숫자 입력(1~20) : "))

    if number > answer:          # 입력한 값이 정답보다 큰 경우
        print("↓")
    elif number < answer:        # 입력한 값이 정답보다 작은 경우
        print("↑")
    else:
        print("★정답★")
```

3 작성한 프로그램을 파일로 저장하고 실행 결과를 확인한다.

실행 결과

```
숫자 입력(1~20) : 10
↑
숫자 입력(1~20) : 13
↑
숫자 입력(1~20) : 16
★정답★
```

실행 결과

```
숫자 입력(1~20) : 6
↑
숫자 입력(1~20) : 13
↓
숫자 입력(1~20) : 11
★정답★
```

2 무한 반복과 반복의 제어

조건 반복을 위한 while 문을 사용하면 무한 반복 구조를 만들 수 있다. 하지만 프로그램은 반드시 종료되어야 한다는 전제 조건이 있으므로 반복을 종료하거나 반복의 흐름을 제어하도록 설정해야 한다.

무한 반복문

while 문을 다음과 같이 적으면 무한 반복infinite loop 조건이 되어 반복할 문장들이 계속 실행된다. 무한 반복을 끝내려면 키보드에서 Ctrl + C 를 눌러 프로그램을 강제로 종료시켜야 한다.

```
while True:
    반복할 문장들
```

조건식을 항상 참으로 기술하는 방법

실습 6-4 무한 반복하는 프로그램 만들기 code06-04.py

양의 정수를 하나씩 출력하는 프로그램을 작성해 보자. 프로그램이 종료될 때까지 출력이 무한 반복된다.

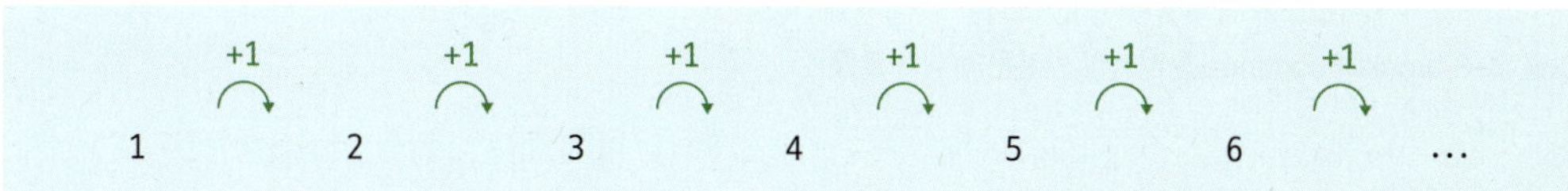

1 다음과 같이 코드를 작성해서 저장한다.

```
x = 0

while True :
    x += 1                  # x의 값을 하나 증가
    print(x, end = ' ')     # 한 줄로 나란히 출력
```

2 프로그램을 실행하면 1부터 하나씩 증가한 값이 출력된다. 프로그램 종료를 위해 단축키 Ctrl + C를 누른다.

실행 결과

```
1 2 3 4 5 6 7 8 9 10 11 12 13 14 15 16 17 18 19 20 21 22 23 24 25 26 27 28 29 30 31 32 33 34 35
36 37 38 39 40 41 42 43 44 45 46 47 48 49 50 51 52 53 54 55 56 57 58 59 60 61 62 63 64 65 66 67
68 69 70 71 72 73 74 75 76 77 78 79 80 81
Traceback (most recent call last):
  File "F:\code06-04.py", line 5, in <module>
    print(x, end = ' ')          # 한 줄로 나란히 출력
KeyboardInterrupt
```

반복의 제어

반복문 안에서 break와 continue를 사용하면 반복문을 끝내거나 반복할 문장을 건너뛰고 조건식 검사 위치로 이동하도록 프로그램 흐름을 제어할 수 있다. break와 continue는 일반적으로 if 문과 함께 사용하여, 특정 조건이 만족할 때 반복문이 종료되거나 실행 순서의 변경이 일어나게 한다.

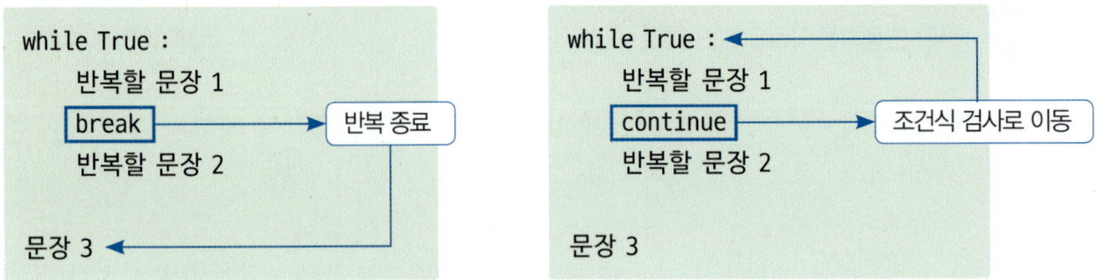

그림 6-8 break와 continue를 사용한 반복문의 제어 흐름

실습 6-5 break와 continue를 사용하여 규칙을 가진 숫자 출력하기 code06-05.py

다음 숫자들의 패턴을 찾아보면 20보다 작은 자연수 중에서 3의 배수만 제외하고 출력한다는 것을 알 수 있다. 반복문의 흐름을 제어하는 break와 continue를 사용하여 출력 패턴에 알맞은 프로그램을 작성해 보자.

1 2 ~~3~~ 4 5 ~~6~~ 7 8 ~~9~~ 10 11 ~~12~~ 13 14 ~~15~~ 16 17 ~~18~~ 19

1 코드를 작성하고 파일로 저장한다.

```
x = 0

while True:
    x = x + 1
    if x >= 20:                # 20 이상이 되면 반복문 종료
        break
    if x % 3 == 0:             # 3의 배수일 때는 출력하지 않고 조건식 검사로 이동
        continue
    print(x, end = ' ')        # 20보다 작고 3의 배수가 아닐 때만 실행
```

2 프로그램을 실행시켜 결과를 확인한다.

실행 결과

```
1 2 4 5 7 8 10 11 13 14 16 17 19
```

실습 6-6 영화관 무인단말기로 메뉴 주문 후 종료하기 code06-06.py

영화관 무인단말기에서 팝콘이나 음료를 주문하려고 한다. 메뉴를 선택하고 수량을 입력하면 계산한 금액 합계를 출력하는 프로그램을 만들어 보자. 주문을 끝내려면 메뉴를 '0'으로 입력한다. 메뉴를 잘못 선택하면 프로그램을 종료하지 말고 다시 입력받도록 한다.

그림 6-9 영화관의 매점 메뉴판

실행 결과

```
******************************
[1]팝콘 [2]나쵸 [3]핫도그 [4]음료
주문을 끝내려면 [0]을 입력하세요.
------------------------------
선택 메뉴 : 1
개수 입력 : 1

선택 메뉴 : 4
개수 입력 : 2

선택 메뉴 : 0
------------------------------
금액 합계는 9000 원입니다.
```

실행 결과

```
******************************
[1]팝콘 [2]나쵸 [3]핫도그 [4]음료
주문을 끝내려면 [0]을 입력하세요.
------------------------------
선택 메뉴 : 5
메뉴 선택 오류...다시 선택하세요.

선택 메뉴 : 3
개수 입력 : 1

선택 메뉴 : 0
------------------------------
금액 합계는 3500 원입니다.
```

1 코드를 작성하고 파일로 저장한다.

```
menu = 0                # 선택 메뉴
number = 0              # 주문 수량
price = 0               # 상품 단가
total = 0               # 금액 합계

print("*" * 30)         # 메뉴 출력
print("[1]팝콘 [2]나쵸 [3]핫도그 [4]음료")
print("주문을 끝내려면 [0]을 입력하세요.")
print("-" * 30)

```

```
while True :
    menu = int(input("선택 메뉴 : "))
    if menu == 0 :
        break
    if menu < 1 or menu > 4 :
        print("메뉴 선택 오류...다시 선택하세요.\n")
        continue

    if menu == 1 : price = 5000          # 조건식과 명령문을 한 줄에 적기
    elif menu == 2 : price = 4000
    elif menu == 3 : price = 3500
    else : price = 2000

    number = int(input("주문 수량 : "))
    total = total + (number * price)
    print()          # 다른 메뉴를 선택하기 전에 빈 줄 추가

print("-" * 30)
print("금액 합계는", total, "원입니다.")
```

2 프로그램을 실행시켜 결과를 확인한다.

실행 결과

```
******************************
[1]팝콘 [2]나쵸 [3]핫도그 [4]음료
주문을 끝내려면 [0]을 입력하세요.
------------------------------
선택 메뉴 : 1
개수 입력 : 1

선택 메뉴 : 4
개수 입력 : 2

선택 메뉴 : 0
------------------------------
금액 합계는 9000 원입니다.
```

실행 결과

```
******************************
[1]팝콘 [2]나쵸 [3]핫도그 [4]음료
주문을 끝내려면 [0]을 입력하세요.
------------------------------
선택 메뉴 : 5
메뉴 선택 오류...다시 선택하세요.

선택 메뉴 : 3
개수 입력 : 1

선택 메뉴 : 0
------------------------------
금액 합계는 3500 원입니다.
```

3 for 문

for 문은 특정 횟수만큼 반복하기 위한 문장으로, range() 함수와 함께 많이 사용한다. range() 함수의 인수로 사용하는 정수가 반복 횟수가 되고, 반복할 문장들을 들여쓰기로 적는다.

```
for 변수명 in range(반복 횟수) :
    반복할 문장들
```

들여쓰기

range() 함수는 정해진 구간의 정수들(수열)을 생성하는 함수이다. 반복문에 사용되면 생성된 숫자만큼 반복이 실행된다. range(5)인 경우 0~4까지 5개의 값을 만들 수 있고, 반복이 실행될 때마다 값을 하나씩 반환한다.

다음의 프로그램을 실행하면 0부터 4까지 출력한 결과를 확인할 수 있고, 5회 반복이 일어난 것을 알 수 있다.

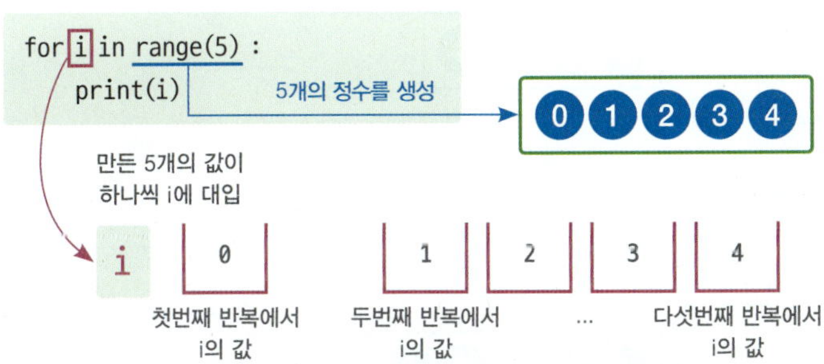

그림 6-10 for 반복문에서 range() 함수의 동작

실행 결과

```
0
1
2
3
4
```

여 기 서 잠 깐

range() 함수

range() 함수는 다음 그림과 같이 3개의 인수를 가지고, start와 step은 생략할 수 있다. 인수의 값에 따라 생성되는 정수의 범위와 개수가 달라지며, start부터 시작해서 step 간격으로 증감하는 수열을 만들다가 stop이 되면 중지한다. start를 생략하면 기본값은 0이고, step을 생략하는 경우 기본값은 1이 된다.

```
range([start,] stop [,step])
```

■ **stop 값만 있는 경우**

range(5)는 start와 step이 모두 생략된 것으로, 0부터 4까지 하나씩 증가하는 정수들을 만든다.

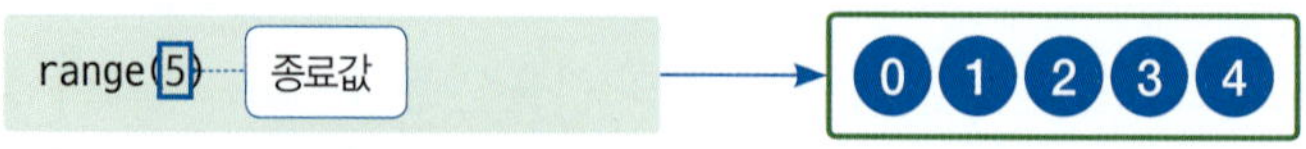

그림 6-11 stop 값만 있는 경우

■ **start, stop 값만 있는 경우**

range(1, 5)처럼 2개의 인수만 있는 경우, start는 1, stop은 5가 된다. 1부터 4까지 하나씩 증가하는 정수들을 만든다.

그림 6-12 start, stop 값만 있는 경우

■ **start, stop, step 값이 모두 있는 경우**

range(1, 10, 2)는 1부터 9까지 2개씩 증가하는 정수들을 만든다. 10보다 작은 홀수의 집합이 된다.

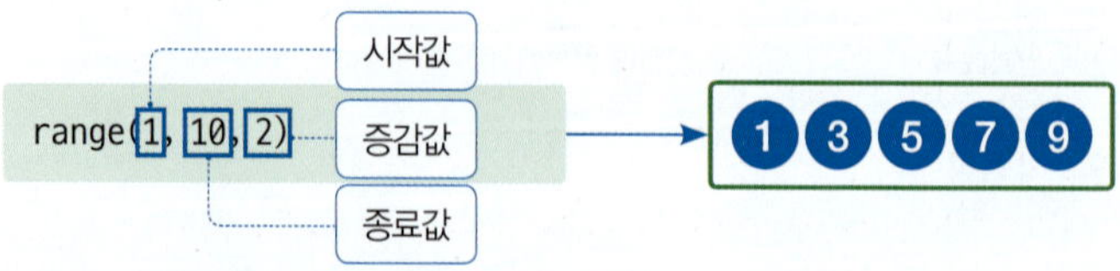

그림 6-13 start, stop, step 값이 있는 경우

■ **감소하는 수열을 만드는 경우**

range(9, 1, -2)는 감소하는 수열을 만들 수 있다. 9부터 시작해서 2씩 감소하는 수열을 3까지 만들게 된다.

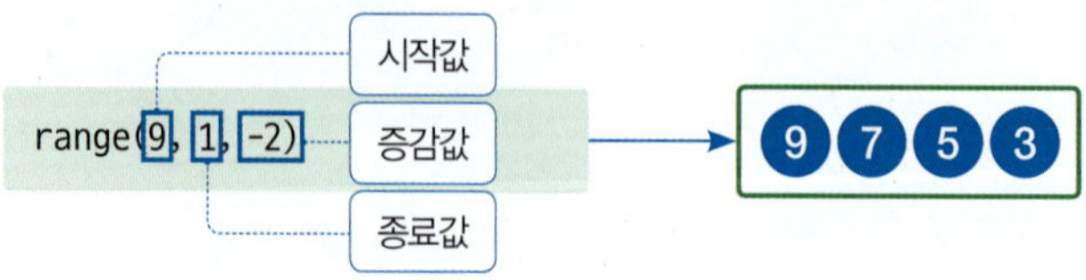

그림 6-14 감소하는 수열의 경우

실습 6-7 for 문과 range() 함수로 규칙을 가진 숫자 출력하기 code06-07.py

0부터 10까지 정수를 차례대로 더한 값을 출력하는 프로그램을 for 문을 사용하여 만들어 보자.

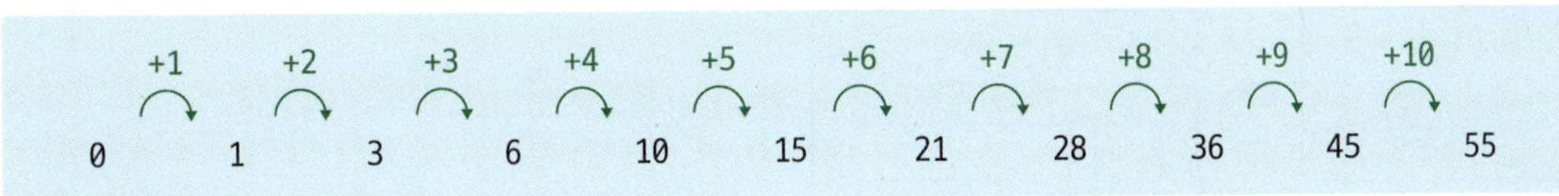

1 코드를 작성하고 파일로 저장한다.

```
s = 0                       # 합계를 저장하기 위한 변수

for x in range(0, 11):      # 0부터 10까지 반복
    s += x                  # s = s + x와 동일, s가 x만큼 증가
    print(s, end = " ")
```

2 프로그램을 실행시켜 결과를 확인한다.

실행 결과

```
0 1 3 6 10 15 21 28 36 45 55
```

여기서 잠깐

while 문과 for 문 비교

[실습 6-7]의 코드를 while 문으로 바꾸면 for 문에 비해 코드의 길이가 길어진다. 두 반복문이 동일한 결과를 실행하지만, 횟수 반복에는 for 문의 문장 구조가 더 간단하다는 장점이 있다. 반면 while 문은 조건 반복이나 무한 반복에 더 편리하게 사용할 수 있다.

```
x = 0
s = 0

while x <= 10 :
    s = s + x
    print(s, end = " ")
    x = x + 1
```

실습 6-8 구구단 프로그램 만들기 code06-08.py

구구단 프로그램을 만들어 보자. 원하는 단을 입력하면 반복하여 출력한다.

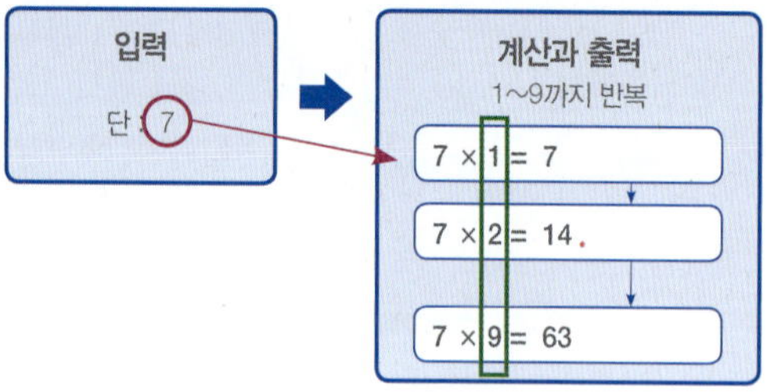

그림 6-15 구구단 출력하기

1 코드를 작성하고 파일로 저장한다.

```python
dan = int(input("몇 단을 출력할까요? : "))

for i in range(1, 10):
    print("%d x %d = %2d" %(dan, i, dan * i))
```

2 프로그램을 실행시켜 결과를 확인한다.

실행 결과

```
몇 단을 출력할까요? : 7
7 x 1 =  7
7 x 2 = 14
7 x 3 = 21
7 x 4 = 28
7 x 5 = 35
7 x 6 = 42
7 x 7 = 49
7 x 8 = 56
7 x 9 = 63
```

SECTION 03 반복문의 활용

반복문은 다양한 분야의 문제를 해결하기 위해 많이 사용되고 있으며 특히 컴퓨터 그래픽 작업에서의 활용도가 높다. 이 절에서는 파이썬에서 기본으로 제공하는 그래픽 기능에 반복 구조를 활용하여 다양한 모양이나 패턴을 그리는 방법을 알아보자.

1 터틀 그래픽스 모듈

로봇을 컨트롤해서 움직이게 하듯이, 파이썬에서는 거북이를 움직여 캔버스 위에 그림을 그릴 수 있다. 파이썬을 설치할 때 기본으로 제공되는 터틀 그래픽스turtle graphics라는 모듈을 이용하면 캔버스에 원하는 모양을 그리는 그래픽 프로그램을 간단하게 작성할 수 있다. 터틀 그래픽스 모듈의 사용법을 알아보고, 앞서 학습한 반복 구조를 활용하여 다양한 패턴의 그림을 그려보자.

여기서 잠깐

터틀 사용 설명서

파이썬 공식 홈(python.org)의 모듈 설명서에서 터틀turtle을 찾아보자. 많은 기능에 대한 설명과 사용 방법이 제공되고 있어서 필요한 동작이 있을 때 참고하면 좋다.

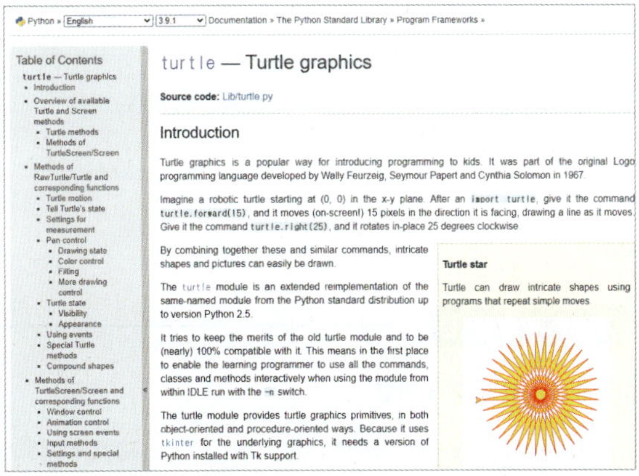

그림 6-16 터틀 소개 화면

2 터틀의 기본 사용법

터틀 그래픽스를 이용하기 위해 파이썬 셸에 다음과 같이 입력해 보자. 'Python Turtle Graphics' 라고 하는 윈도우가 생기고, 그림을 그릴 수 있는 캔버스 위에 거북이가 나타난다. 캔버스 내에서는 (x, y) 좌표로 위치를 나타내며 현재 거북이의 위치는 (0, 0)이다. 좌표를 이용한 위치 이동 뿐 아니라 픽셀pixel 단위로 거리를 지정하여 거북이를 움직일 수도 있다. 이제 거북이를 이용해 그림을 그려보자.

```
>>> import turtle
>>> turtle.shape('turtle')
```

커서(cursor)를 거북이 모양으로 설정

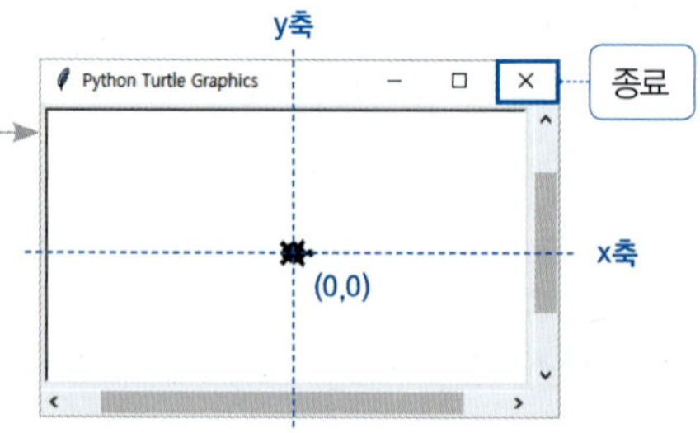

그림 6-17 거북이의 위치

실습 6-9 터틀을 이동시키면서 방향 바꾸기 code06-09.py

1 파이썬 셸에 다음의 코드를 입력한다.

```
>>> import turtle
>>> turtle.shape('turtle')
>>> turtle.forward(100)        # 100픽셀 전진
>>> turtle.left(90)            # 왼쪽으로 90도 회전
>>> turtle.forward(100)
>>> turtle.right(90)           # 오른쪽으로 90도 회전
>>> turtle.forward(100)
```

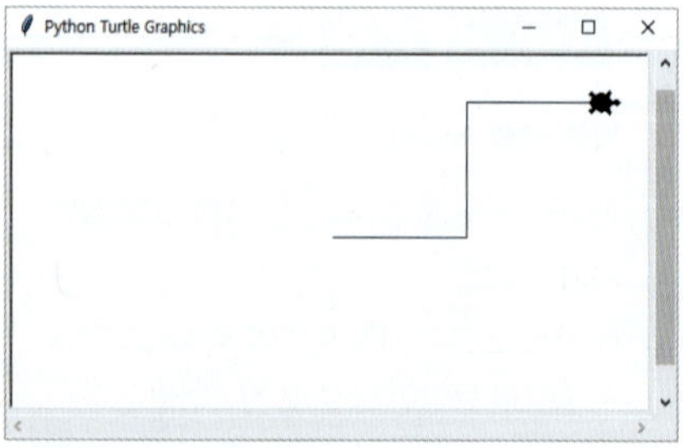

그림 6-18 거북이의 이동

여기서 잠깐

다양한 import 문 기술 방법

import 문을 다음과 같이 바꾸면 터틀의 메소드method를 간단하게 기술할 수 있다.

■ turtle 모듈을 불러오고 turtle 대신 t를 사용

```
>>> import turtle as t
>>> t.fd(100)  # forward()와 동일
>>> t.lt(90)   # left()와 동일
```

■ turtle 모듈을 불러오고 turtle을 생략

```
>>> from turtle import *
>>> fd(100)
>>> rt(90)     # right()와 동일
```

forward()나 left() 같은 메소드들은 print() 함수나 input() 함수처럼 각각 정해진 동작을 실행한다. 함수는 독립적으로 정의되어 있어 이름만으로 사용할 수 있지만, 메소드는 turtle과 같은 특정 모듈 안에 정의되어 있어서 '모듈명.메소드명()'의 형식으로 사용한다.

2 다음 문장을 실행하면 거북이가 처음 위치로 돌아온다.

```
>>> turtle.goto(0, 0)
```

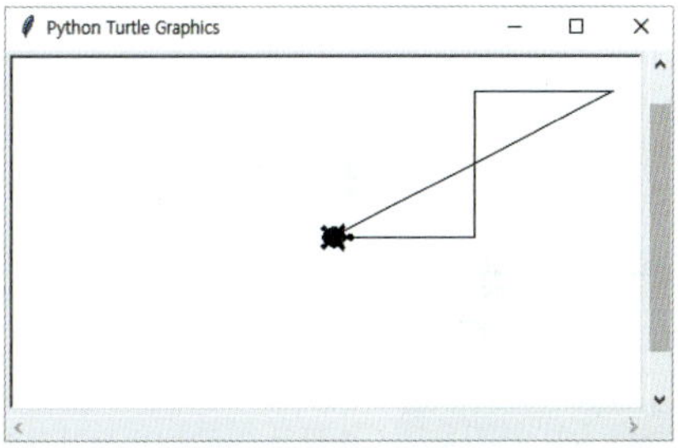

그림 6-19 거북이의 원위치

3 다음과 같이 펜을 올리고 이동하면 거북이가 그림을 그리지 않는다.

```
>>> turtle.penup()        # pu()와 동일
>>> turtle.fd(-100)       # back(100)과 동일
```

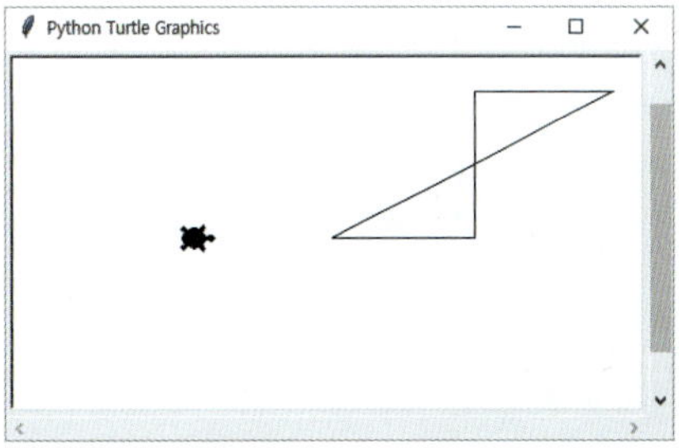

그림 6-20 거북이의 이동

4 다시 펜을 내리고 거북이 머리 방향으로 50 이동한다.

```
>>> turtle.pendown()          # pd()와 동일
>>> turtle.fd(50)
```

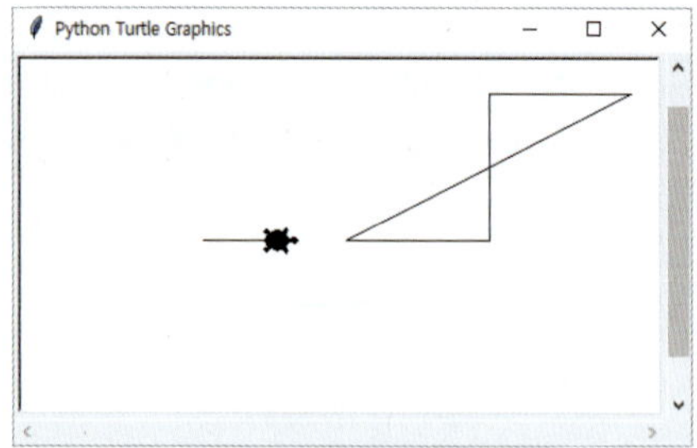

그림 6-21 다시 이동하며 그리기

여기서 잠깐

터틀 그래픽스에서 펜 모양 바꾸기

터틀 그래픽스 윈도우의 펜 모양을 변경하려면 shape() 메소드를 사용한다. 펜 모양은 화살표(arrow)가 기본형으로, 다음과 같이 여러 가지 모양으로 바꿀 수 있다. 펜 모양을 감추거나 표시하려면 turtle.hideturtle()과 turtle.showturtle() 메소드를 사용할 수 있다.

표 6-2 펜 모양 종류

이름	arrow	circle	classic	square	triangle	turtle
모양						

실습 6-10 터틀을 이용하여 정사각형 그리기 code06-10.py

터틀을 사용하여 한 변의 길이가 100 픽셀인 정사각형을 그려 보자.

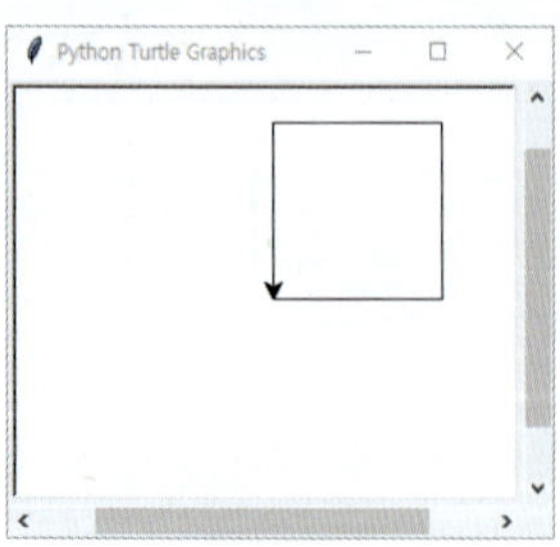

그림 6-22 정사각형 그리기

1 터틀의 이동과 방향 전환 메소드를 이용하여 사각형을 그리는 코드를 작성해서 실행한다.

```
from turtle import *

setup(300, 200)           # 캔버스 크기 설정하기(width, height)
fd(100)
lt(90)
fd(100)
lt(90)
fd(100)
lt(90)
fd(100)
```

2 만든 프로그램을 반복문으로 수정해 보자. 코드의 길이를 줄일 수 있을 뿐 아니라, 다른 모양의 도형을 그릴 때도 활용이 가능하다.

```
from turtle import *

setup(300, 200)
for _ in range(4) :          # 변수가 필요 없을 때 밑줄 기호(_)를 사용
    fd(100)
    lt(90)
```

TIP for 문에서는 range() 함수가 만드는 숫자들을 반환받는 변수를 일반적으로 사용한다. 하지만, 위의 코드처럼 반복문 안에서 변수를 사용할 필요가 없을 때 변수 자리에 밑줄 기호(underscore, '_')로 대치할 수 있다.

여기서 잠깐

터틀 모듈에서 자주 사용하는 메소드

터틀 그래픽스 모듈에는 많은 메소드 중에서 자주 사용되는 동작들을 표로 정리했다. 더 자세한 사항은 공식 페이지(https://docs.python.org/3/library/turtle.html)를 참고하기 바란다.

표 6-3 그리기 동작과 회전 관련 메소드

메소드명	동작	예시	인수 설명
forward(), fd()	앞으로 이동	turtle.forward(100) turtle.fd(100)	픽셀 단위의 거리
backward(), back()	뒤로 이동	turtle.back(100)	픽셀 단위의 거리

메소드명	동작	예시	인수 설명
left(), lt()	왼쪽으로 회전	turtle.left(90)	회전 각도
right(), rt()	오른쪽으로 회전	turtle.rt(90)	회전 각도
circle()	원 그리기	turtle.circle(50) turtle.circle(50, 180)	반지름 반지름과 각도
speed()	그리기 속도 설정	turtle.speed(10)	0에서 10 사이의 수

표 6-4 펜과 색상 설정 관련 메소드

메소드명	동작	예시	인수 설명
pendown(), pd(), down()	펜을 내려 그리기 준비	turtle.pd()	–
penup(), pu(), up()	펜을 올려 그리지 않기	turtle.pu()	–
shape()	펜 모양 설정	turtle.shape('turtle')	'arrow', 'circle', 'classic', 'square', 'triangle', 'turtle'
pensize(), width()	펜 두께 설정	turtle.pensize(5)	정수, 값이 클수록 두꺼워짐
pencolor()	펜 색상 설정	turtle.pencolor('red')	색상 이름
color()	펜 색상과 채우기 색상 설정	turtle.color('white', 'yellow')	(펜 색, 채우기 색) 순서로 색상 이름 입력

begin_fill() ~ end_fill()	도형의 색 채우기	turtle.begin_fill()
		turtle.circle(100)
		#원 그리기
		turtle.end_fill()
			–

표 6-5 캔버스와 윈도우 설정 관련 메소드

메소드명	동작	예시	인수 설명
setup()	캔버스 크기 설정	turtle.setup(800, 600)	폭(가로)과 높이(세로)
title()	터틀 윈도우의 제목 설정	turtle.title('Painter')	문자열
write()	캔버스에 출력하기	turtle.write("ABCDEFG")	문자열이나 숫자
clear()	그림 모두 지우기	turtle.clear()	–
reset()	그림을 지우고, 위치와 색상 설정 초기화	turtle.reset()	–
done()	터틀 윈도우를 닫지 않고 그리기 종료	turtle.done()	–
exitonclick()	마우스를 클릭하면 터틀 윈도우 닫기	turtle.exitonclick()	–
bye()	터틀 윈도우 닫기	turtle.bye()	

3 반복 구조의 다양한 그리기

터틀 그래픽스는 프로그래밍에 익숙하지 않은 사람도 쉽고 재미있는 그래픽 프로그램을 만들어 볼 수 있도록 파이썬에서 제공하는 기능이다. 이동과 방향 전환이라는 단순한 동작들도 반복 구조로 실행시키면 다양하고 복잡한 패턴의 그림을 만들 수 있다. 터틀 그래픽스에 반복문을 활용해서 여러 가지 모양의 그림을 그려 보자.

실습 6-11 사각형 미로 만들기 code06-11.py

사각형 그리기를 변형하여 사각형 미로를 만들어 보자. 안쪽에서부터 사각형이 점점 커지도록 그리면 미로의 모양이 된다. 사각형의 한 변의 길이(이동 거리)를 10부터 시작해서 100까지, 5 간격으로 점점 커지도록 설정하면 다음과 같은 미로가 된다.

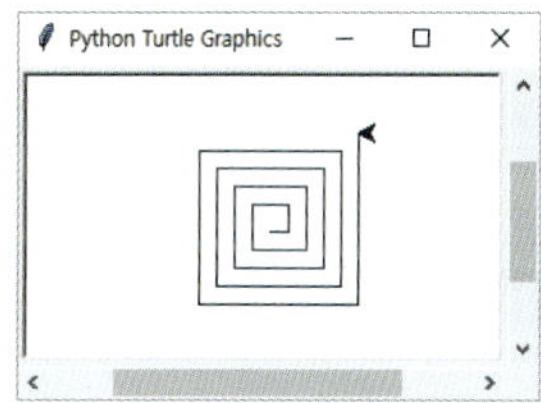

그림 6-23 미로 그리기

1 미로를 그릴 때의 동작 패턴을 생각해보면 다음 그림처럼 거리를 조금씩 늘려가며 이동과 회전이 반복되는 것을 알 수 있다. 이동 거리를 10부터 시작해서 마지막은 100이 되도록 하고, 반복할 때마다 5만큼 증가하는 for 문을 만든다. 이동 후 회전할 때의 방향은 왼쪽, 각도는 90도로 설정한다.

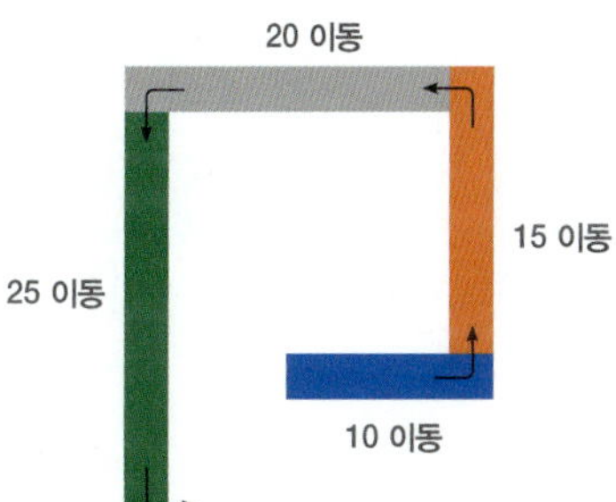


```
for x in range(10, 100, 5) :
    fd(x)          # x가 이동 거리
    lt(90)
```

그림 6-24 반복되는 이동과 회전 동작

2 전체 코드를 작성해서 실행한다.

```
from turtle import *

```

```
setup(300, 200)
for x in range(10, 100, 5) :
    fd(x)
    lt(90)
```

실습 6-12 벌집 모양 그리기 code06-12.py

자연에서 관찰할 수 있는 반복 패턴의 무늬를 가진 벌집을 터틀 그래픽스로 그려 보자. 6개의 정육각형을 시계 방향 순으로 차례대로 그려 보자.

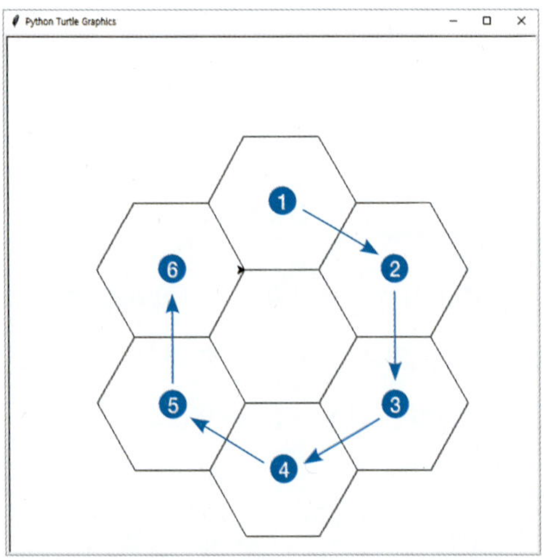

그림 6-25 **벌집 모양 그리기**

1 먼저 정육각형을 하나 그려 보자. 거북이를 이동시켜 한 변을 그리고 왼쪽으로 외각의 크기(60)만큼 회전하는 동작을 6회 반복하면 처음 위치로 돌아온다.

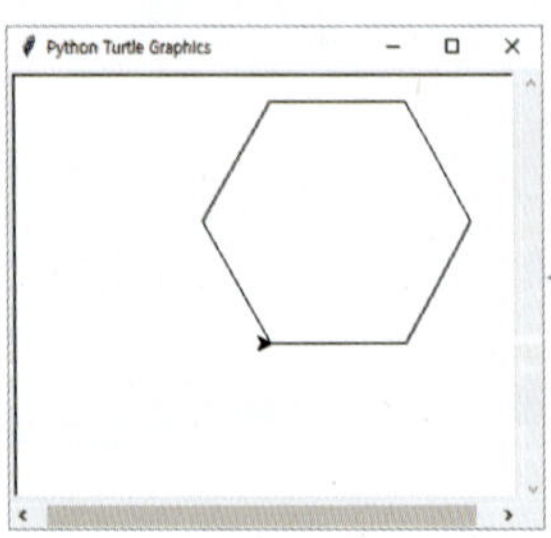


```
for _ in range(6):
    fd(100)
    lt(60)
```

그림 6-26 **정육각형 1개 그리기**

2 우측 하단에 있는 정육각형이 두 번째로 그릴 모양이다. 시계 방향으로 다음 육각형을 그리기 위해, 거북이를 앞으로 이동하고 오른쪽으로 회전한 후 단계 ❶의 동작을 반복시킨다.

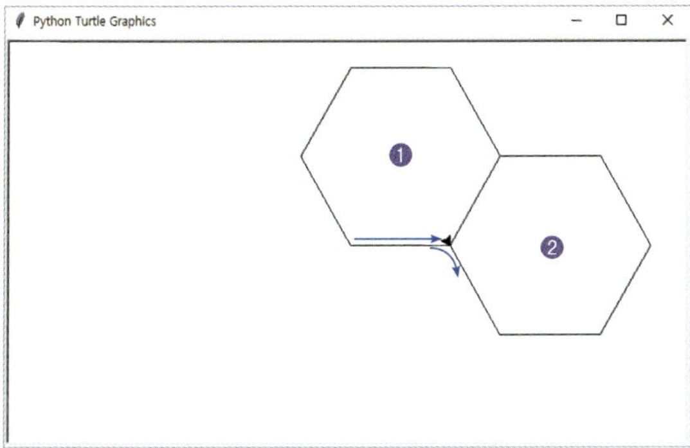


```
for _ in range(6):    # ❶
    fd(100)
    lt(60)
fd(100); rt(60)
for _ in range(6):    # ❷
    fd(100)
    lt(60)
```

그림 6-27 **정육각형 2개 그리기**

3 기존 코드를 중첩 반복 구조로 다시 작성하면 다음과 같다. 중첩 반복은 반복문 안에 또 다른 반복문이 들어있는 구조로, 5장에서 학습한 중첩 if 문과 유사한 형태이다.

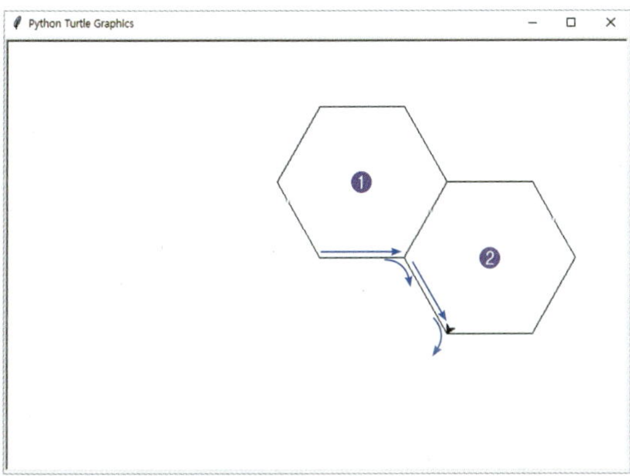


```
for _ in range(2):    # ❶, ❷
    for _ in range(6):
        fd(100)
        lt(60)
    fd(100); rt(60)
```

그림 6-28 **정육각형 2개 그리기 반복**

4 6개의 정육각형을 그리기 위한 전체 코드를 작성해서 실행한다.

```
from turtle import *

setup(800, 800)

for _ in range(6):            # 6개의 정육각형을 위한 반복
```

```
    for _ in range(6):        # 하나의 모양을 이루는 6개의 변을 위한 반복
        fd(100)
        lt(60)
    fd(100); rt(60)           # 다음 모양을 그리기 위한 이동과 회전
```

들여쓰기 1회

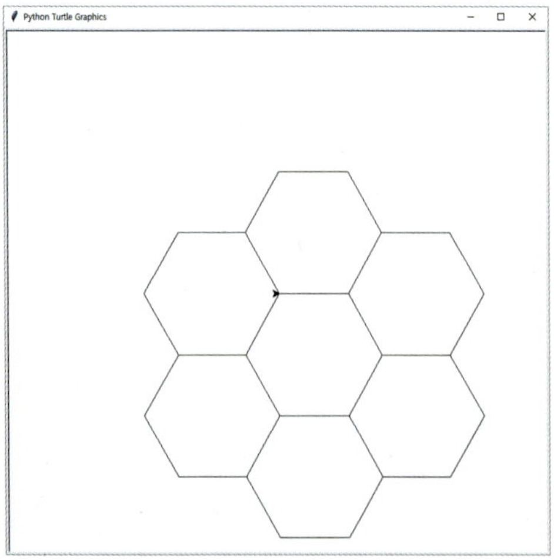

그림 6-29 벌집 그리기 완성

실습 6-13 다양한 정다각형 그리기 code06-13.py

그리고 싶은 정다각형의 모양을 입력받아 그림을 그려주는 프로그램을 작성해 보자. 정삼각형부터 정육각형을 그릴 수 있고, 모양을 입력받고 그림을 그리는 동작을 무한 반복한다. 그림 그리기를 종료하려면 0을 입력하도록 하고, 정다각형의 한 변의 길이는 100으로 한다.

TIP 4장의 추상화 과정에 대한 [실습 4-2]를 실제로 구현해 보는 문제이다.

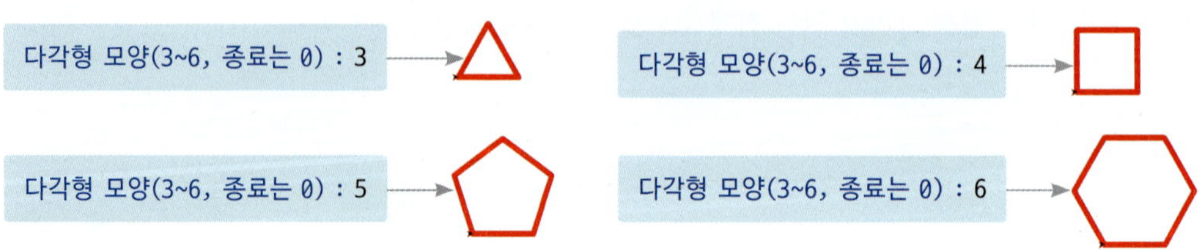

실행 결과

```
다각형 모양(3~6, 종료는 0) : 8     #입력 오류
모양을 다시 입력하세요.
```

실행 결과

```
다각형 모양(3~6, 종료는 0) : 0     #종료 조건
그리기를 종료합니다.
```

1 프로그램이 실행되는 순서를 생각해 보자. 무한 반복문을 사용해 입력과 출력이 계속 실행되도록 하고, 종료 조건은 다각형 모양을 0으로 입력하는 경우이다.

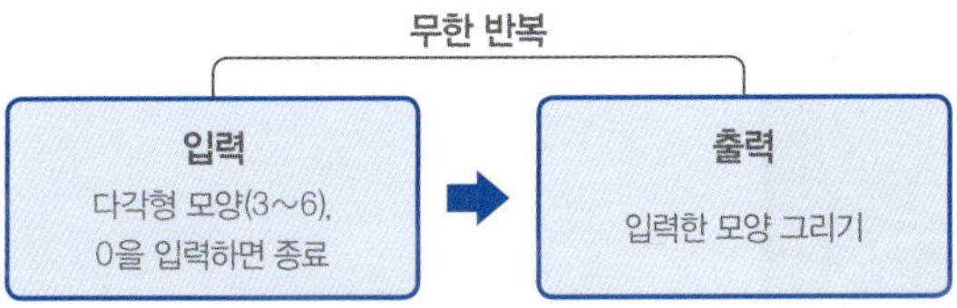

그림 6-30 **입력과 출력 사이의 무한 반복**

2 코드를 입력하고 저장한 후 실행한다.

```
from turtle import *

setup(500, 500)
pensize(10)                    # 펜 두께 설정
pencolor('red')                # 펜 색상 설정

while True :                   # 무한 반복
    shape = int(input("다각형 모양(3~6, 종료는 0) : "))
    if shape == 0 : break      # 종료 조건
    if shape < 3 or shape > 6 :  # 입력 오류
        print("모양을 다시 입력하세요.")
        continue

    clear()                    # 이전 그림 지우기
    for _ in range(shape) :
        fd(100)
        lt(360 / shape)        # 회전 각도(=외각의 크기)는 360/꼭지점의 수

print("그리기를 종료합니다.")
bye()                          # 터틀 그래픽스 종료
```

실습 6-14 스크린 세이버 효과 만들기 code06-14.py

컴퓨터를 켜놓은 상태에서 일정 시간 사용하지 않으면 화면을 보호하기 위해 스크린 세이버screen saver가 작동하기도 한다. 터틀 그래픽스를 활용하여 랜덤한 크기의 원이 랜덤한 위치에 자동으로 계속 생성되어 스크린 세이버처럼 동작하도록 만들어 보자.

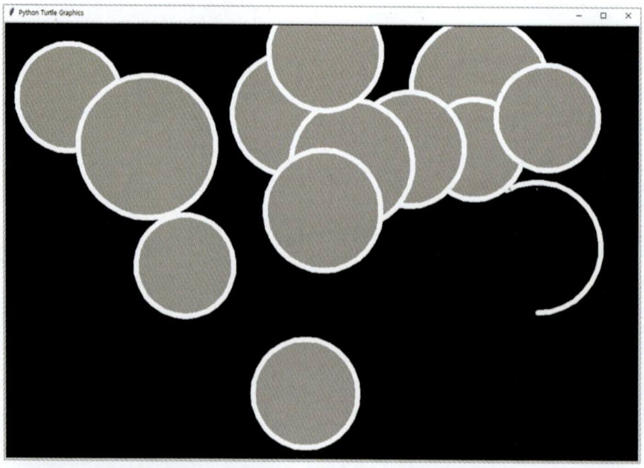

그림 6-31 스크린 세이버 효과

1 원을 그릴 때는 거북이의 현재 위치에서부터 위쪽으로 그림을 그리는데, 원의 시작 위치에 대해 생각해 보자. 캔버스의 크기를 1200×800이라고 한다면 우측 상단의 좌표는 (600, 400)이 되고, 좌측 하단의 좌표는 (−600, −400)이 된다. 원이 그려질 때 캔버스에서 많이 벗어나지 않도록 좌표를 설정해야 한다.

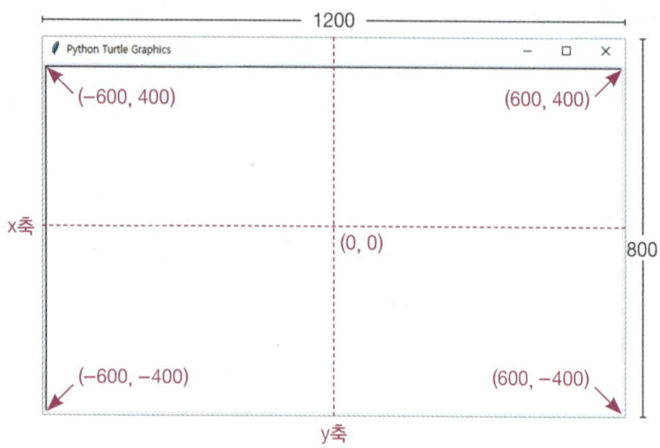

그림 6-32 캔버스의 좌표

TIP 윈도우 제목title bar이 차지하는 높이 때문에 실제로는 거북이가 맨 아래에 있을 때는 캔버스에서 사라질 수도 있다. 설정한 캔버스의 크기를 벗어나더라도 마우스로 윈도우의 크기를 조절하면 전체 모양을 확인할 수 있다.

2 원의 좌표 뿐 아니라 원의 크기(반지름)도 랜덤하게 설정한다. 다음 코드처럼 랜덤 정수를 추출하기 위한 randint() 함수를 이용하여, 원이 그려지는 위치와 크기를 계속 변경하도록 한다.

```
from random import *
radius = randint(80, 130)              # 원의 반지름을 80에서 130으로 랜덤 선택
```

3 전체 코드를 입력하고 저장한 후 실행한다.

```
from turtle import *
from random import *

x = 0
y = 0
radius = 0

setup(1200, 800)
bgcolor("black")                  # 창 색상 설정
speed(10)                         # 그리기 속도 설정
pensize(10)
color("white", "darkgray")        # 펜 색상과 채우기 색상 설정

for _ in range(30) :              # 30개의 원 그리기
    x = randint(-500, 500)
    y = randint(-400, 300)
    radius = randint(80, 130)
    penup()
    goto(x, y)
    pendown()
    begin_fill()                  # 채우기 색상으로 원 채우기
    circle(radius)
    end_fill()
```

TIP 터틀의 speed() 함수는 그리기 속도를 설정할 수 있다. 속도 값은 1(가장 느림), 3(느림), 6(정상), 10(빠름), 0(가장 빠름)으로 정해져 있고, 1에서 10 사이의 숫자를 입력하면 된다. 그 이외의 숫자는 모두 0과 동일하다.

요약

01 반복은 같은 일을 되풀이하거나 동일한 요소를 2번 이상 배열하는 것을 의미한다.

02 반복 구조는 프로그램에서 같은 처리 과정을 되풀이해야 할 때 사용한다.

03 특정 조건이 충족될 때 반복할 동작을 계속해서 실행하는 while 문과 주어진 횟수만큼만 반복하게 하는 for 문이 있다.

04 반복문 안에서 break와 continue를 사용하면 반복문을 끝내거나 반복할 문장을 건너뛰고 조건식 검사 위치로 이동하도록 프로그램 흐름을 제어할 수 있다.

05 for 문은 특정 횟수만큼 반복하기 위한 문장으로, `range()` 함수와 함께 많이 사용한다.

06 `range()` 함수는 정해진 구간의 정수들(수열)을 생성하는 함수이다. 반복문에 사용되면 생성된 숫자만큼 반복이 실행된다.

07 파이썬에서 기본으로 제공하는 터틀 그래픽스turtle graphics 모듈은 캔버스에 원하는 모양을 그리는 그래픽 프로그램을 간단하게 작성할 수 있다.

연습문제

01 10보다 작은 짝수를 출력하는 프로그램이다. while 문 대신 for 문을 사용하여 동일한 결과가 나오도록 수정하시오.

```
x = 0
while x <= 10 :
    if x % 2 == 0 :
        print(x, end = " ")
    x += 1
```

실행 결과

```
0 2 4 6 8 10
```

02 정수를 하나 입력받아 1부터 그 수까지의 합계를 구해야 한다. 다음의 순서로 실행이 이루어지도록 프로그램을 작성하시오.

실행 결과

```
<1부터 n까지의 합계 구하기>
n의 값 입력 : 50
1 부터 50 까지의 합계 =  1275
```

03 팩토리얼factorial은 1부터 특정 수까지의 숫자를 차례대로 곱한 값을 말한다. 수학 표기법으로는 느낌표(!) 기호를 사용하는데, 다음과 같이 계산하면 5 팩토리얼은 120이 된다.

```
5! = 1 × 2 × 3 × 4 × 5 = 120
```

팩토리얼을 구할 정수를 하나 입력받고 계산한 결과를 출력하기 위한 다음의 프로그램을 완성하시오.

연습
문제

```
number = int(input("팩토리얼을 구할 정수 입력 : "))
x = factorial = 1

for x in [          ] :
    factorial *= x

print("%d ! = %d" % (number, factorial))
```

04 터틀 그래픽스를 이용하여 그림과 같이 별 모양을 그리시오. 반복문을 활용하여 코드를 간단하게 만드시오.

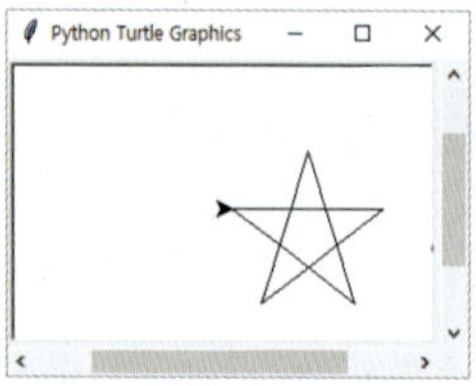

05 터틀 모듈의 circle() 메소드를 이용하여 다음의 모양을 그리시오. 원의 반지름이 5 간격으로 증가하면서 1부터 100까지 반복하도록 for 문을 사용한다.

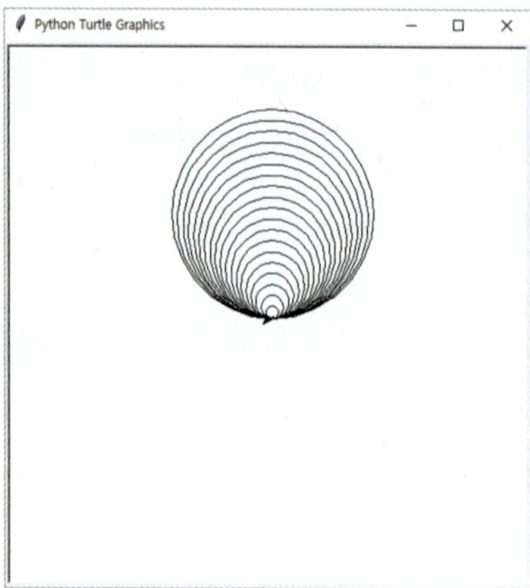

CHAPTER 07

리스트

학습목표

- 리스트의 필요성과 구조를 이해한다.
- 리스트의 인덱싱과 추가, 삭제 등의 조작 방법을 이해한다.
- 반복 구조가 필요한 다양한 문제에 리스트를 활용한다.

SECTION

01 리스트의 개념

컴퓨터를 이용한 일 처리는 많은 데이터를 신속하게 처리할 수 있다는 장점이 있다. 따라서 데이터를 분석하거나 처리하는 프로그램에서는 많은 데이터를 간편하게 다루기 위한 데이터 구조가 필요하다. 이를 위해 대부분의 프로그래밍 언어에는 여러 개의 데이터를 하나의 그룹group 형태로 처리하기 위한 데이터 구조가 제공되고 있고, 파이썬에는 리스트나 튜플 등이 있다. 이 절에서는 파이썬 언어에서 제공하는 리스트에 대해 알아보기로 한다.

1 리스트의 필요성

학생들의 점수로 성적을 처리하는 프로그램을 작성한다고 하자. 학생 한 명의 점수를 저장할 때는 변수를 하나 만들면 되지만, 학생이 10명이면 10개의 변수가 필요하고, 이름도 각각 다르게 만들어야 한다. 만약 학생이 100명이라면 어떨까? 저장할 값이 많아질수록 이런 방식으로 변수를 늘려가는 방법은 사용하기 어려워진다.

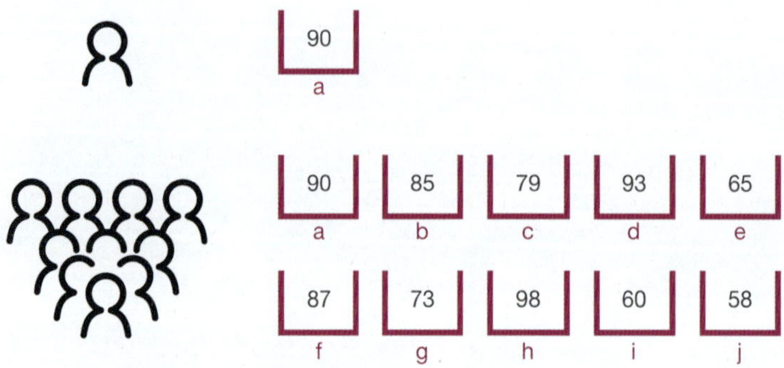

그림 7-1 리스트의 필요성

2 리스트의 구조

파이썬에서는 많은 데이터를 처리할 때 변수처럼 개별 요소로 처리하는 대신, 그룹으로 묶어서 처리하기 위한 데이터 구조를 지원한다. 이것을 컬렉션collection이라고 하고, 리스트list와 튜플tuple, 딕셔너리dictionary 등 다양한 종류가 있다. 이 중에서 리스트는 여러 개의 데이터를 하나의 이름으로 저장하는 가장 일반적인 형태이다.

리스트에 저장되는 각각의 데이터를 항목item 또는 원소element라고 하며, 항목은 숫자나 문자, 다른 리스트 등 다양한 종류로 구성할 수 있다. 리스트를 만드는 방법은 다음과 같이 대괄호([ ])를 붙이고 항목 간에는 쉼표(,)로 구분해서 나열하면 된다. 각 항목은 순서대로 인덱스index라고 하는 번호가 정해진다. 인덱스는 0부터 시작하는 정수라는 것에 주의하자.

```
리스트명 = [항목1, 항목2, 항목3, 항목4, 항목5, ... 항목n]
인덱스   → [0]     [1]    [2]    [3]    [4]    ... [n-1]
```

```
a = [90, 85, 79, 93, 65, 87, 73, 98, 60, 58]
b = ['홍길동', '김유신', 3.5, 6, ['a', 'b']]
```

우리 주변에서 흔히 볼 수 있는 사물함이나 빌딩에서 번호를 사용하여 여러 개의 공간을 서로 구별하는 것처럼, 리스트에 저장되는 각 항목은 인덱스로 구별한다. 리스트의 각 항목을 불러올 때 인덱스를 이용하여 '리스트명[인덱스]' 형식으로 기술하면 된다.

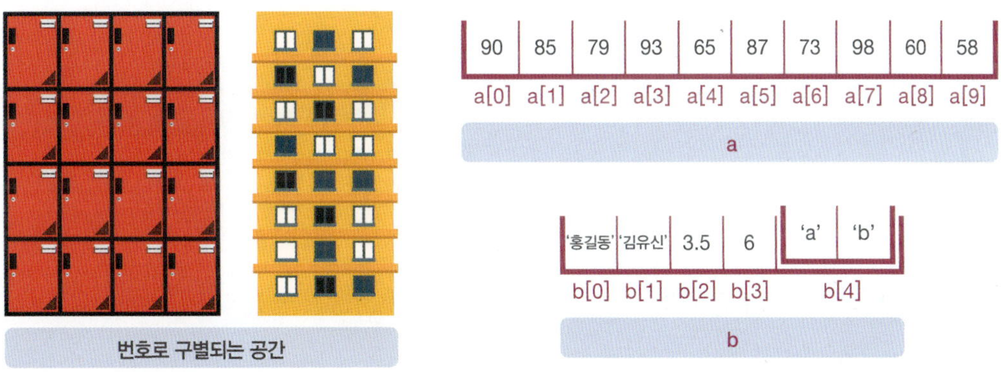

그림 7-2 리스트의 구성과 인덱스의 개념

실습 7-1 베스트셀러 도서의 판매 합계와 평균 구하기 code07-01.py

베스트셀러 도서 5권의 판매 수량 합계와 평균을 계산하려고 한다. 변수를 사용할 때와 리스트를 사용하는 경우를 각각 만들어 비교해 보고, 리스트 사용의 편리함을 알아보자.

1 변수만 사용하는 프로그램을 먼저 만들어 보자. 변수 이름을 각각 다르게 정의해야 하고, 합계를 구할 때는 모든 변수를 덧셈 연산자로 연결해야 한다.

```
01  b1 = 234
02  b2 = 82
03  b3 = 128
04  b4 = 50
05  b5 = 155
06
07  total = b1 + b2 + b3 + b4 + b5                # 변수를 이용한 합계 구하기
08  print("판매 수량 합계 =", total)
09  print("판매 수량 평균 =", total / 5)
```

01~05행은 다음과 같이 작성해도 된다.

```
01~05  b1, b2, b3, b4, b5 = 234, 82, 128, 50, 155
```

2 변수 대신 리스트를 사용하면 이름을 일일이 정의하는 번거로움을 줄이고, 합계를 구할 때도 반복문을 사용할 수 있다.

```
01  books = [234, 82, 128, 50, 155]
02  total = 0
03
04  for x in books :                  # 리스트를 이용한 합계 구하기
05      total += x
06  print("판매 수량 합계 =", total)
07  print("판매 수량 평균 =", total / len(books))
```

TIP 07행의 `len()`은 리스트의 길이(length, 항목의 개수)를 구하는 함수이다.

3 두 프로그램의 실행 결과를 확인한다.

실행 결과

```
판매 수량 합계 = 649
판매 수량 평균 = 129.8
```

여기서 잠깐

in 연산자

6장에서 for 문과 함께 등장한 in은 파이썬에서 아주 유용하다. for 문에서 range() 함수나 [실습 7-1]의 04행처럼 리스트와 함께 사용하면, range() 함수에서 생성한 숫자 개수나 리스트의 길이만큼 반복이 일어나도록 한다.

in 연산자는 단독으로 사용되기도 하는데, 다음과 같이 특정 항목이 리스트에 있는지를 검사해서 True나 False로 결과를 알려준다.

```
>>> alist = ['홍길동', '김유신', 3]
>>> '이순신' in alist          # '이순신'이 리스트에 있으면(in) True를 반환
False
>>> 5 not in alist             # 5가 리스트에 없으면(not in) True를 반환
True
```

SECTION
02 리스트의 사용

앞 절에서 여러 개의 데이터를 저장하고 처리할 수 있는 리스트의 개념과 만드는 방법을 살펴보았다. 이 절에서는 리스트의 값을 변경하거나 추가 또는 삭제하는 등의 다양한 조작 방법을 알아보자.

1 리스트 인덱싱

리스트에 저장되는 각 항목은 인덱스(0부터 시작하는 정수)가 순서대로 부여되는데, 이 인덱스를 사용한 항목의 참조를 인덱싱indexing이라고 한다. 즉, 인덱스를 이용하여 해당 항목의 값을 가져오거나 수정하는 작업이다.

```
>>> a = [90, 85, 79, 93, 65]
```

```
>>> a[0]
90
```

```
>>> a[3] = 'xy'
>>> a
[90, 85, 79, 'xy', 65]
```

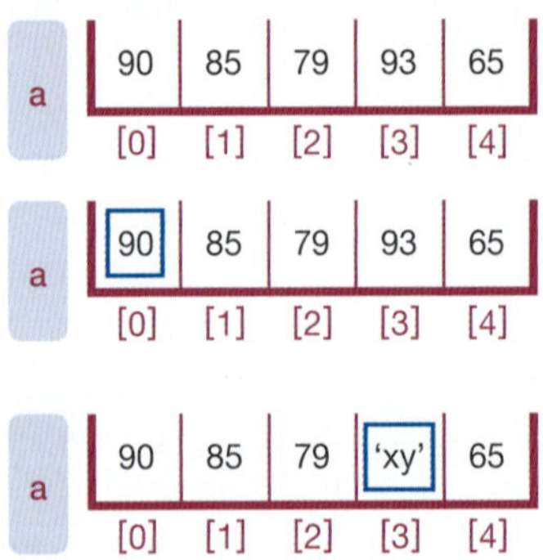

그림 7-3 인덱스를 사용한 리스트 항목의 참조

실습 7-2 리스트의 인덱싱 다양하게 활용하기

1 항목을 입력해서 리스트를 만들고, 만든 리스트의 데이터형을 type() 함수로 확인한다.

```
>>> alist = ['홍길동', '김유신', 3.5, 6, ['a', 'b']]      # 또 다른 리스트인 ['a', 'b']도 포함
>>> type(alist)
```

```
<class 'list'>
```

TIP 3장에서 학습한 type()은 특정 변수나 값이 어떤 데이터형인지 반환하는 함수이다. type() 함수로 alist를 확인해 보면 'list' 클래스라고 출력하는데, alist는 'list' 클래스를 이용해서 만든 객체라는 의미이다.
객체 지향 프로그래밍에서는 클래스를 일종의 틀처럼 만들어 두고, 틀에 찍어내듯 필요한 만큼 객체를 생성할 수 있다. 생성된 객체는 클래스에서 미리 정의해둔 변수나 함수를 그대로 사용할 수 있다.

2 인덱스를 이용해 항목의 값을 출력한다. 리스트의 인덱스는 0부터 시작하는 정수이다.

```
>>> alist[1]                    # 두 번째 항목의 참조
'김유신'
>>> len(alist)                  # 전체 항목 개수
5
>>> alist[5]                    # 인덱스의 범위(0~4)를 벗어난 사용으로 에러 발생
Traceback (most recent call last):
  File "<pyshell#16>", line 1, in <module>
    alist[5]
IndexError: list index out of range
```

3 alist의 마지막 항목은 리스트 유형이다. 리스트에 다른 리스트가 중첩되어 있는 경우 인덱스를 하나 더 사용하면 각 데이터를 참조할 수 있다.

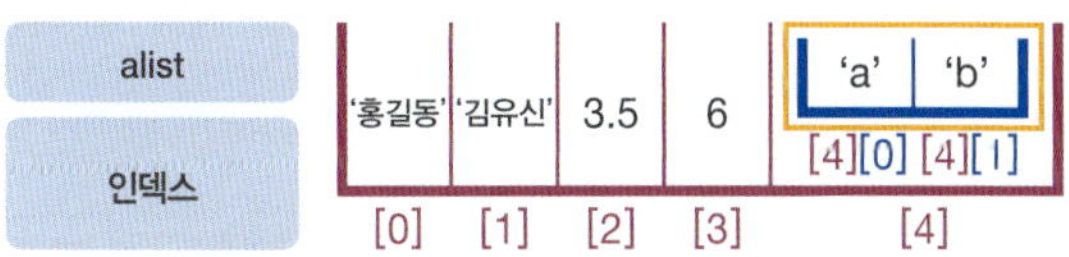

그림 7-4 리스트 중첩

```
>>> alist[4]
['a', 'b']
>>> alist[4][0]
'a'
>>> alist[4][1]
'b'
```

TIP 중첩된 리스트는 빌딩이나 아파트의 층과 호의 개념으로 생각할 수 있다. 1층의 1호, 1층의 2호, 2층의 1호 등을 101호, 102호, 201호와 같이 이름 붙이는 원리와 비슷하다.

4 인덱스는 음수를 사용할 수도 있는데, 마지막 항목의 인덱스는 [-1]이 된다.

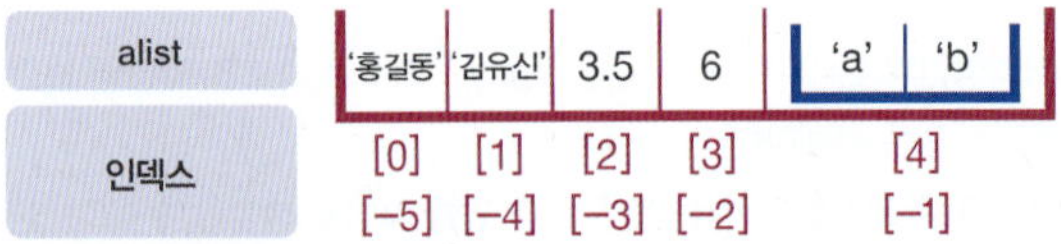

그림 7-5 **음수를 사용한 인덱스**

```
>>> alist[-1]
['a', 'b']
>>> alist[-2]
6
>>> alist[-5]
'홍길동'
```

TIP 음수 인덱스는 리스트를 뒤에서부터 참조하거나 추출할 때 편리하다. 가령 리스트의 뒤에서 두 번째 항목을 참조하려면 [−2], 마지막 3개 항목을 추출하려면 [−3:]을 사용한다.

5 인덱싱으로 항목의 값을 바꾸거나 수식에도 사용할 수 있다.

그림 7-6 **항목의 값 바꾸기**

```
>>> alist[2] = 7.8
>>> alist[2] + alist[3]
13.8
```

6 덧셈(+)과 곱셈(*) 연산자에서는 리스트 자체를 피연산자로 하는 연산을 수행할 수도 있다. 리스트끼리 더하거나, 리스트에 정수를 곱해서 리스트 항목을 반복시키는 동작이다.

```
>>> alist + alist
['홍길동', '김유신', 7.8, 6, ['a', 'b'], '홍길동', '김유신', 7.8, 6, ['a', 'b']]
>>> alist * 3
['홍길동', '김유신', 7.8, 6, ['a', 'b'], '홍길동', '김유신', 7.8, 6, ['a', 'b'], '홍길동', '김유
신', 7.8, 6, ['a', 'b']]
```

7 리스트를 출력하려면 리스트 이름을 사용해서 전체 항목을 한 번에 출력하거나 반복문으로 항목을 하나씩 출력해도 된다.

```
>>> print(alist)
['홍길동', '김유신', 7.8, 6, ['a', 'b']]
>>> for x in alist :
        print(x)          print(x) 입력 후 Enter 를 2번 누르면 실행
홍길동
김유신
7.8
6
['a', 'b']
```

여기서 잠깐

2차원 리스트

표table와 같이 행row과 열column 구조의 데이터는 리스트 안에 다른 리스트가 내포된 2차원 리스트로 표현할 수 있다. 2차원 리스트를 for 반복문으로 참조할 때는 다음과 같이 2개의 변수를 사용할 수 있다.

행 \ 열		
행	'A'	3
	'B'	5
	'C'	7

```
>>> multi = [['A', 3], ['B', 5], ['C', 7]]
>>> for x, y in multi :
        print(x, '=', y)
A = 3
B = 5
C = 7
```

그림 7-7 2차원 리스트 사용법

2 항목의 추가와 삭제

리스트는 처음 생성할 때 항목을 지정할 수도 있지만, 빈 리스트를 만들어 두고 필요할 때 항목을 추가할 수 있다. 또, 필요하지 않은 항목은 삭제할 수도 있다. 리스트의 마지막에 새로운 항목을 추가하거나 특정 값을 찾아 삭제할 수 있으며, 특정 위치에 항목을 삽입하거나 삭제할 수도 있다. 리스트의 항목 추가와 삭제, 특정 항목의 위치 검색 등을 위해 다음과 같은 메소드들이 지원된다.

■ 항목 추가 메소드

```
리스트명.append(항목)                    # 리스트의 맨 뒤에 삽입
리스트명.insert(위치, 항목)              # 특정 위치에 항목을 삽입
```

■ 항목 위치 검색 메소드

```
리스트명.index(항목)                     # 특정 항목의 위치 찾기
```

■ 항목 삭제 메소드

```
리스트명.remove(항목)                    # 특정 항목(값)을 삭제
del(리스트명[위치]) 또는 del 리스트명[위치]  # 특정 위치에 있는 항목을 삭제
리스트명.pop()                           # 맨 뒤의 항목 하나를 삭제
리스트명.clear()                         # 모든 항목 삭제
```

실습 7-3 리스트에 항목 추가하기

다음의 코드를 파이썬 셸에 입력해서 리스트에 항목을 추가해 보자. 항목을 추가할 때는 리스트(객체)를 먼저 생성한 다음, 리스트의 메소드를 이용해 작업을 실행할 수 있다.

1 빈 리스트를 만들고 리스트의 내용을 확인한다.

그림 7-8 빈 리스트 생성

```
>>> alist = []                           # 'alist = list()'와 동일
>>> alist
[]
```

2 리스트에 항목을 추가하고, 변경된 리스트를 확인한다. append( ) 메소드를 이용해 항목을 추가하면 리스트의 가장 마지막 위치에 추가된다.

그림 7-9 **실행 순서대로 항목 추가**

```
>>> alist.append(30)
>>> alist.append('홍길동')
>>> alist
[30, '홍길동']
```

3 리스트의 특정 위치에 항목을 추가하려면 insert() 메소드를 사용한다. 만약 리스트 내에서 특정 항목의 위치를 검색하려면 index() 메소드를 이용한다.

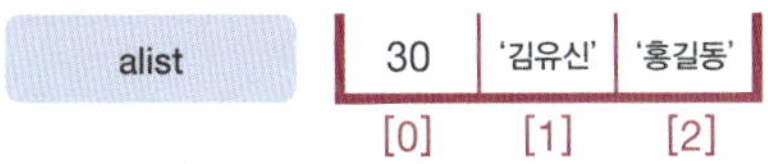

그림 7-10 **위치를 지정하여 항목 추가**

```
>>> alist.insert(1, '김유신')        # 위치를 지정하여 항목 추가
>>> alist
[30, '김유신', '홍길동']
>>> alist.index('김유신')            # 항목의 위치 탐색
1
```

실습 7-4 리스트에서 항목 삭제하기

다음의 코드를 실행시켜 리스트에서 항목을 삭제해 보자. [실습 7-3]에 이어서 작업한다.

1 remove() 메소드를 사용하면 리스트에서 특정 항목을 삭제할 수 있다.

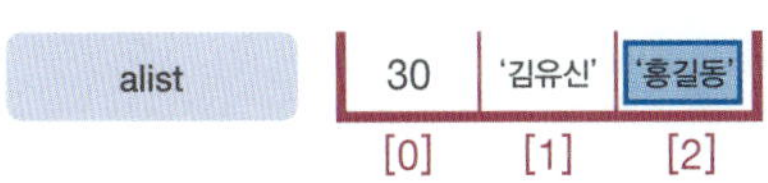

그림 7-11 **특정 항목 삭제**

```
>>> alist.remove('홍길동')
>>> alist
[30, '김유신']
```

2 리스트에서의 위치를 이용해 항목을 삭제하려면 del() 메소드를 사용한다.

그림 7-12 **특정 위치에 있는 항목 삭제**

```
>>> del(alist[0])                # 'del alist[0]'와 동일
>>> alist
['김유신']
```

3 pop() 메소드는 리스트의 가장 마지막 항목을 삭제하는데, 마지막 항목을 꺼내어 다른 변수에 저장해 둘 수 있다.

그림 7-13 **마지막 항목 삭제**

```
>>> deleted = alist.pop()
>>> alist
[]
>>> deleted              # 삭제한 항목이 저장된 변수
'김유신'
```

4 리스트의 모든 항목을 한 번에 삭제하려면 clear() 메소드를 사용한다. 모든 항목이 삭제된 후에는 빈 리스트가 된다.

```
>>> alist = [1, 2, 3, 4, 5]
>>> alist.clear()
>>> alist
[]
```

여기서 잠깐

clear()와 del()의 차이

리스트 항목을 모두 삭제하여 빈 리스트로 만드는 clear()와는 달리 del() 함수는 객체 자체를 메모리에서 삭제한다. 'del(alist)' 혹은 'del alist'를 실행하면 alist라는 이름을 사용할 수 없게 된다.

```
>>> alist = [1, 2, 3, 4, 5]
>>> del(alist)
>>> alist
Traceback (most recent call last):
  File "<pyshell#13>", line 1, in <module>
    alist
NameError: name 'alist' is not defined
```

3 리스트 슬라이싱

리스트 항목은 하나씩 참조할 수도 있지만, 범위를 설정해서 여러 항목을 참조할 수도 있다. 범위로 여러 개의 항목을 참조하는 것을 슬라이싱slicing이라고 하며, 범위 표시에는 콜론(:) 기호를 사용한다. 슬라이싱은 다음과 같이 다양한 형태로 사용할 수 있다.

```
리스트명[인덱스1:인덱스2]        # 인덱스1부터 (인덱스2 앞)까지 추출
리스트명[인덱스1:]               # 인덱스1부터 마지막까지 추출
리스트명[:인덱스2]               # 첫 번째부터 (인덱스2 앞)까지 추출
리스트명[:]                      # 리스트의 전체 항목 추출
```

```
>>> a = [90, 85, 79, 93, 65]
```

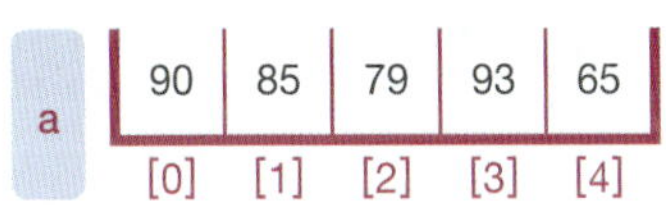


```
>>> a[1:4]
[85, 79, 93]
```

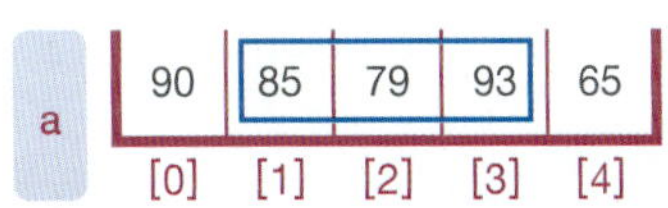


```
>>> a[1:]
[85, 79, 93, 65]
```

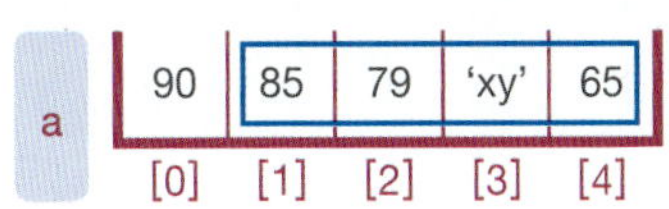

```
>>> a[:2]
[90, 85]
```

```
>>> a[:]
[90, 85, 79, 93, 65]
```

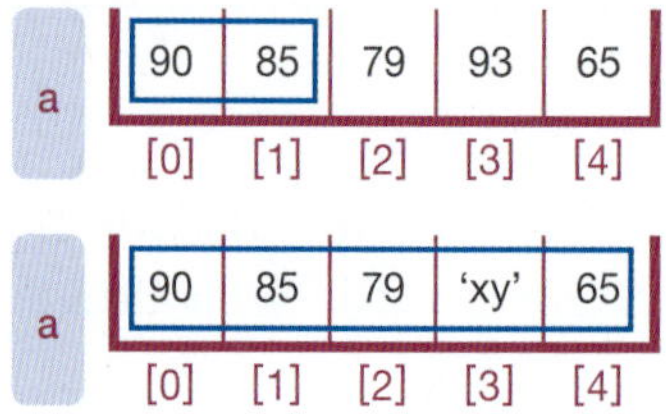

그림 7-14 다양한 슬라이싱 방법

실습 7-5 리스트 슬라이싱으로 항목 추출, 변경, 삭제하기

리스트 슬라이싱을 위한 다음의 문장들을 파이썬 쉘에서 실행해 보자.

1 항목을 입력해서 리스트를 만들고, 여러 방법으로 슬라이싱한다.

```
>>> blist = ['정약용', '유관순', 50]
>>> blist[1:2]
['유관순']
>>> blist[:2]
['정약용', '유관순']
>>> blist[2:]
[50]
>>> blist[:]
['정약용', '유관순', 50]
```

슬라이싱의 결과는 항목이 하나이더라도 항상 리스트임
참고로, blist[1]로 인덱싱하면 문자열 '유관순'으로 출력

2 슬라이싱을 사용해서 리스트 항목을 다른 값으로 변경할 수도 있다. 여러 항목의 값을 한 번에 바꾸거나 특정 위치에 항목을 하나 이상 추가하고 싶을 때 사용할 수 있다.

```
>>> blist; len(blist)              # 현재의 리스트 값과 개수 확인
['정약용', '유관순', 50]
3
>>> blist[1:2] = [30, '이순신']    # '유관순'을 2개의 항목으로 변경
>>> blist
['정약용', 30, '이순신', 50]
>>> len(blist)                     # 항목의 개수가 4로 증가
4
```

여기서 잠깐

슬라이싱으로 리스트 항목을 변경할 때 유의할 점

슬라이싱으로 리스트의 값을 변경하지 않고, 다음과 같이 인덱싱으로 바꾸면 리스트를 구성하는 항목의 값과 개수에 차이가 있다.

```
>>> blist = ['정약용', '유관순', 50]
>>> blist[1] = [30, '이순신']          # '유관순'을 리스트로 변경
>>> blist
['정약용', [30, '이순신'], 50]
>>> len(blist)                         # 항목의 개수는 변하지 않음
3
```

슬라이싱으로 값을 변경할 때는 대입 연산자(=) 우측에 하나의 값을 사용하면 에러가 발생한다. 값이 하나일지라도 이터러블iterable 유형으로 설정하면 올바르게 실행할 수 있다. 이터러블은 리스트처럼 반복에 의해 항목member을 하나씩 처리할 수 있는 객체 유형을 말한다.

```
>>> blist = ['정약용', '유관순', 50]
>>> blist[1:3] = 80
Traceback (most recent call last):
    File "<pyshell#85>", line 1, in <module>
        blist[1:3] = 80
TypeError: can only assign an iterable
>>> blist[1:3] = [80]
>>> blist                 값을 리스트형으로 대입
['정약용', 80]
```

3 슬라이싱을 이용하면 여러 항목을 한 번에 삭제할 수도 있다.

```
>>> blist                        # 현재의 리스트 값 확인
['정약용', 30, '이순신', 50]
>>> del(blist[2:])               # 세 번째 항목부터 끝까지 삭제
>>> blist                        # 삭제 후 리스트 값 확인
['정약용', 30]
```

4 리스트 정렬

많은 데이터를 보기 쉽게 하는 방법 중에 하나로 정렬sorting이 있다. 정렬은 휴대폰의 연락처 목록이나 인터넷 검색 결과를 평점 순으로 표시하듯이 글자 순서나 값의 크기를 기준으로 나열하는 것을 말한다.

여러 개의 데이터를 저장할 수 있는 리스트에는 항목을 정렬하기 위한 sort() 메소드가 제공된다. sort() 메소드는 모든 항목이 같은 데이터형일 때만 사용할 수 있어서, 가령 ['a', 3]과 같이 다른 종류의 데이터형으로 구성된 리스트에는 적용할 수 없다. 리스트의 정렬에 관한 메소드와 함수는 다음과 같은 종류가 있다.

```
리스트명.sort()                 # 오름차순 정렬(1, 2, 3 혹은 'a', 'b', 'c')
리스트명.sort(reverse=True)     # 내림차순 정렬(3, 2, 1 혹은 'c', 'b', 'a')
sorted(리스트명)                # 정렬된 리스트를 반환
```

실습 7-6 리스트에서 sort() 함수 활용하기

리스트의 정렬에 관한 메소드와 함수의 사용법을 알아보자.

1 리스트를 만들고 데이터를 저장한다. sort() 메소드로 항목을 정렬한 다음 결과를 확인한다.

```
>>> contact = ['정약용', '이순신', '김유신', '유관순']
>>> contact.sort()
>>> contact
['김유신', '유관순', '이순신', '정약용']
```

2 리스트의 정렬 방식은 오름차순을 기본으로 하므로, 내림차순으로 정렬하려면 'reverse' 옵션을 사용한다.

```
>>> contact.sort(reverse=True)
>>> contact
['정약용', '이순신', '유관순', '김유신']
```

3 sorted() 함수는 인수로 사용한 numbers 리스트는 바꾸지 않고 다른 리스트 alist에 정렬 결과를 저장한다.

```
>>> numbers = [78, 45, 90, 88, 62]
>>> alist = sorted(numbers)
>>> numbers                     # 항목이 정렬되지 않은 원본 리스트
[78, 45, 90, 88, 62]
>>> alist                       # 정렬된 결과를 반환받은 리스트
[45, 62, 78, 88, 90]
```

여기서 잠깐

다양한 리스트 함수

리스트를 조작하는 데 많이 사용하는 기능을 표에 요약해 보았다. 더 많은 리스트 관련 기능들은 파이썬 공식 홈의 문서(https://docs.python.org/3/library/stdtypes.html#common-sequence-operations)를 참고하기 바란다.

표 7-1 리스트에 자주 활용하는 함수

이름	동작	예시
리스트명.append()	리스트의 마지막 위치에 항목 추가	alist.append('A')
리스트명.insert()	리스트의 특정 위치에 항목 추가	alist.insert(3, 'B')
리스트명.extend()	리스트에 다른 리스트를 더하기(확장)	alist.extend([5, 'C'])
리스트명.remove()	리스트에서 특정 항목 삭제	alist.remove('A')
리스트명.pop()	리스트의 마지막 항목 꺼내기	deleted = alist.pop()
리스트명.clear()	리스트의 모든 항목을 삭제	alist.clear()
리스트명.index()	지정한 값의 위치 찾기 (중복된 값이 리스트에 있는 경우 첫 번째 위치)	alist.index('A')
리스트명.count()	리스트에 저장된 특정 항목의 개수	alist.count('A')
리스트명.sort()	리스트 항목의 정렬	alist.sort()
리스트명.reverse()	리스트 항목의 순서를 반대로 뒤집기	alist.reverse()
del 리스트명[인덱스], del(리스트명[인덱스])	리스트의 특정 위치에 있는 항목 삭제	del alist[1], del(alist[1])

이름	동작	예시
del 리스트명, del(리스트명)	리스트 객체 제거	del alist, del(alist)
len(리스트명)	리스트 항목의 개수	len(alist)
sum(리스트명)	리스트에 있는 모든 항목의 합계	sum(alist)
min(리스트명)	리스트 항목 중 최소 값을 반환	min(alist)
max(리스트명)	리스트 항목 중 최대 값을 반환	max(alist)
random.choice(리스트명)	리스트에서 랜덤으로 항목 하나를 선택	import random random.choice(alist)

SECTION 03 리스트의 활용

리스트는 많은 데이터를 묶어서 처리할 때 편리하며, 특히 반복문에 활용될 때 아주 효율적이다. 이번 절에서는 리스트와 반복문을 함께 사용하는 여러 가지 프로그램을 만들어 보자.

실습 7-7 리스트로 점수의 평균 구하기 code07-07.py

리스트를 이용하여 수강생 5명의 점수를 입력받아 평균을 출력하는 프로그램을 작성해 보자.

1 프로그램의 순서를 생각해 보자. 빈 리스트를 만들고, 5명의 점수를 저장하는 입력 과정과 평균 계산 과정, 마지막으로 평균을 출력하는 과정을 순서대로 작성하면 된다. 평균을 계산하려면 리스트의 합계를 먼저 구해야 한다.

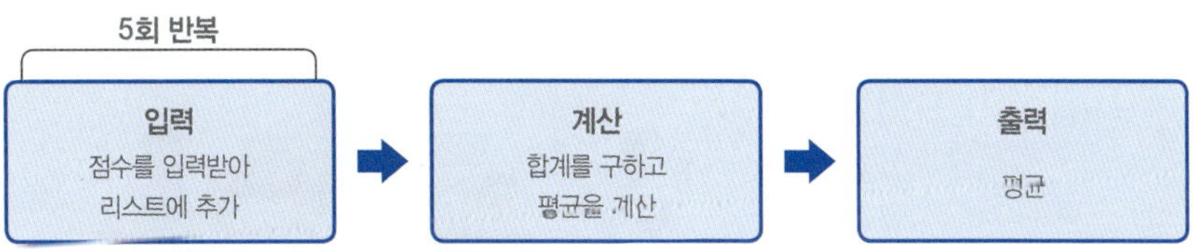

그림 7-15 5명의 점수 입력 후 평균 구하기

2 순서에 맞게 프로그램을 작성해서 저장한다. 리스트의 합계를 구하는 함수 sum()과 리스트 항목의 개수를 구하는 len()을 사용해서 간단하게 평균을 구할 수 있다.

```python
numbers = []

for _ in range(5):
    numbers.append(int(input("점수 입력 : ")))

print("평균 =", sum(numbers) / len(numbers))
```

3 프로그램을 실행하고 결과를 확인한다.

실행 결과

```
점수 입력 : 90
점수 입력 : 86
점수 입력 : 69
점수 입력 : 88
점수 입력 : 70
평균 = 80.6
```

실습 7-8 도서 목록 만들기 code07-08.py

이번 방학 때 읽은 도서 목록을 리스트로 관리하려고 한다. 읽은 도서명을 모두 입력하면 정렬해서 가나다순으로 출력하는 프로그램을 만들어 보자. 도서명에 아무것도 입력하지 않고 Enter 를 누르면 입력이 끝난 것으로 처리한다.

```
입력을 종료하려면 [Enter] 키를 누르세요.
==============================
도서명 입력 : 여행의 이유
도서명 입력 : 소년이로
도서명 입력 : 희랍인 조르바
도서명 입력 :
==============================
1 : 소년이로
2 : 여행의 이유
3 : 희랍인 조르바
```

그림 7-16 도서 목록 만들기

1 프로그램의 순서를 생각해 보자. 도서명을 계속 입력받아 리스트에 추가하고, 도서명을 입력하지 않고 Enter 를 누를 경우 입력 작업을 종료한다. 리스트의 정렬 기능을 이용해 도서명을 오름차순으로 정렬한 후, 차례대로 출력한다.

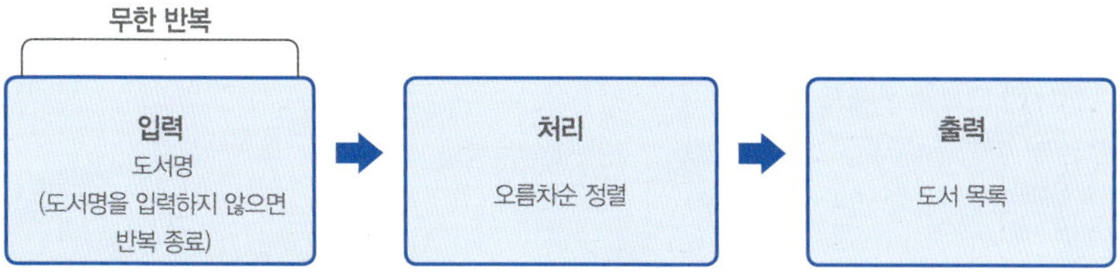

그림 7-17 도서 목록 만들고 정렬하기

2 순서에 맞게 프로그램을 작성해서 저장한다. 무한 반복되는 입력 과정을 종료하기 위해 입력 값이 빈 문자열인지 판단하는 if 문을 사용한다.

```
01 book = ''                          # 입력하는 도서명을 저장하는 변수
02 bookList = []                      # 도서 목록을 저장하는 리스트
03 number = 0                         # 출력할 때 표시할 순서 번호
04
05 print("입력을 종료하려면 [Enter] 키를 누르세요.")
06 print('=' * 30)
07
08 while True :
09     book = input("도서명 입력 : ")
10     if book == '' :                # 도서명을 입력하지 않고 Enter를 눌렀을 때, 빈 문자열로 판단
11         break
12     bookList.append(book)
13
14 bookList.sort()                    # 리스트의 정렬
15
16 print('=' * 30)                    # 결과 출력
17 for b in bookList :
18     number += 1
19     print(number, ':', b)
```

TIP 빈 문자열 ''(또는 "")은 False인 것으로 간주되므로, 10행의 조건문식을 'if not book :'으로 대체해도 된다.

3 프로그램을 실행하고 결과를 확인한다.

실행 결과

```
입력을 종료하려면 [Enter] 키를 누르세요.
============================
도서명 입력 : 여행의 이유
도서명 입력 : 소년이로
도서명 입력 : 희랍인 조르바
도서명 입력 : 세 여자
도서명 입력 : 아픔이 길이 되려면
도서명 입력 : 관찰의 인문학
도서명 입력 :
============================
1 : 관찰의 인문학
2 : 세 여자
3 : 소년이로
4 : 아픔이 길이 되려면
5 : 여행의 이유
6 : 희랍인 조르바
```

실습 7-9 스크린 세이버 수정하기 code07-09.py

6장에서 만들었던 스크린 세이버를 수정해 보자. 기존 프로그램에서는 랜덤한 크기로 30개의 원을 랜덤 위치에 반복해서 그리도록 하였다. 이번에는 색상을 랜덤으로 선택해서 원을 채우도록 만들어 보자.

그림 7-18 스크린 세이버 수정하기

1 원의 채우기 색상을 랜덤으로 설정하는 방법을 생각해 보자. 리스트에 몇 가지 색상을 저장해 두면 random 모듈의 choice()로 색상을 선택할 수 있다. choice()는 리스트에서 하나의 항목을 랜덤으로 선택하는 메소드이다.

```
import random
colorList = ['red', 'yellow', 'green', 'orange', 'blue']
random.choice(colorList)
```

TIP 파이썬의 그래픽 기능은 tcl/tk라고 하는 범용 라이브러리를 기반으로 만들어졌다. 터틀 그래픽스에서 사용하는 색상 정보는 tcl/tk 라이브러리에서 제공하는 https://www.tcl.tk/man/tcl8.4/TkCmd/colors.htm 문서를 참조한다.

2 전체 프로그램을 작성하고 저장한다.

```
from turtle import *
from random import *

x, y, radius = 0, 0, 0
colorList=['red', 'yellow', 'green', 'orange', 'blue', 'violet',
           'tan', 'brown', 'navy', 'cyan']

setup(1200, 800)                 # 창 크기
bgcolor("black")                 # 배경 색상
speed(0)                         # 그리기 최고 속도

for i in range(30):
    x = randint(-500, 500)
    y = randint(-400, 300)
    radius = randint(80, 130)
    penup()
    goto(x, y)
    pendown()
    color(choice(colorList))     # 리스트의 색상 하나를 선택해서 채우기 색으로 설정
    begin_fill()
    circle(radius)
    end_fill()
```

3 프로그램을 실행하고 결과를 확인한다. 랜덤으로 색상과 크기, 위치가 설정되므로 실행할 때마다 모양이 달라진다.

그림 7-19 **스크린 세이버 수정 결과**

실습 7-10 버킷 리스트 만들기 code07-10.py

버킷 리스트라고 하면 누구나 꼭 해보고 싶은 일들이 생각날 것이다. 프로그램을 만들어 나의 버킷 리스트를 관리해 보자. 버킷 리스트 목록을 관리하는 메뉴를 만들어 항목을 추가하고 삭제할 수 있도록 한다. 추가나 삭제 후에는 현재 저장된 목록을 보여준다. 또, 프로그램을 종료하는 방법을 제공하고 메뉴를 잘못 선택해도 처리할 수 있도록 한다.

```
메뉴 선택(1.추가 2.삭제 0.종료) : 1
추가할 내용 : 번지 점프
******************************
번지 점프
******************************
메뉴 선택(1.추가 2.삭제 0.종료) : 1
추가할 내용 : 혼자 여행
******************************
번지 점프
혼자 여행
******************************
```

```
메뉴 선택(1.추가 2.삭제 0.종료) : 2
삭제할 내용 : 혼자 여행
******************************
번지 점프
******************************
```

```
메뉴 선택(1.추가 2.삭제 0.종료) : 4
메뉴 선택 오류입니다. 다시 선택하세요.
메뉴 선택(1.추가 2.삭제 0.종료) : 0
프로그램을 종료합니다.
>>>
```

1 프로그램의 동작 순서를 생각해 보자. 전체 프로그램은 무한 반복되면서 메뉴를 입력받는다. 추가(1)나 삭제(2) 메뉴를 선택하면 리스트 추가나 삭제 작업 후, 목록을 출력한다. 메뉴를 잘못 입력했을 때 다시 선택할 수 있도록 처리하고, 종료(0) 메뉴를 선택하는 경우 프로그램을 끝낸다.

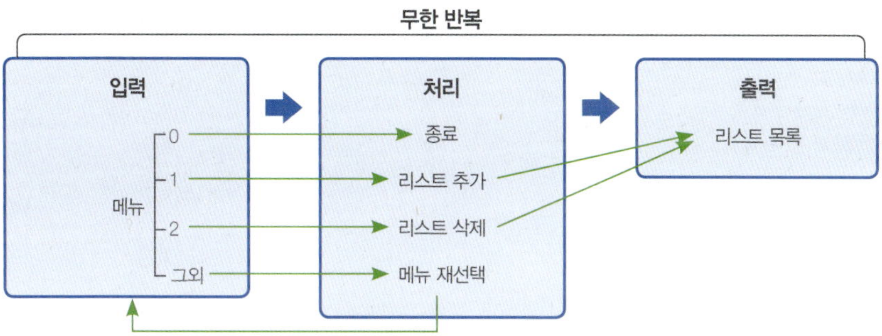

그림 7-20 **버킷 리스트 프로그램의 실행 순서**

2 프로그램을 작성하고 저장한다.

```
menu = 0
bucket = []

while True :
    menu = int(input("메뉴 선택(1.추가 2.삭제 0.종료) : "))
    if menu == 1 :
        bucket.append(input("추가할 내용 : "))
    elif menu == 2 :
        bucket.remove(input("삭제할 내용 : "))
    elif menu == 0 :
        print("프로그램을 종료합니다.")
        break
    else :
        print("메뉴 선택 오류입니다. 다시 선택하세요.")
```

```
        continue
    print('*' * 30)
    for x in bucket :
        print(x)
    print('*' * 30)
```

3 프로그램을 실행하고 버킷 리스트를 추가해 본다.

실행 결과

```
메뉴 선택(1.추가 2.삭제 0.종료) : 1
추가할 내용 : 번지 점프
******************************
번지 점프
******************************
메뉴 선택(1.추가 2.삭제 0.종료) : 1
추가할 내용 : 혼자 여행
******************************
번지 점프
혼자 여행
******************************
메뉴 선택(1.추가 2.삭제 0.종료) : 1
추가할 내용 : 독서 백권
******************************
번지 점프
혼자 여행
독서 백권
```

4 버킷 리스트에 저장된 항목을 삭제해 본다.

실행 결과

```
메뉴 선택(1.추가 2.삭제 0.종료) : 2
삭제할 내용 : 혼자 여행
******************************
번지 점프
독서 백권
******************************
```

5 메뉴를 잘못 입력하거나 프로그램 종료 메뉴도 선택해 본다.

실행 결과

```
메뉴 선택(1.추가 2.삭제 0.종료) : 4
메뉴 선택 오류입니다. 다시 선택하세요.
메뉴 선택(1.추가 2.삭제 0.종료) : 0
프로그램을 종료합니다.
>>>
```

요약

01 많은 데이터를 처리할 때 변수처럼 개별 요소로 처리하는 대신, 그룹으로 묶어서 처리하기 위한 데이터 구조를 리스트list라고 한다.

02 리스트에 저장되는 각각의 데이터를 항목item 또는 원소element라고 한다.

03 리스트를 만드는 방법은 대괄호([ ])를 붙이고 항목 간에는 쉼표(,)로 구분해서 나열한다. 각 항목은 순서대로 인덱스index라고 하는 번호가 정해진다.

04 인덱스는 0부터 시작하는 정수이다.

05 인덱스를 사용한 항목의 참조를 인덱싱indexing이라고 한다. 인덱스를 이용하여 해당 항목의 값을 가져오거나 수정하는 작업을 뜻한다.

06 리스트의 항목 추가와 삭제, 특정 항목의 위치 검색 등을 위해 다음과 같은 메소드들이 지원된다.

항목 추가 메소드	항목 위치 검색 메소드	항목 삭제 메소드
리스트명.append(항목) 리스트명.insert(위치, 항목)	리스트명.index(항목)	리스트명.remove(항목) del(리스트명[위치]) del 리스트명[위치] 리스트명.pop( ) 리스트명.clear( )

07 정렬sorting은 글자 순서나 값의 크기를 기준으로 나열하는 것이다.

08 리스트에는 항목을 정렬하기 위한 `sort()` 메소드가 제공된다. `sort()` 메소드는 모든 항목이 같은 데이터형일 때만 사용할 수 있다.

연습문제

01 리스트에 저장된 데이터를 모두 출력하려고 한다. 다음 프로그램에서 오류가 발생하는 부분을 올바르게 수정하시오.

```
values = [10, 20, 30, 40, 50]
x = 0

while x <= len(values) :
    print(values[x])
    x += 1
```

실행 결과

```
10
20
30
40
50
```

02 파이썬에서는 리스트를 조작하기 위한 여러 가지 함수들을 제공한다. 다음과 같이 정의된 리스트에 대한 함수의 사용법 중 잘못된 것을 하나 고르시오.

```
numbers = [50, 30, 70, 20, 90]
```

① `del numbers[1]`

② `sum(numbers)`

③ `numbers.index('70')`

④ `x = numbers.pop()`

연습문제

03 다음은 movie 리스트에 대한 인덱싱과 슬라이싱을 위한 문장들이다. 각 문장의 출력 결과를 적으시오.

```
movie = ['소울', '세자매', '캐롤', '커넥트', '원더우먼']
```

① movie[-1]

② movie[:3]

③ movie[2:3]

④ movie[-2:]

04 친구들의 이름을 리스트에 저장해 두고, 모든 친구들에게 간단한 메시지를 보내려고 한다. 다음과 같은 메시지가 출력되도록 리스트와 반복문을 활용한 프로그램을 작성하시오.

실행 결과

```
*^_^*
안녕, 이슬~ 올해도 건강하고 행복하게 잘 지내자.

*^_^*
안녕, 윤석~ 올해도 건강하고 행복하게 잘 지내자.

*^_^*
안녕, 지민~ 올해도 건강하고 행복하게 잘 지내자.

*^_^*
안녕, 정수~ 올해도 건강하고 행복하게 잘 지내자.

*^_^*
안녕, 세정~ 올해도 건강하고 행복하게 잘 지내자.
```

05 2차원 리스트를 for 반복문에 사용할 때는 다음과 같이 2개의 변수를 사용할 수 있다.

```
pos = [[100, 50], [200, 150], [300, 300], [400, 450]]

for x, y in pos :
    ...
```

2차원 리스트에 4개의 (x, y) 좌표를 저장하고, 터틀 그래픽스를 이용해 저장된 좌표에 점을 찍어 표시하려고 한다. 다음 프로그램을 완성하여 그림과 같이 실행 결과가 표시되도록 하시오.

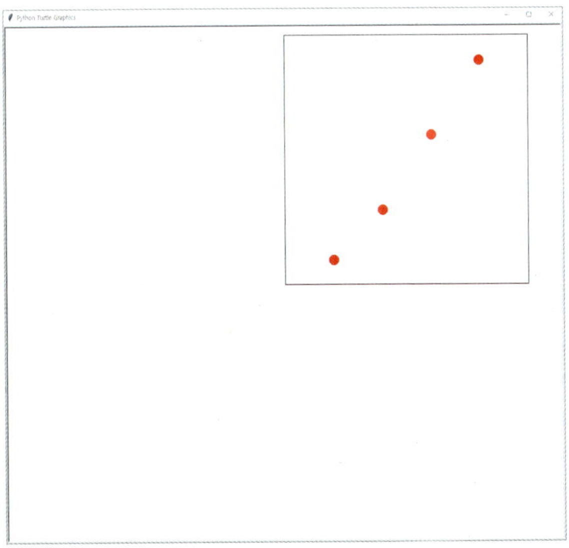

```
from turtle import *
pos = [[100, 50], [200, 150], [300, 300], [400, 450]]

                          # 사각형 그리기
    fd(500);  left(90)

color('red')
```

```
______('circle')      # 커서 모양을 원으로 하기

for x, y in pos :
    penup()
    ______            # (x, y) 좌표로 이동
    pendown()
    stamp()           # 커서 모양으로 도장 찍기
```

CHAPTER 08

튜플과 딕셔너리

학습목표

- 튜플의 개념을 알고 용도에 맞게 다양한 문제에 활용한다.
- 딕셔너리의 구조와 개념을 이해하고 검색에 활용한다.

SECTION

01 튜플

컴퓨터를 사용하는 여러 가지 일 가운데 가장 빈번하게 일어나는 작업이 검색이라고 한다. 우리의 생활에서도 수많은 검색이 시시각각 일어나고 있다. 길 찾기, 점심 메뉴 선정, 날씨 확인 등 휴대폰을 비롯한 다양한 컴퓨팅 기기로 자료를 수집하고 필요한 정보를 얻는 것이 흔한 일상이다.

그림 8-1 일상에서의 검색

파이썬에서 제공하는 튜플tuple은 리스트처럼 여러 개의 데이터를 저장할 수 있는 자료형이다. 다만, 변경이 불가능하다는 특징이 있어 반복문을 활용한 검색 작업에 사용하기 좋은 구조이다. 튜플의 개념과 사용법을 알고 데이터 검색에 활용해 보자.

1 튜플의 개념과 생성

튜플은 리스트처럼 여러 개의 데이터 항목을 저장할 수 있고, 0부터 시작하는 정수형 인덱스를 이용해 각 항목을 참조하거나 슬라이싱할 수 있다. 리스트와 튜플은 만드는 방법도 아주 유사하다. 리스트에서 사용한 대괄호([ ]) 대신 소괄호(( ))를 사용해서 튜플을 생성하면 되고, 인덱싱이나 슬라이싱은 리스트와 동일한 방법을 사용한다.

```
튜플명 = (항목1, 항목2, 항목3, 항목4, 항목5, ... 항목n)
인덱스 → [0]     [1]    [2]    [3]    [4]    ... [n-1]
```

```
>>> a = (3, 1, 5, 9)            # 튜플의 생성
>>> a[2]                        # 인덱싱
5
>>> a[1:3]                      # 슬라이싱
(1, 5)
```

그렇다면 튜플과 리스트의 차이점은 무엇일까? 튜플은 리스트와 달리 항목을 추가하거나 삭제, 변경하는 것이 불가능immutable하다. 그래서 데이터의 변경을 허용하지 않고 탐색을 하거나, 특정 동작의 처리 결과를 반환return하는 경우에 유용하게 활용된다. 특히 파이썬에서는 함수의 반환값이 여러 개인 경우에 튜플을 사용하는데, 함수와 반환값에 대해서는 10장에서 다룰 것이다.

실습 8-1 튜플 생성하기

파이썬 쉘에 다음의 명령들을 입력하고 실행해 보자.

1 튜플은 소괄호를 이용해서 정의하지만, 소괄호를 생략하고 값만 입력해도 된다.

```
>>> a = (3, 1, 5, 9)
>>> b = 10, 20
>>> type(a); type(b)
<class 'tuple'>
<class 'tuple'>
```

여기서 잠깐

콤마를 이용한 튜플 생성

다음 코드는 각각 변수와 튜플을 정의하는 문장으로, 저장되는 데이터는 하나의 값이지만 완전히 다른 자료 구조가 된다. 콤마의 유무 차이에 주목하자.

```
>>> x = 10                    # 정수형 변수 생성
>>> y = 10,                   # 항목이 하나인 튜플의 생성, y = (10)과 동일
>>> type(x); type(y)
<class 'int'>
<class 'tuple'>
```

2 리스트를 튜플로 바꾸거나, 반대로 튜플을 리스트로 바꿀 수도 있다.

```
>>> alist = [2, 4, 6, 8, 10]
>>> c = tuple(alist)          # 리스트를 튜플로 변환
```

```
>>> c
(2, 4, 6, 8, 10)
>>> blist = list(b)          # 튜플을 리스트로 변환
>>> blist
[10, 20]
```

3 range() 함수를 이용해서 규칙적인 간격을 갖는 정수로 구성된 튜플을 만들 수도 있다. 이 방법은 리스트를 만들 때도 활용할 수 있다.

```
>>> d = tuple(range(1, 10, 2))
>>> type(d)
<class 'tuple'>
>>> d
(1, 3, 5, 7, 9)
```

2 튜플 사용법

튜플의 인덱싱과 슬라이싱은 리스트와 동일하다. 항목 추가, 변경, 삭제를 제외하고 튜플을 조작하기 위한 메소드의 종류와 사용 방법 또한 리스트와 같기 때문에 튜플 사용법을 따로 학습할 필요는 없다.

실습 8-2 튜플 다루기

파이썬 쉘에 다음의 명령들을 입력하고 실행해 보자.

1 튜플의 특정 위치나 범위에 있는 항목을 참조하기 위한 인덱싱과 슬라이싱을 실행한다.

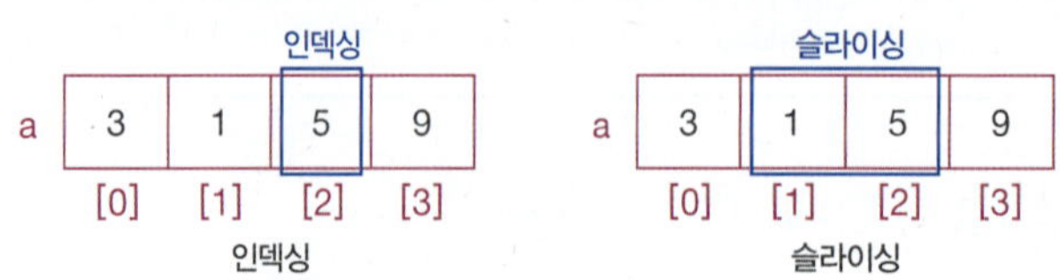

그림 8-2 튜플의 인덱싱과 슬라이싱

```
>>> a = (3, 1, 5, 9)
>>> a[2]
5
>>> a[1:3]
(1, 5)
```

2 튜플을 피연산자로 하는 덧셈(+)과 곱셈(*) 연산식을 만들고 결과를 확인한다.

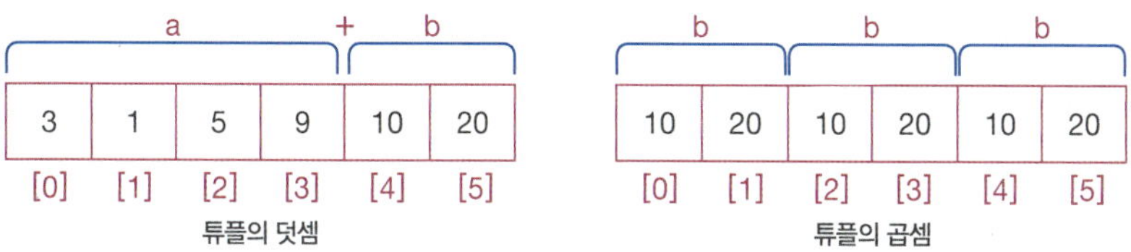

그림 8-3 **튜플의 덧셈과 곱셈**

```
>>> b = 10, 20
>>> a + b
(3, 1, 5, 9, 10, 20)
>>> b * 3
(10, 20, 10, 20, 10, 20)
```

3 for 반복문을 사용하면 튜플의 값을 하나씩 출력할 수 있다.

```
>>> for x in a :
        print(x)
3
1
5
9
```

4 리스트처럼 항목의 추가나 변경, 삭제는 실행할 수 없다.

```
>>> a.append(15)
Traceback (most recent call last):
    File "<pyshell#42>", line 1, in <module>
        a.append(15)
AttributeError: 'tuple' object has no attribute 'append'
```

```
>>> a[2] = 10
Traceback (most recent call last):
    File "<pyshell#43>", line 1, in <module>
        a[2] = 10
TypeError: 'tuple' object does not support item assignment
>>> del a[2]
Traceback (most recent call last):
    File "<pyshell#44>", line 1, in <module>
        del a[2]
TypeError: 'tuple' object doesn't support item deletion
```

5 튜플의 길이인 len()이나 항목의 위치인 index(), 합계인 sum(), 최소 값인 min()과 최대 값인 max() 등 리스트에서 소개한 함수들을 튜플에도 사용할 수 있다. 하지만, 정렬을 위한 sort(), reverse()처럼 튜플을 변경시키는 함수는 사용할 수 없다.

```
>>> len(a)
4
>>> a.index(9)
3
>>> sum(a)
18
>>> a.sort()
Traceback (most recent call last):
    File "<pyshell#8>", line 1, in <module>
        a.sort()
AttributeError: 'tuple' object has no attribute 'sort'
```

실습 8-3 튜플의 패킹과 언패킹

튜플이나 리스트에는 패킹과 언패킹 기능이 있어서 여러 개의 데이터를 간편하게 처리할 수 있다. 파이썬 쉘에 다음 명령들을 입력해서 패킹과 언패팅에 대해 알아보자.

1 패킹은 하나의 변수에 여러 개의 데이터를 넣는 것, 즉 여러 개의 값을 튜플이나 리스트로 묶는 것을 의미한다.

```
>>> atuple = 10, 20, 30, 40, 50        # 튜플 패킹
>>> alist = ['A', 'B', 'C']            # 리스트 패킹
```

2 언패킹은 튜플이나 리스트의 각 항목을 여러 변수에 할당하는 것, 즉 패킹된 변수에서 여러 개의 값을 꺼내어 나누는 것이다.

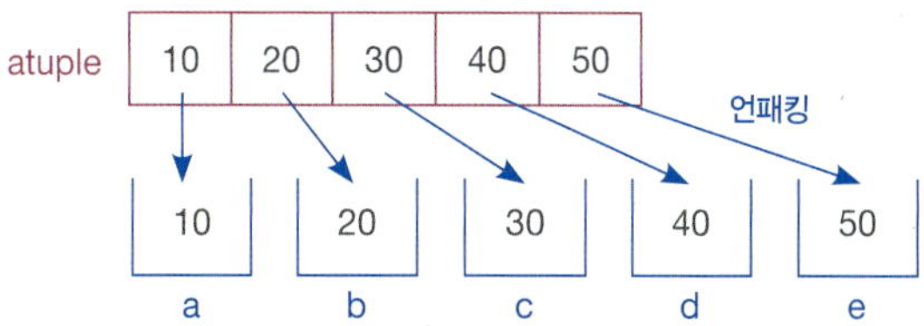

그림 8-4 **언패킹의 개념**

```
>>> a, b, c, d, e = atuple             # 튜플 언패킹
>>> print(a, b, c, d, e)
10 20 30 40 50
>>> x, y, z = alist                    # 리스트 언패킹
>>> print(x, y, z)
A B C
```

TIP 3장에서 학습한 내용처럼 파이썬에서는 두 변수가 갖고 있는 값을 바꿀 때 'a, b = b, a' 문장을 사용할 수 있다. 바로 튜플의 패킹과 언패킹을 이용한 문법이다.

3 언패킹할 때 변수 이름 앞에 '*' 기호를 붙이면 여러 개의 값을 갖는 리스트가 된다.

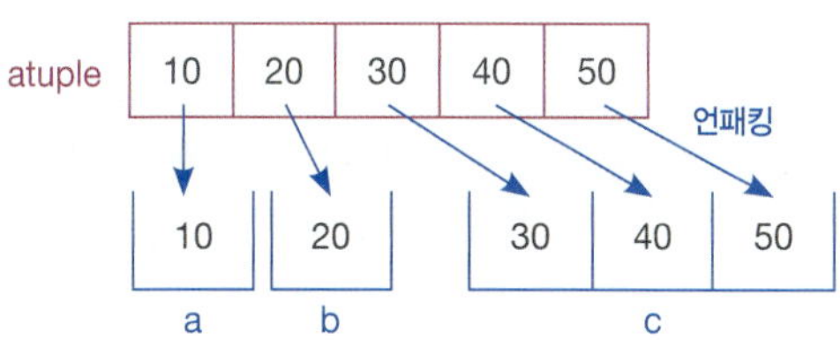

그림 8-5 **리스트가 있는 언패킹 과정**

```
>>> a, b, *c = atuple
>>> print(a, b, c)              # a와 b는 정수형, c는 리스트
10 20 [30, 40, 50]
```

여기서 잠깐

리스트와 튜플의 차이점

리스트와 튜플의 사용법에 대한 특징을 정리해 보면 다음과 같다.

표 8-1 리스트와 튜플 비교

기능	리스트	튜플
생성	a = [1, 3, 5]	b = (2, 4, 6) 혹은 b = 2, 4, 6
인덱싱과 슬라이싱	a[2], a[1:3]	b[2], b[1:3]
항목의 유무 확인	3 in a	4 in b
항목 위치 검사	a.index(3)	b.index(4)
항목 개수	len(a)	len(b)
항목 추가	a.append(10) 혹은 a.insert(2, 10)	–
항목 삭제	del a[2] 혹은 del(a[2]), a.clear( )	–
연산자 +, *	a + [7, 9], a * 3	b + (1, 3), b * 3
객체 삭제	del a 혹은 del(a)	del b 혹은 del(b)
패킹	a = [1, 3, 5]	b = 2, 4, 6
언패킹	x, y, z = a	x, y, z = b

3 튜플의 활용

튜플 데이터를 이용해 필요한 정보를 검색하는 몇 가지 프로그램을 만들어 보자. 다음과 같이 튜플 members에는 10명의 회원 정보가 있고, 각 항목은 회원 아이디와 점수로 구성된 2차원 튜플이다.

```
# 회원 정보('아이디', 점수)
members = (('choi', 93), ('han', 50), ('jung', 92), ('kang', 68), ('kim', 80),
          ('lee', 90), ('moon', 65), ('na', 100), ('park', 75), ('song', 75))
```

실습 8-4 회원 가입 여부 확인하기 code08-04.py

튜플 members의 정보를 검색해서 회원 가입 여부를 확인해 주는 프로그램을 작성해 보자. 검색하려는 아이디를 입력하면 회원인지 아닌지 메시지를 출력한다.

1 프로그램이 동작하는 순서를 먼저 생각해 보자. 튜플에는 여러 개의 데이터가 저장되어 있으므로 회원 아이디를 탐색하는 처리 과정에 'in' 연산이나 반복문이 사용되어야 한다.

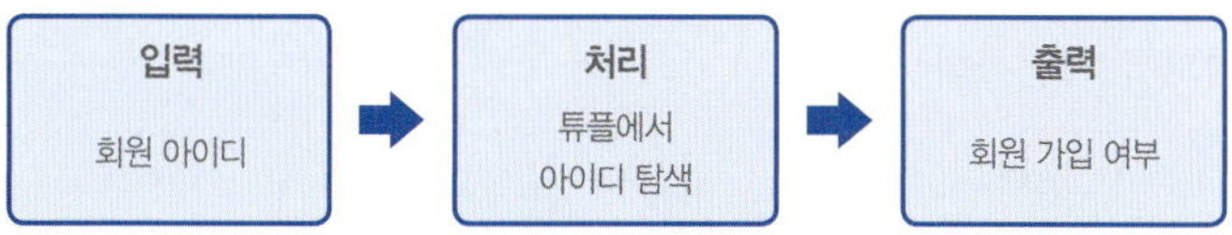

그림 8-6 회원 아이디 검색 후 가입 여부 판단 동작 순서

2 아이디만 추출해서 리스트에 추가해 두고 'in'으로 찾으면 된다. 다음과 같이 코드를 작성해서 저장한다.

```
members = (('choi', 93), ('han', 50), ('jung', 92), ('kang', 68), ('kim', 80),
          ('lee', 90), ('moon', 65), ('na', 100), ('park', 75), ('song', 75))

search = input("검색할 아이디 입력 : ")

idList = []                       # 빈 리스트 정의
for x in members :
    idList.append(x[0])           # 튜플의 아이디(x[0])만 추출해서 리스트에 추가

if search in idList :
    print("가입한 회원입니다.")
else :
    print("회원이 아닙니다.")
```

여기서 잠깐

for 반복문을 변형하여 프로그램 간단하게 만들기

'in' 연산에 for 반복문을 내포시켜 다음과 같이 코드를 간단하게 변경할 수 있다.

```
members = (('choi', 93), ('han', 50), ('jung', 92), ('kang', 68), ('kim', 80),
           ('lee', 90), ('moon', 65), ('na', 100), ('park', 75), ('song', 75))
search = input("검색할 아이디 입력 : ")
if search in (x[0] for x in members) :
    print("가입한 회원입니다.")
else :
    print("회원이 아닙니다.")
```

아이디만 추출해서 목록을 생성

3 저장한 프로그램을 실행시켜 결과를 확인한다.

실행 결과

```
검색할 아이디 입력 : hong
회원이 아닙니다.
```

실행 결과

```
검색할 아이디 입력 : park
가입한 회원입니다.
```

실습 8-5 만족도 점수가 가장 높은 회원 찾기 code08-05.py

이번에는 만족도 점수가 가장 높은 회원이 누구인지 찾는 프로그램을 만들어 보자. 점수의 최대 값은 max() 함수를 이용하면 간단하게 찾을 수 있지만, 검색 결과로 회원 아이디까지 필요하다. 다음의 최대 값 찾기 알고리즘을 이용해 보자.

■ 알고리즘 규칙

튜플에 5명의 아이디와 점수가 있다고 가정한다. 변수 2개를 만들어 각각 아이디(id)와 점수(num)에 대한 초기 값(빈 문자열 " "과 0)을 저장한다. 튜플에 있는 점수와 변수의 값을 하나씩 비교하면서 튜플 값이 더 크면 변수를 큰 값으로 바꾼다. 이 과정을 튜플의 항목 수만큼 반복한다.

- **1단계:** 튜플의 첫 번째 항목은 점수(50)가 변수 num의 초기 값(0)보다 크기 때문에 id와 num 변수를 첫 항목의 값으로 수정한다.

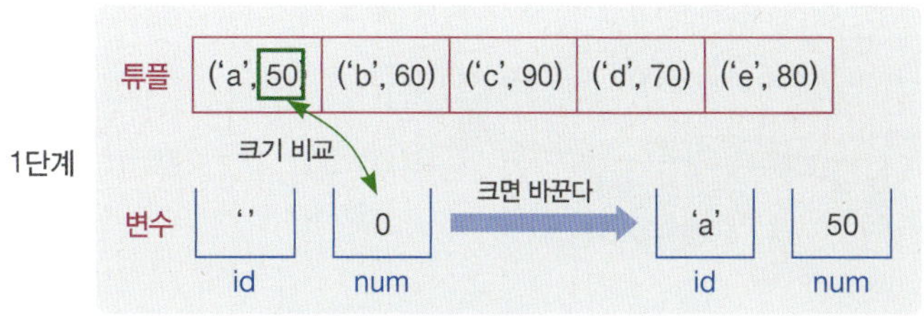

그림 8-7 **변수의 초기 값과 첫 번째 항목 비교**

- **2단계:** 튜플의 두 번째 항목 역시 점수(60)가 변수 num(50)보다 더 크므로, 변수 num의 값을 다시 수정한다.

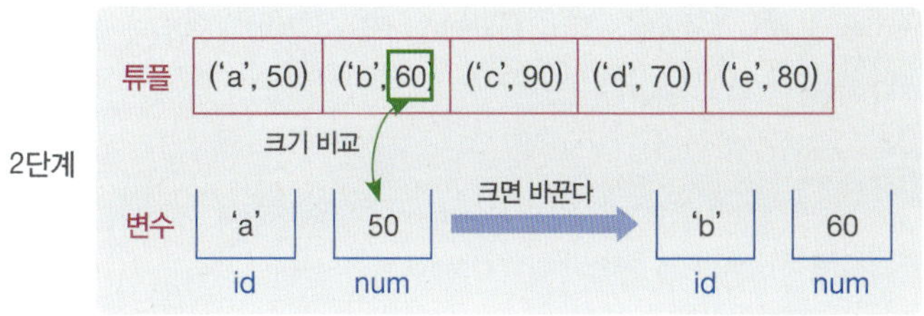

그림 8-8 **변수와 두 번째 항목 비교**

- **3단계:** 세 번째 항목도 점수(90)가 변수 num(60)보다 더 큰 값이라, 변수 num의 값을 세 번째 항목으로 수정한다.

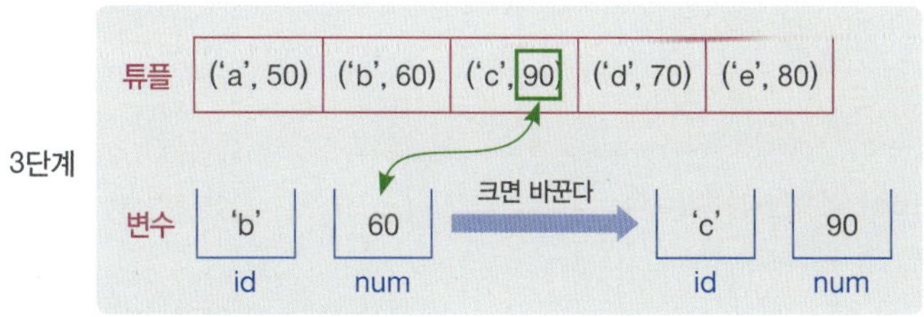

그림 8-9 **변수와 세 번째 항목 비교**

- **4, 5단계:** 네 번째와 다섯 번째 항목은 점수가 변수 num보다 작아서 변경할 필요가 없다. 결과적으로 변수 id에는 가장 점수가 높은 회원의 아이디가 저장된다.

4, 5단계

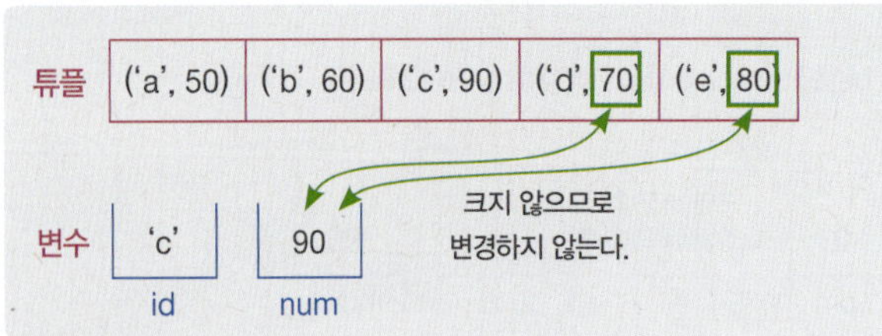

그림 8-10 **변수와 나머지 항목 비교**

1 앞서 살펴본 알고리즘에 따라 튜플에서 최고 점수를 가진 회원을 검색하는 프로그램을 다음과 같이 작성한다. 회원 정보는 [실습 8-4]에서 사용한 튜플을 그대로 사용한다.

```
members = (('choi', 93), ('han', 50), ('jung', 92), ('kang', 68), ('kim', 80),
           ('lee', 90), ('moon', 65), ('na', 100), ('park', 75), ('song', 75))
memberId = ''
num = 0

for x, y in members :            # x:아이디, y:점수
    if y > num :                 # 점수 비교
        memberId = x
        num = y

print("만족도 점수가 가장 높은 회원은 %s, 점수는 %d입니다." % (memberId, num))
```

2 저장한 프로그램을 실행시켜 결과를 확인한다.

실행 결과

```
만족도 점수가 가장 높은 회원은 na, 점수는 100입니다.
```

여기서 잠깐

순차 탐색과 이진 탐색의 비교

회원 가입 여부를 찾거나 최고 점수를 찾는 문제에서는 튜플을 처음부터 하나씩 비교해가며 조건에 맞는 값을 찾아내었다. 이러한 방식을 순차 탐색sequential search이라고 한다. 하지만 찾으려는 값이 운 나쁘게 가장 뒤에 있는 경우에는 모든 데이터를 다 찾아봐야 하기 때문에 데이터의 양이 엄청나게 많을 때 순차 탐색은 비효율적인 방법이 될 수도 있다.

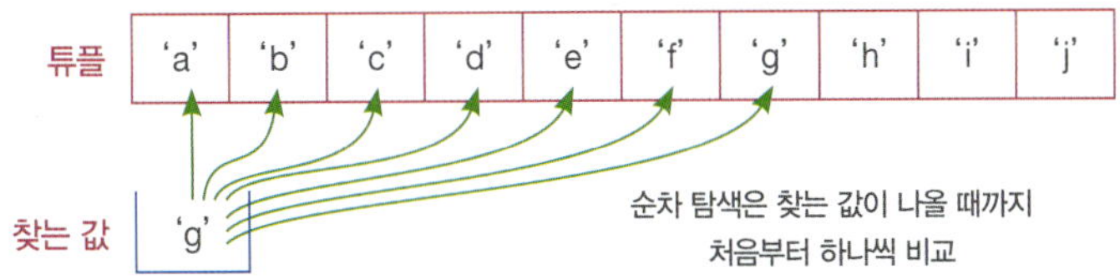

그림 8-11 순차 탐색 과정

일상에서 일어나는 많은 검색 작업에서 탐색의 효율을 높이기 위해 여러 가지 방법들이 사용되고 있다. 가령 두꺼운 책에서 원하는 페이지를 찾을 때는, 절반쯤을 먼저 펼쳐서 찾는 페이지보다 앞인지 뒤인지 확인한다. 이렇게 간단하면서도 효율적인 방법이 이진 탐색binary search 기법인데, 탐색 대상 범위를 절반으로 줄여가며 조건에 맞는 값을 찾는다. 찾는 항목의 위치가 앞에 있건 뒤에 있건 상관없이 탐색 시간이 비교적 빨라 효율적이다.

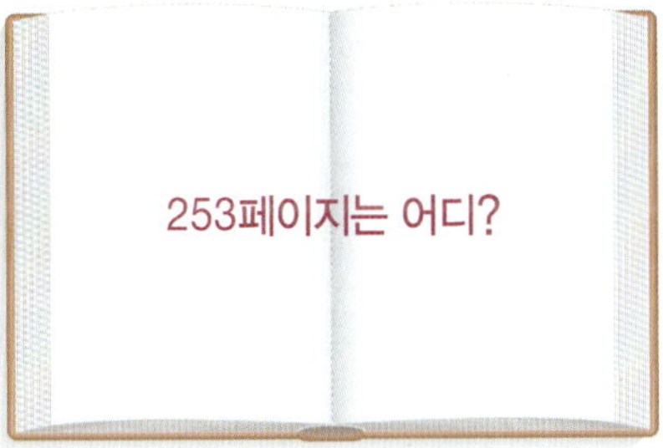

그림 8-12 특정 페이지 찾기에 활용되는 이진 탐색법

이진 탐색의 전제 조건은 책의 페이지 번호처럼 데이터가 정렬되어 있어야 한다는 것이다. 튜플에 있는 회원 아이디를 이진 탐색으로 검색한다면 먼저 회원 아이디를 기준으로 정렬되어야 한다. 튜플에 저장된 10명의 회원 아이디 중에서 'h'가 있는지 탐색하려고 한다. 튜플은 오름차순으로 정렬되어 있다고 가정하고, 이진 탐색 과정을 알아보자.

■ **1단계**

첫 번째 단계에서는 탐색 범위를 전체([0:9])로 하고, 가운데 위치([5])에 있는 값과 비교한다. 찾는 값('h')이 현재 항목('f')보다 더 크면, 탐색 범위를 뒷부분으로 변경한다.

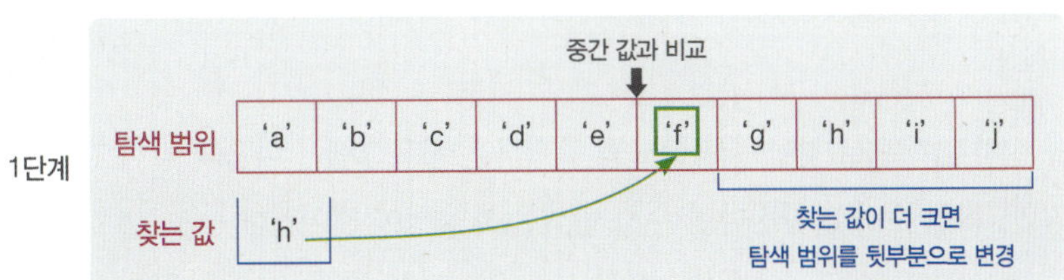

그림 8-13 중간 값과 찾는 값 비교

■ **2단계**

탐색 범위는 4개([6:9])로 줄었고, 다시 가운데 위치([8])에 있는 값과 비교한다. 찾는 값('h')이 현재 항목('i')보다 더 작으면, 탐색 범위를 앞부분으로 다시 설정한다.

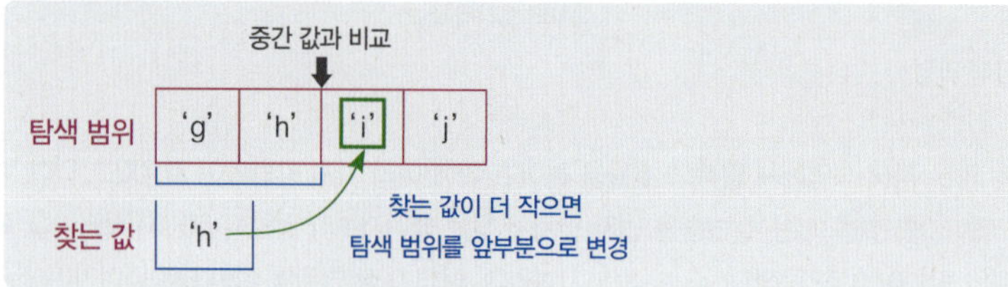

그림 8-14 **변경된 탐색 범위의 중간 값과 찾는 값 비교**

■ **3단계**

이제 탐색 범위는 2개([6:7])로 줄었고, 가운데 위치([7])에 있는 값과 비교한다. 찾는 값('h')이 현재 항목('h')과 같으면, 탐색을 종료한다.

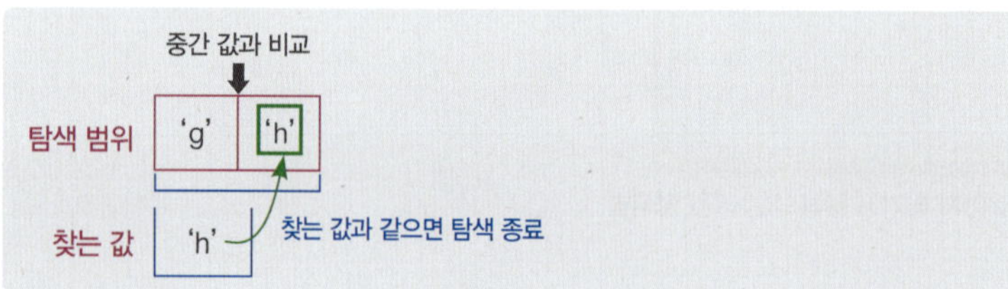

그림 8-15 **탐색 종료**

실습 8-6 특정 회원의 만족도 검색하기 code08-06.py

특정 회원의 만족도 점수를 검색하는 프로그램을 만들어 보자. 회원 아이디를 입력하면 해당 회원의 만족도 점수를 찾아서 출력한다. 순차 탐색과 이진 탐색을 이용한 코드를 각각 만들어 비교해 보자.

1 회원 아이디를 순차 탐색으로 찾아서 만족도를 출력하는 프로그램은 다음과 같이 간단하고 이해하기 쉽다. 하지만, 회원 수가 많아진다면 순차 탐색은 효율성이 떨어진다.

```
members = (('choi', 93), ('han', 50), ('jung', 92), ('kang', 68), ('kim', 80),
           ('lee', 90), ('moon', 65), ('na', 100), ('park', 75), ('song', 75))

```

```
number = -1                    # 만족도 점수의 초기화
search = input("아이디 입력 : ")
for x, y in members :
    if search == x :           # 찾는 값이 있으면 점수를 저장하고 반복 종료
        number = y
        break

if number > -1 :
    print(search, number)
else :
    print("찾는 회원이 없습니다.")
```

2 이진 탐색을 사용하여 회원 아이디를 검색하는 프로그램에서는 탐색의 범위를 계속 줄여나가기 때문에 데이터 양이 증가하더라도 순차 탐색보다 더 효율적이다. 다음의 코드를 입력하고 저장한다.

```
members = (('choi', 93), ('han', 50), ('jung', 92), ('kang', 68), ('kim', 80),
           ('lee', 90), ('moon', 65), ('na', 100), ('park', 75), ('song', 75))
search = input("아이디 입력 : ")
number = -1                              # 만족도 점수의 초기화
start = 0                                # 범위의 시작과 마지막 설정
end = len(members)
mid = (start + end) // 2                 # 가운데 항목을 첫 번째 검색 위치로 설정

while start < end :
    if search == members[mid][0] :       # 찾는 아이디가 있으면 점수를 저장하고 반복 종료
        number = members[mid][1]
        break
    else :
        if start == (end - 1) :          # 검색 범위를 줄일 수 없음(=찾는 값이 없음)
            break
        elif search > members[mid][0] :
            start = mid + 1              # 검색 범위를 뒤쪽 반으로 줄이기
            mid = (start + end) // 2
        else :
            end = mid                    # 검색 범위를 앞쪽 반으로 줄이기
            mid = (start + end) // 2

```

```python
if number > -1 :
    print(search, number)
else :
    print("찾는 회원이 없습니다.")
```

3 저장한 파일을 실행하고 회원 아이디를 다르게 입력하여 탐색 결과를 확인한다. 실행 결과는 순차 탐색과 이진 탐색 모두 동일하다.

실행 결과

```
회원 아이디 입력 : song
song 75
```

실행 결과

```
회원 아이디 입력 : kim
kim 80
```

실행 결과

```
회원 아이디 입력 : a
찾는 회원이 없습니다.
```

SECTION

02 딕셔너리

사전에서 단어를 찾거나 도서관에서 책을 고를 때처럼 우리의 일상에서도 탐색 작업은 흔하게 일어난다. 탐색 작업에는 보통 키key를 사용하는데, 사전이나 도서관의 경우 찾으려는 단어와 도서명 같은 값이 바로 키에 해당한다. 파이썬에서는 키를 이용한 탐색 작업에 매우 유용하게 활용할 수 있는 딕셔너리dictionary라고 하는 자료 구조를 제공한다. 이 절에서는 딕셔너리의 개념과 사용법을 알아보고, 반복이나 탐색 작업에 활용해 보자.

그림 8-16 키를 이용하여 도서 찾기

1 딕셔너리 개념과 생성

리스트나 튜플처럼 여러 개의 데이터를 처리할 수 있는 딕셔너리는 중괄호({})안에 키key와 값value을 묶어서 하나의 항목으로 저장한다. 콜론(:) 기호로 키와 값을 연결하고, 각 항목 사이에는 리스트나 튜플처럼 쉼표(,)를 사용해서 구분한다.

```
딕셔너리명 = {키1:값1, 키2:값2, ... 키n:값n}
```

키와 값은 사용자가 지정하는 것으로, 정수나 문자열 같은 대부분의 데이터형, 리스트나 튜플, 변수도 사용할 수 있다. 하지만 키는 반드시 고유한 값으로 중복되지 않게 만들어야 하고 변경이 불가능하기 때문에 리스트를 키로 사용할 수는 없다.

```
>>> adic = {'a':90, 'b':70, 'c':60, 'd':70}
```

```
>>> bdic = {1:'a', 'b':'bin', 3:[10, 20]}
```

그림 8-17 딕셔너리 구조

딕셔너리는 리스트나 튜플처럼 순서 번호를 인덱스로 사용하지 않고, 키를 통해 값을 가져온다. 다음 코드와 같이 딕셔너리는 대괄호([ ]) 안에 키를 사용해서 저장된 값을 참조할 수 있다.

```
>>> adic['b']
70
```

```
>>> bdic[3]
[10, 20]
```

그림 8-18 딕셔너리의 키를 이용한 값 참조

실습 8-7 딕셔너리 생성과 값 참조하기

딕셔너리를 만들고 값을 참조하는 방법을 알아본다. 파이썬 쉘에 다음의 명령들을 입력하고 실행해 보자.

1 딕셔너리를 정의할 때 항목을 저장해도 되고, 빈 딕셔너리를 만들고 나서 필요할 때 항목을 추가해도 된다. 생성된 딕셔너리는 type() 함수를 이용해 데이터형을 확인할 수 있다.

```
>>> adic = {'a':90, 'b':70, 'c':60, 'd':70}
>>> bdic = {}                         # 빈 딕셔너리 생성
>>> type(adic); type(bdic)
<class 'dict'>
<class 'dict'>
```

TIP 빈 딕셔너리를 생성할 때 'bdic = dict()' 문장을 사용해도 된다.

2 키를 이용해서 값을 참조한다. 하지만, 잘못된 키를 사용하면 오류 메시지가 출력된다.

```
>>> adic['b']
70
>>> adic['f']
Traceback (most recent call last):
    File "<pyshell#8>", line 1, in <module>
        adic['f']
KeyError: 'f'
```

2 딕셔너리 사용법

딕셔너리에 저장된 정보를 수정할 때 키는 바꿀 수 없지만, 값은 수정할 수 있다. 또한, 딕셔너리의 여러 가지 메소드를 이용해 키와 값에 대한 검사나 추출, 정렬 등 필요한 조작을 할 수 있다.

실습 8-8 딕셔너리의 값 수정, 항목 추가, 삭제하기

딕셔너리의 값을 수정하는 방법과 항목을 추가하거나 삭제하는 방법을 실습으로 익혀 본다. 파이썬 쉘에 다음의 명령들을 입력하고 실행해 보자.

1 딕셔너리 항목을 참조할 때처럼 키를 이용해서 값을 수정할 수 있다.

```
>>> adic['b'] = 80
>>> adic
{'a': 90, 'b': 80, 'c': 60, 'd': 70}
```

2 값을 수정하는 문장에서 만약 기존에 없는 키를 사용하면 새 항목이 추가된다.

```
>>> adic['f'] = 100
>>> adic
{'a': 90, 'b': 80, 'c': 60, 'd': 70, 'f': 100}    새 항목 추가
```

3 항목을 삭제할 때는 리스트나 튜플처럼 del() 함수를 사용한다.

```
>>> del adic['f']                    # del(adic['f'])와 동일
>>> adic
{'a': 90, 'b': 80, 'c': 60, 'd': 70}
```

TIP 모든 항목을 삭제하려면 딕셔너리명.clear()를 사용한다.

실습 8-9 딕셔너리의 탐색과 추출, 정렬하기

딕셔너리의 키와 값에 대한 탐색과 추출, 정렬 방법을 알아 보자. 파이썬 쉘에 다음의 명령들을 입력하고 실행한다.

1 딕셔너리를 참조할 때 잘못된 키를 사용하면 오류가 발생하므로 in 연산자로 키가 있는지 먼저 탐색하거나, get() 메소드를 이용하여 처리하는 것이 좋다.

```
>>> adic = {'a': 90, 'b': 80, 'c': 60, 'd': 70}
>>> 'b' in adic
True
>>> adic.get('b')
80
>>> 'f' in adic
False
>>> adic.get('f')            # 키가 없을 때 오류가 발생하지 않고, 반환값이 없음
```

2 딕셔너리에 저장된 키를 모두 가져오거나 값만 모두 가져오기, 혹은 키와 값을 튜플로 묶어서 가져오기 위한 메소드를 사용해 보자.

```
>>> adic.keys()             # 키만 가져오기
dict_keys(['a', 'b', 'c', 'd'])
>>> adic.values()           # 값만 가져오기
dict_values([90, 80, 60, 70])
>>> adic.items()            # 키와 값을 묶어서 가져오기
dict_items([('a', 90), ('b', 80), ('c', 60), ('d', 70)])
```

여 기 서 잠 깐

for 반복문으로 딕셔너리 출력하기

딕셔너리의 모든 키와 값을 리스트형으로 가져올 수 있으므로, for 반복문을 사용하면 하나씩 출력할 수 있다.

```
>>> for x in adic.keys():
        print(x)
a
b
c
d
```

키 리스트

```
>>> for x in adic.values():
        print(x)
90
80
60
70
```

값 리스트

```
>>> for x in adic.items():
        print(x)
'a', 90
'b', 80
'c', 60
'd', 70
```

항목 리스트

3 딕셔너리는 만든 순서대로 구성되지 않는다는 특성이 있다. 만약 딕셔너리에 있는 항목을 정렬하고 싶다면 내장 함수 sorted()를 사용한다. 단, 정렬하려는 딕셔너리의 키 값이 동일한 데이터형이어야 정렬 가능하고 정렬 결과는 리스트형이 된다.

```
>>> s = sorted(adic.items())                    # 오름차순 정렬
>>> s
[('a', 90), ('b', 80), ('c', 60), ('d', 70)]
```

4 정렬된 결과를 딕셔너리로 변환하려면 dict()를 사용한다.

```
>>> s = dict(sorted(adic.items(), reverse=True))    # 내림차순 정렬
>>> s
{'d': 70, 'c': 60, 'b': 80, 'a': 90}
```

딕셔너리로 변환

여기서 잠깐

딕셔너리의 값(value)을 기준으로 정렬하기

딕셔너리의 키가 아닌 값으로 정렬하려면 operator 모듈의 `itemgetter()`를 사용하면 된다. 딕셔너리의 각 항목은 키와 값으로 구성되고, `itemgetter()`를 적용하면 `itemgetter(0)`는 키, `itemgetter(1)`은 값이 된다. 다음 그림처럼 `sorted()` 함수의 key 옵션을 `itemgetter(1)`로 설정하면 아이디가 아니라 점수를 기준으로 오름차순 정렬된다.

```
>>> import operator                                      # operator 모듈 사용 선언
>>> s=sorted(adic.items(), key=operator.itemgetter(1)) # 값을 기준으로 오름차순 정렬
>>> s
[('c', 60), ('d', 70), ('b', 80), ('a', 90)]
```

3 딕셔너리의 활용

딕셔너리 역시 튜플이나 리스트처럼 반복문과 함께 사용하기 좋은 구조이기 때문에 여러 가지 문제에 활용할 수 있다. 딕셔너리와 반복문을 활용한 몇 가지 프로그램을 만들어 보자.

실습 8-10 딕셔너리로 전체 학생의 평균 점수 구하기 code08-10.py

이번 학기 수강 학생들의 각 점수가 딕셔너리에 저장되어 있다. 전체 학생의 평균 점수를 구해 출력하는 프로그램을 만들어 보자.

1 딕셔너리의 값을 모두 추출하고, 반복문으로 합계를 먼저 구한다. 반복이 종료되면 평균을 계산해서 출력하는 순서로 코드를 만들어 저장한다.

```
members = {'choi':93, 'han':50, 'jung':92, 'kang':68, 'kim':80,
           'lee':90, 'moon':65, 'na':100, 'park':75, 'song':75}

total = 0
for x in members.values() :        # 항목의 값을 모두 추출하고, x에 하나씩 대입하는 반복문
    total += x

print("회원 점수 평균 =", total / len(members))
```

2 저장한 프로그램을 실행시켜 결과를 확인한다.

실행 결과

```
회원 점수 평균 = 78.8
```

실습 8-11 딕셔너리로 도서 검색 프로그램 만들기 code08-11.py

딕셔너리에 있는 도서 정보를 이용하는 프로그램을 만들어 보자. 도서명을 입력하면 해당 도서의 가격을 알려주고, 종료 조건(0)을 입력하면 프로그램을 마친다. 만약 도서명을 잘못 입력하면, 오류가 발생하지 않도록 처리하고 안내 메시지를 보여 주어야 한다.

```
검색 가능 도서 : ['여행의 이유', '소년이로', '희랍인 조르바', '세 여자', '아픔이 길이 되려면']
----------------------------------------
도서명 입력(검색 종료는 0) : 여행의 이유        ← 검색 가능한 도서를 입력했을 때
여행의 이유 = 13500 원

도서명 입력(검색 종료는 0) : 마음사전          ← 도서명을 잘못 입력했을 때
검색 가능한 도서가 아닙니다.

도서명 입력(검색 종료는 0) : 0                 ← 종료 조건을 입력했을 때
프로그램을 종료합니다.
```

1 프로그램의 동작 순서를 생각해 보자. 무한 반복을 위한 while 문장 안에서 입력과 검색, 출력이 모두 이루어지는 구조이다.

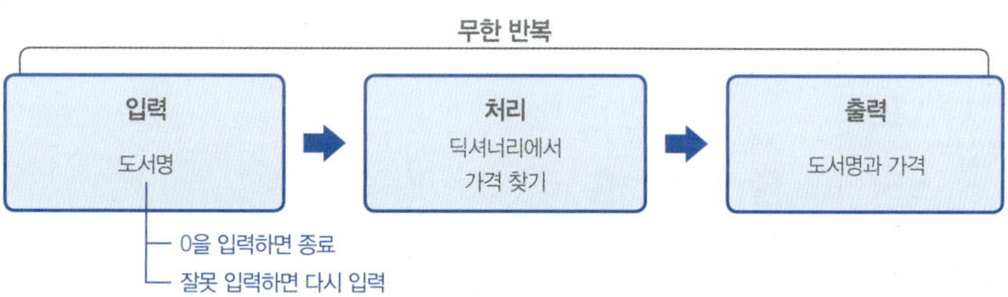

그림 8-19 **도서 검색 프로그램 실행 순서**

2 동작 순서에 따라 다음과 같이 프로그램을 만들고 저장한다.

```
books = {'여행의 이유':13500, '소년이로':13000, '희랍인 조르바':9000,
         '세 여자':14000, '아픔이 길이 되려면':18000}
print("검색 가능 도서 :", list(books.keys()))       # 도서명을 모두 출력
print('-'*35)

while True :
    bookName = input("도서명 입력(검색 종료는 0) : ")
    if bookName in books :
        print(bookName, "=", books.get(bookName), "원\n")
    elif bookName == '0' :
        print("프로그램을 종료합니다.")
        break
    else :
        print("검색 가능한 도서가 아닙니다.\n")
```

3 저장한 프로그램을 실행시켜 결과를 확인한다.

실습 8-12 모스 부호 사용하기 code08-12.py

모스 부호는 짧은 전류(.)와 긴 전류(–)를 조합하여 알파벳과 숫자를 표기하는 신호 체계이다. 멀리 떨어진 상대방에게 정보를 전송하는 19세기에 만들어진 통신 방법으로, 많은 재난 영화에서 긴급 구조신호를 전송하는 장면에 주로 사용되곤 한다. 모스 부호는 암기하기 쉽지 않으므로 자동 번역기를 만들어 보자. 알파벳 단어를 입력하면 해당하는 모스 부호를 출력하는 프로그램이다.

그림 8-20 모스부호 체계

1 모스 부호 정보를 먼저 딕셔너리에 저장해 두자. 알파벳 문자를 키로 하고, 모스 부호는 값으로 설정한다.

```
code = {'A':'.-', 'B':'-...', 'C':'-.-.', 'D':'-..', 'E':'.', 'F':'..-.', 'G':'--.',
        'H':'....', 'I':'..', 'J':'.---', 'K':'-.-', 'L':'.-..', 'M':'--', 'N':'-.',
        'O':'---', 'P':'.--.', 'Q':'--.-', 'R':'.-.', 'S':'...', 'T':'-', 'U':'..-',
        'V':'...-', 'W':'.--', 'X':'-..-', 'Y':'-.--', 'Z':'--..'}
```

2 단어(문자열)를 하나 입력받는다. 단어를 구성하는 각 문자를 키로 사용하고, 해당하는 값을 찾아 출력한다. 키가 아닌 문자가 입력되는 경우에는 'None'을 출력한다.

```
word = input("모스 부호로 표시할 단어(알파벳 대문자) : ")

for ch in word :
    if ch in code :
        print(code.get(ch), end = " ")    # 부호마다 뒤에 빈칸 추가
    else :
        print("None", end = " ")
```

여기서 잠깐

문자열의 구조

문자열(string)은 하나 이상의 문자를 순서대로 저장하는 데이터형으로, 리스트처럼 인덱싱할 수 있어서 for 문에도 동일하게 사용할 수 있다. 문자열을 이루는 각 문자가 리스트의 각 항목에 해당한다. 문자열에 대해서는 다음 9장에서 자세히 알아본다.

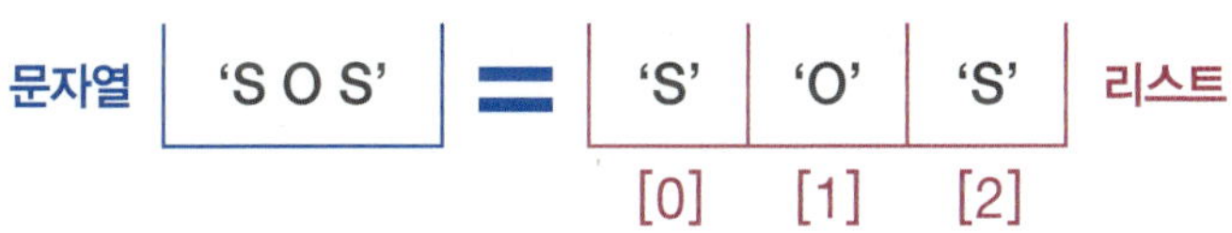

그림 8-21 문자열과 리스트 비교

3 저장한 프로그램을 실행시켜 결과를 확인한다.

실행 결과

```
모스 부호로 표시할 단어(알파벳 대문자) : SOS
... --- ...
```

실행 결과

```
모스 부호로 표시할 단어(알파벳 대문자) : HELLO
.... . .-.. .-.. ---
```

요약

01 튜플tuple은 리스트처럼 여러 개의 데이터를 저장할 수 있는 자료형이며 변경이 불가능하다는 특징이 있다.

02 소괄호(( ))를 사용해서 튜플을 생성하며 인덱싱이나 슬라이싱은 리스트와 동일한 방법을 사용한다.

03 튜플은 데이터의 변경을 허용하지 않고, 탐색을 하거나 특정 동작의 처리 결과를 반환return하는 경우에 유용하게 활용된다.

04 패킹은 하나의 변수에 여러 개의 데이터를 넣는 것으로 여러 개의 값을 튜플이나 리스트로 묶는 것을 의미한다.

05 언패킹은 튜플이나 리스트의 각 항목을 여러 변수에 할당하는 것, 즉 패킹된 묶음에서 값을 꺼내어 여러 개로 나누는 것이다.

06 리스트나 튜플처럼 여러 개의 데이터를 처리할 수 있는 딕셔너리는 중괄호({ })안에 키key와 값value을 묶어서 하나의 항목으로 저장한다.

07 딕셔너리는 콜론(:) 기호로 키와 값을 연결하고, 각 항목 사이에는 리스트나 튜플처럼 쉼표(,)를 사용해서 구분한다.

08 키는 반드시 고유한 값으로 중복되지 않게 만들어야 하고 변경이 불가능하기 때문에 리스트는 사용할 수 없다.

09 딕셔너리는 대괄호([ ]) 안에 키를 사용해서 저장된 값을 참조할 수 있다.

연습문제

01 튜플 numbers를 조작하기 위한 다음 명령문 중 <u>잘못된</u> 것을 하나 고르시오.

```
numbers = (3, 1, 5, 9)
```

① `sum(numbers)` ② `numbers.index(5)`

③ `del numbers[1]` ④ `x = numbers[1:3]`

02 딕셔너리 adic을 조작하는 명령문 중에서 <u>잘못된</u> 것을 하나 고르시오.

```
adic = {'홍길동':'010-1234-0909', '이순신':'010-4321-8989'}
```

① `adic['address'] = '경기로 123'` ② `adic['name'] = '김유신'`

③ `adic[1] = (50, 60)` ④ `adic[[1, 2]] = (70, 80)`

03 튜플은 항목을 추가할 수 없는 자료 구조이다. 만약 튜플 (10, 20, 30)을 (10, 20, 30, 40, 50)으로 바꾸려 한다면 여러 가지 가능한 방법이 있을 수 있는데, 간단하게 덧셈(+) 연산을 이용할 수 있다. 덧셈 연산자로 다음과 같이 튜플을 변경해 보시오.

```
a = (10, 20, 30) # 변경 전
```

→

```
a = (10, 20, 30, 40, 50) # 변경 후
```

04 튜플 numbers에 저장된 숫자들 중에서 홀수만 모두 출력하는 프로그램을 작성하시오.

```
numbers = (73, 64, 98, 57, 39, 79, 93, 87, 57, 69)
```

실행 결과

```
홀수 : 73 57 39 79 93 87 57 69
```

05 연락처를 검색하는 프로그램을 작성하려고 한다. 연락처 정보는 딕셔너리에 저장되어 있고, 이름을 입력하면 전화번호를 출력하도록 작성하시오. 단, 이름을 잘못 입력하는 경우 파이썬 오류 메시지가 출력되지 않도록 처리한다.

```
phonebook = {'hong':'010-1234-0909', 'lee':'010-4321-8989', 'kim':'031-555-3333',
             'park':'02-1234-5678', 'song':'032-222-5555'}
```

실행 결과

```
이름 입력 : kim
연락처 : 031-555-3333
```

실행 결과

```
이름 입력 : kang
연락처에 없는 이름입니다.
```

06 연락처 정보를 입력하면 딕셔너리에 추가하는 프로그램을 만들어 보자. 연습문제 **05**의 딕셔너리처럼 이름은 키, 전화번호는 값으로 구성된 항목으로 저장하는 프로그램을 만드시오. 무한 반복문을 사용하고, 종료 조건(이름을 입력하지 않음)이 되면 추가한 모든 연락처 목록을 출력하고 프로그램을 끝내도록 한다.

실행 결과

```
이름 입력 : 홍길동
전화번호 입력 : 010-1234-5678

이름 입력 : 이순신
전화번호 입력 : 031-222-3333

이름 입력 :

===== 연락처 목록 =====
홍길동  :  010-1234-5678
이순신  :  031-222-3333
```

연습문제

07 터틀 그래픽스를 이용해 도형을 그리시오. 도형마다 채우기 색상을 다르게 그리기 위해 딕셔너리에 다음과 같이 색상 정보를 저장한다. 도형 그리기 프로그램은 [실습 6-13]을 활용한다.

```
colorDic = {3:'red', 4:'green', 5:'blue', 6:'brown'}
```

실행 결과

```
다각형 모양(3~6, 종료는 0) : 3
```

실행 결과

```
다각형 모양(3~6, 종료는 0) : 4
```

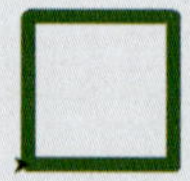

실행 결과

```
다각형 모양(3~6, 종료는 0) : 5
```

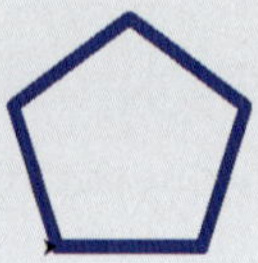

실행 결과

```
다각형 모양(3~6, 종료는 0) : 6
```

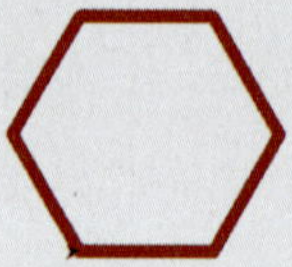

CHAPTER 09

문자열과 파일

학습목표

- 문자열의 구조와 사용법을 알고 다양한 응용에 활용한다.
- 파일과 예외 처리의 개념을 알고 데이터의 입출력 방법으로 활용한다.

SECTION

01

문자열

텍스트text 라고도 불리는 문자열string은 메시지 전송이나 문서 편집 등 일상생활에서 많이 사용하는 데이터형이다. 그동안 작성한 프로그램에서도 키보드로 입력받는 값이나 실행 결과를 출력할 때 문자열을 많이 사용해 왔다. 컴퓨터는 숫자 0과 1로 모든 데이터를 처리하지만, 사용자의 편의를 위해 전달하려는 값을 텍스트로 변환해서 보여 준다. 파이썬에서는 다른 프로그래밍 언어보다 문자열을 처리하기 위한 다양한 기능을 많이 제공한다. 이 절에서는 문자열의 구조와 문자열에 관련된 여러 가지 기능을 학습하고, 다양한 문제에 활용하는 방법을 알아보자.

그림 9-1 일상생활에서의 문자열 사용

1 문자열의 구조

'string'을 검색해서 이미지를 찾아보면 서로 연결되어 있는 여러 가지 모양의 끈이 많이 보일 것이다. 이렇게 문자열은 하나 이상의 문자character가 끈에 묶인 것처럼 차례대로 연결되어 있는 구조이다.

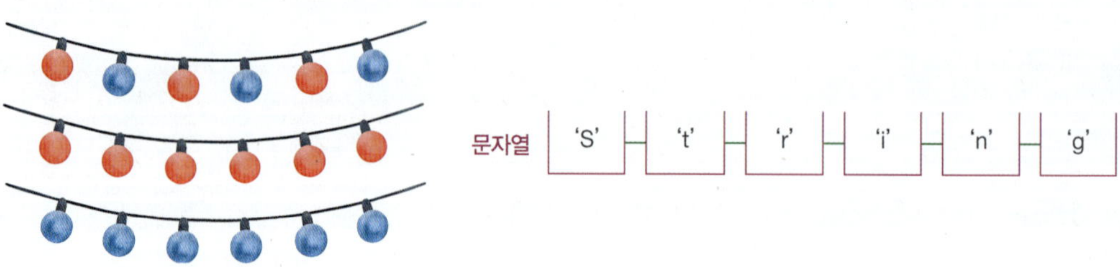

그림 9-2 문자열의 구조

문자열은 큰따옴표(" ")나 작은따옴표(' ')를 사용해서 값을 정의할 수 있고, str() 함수를 사용하면 숫자를 문자열로 변환할 수 있다. 문자열은 리스트나 튜플처럼 대괄호 안에 [0]부터 시작하는 인덱스를 사용하고, 마지막 글자부터 번호를 매기는 음수 인덱스도 이용할 수 있다.

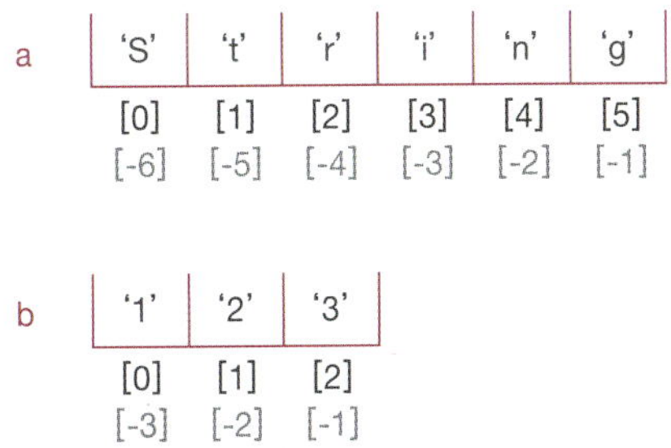


```
>>> a = "String"          # 문자열 정의
```

```
>>> b = str(123)          # 숫자를 문자열로 변환
>>> b
'123'
>>> type(b)
<class 'str'>
```

그림 9-3 문자열의 정의와 변환

TIP 123과 '123'은 숫자와 문자열로 구분되는 완전히 다른 값이다. 문자열 '123'은 3개의 문자가 연결된 구조('1'+'2'+'3')이며, 나눗셈(/, //, %)이나 뺄셈(-)과 같은 연산을 할 수 없다.

여기서 잠깐

문자열을 리스트로 변환하기

문자열을 리스트형으로 변환하면, 문자열을 구성하는 각각의 문자가 리스트의 항목이 된다. 문자열은 리스트나 튜플, 딕셔너리처럼 항목을 반복문으로 하나씩 처리할 수 있는 이터러블 데이터형이다.

```
>>> list('String')
['S', 't', 'r', 'i', 'n', 'g']
```

실습 9-1 문자열 만들기

문자열을 만드는 여러 가지 방법을 알아본다. 파이썬 쉘에 다음의 명령을 입력하고 실행해 보자.

1 문자열을 만들고, 연산자를 사용해 문자열의 연결(+)과 문자열의 반복(*)을 실행한다.

```
>>> a = 'Hello'
>>> (a + "~~") * 2
'Hello~~Hello~~'
```

TIP 파이썬에서는 문자열을 만들 때 큰따옴표와 작은따옴표를 모두 사용할 수 있지만, 문자열을 만들 때 사용하는 따옴표는 섞어서 사용하지 않도록 주의해야 한다. 예를 들어, 큰따옴표로 시작하면 큰따옴표로 끝나야 한다. 또, 문자열에 대한 연산은 문자열끼리의 덧셈이나, 문자열과 정수의 곱셈만 할 수 있다.

2 큰따옴표(“ ” “)나 작은따옴표(‘ ’ ‘)를 3회 연속 사용하면 줄바꿈 문자('\n')가 포함된 문자열을 만들 수 있다.

```
>>> b = """Hello,                # 콤마(,) 뒤에서 Enter 를 누르고,
students~"""                     # 다음 줄에서 나머지 내용을 입력
>>> b                            # 줄바꿈 문자가 포함된 문자열
'Hello,\nstudents~'
>>> len(b)                       # 줄바꿈 문자도 전체 길이에 포함
16
>>> print(b)
Hello,
students~
```

여기서 잠깐

이스케이프 문자

문자열에 줄바꿈('\n')이나 탭 문자('\t')가 포함되면 print() 함수로 출력할 때 지정한 형식으로 표시된다. 이러한 줄바꿈이나 탭 문자를 이스케이프escape 문자라고 한다. 역슬래시('\'나 '₩')와 미리 정의된 문자를 조합한 형태로 출력 형식을 지정하기 위해 사용한다.

```
>>> c = "Hello~~\t\tHello~~"                  # 탭('\t')이 두 번 출력되는 문자열
>>> print(c)
Hello~~         Hello~~
>>> print('만나면 \"안녕~\" 이라고 한다.')      # 큰따옴표('\"')가 출력되는 문자열
만나면 "안녕~" 이라고 한다.
```

2 문자열 사용법

각 항목이 문자로만 구성된다는 점을 제외하면 문자열은 리스트와 많은 특징이 비슷하다. 리스트처럼 인덱스의 범위를 설정한 슬라이싱과 특정 문자를 찾는 메소드도 제공된다. 특히 파이썬에는

대소문자의 변환이나 바꾸기, 분리하기 등의 많은 메소드를 기본으로 제공하고 있어서 문자열의 조작이 쉽고 편리하다.

실습 9-2 문자열 슬라이싱과 찾기

문자열의 슬라이싱과 문자열에 있는 특정 문자를 찾는 방법을 알아본다. 파이썬 셸에 다음의 명령들을 입력하고 실행해 보자.

1 문자열을 정의하고 인덱스의 범위를 설정해 슬라이싱한다.

```
>>> a = "Hello, students~"
>>> a[0:5]      # 앞에서 5개 문자 추출, 'a[:5]'와 동일
'Hello'
>>> a[-5:]      # 뒤에서 5개 문자 추출
'ents~'
```

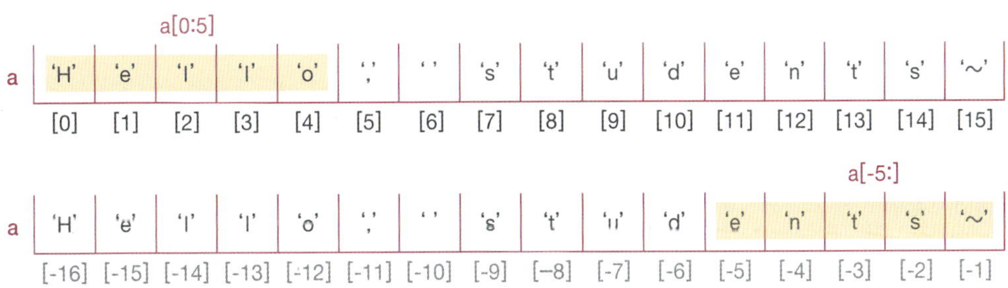

그림 9-4 문자열에서의 슬라이싱

2 문자열에 특정 문자가 있는지 확인(in)하거나 index()와 find()를 이용하여 문자의 위치를 찾아본다.

```
>>> 'stu' in a              # 문자열 a에 'stu'가 있는지 검사
True
>>> a.index('s')            # 문자열 a에서 's'의 위치 찾기
7
>>> a.find('s')             # 문자열 a에서 's'의 위치 찾기
7
>>> a.index('xy')           # 문자열 a에서 'xy'의 위치 찾기, 없으면 오류 발생
```

```
Traceback (most recent call last):
    File "<pyshell#4>", line 1, in <module>
        a.index('xy')
ValueError: substring not found
>>> a.find('xy')                    # 문자열 a에서 'xy'의 위치 찾기, 없으면 -1 반환
-1
```

TIP find()를 사용해서 위치를 검색하면 찾는 문자가 없을 때 오류 발생 대신 -1을 결과로 반환한다.

실습 9-3 문자열 다루기

알파벳 대소문자 검사와 변환, 문자열의 분리와 조합, 앞뒤 문자 제거 등의 기능을 알아본다. 파이썬 쉘에 다음의 명령들을 입력하고 실행해 보자.

1 문자열의 대소문자 변환(lower(), upper())과 첫 글자만 대문자로 변환(capitalize())하는 기능을 사용해 본다.

```
>>> a = "Hello, students~"
>>> a.lower()                       # 소문자로 변환
'hello, students~'
>>> a.capitalize()                  # 첫 글자만 대문자로 변환
'Hello, students~'
```

2 특정 문자를 바꾸거나(replace()), 분리(split()) 혹은 조합(join())하는 기능을 사용해 본다.

```
>>> b = a.replace(' ', '/')         # 공백(' ')을 슬래쉬('/')로 바꾸기
>>> b
'Hello,/students~'
>>> b.split('/')                    # 문자열 b를 '/'를 기준으로 분할
['Hello,', 'students~']
>>> c = '_'
>>> c.join(a)                       # 문자열 a와 언더스코어('_')를 조합
'H_e_l_l_o_,_ _s_t_u_d_e_n_t_s_~'
```

TIP 문자열을 분할할 때 공백(' ')을 기준으로 한다면, 'b.split()'처럼 인수를 입력하지 않아도 된다.

3 문자열의 앞뒤에 불필요한 값이 들어있을 때 제거(strip(), lstrip(), rstrip())하거나, 문자열을 정렬(center(), ljust(), rjust())하는 기능을 사용해 본다.

```
>>> d = ".....I have a dream....."
>>> d.strip('.')              # 문자열의 앞뒤에 있는 '.'를 제거
'I have a dream'
>>> d.lstrip('.')             # 앞쪽(left)에 있는 '.'를 제거
'I have a dream.....'
>>> d.center(30, '_')         # 전체 30자리 중 빈칸은 '_'로 채우고 가운데 맞춤
'___.....I have a dream.....___'
```

TIP 빈칸 채우기 없이 가운데 맞춤만 하는 경우 'd.center(30)'처럼 전체 자릿수만 지정한다.

여기서 잠깐

문자열 객체의 format() 메소드

3장의 [실습 3-7]에서 문자열 서식 설정formatting을 학습해 보았다. 포맷 코드(%d, %f 등)를 사용해서 문자열 사이 특정 위치에 숫자나 변수 등을 넣어 함께 표시되도록 하는 기능이다. 파이썬에서는 포맷 코드 외에도 문자열 서식 설정을 위한 format() 메소드를 제공하는데, 문자열 서식 설정에 편리하게 활용할 수 있다. format() 메소드를 이용한 문자열 서식 설정 방법을 알아보도록 하자.

• 중괄호({ })를 사용해서 문자열 사이 특정 위치에 순서를 표시하고, format() 메소드의 인수로 값을 지정한다.

```
>>> "안녕하세요, {0}님, {1}번째 방문입니다.".format('홍길농', 10)
'안녕하세요, 홍길동님, 10번째 방문입니다.'
```

• format() 메소드의 인수로 변수를 사용해도 된다.

```
>>> name = '김유신'
>>> "안녕하세요, {0}님. {1}번째 방문입니다.".format(name, 10)
'안녕하세요, 김유신님. 10번째 방문입니다.'
```

• 문자열 사이에 같은 값이 여러 번 추가되거나 순서가 바뀌는 경우에도 번호만 지정해주면 간편하게 활용할 수 있다.

```
>>> "안녕하세요, {0}님. {1}번째 방문하셔서 {0}님은 우수 회원입니다".format(name, 10)
'안녕하세요, 김유신님. 10번째 방문하셔서 김유신님은 우수 회원입니다'
```

3 문자열의 활용

많은 프로그램에서 입력과 출력을 비롯한 정보 전달 수단으로 문자열을 주로 사용한다. 이번 절에서 학습한 문자열을 다루기 위한 여러 가지 함수들을 활용하여 필요한 프로그램을 만들어 본다.

실습 9-4 **단어 빈도수 조회하기** code09-04.py

시를 읽고 특정 문자의 개수가 몇 번 나타나는지 찾아주는 프로그램을 만들어 보자. 도종환 시인의 '흔들리며 피는 꽃'을 인용하여 찾으려는 단어를 입력하면 빈도수를 출력한다.

1 프로그램의 동작 순서를 먼저 생각해 보자. 문자열 변수에 시를 저장해 두고 내용을 먼저 출력하고, 찾으려는 단어를 입력하면 빈도를 측정하여 출력한다.

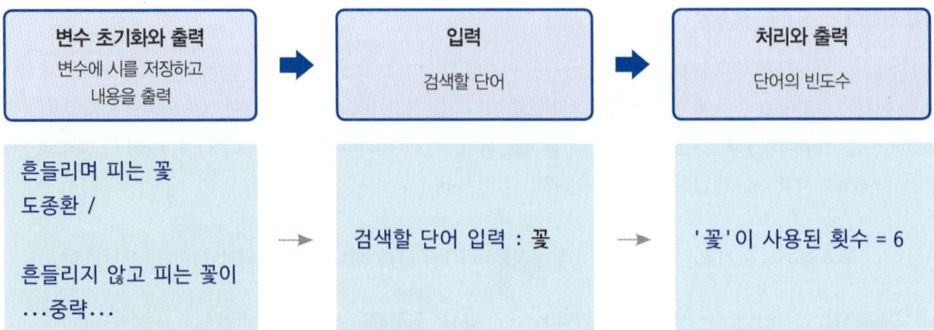

그림 9-5 단어 빈도수를 출력하는 프로그램 실행 순서

2 프로그램의 동작 순서에 따라 다음과 같이 코드를 작성해서 저장한다.

```
poem = """흔들리며 피는 꽃
도종환 /

흔들리지 않고 피는 꽃이 어디 있으랴
이 세상 그 어떤 아름다운 꽃들도
다 흔들리면서 피었나니
흔들리면서 줄기를 곧게 세웠나니
흔들리지 않고 가는 사랑이 어디 있으랴
젖지 않고 피는 꽃이 어디 있으랴
```

```
이 세상 그 어떤 빛나는 꽃들도
다 젖으며 젖으며 피었나니
바람과 비에 젖으며
꽃잎 따뜻하게 피웠나니
젖지 않고 가는 삶이 어디 있으랴
"""

print(poem[:55] + '\n...중략...\n')        # 시의 앞쪽 일부만 출력
word = input("검색할 단어 입력 : ")
print("\'{0}\'이 사용된 횟수 = {1}".format(word, poem.count(word)))
```

3 저장한 프로그램을 실행시켜 결과를 확인한다.

실행 결과

```
흔들리며 피는 꽃
도종환 /

흔들리지 않고 피는 꽃이 어디 있으랴
이 세상 그 어떤 아름다운 꽃들도
...중략...

검색할 단어 입력 : 꽃
'꽃'이 사용된 횟수 = 6
```

실습 9-5 기상 캐스터 만들기 code09-05.py

구글의 '알파고'가 큰 반향을 불러일으킨 인공지능 기술은 이제 많은 기업이 개발에 참여해 다양한 분야에서 상용화에 나서고 있다. 의료 분야나 음성 인식 분야뿐 아니라, 이제 방송에서는 빅데이터 분석으로 기상 상황을 설명하기도 한다.

그림 9-6 빅데이터를 활용한 기상 예보

음성으로 출력할 수 없지만 파이썬의 문자열을 활용하여 인공지능 기상 캐스터를 만들어 보자. 몇 가지 데이터를 입력하면 날씨 정보를 문장으로 만들어 출력한다.

1 프로그램의 동작은 먼저 요일과 날씨, 기온 정보를 입력받는다. 날씨는 맑음과 흐림으로 구분하고, 기온(섭씨 기준)은 10도 이하면 쌀쌀함으로, 그 이외는 따뜻함으로 구분하여 날씨 안내 메시지를 만든다. 작성한 날씨 안내 메시지를 출력하고 프로그램을 종료한다.

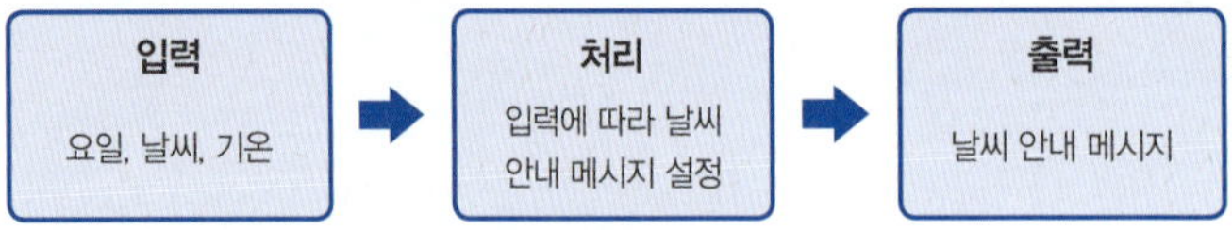

그림 9-7 기상 캐스터 만들기 실행 순서

2 프로그램의 동작 순서에 따라 다음과 같이 코드를 작성해서 저장한다.

```
01  weekday = input("요일 : ")
02  weather = int(input("날씨 1(맑음), 2(흐림) : "))
03  temp = int(input("기온 : "))
04  cold = ""
05
06  if weather == 1 :
07      weather = "맑습니다"
08  else :
09      weather = "흐립니다"
10
11  if temp <= 10 :
12      cold = "쌀쌀한"
13  else :
14      cold = "따뜻한"
15
16  print("\n★오늘의 날씨★")
17  print("{0}요일인 오늘은 전국이 {1}. 이날 기온은 {2}도로 관측됩니다. \
18  {3} 출근길이 될 것으로 예상되므로 알맞은 옷차림을 미리 준비하시기 바랍니다. \
19  전국 대부분 지역에서 낮과 밤의 기온 차가 큰 편이므로, \
20  건강관리에 유의하시기 바랍니다. \
21  오늘 {0}요일도 편안한 하루 되시고요~".format(weekday, weather, temp, cold))
```

TIP 날씨 안내 메시지처럼 print() 함수에서 출력할 문자열이 길면 코드를 작성할 때 보기 불편하다. 17~20행처럼 역슬래쉬('\')를 사용하면 문자열이 다음 줄에 이어진다는 의미이다.

3 저장한 프로그램을 실행시켜 결과를 확인한다.

실행 결과

```
요일 : 금
날씨 1(맑음), 2(흐림) : 1
기온 : 10

★오늘의 날씨★
금요일인 오늘은 전국이 맑습니다. 이날 기온은 10도로 관측됩니다. 쌀쌀한 출근길이 될 것으로 예상되므
로 알맞은 옷차림을 미리 준비하시기 바랍니다. 전국 대부분 지역에서 낮과 밤의 기온 차가 큰 편이므로,
건강관리에 유의하시기 바랍니다. 오늘 금요일도 편안한 하루 되시고요~
```

실행 결과

```
요일 : 월
날씨 1(맑음), 2(흐림) : 2
기온 : 15

★오늘의 날씨★
월요일인 오늘은 전국이 흐립니다. 이날 기온은 15도로 관측됩니다. 따뜻한 출근길이 될 것으로 예상되므
로 알맞은 옷차림을 미리 준비하시기 바랍니다. 전국 대부분 지역에서 낮과 밤의 기온 차가 큰 편이므로,
건강관리에 유의하시기 바랍니다. 오늘 월요일도 편안한 하루 되시고요~
```

실습 9-6 단어 사전 만들기 code09-06.py

문장을 입력하면 문장 안에 포함된 단어를 모두 사전에 등록하는 프로그램을 만들어 보자. 문장이 여러 번 입력될 수 있게 하고, 사전에 이미 등록된 단어라면 추가할 필요가 없다. 프로그램을 끝내기 전에(종료 조건은 '0') 단어 사전에 등록된 단어를 모두 출력한다.

```
문장의 단어를 등록합니다(종료는 0 입력).
문장 입력 : i like dog
문장 입력 : you like cat
문장 입력 : she like rabbit
문장 입력 : 0
*****단어 사전*****
cat
dog
```

```
i
like
rabbit
she
you
```

1 프로그램의 동작 순서를 먼저 생각해 보자. 입력된 문장을 단어별로 분리하여 사전 리스트에 등록하는 과정을 무한 반복하고, 문장에 '0'이 입력되면 반복을 종료한다. 프로그램을 종료하기 전에 리스트에 등록된 모든 단어를 출력한다.

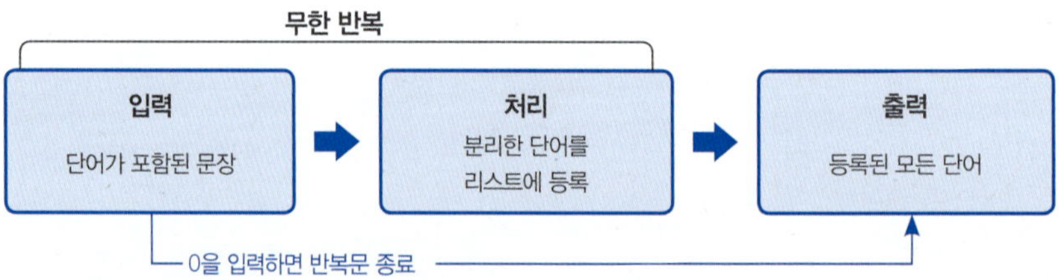

그림 9-8 **단어 사전 만들기 프로그램 실행 순서**

2 프로그램의 동작 순서에 따라 다음과 같이 코드를 작성해서 저장한다. 주의할 점은 사전 리스트에는 기존에 등록되지 않은 새로운 단어만 등록해야 하고, 등록된 단어를 모두 출력할 때 보기 편하게 먼저 정렬한다.

```
sentence = ""                         # 입력한 문장
words = []                            # 입력한 문장을 분리해 두는 단어 리스트
dic = []                              # 사전 리스트
print("문장의 단어를 등록합니다(종료는 0 입력).")
while True :
    sentence = input("문장 입력 : ")
    if sentence == '0' :
        break
    words = sentence.split()          # 입력한 문장을 단어 리스트에 분리해서 저장
    for x in words :
        if x not in dic :             # 새로운 단어인지 먼저 검사한 후 등록
            dic.append(x)

print("*****단어 사전*****")
```

```
for x in sorted(dic):                # 리스트를 정렬해서 출력
    print(x)
```

3 저장한 프로그램을 실행시켜 결과를 확인한다.

실행 결과

```
문장의 단어를 등록합니다(종료는 0 입력).
문장 입력 : i like dog
문장 입력 : you like cat
문장 입력 : she like rabbit
문장 입력 : 0
*****단어 사전*****
cat
dog
i
like
rabbit
she
you
```

SECTION 02

파일

앞 절에서 만든 단어 사전 만들기 프로그램에서 등록한 단어들은 프로그램이 끝나면 다시 활용할 수가 없다. 단어를 저장하는 리스트 변수는 메모리에 만들어지고, 메모리는 프로그램이 실행 중일 때만 사용 가능하기 때문이다. 프로그램이 종료되더라도 저장한 값을 다시 사용하려면 데이터를 영구적으로 보관할 수 있는 파일이 필요하다. 이번 절에서는 파일의 개념과 사용 방법에 대해 학습하기로 한다.

그림 9-9 프로그램 종료와 함께 사라지는 데이터

1 파일의 개념

프로그램을 작성할 때 필요한 데이터를 저장하려면 변수를 사용해야 하고, 변수는 메모리에 생성된다고 하였다. 2장에서 학습한 것처럼 컴퓨터 시스템의 요소 중 메모리는 전원이 꺼지면 저장된 데이터가 모두 사라지는 장치이며, 실행 중인 프로그램에서 필요한 값을 저장하기 위해 사용하는 장소이다. 전원 차단이 아니더라도 프로그램이 종료되면 다른 프로그램에서 메모리를 사용하게 되므로 이전의 데이터를 유지할 수 없다. 프로그램 실행 중에 만들어진 데이터를 종료 후에도 계속 사용하고 싶다면 파일에 저장해야 한다.

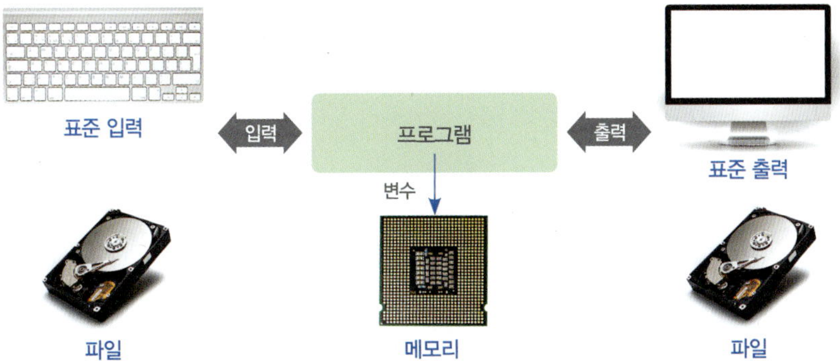

그림 9-10 **표준 입출력과 파일 입출력**

파일은 보조기억장치인 하드디스크나 USB 메모리 등에 저장되고, 프로그램 종료나 전원 연결 여부와 상관없이 데이터를 영구적으로 보관할 수 있다. 파일에 저장해 둔 데이터는 프로그램에서 필요할 때 다시 읽어 들여 사용할 수도 있어서, 파일은 표준 입출력과 같이 프로그램의 입력과 출력 기능에 해당한다. 표준 입출력은 키보드 입력과 화면 출력을 말한다.

2 파일의 사용법

프로그램에서 파일을 읽고 쓰려면 다음 그림과 같이 '열기 → 읽기/쓰기 → 닫기' 과정을 순서대로 실행해야 한다. open() 함수로 파일을 열면 파일 객체가 생성되고, read()나 write()로 파일을 읽거나 쓸 수 있게 된다. 파일 작업이 끝나고 close() 함수로 파일을 닫으면 파일 객체를 더 이상 사용할 수 없다. 쓰기 작업을 위한 파일 객체를 생성한 후 닫지 않는 경우, 파일이 정상적으로 만들어지지 않으므로 주의해야 한다.

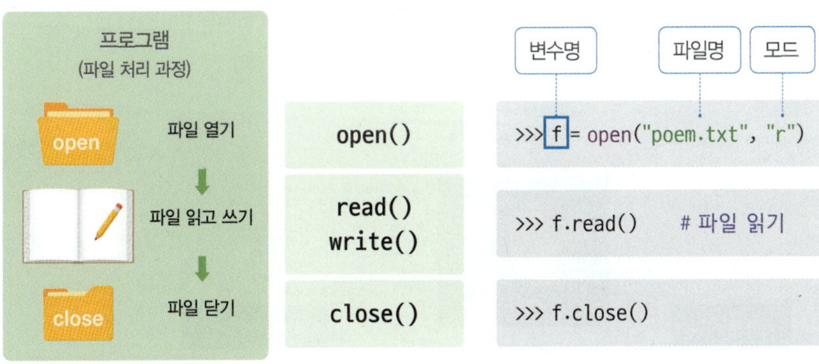


```
>>> f = open("poem.txt", "r")
>>> f.read()     # 파일 읽기
>>> f.close()
```

그림 9-11 **파일 처리 과정**

파일 열기에 사용하는 open() 함수의 마지막 인수인 모드mode는 파일을 읽고 쓰는 방법을 지정할 수 있다. 읽기 전용으로 열 것인지 혹은 읽기와 쓰기 모두 사용할지 등의 여부를 지정하거나, 텍스트 파일 혹은 바이너리binary 파일로 처리할 것인지를 지정한다.

표 9-1 모드의 종류와 특징

모드 표기	모드 종류	기능
"r"	read	파일에 저장된 데이터 읽기
"w"	write	파일에 있던 기존 데이터를 지우고 새로운 데이터로 변경 파일이 없는 경우 새로 생성
"a"	append	파일의 끝에 데이터를 추가 파일이 없는 경우 새로 생성
"r+"	read+write	기존의 파일을 읽고 데이터를 수정
"a+"	read+append	파일을 읽고 파일 끝에 데이터를 추가 파일이 없으면 새로 생성
"t"	text	파일을 문자 단위로 처리 기본(default)값으로 정해져 있어 특별히 표시할 필요가 없음
"b"	binary	파일을 비트 단위로 처리하며 바이너리 파일을 읽거나 쓸 때 모드 표기에 추가해야 함("rb", "wb" 등)

TIP 모드 표기에는 작은따옴표(' ')를 사용해도 된다.

여기서 잠깐

텍스트 파일과 바이너리 파일

윈도우의 메모장은 텍스트 파일(.txt)을 읽거나 쓸 수 있는 프로그램으로, 데이터를 문자 단위로 처리한다. 만약 이미지 파일(.png 등)을 그림판이 아닌 메모장에서 열면 이해할 수 없는 기호들로 표시된다. 이미지 파일은 데이터를 비트 단위로 처리해야 하는데, 문자 단위로 읽으려고 했기 때문이다. 비트 단위로 읽고 쓰는 바이너리 파일에는 이미지 파일 외에도 각종 실행 파일(.exe)과 오디오나 비디오 파일(.mp3, mp4) 등이 있다.

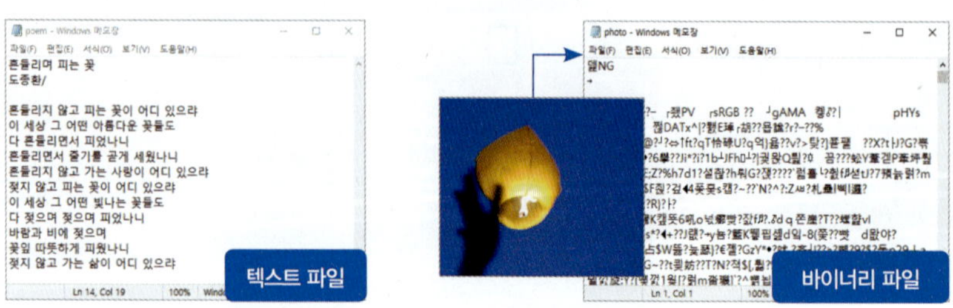

그림 9-12 텍스트 파일과 바이너리 파일 비교

TIP [실습 9-7]부터는 txt 파일을 불러오는 과정이 필요하므로 메모장으로 파일을 직접 만들거나, www.hanbit.co.kr/src/**** 에서 예제 파일을 다운받아 진행하자.

실습 9-7 텍스트 파일을 읽고 화면에 출력하기

텍스트 파일을 읽고, 파일 내용을 화면에 출력해 보자. 텍스트 파일을 읽을 때는 read(), readline(), readlines() 메소드를 사용할 수 있다.

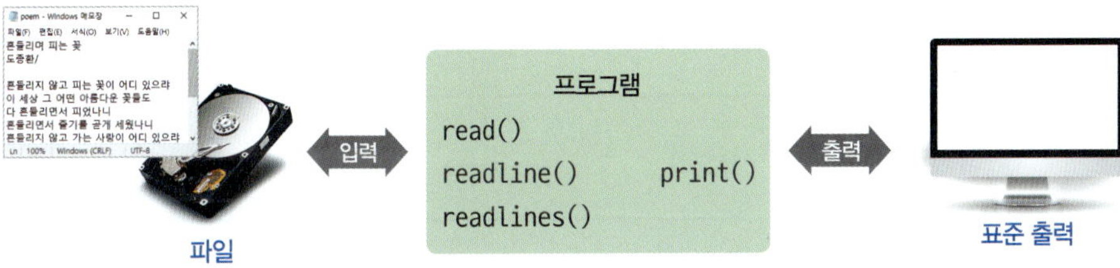

그림 9-13 텍스트 파일을 읽고 출력하는 과정

표 9-2 텍스트 파일 읽기 메소드의 종류

함수명	설명	반환값 형태
read()	처음부터 끝까지 문자 단위로 읽어서 문자열로 반환, 바이너리 파일에도 사용	'모든 내용이 들어간 문자열'
readline()	현재 위치에서 한 줄 읽어서 문자열로 반환	'한 줄 내용이 들어간 문자열\n'
readlines()	현재 위치에서 끝까지 한 줄씩 읽어서 리스트로 반환	['한 줄 문자열\n', '한 줄 무자열\n']

1 파일을 열고 read() 메소드로 'poem.txt' 파일을 처음부터 끝까지 읽어보자.

```
>>> f = open("poem.txt", "r")
>>> print(f.read())                # 파일을 처음부터 끝까지 읽어서 화면에 출력
흔들리며 피는 꽃
도종환 /

흔들리지 않고 피는 꽃이 어디 있으랴
이 세상 그 어떤 아름다운 꽃들도
다 흔들리면서 피었나니
... 중략 ...
꽃잎 따뜻하게 피웠나니
젖지 않고 가는 삶이 어디 있으랴
```

여기서 잠깐

파일의 위치 확인

읽으려는 파일이 실행 중인 코드와 동일한 위치에 있는 경우 파일명("파일명")만 적으면 되지만, 그렇지 않은 경우 파일이 저장된 경로를 입력해야 한다. 예를 들어 "c:/python/poem.txt"처럼 정확한 위치를 알려줘야 한다. 파이썬 쉘에서 "파일명"만으로 파일을 열려면 다음의 명령으로 파이썬 쉘의 현재 작업 위치를 찾아보면 된다. 현재 실행하는 코드가 저장된 디렉토리 정보('C:/python')를 알 수 있다.

```
>>> import os                    # os 모듈 불러오기
>>> os.getcwd()                  # 현재 작업 위치(=코드 저장 위치) 찾기
'C:\\Python'
```

여기서 잠깐

텍스트 파일의 인코딩

텍스트 파일을 읽을 때 다음과 같이 UnicodeDecodeError 오류가 발생하는 경우가 있다. 한글이 저장된 텍스트 파일의 경우 설정된 문자 표현 방식(3장에서 학습한 '정보의 표현' 참고)에 맞게 파일을 읽어야 한다.

```
>>> f.read()
Traceback (most recent call last):
    File "<pyshell#19>", line 1, in <module>
        print(f.read())
UnicodeDecodeError: 'cp949' codec can't decode byte 0xed in position 0: illegal
multibyte sequence
```

메모장에서 파일(poem.txt)을 열었을 때 유니코드 기반 인코딩 방식(utf-8)으로 설정되어 있는 경우, 한글 윈도우 운영체제에서 기본으로 사용하는 아스키코드 기반 인코딩 방식(cp949)으로 파일을 읽으려고 했기 때문에 발생한 오류이다. 이런 경우 다음과 같이 코드에 인코딩(encoding) 옵션을 추가하거나, 메모장에서 텍스트 파일의 인코딩을 변경한 후 다시 저장하면 된다.

- **방법 1**: 텍스트 파일을 읽는 파이썬 코드에 인코딩 옵션을 추가

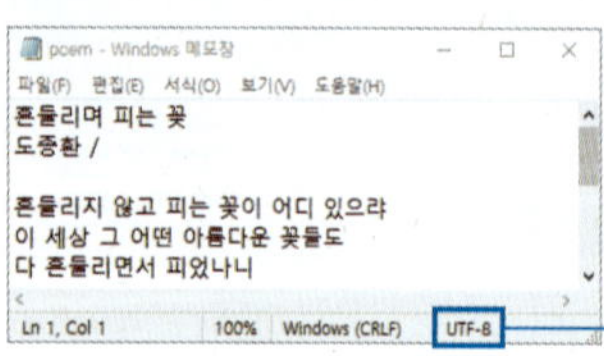


```
>>> f = open("poem.txt", "r", encoding = "utf-8")
>>> f.read()
```

그림 9-14 파일 열기 코드에 인코딩 설정

■ **방법 2**: 메모장에서 텍스트 파일의 인코딩 방법을 변경하고 저장

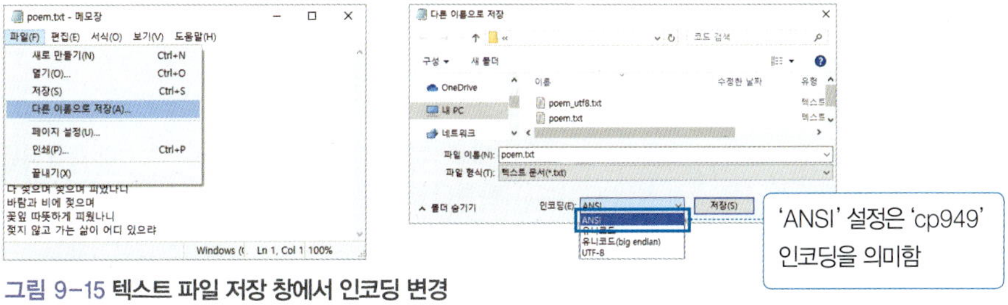

그림 9-15 **텍스트 파일 저장 창에서 인코딩 변경**

2 파일의 끝까지 데이터를 읽고 나면 더 이상 읽을 값이 없으므로, 빈 문자열('')을 반환한다. `tell()` 메소드로 현재 파일 포인터pointer의 위치를 검색한다.

```
>>> f.read()            # 파일 끝까지 읽은 후, 또 읽으면 빈 문자열을 반환
''
>>> f.tell()            # 현재 파일 포인터의 위치 확인(파일의 끝)
506
```

여기서 잠깐

파일 포인터

바늘을 움직여 레코드판을 재생하는 것처럼 파일을 읽을 때는 파일 포인터가 파일의 시작부터 끝까지 이동하면서 데이터를 읽는다. 파일 포인터가 파일의 끝에 도착하면 레코드판의 재생이 끝났을 때처럼 더는 데이터를 읽을 수가 없다.

3 파일을 처음부터 다시 읽으려면 `seek()` 메소드를 사용해 파일의 시작 위치(0)로 파일 포인터를 옮긴다. 이번에는 `readline()` 함수를 이용해서 줄 단위로 파일을 읽어 본다.

```
>>> f.seek(0)           # 파일의 처음으로 이동
0
>>> f.readline()        # 한 줄 읽기
'흔들리며 피는 꽃\n'
>>> f.readline()        # 다음 한 줄 읽기
도종환 /
```

4 현재 위치에서 마지막 줄까지 한번에 읽는 readlines() 함수로 나머지 내용을 모두 읽으면 리스트로 반환한다.

```
>>> f.readlines()
['\n', '흔들리지 않고 피는 꽃이 어디 있으랴\n', '이 세상 그 어떤 아름다운 꽃들도\n', '다 흔들리면서 피었나니\n', '흔들리면서 줄기를 곧게 세웠나니\n', '흔들리지 않고 가는 사랑이 어디 있으랴\n', '젖지 않고 피는 꽃이 어디 있으랴\n', '이 세상 그 어떤 빛나는 꽃들도\n', '다 젖으며 젖으며 피었나니\n', '바람과 비에 젖으며\n', '꽃잎 따뜻하게 피웠나니\n', '젖지 않고 가는 삶이 어디 있으랴']
```

5 파일의 사용이 끝나면 close() 함수로 파일을 닫는다.

```
>>> f.close()
```

여기서 잠깐

readline()

파일을 한 줄씩 읽는 readline()으로 파일 내용을 모두 읽으려면 반복문을 함께 사용해야 한다. 또는 for 문의 in 다음에 파일 객체를 사용해도 한 줄씩 반복해서 읽어올 수 있다. 다음의 코드들은 동일한 실행 결과를 가진다.

```
# 방법 1 : 파일의 끝(빈 문자열)이 될 때까지 반복
f = open("poem.txt", "r")
while True:
    data = f.readline()
    if data == '' :
        break
    print(data.rstrip())      출력 시 rstrip() 연산 실행
f.close()
```

```
# 방법 2 : 파일 객체를 반복문에 사용
f = open("poem.txt", "r")
for data in f :      한 줄씩 읽은 내용이 data에 대입
    print(data.rstrip())
f.close()
```

TIP print() 함수로 출력할 때 자동으로 줄이 바뀌기 때문에, 읽은 데이터의 끝에 있는 줄바꿈 문자('\n')를 rstrip()으로 제거한다.

실습 9-8 텍스트 파일 저장하기

파일에 텍스트를 저장해 보자. 파일에 쓸 내용은 문자열로 직접 지정하거나 키보드로 입력받도록 하고, write()나 writelines() 메소드로 파일에 기록한다.

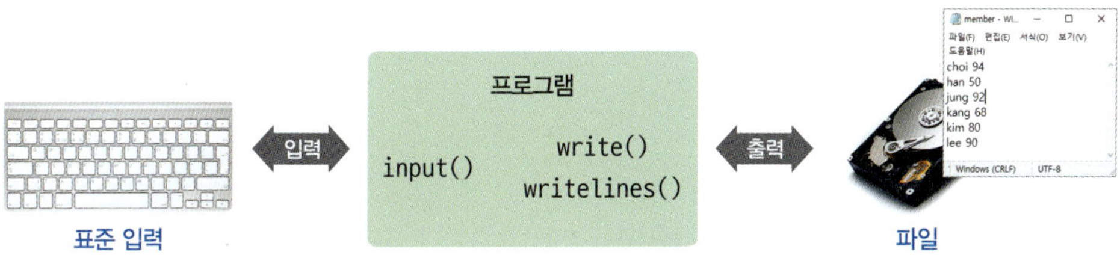

그림 9-16 텍스트 파일에 문자열 쓰기

표 9-3 문자열 쓰기 메소드

함수명	설명	사용 예	반환값
write()	문자열 쓰기, 바이너리 파일에도 사용	f.write("abcd")	문자 수
writelines()	문자열이나 리스트의 내용을 모두 쓰기	f.writelines("ab" "cd") f.writelines(['ab', 'cd'])	없음

1 파일을 쓰기 모드('w')로 연다. 파일이 기존에 있었다면, 원래의 데이터를 지우고 새로운 텍스트로 덮어쓰게 된다.

```
>>> f = open("c:/python/member.txt", "w")
```

TIP 'member.txt' 파일을 만들 때 'c:/python'이라는 경로가 없으면 FileNotFoundError가 발생한다. 사용 중인 컴퓨터의 환경에 맞게 드라이브명('c:'나 'd:' 등)과 디렉토리명을 설정해야 한다.

2 write() 함수로 지정한 문자열을 파일에 쓰면 저장한 문자 수를 반환한다.

```
>>> f.write("choi 94\n")
8
```

줄바꿈 문자('\n')가 없으면 다음에 쓰는 내용이 같은 줄에 바로 이어서 저장되므로, 파일을 보기 좋게 표시하기 위해 추가

3 writelines() 함수는 하나 이상의 문자열이나 리스트를 인수로 지정하면 파일에 지정한 텍스트를 쓴다.

문자열 사이에 쉼표(,)를 쓰면 오류가 발생하므로 주의

```
>>> f.writelines("han 50\n","jung 92\n")
>>> f.writelines(["kang 68\n", "kim 80\n"])
```

4 input() 함수로 입력받은 텍스트를 파일에 저장한다.

```
>>> a = input("파일에 쓸 내용 입력 : ")
파일에 쓸 내용 입력 : lee 90
>>> f.write(a)
6
```

TIP 정수나 실수형 숫자를 텍스트 파일에 쓸 때는 문자열로 변환(str())해야 한다. 가령, 파일에 숫자 90을 쓰기 위해 'f.write(90)'이라고 하면 오류가 발생하므로, 'f.write(str(90))'을 사용해야 한다.

5 파일에 쓰기가 끝나면 반드시 닫기를 실행해야 파일 내용이 물리적으로 저장된다. 닫지 않은 파일을 윈도우의 탐색기로 열어 보면 쓴 내용이 하나도 기록되어 있지 않다.

```
>>> f.close()
```

여 기 서 잠 깐

파일 닫기를 생략하는 방법

읽기 모드로 연 파일은 프로그램이 종료될 때 파일을 자동으로 닫아 주지만, 쓰기 모드의 파일은 닫기 과정이 꼭 필요하다. 프로그램을 작성하다 보면 이 과정을 잊고 사용하지 않는 경우가 많아서, 파이썬에서는 파일 닫기를 생략하는 방법을 제공한다. 파일을 열 때 다음과 같이 with를 사용하면 close()를 따로 사용하지 않아도 된다.

```
>>> with open("c:/python/member.txt", "w") as f :
        f.write("abcd")
```

3 예외 처리

파일을 읽기 모드로 열 때 파일명이나 경로를 잘못 설정하면, 파일을 찾지 못하고 다음과 같이 오류가 발생한다.

```
>>> f = open("member.txt", "r")
Traceback (most recent call last):
    File "<pyshell#98>", line 1, in <module>
        f = open("member.txt", "r")
FileNotFoundError: [Errno 2] No such file or directory: 'member.txt'
```

파이썬 프로그램에서 발생할 수 있는 오류는 다양한데, 다음과 같이 잘못된 값을 입력하는 경우도 있다. 프로그램의 문법적인 오류는 아니지만, 프로그램을 실행할 때 예상치 못한 상황이 발생하는 경우이다.

```
>>> a = int(input("정수 입력 : "))
정수 입력 : 홍길동
Traceback (most recent call last):
    File "<pyshell#74>", line 1, in <module>
        a = int(input("정수 입력 : "))
ValueError: invalid literal for int() with base 10: '홍길동'
```

이처럼 예상치 못한 상황이 발생할 때를 대비해 실행할 동작을 미리 정해 두는 것이 예외 처리 Exception Handling이다. 파이썬에서는 예외 처리 구문으로 try와 except를 사용한다.

```
try:
    오류가 발생할 가능성이 있는 문장
except:
    오류가 발생하는 경우, 실행할 문장
```

실습 9-9 키보드 입력에 예외 처리 적용하기

정수를 입력받는 코드에 예외 처리 구문을 적용해 보자.

1 사용자가 정수 값을 입력하지 않으면 파이썬 오류 메시지 대신 프로그램에서 미리 정해둔 내용을 출력한다.

```
>>> try :
        a = int(input("정수 입력 : "))
except :                              사용자가 들여쓰기를 직접 지워야 함
        print("정수를 입력하세요.")              # 오류가 발생할 때 실행할 동작

정수 입력 : 홍길동    숫자가 아닌 문자를 잘못 입력
정수를 입력하세요.
```

예외 처리를 위해 다음과 같이 오류가 발생하지 않은 경우에도 실행할 명령을 정해 둘 수도 있다.

```
try:
    오류가 발생할 가능성이 있는 문장
except:
    오류가 발생하는 경우, 실행할 문장
else:
    오류가 없을 때 실행할 문장
```

실습 9-10 파일 열기에 예외 처리 적용하기

읽기 모드로 파일을 열 때 예외 처리 구문을 적용해 보자. 파일을 열지 못하는 경우에는 '파일 확인' 메시지를 출력하도록 하고, 파일 열기에 문제가 없으면 파일의 내용을 모두 읽어 출력한다.

1 파일의 경로를 잘못 설정하여 읽을 파일이 없는 경우, 파이썬 오류 메시지 대신 미리 정해진 메시지를 출력한다.

```
>>> try :
        f = open("member.txt", "r")
except :                              파일 경로가 잘못 설정된 경우
        print("파일을 확인하세요.")
else :
        print(f.read())
        f.close()

파일을 확인하세요.
```

2 파일의 경로를 올바르게 설정하는 경우, 파일을 정상적으로 읽어서 모든 내용을 출력한다.

```
>>> try :
        f = open("c:/python/member.txt", "r")
except :
        print("파일을 확인하세요.")
else :
        print(f.read())
        f.close()

choi 94
han 50
jung 92
kang 68
kim 80
lee 90
```

파일 경로가 맞게 설정된 경우

4 파일의 활용

데이터를 영구적으로 보관하고 재사용할 수 있는 파일은 여러 가지 상황에 유용하게 사용할 수 있다. 회원의 아이디와 비밀번호, 게임에서의 취득 점수 등 여러 응용 프로그램들이 동작할 때 필요한 데이터를 저장하고 관리하거나, 데이터 복구나 전송 유틸리티 등 다양한 프로그램에서 활용할 수 있다. 학습한 파일 처리 방법과 예외 처리 구문을 이용하여 여러 가지 프로그램을 만들어 보자.

실습 9-11 파일에 신규 회원 등록하기 code09-11.py

신규 회원이 아이디와 비밀번호를 입력하면 회원 정보 파일에 등록하는 프로그램을 작성해 보자. 회원 정보는 'login.txt' 파일에 저장하고, 파일의 끝에 새로 입력하는 아이디와 비밀번호를 추가한다.

1 프로그램의 동작은 간단하다. 아이디와 비밀번호를 입력받고, 추가 모드("a")로 파일을 열어 입력받은 데이터를 저장하고, 등록 완료를 알리는 메시지를 화면에 출력한다.

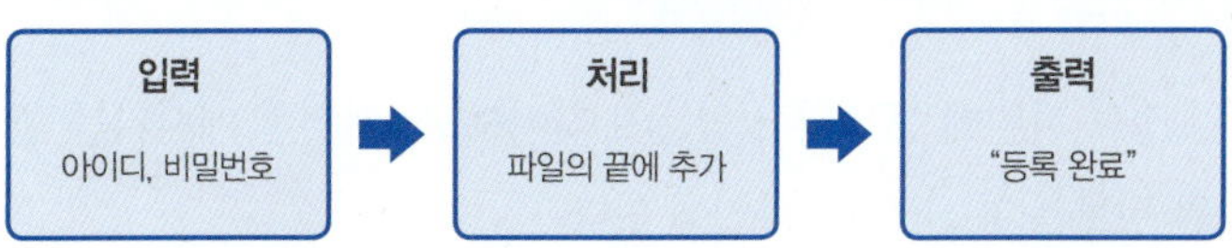

그림 9-17 신규 회원 등록 순서

2 동작 순서에 따라 프로그램을 다음과 같이 작성하고 저장한다. 파일을 열 때 with 구문을 사용하면 파일 닫기(`f.close()`)를 생략해도 된다.

```
print("아이디와 비밀번호를 등록하세요.")
inid = input("아이디 : ")
inpwd = input("비밀번호 : ")

with open("c:/python/login.txt", "a") as f :        # 파일 끝에 추가("a")
    num = 0
    f.writelines(inid + " " + inpwd + "\n")

print("등록되었습니다.")
```

3 저장한 프로그램을 실행한다. 파일이 없는 경우에는 파일을 먼저 생성한 후 데이터를 저장하고, 기존에 만들어 놓은 파일이 있는 경우 파일 끝에 데이터가 추가된다.

실행 결과

```
아이디와 비밀번호를 등록하세요.
아이디 : choi
비밀번호 : 1234
등록되었습니다.
```

파일을 만들고 데이터를 추가

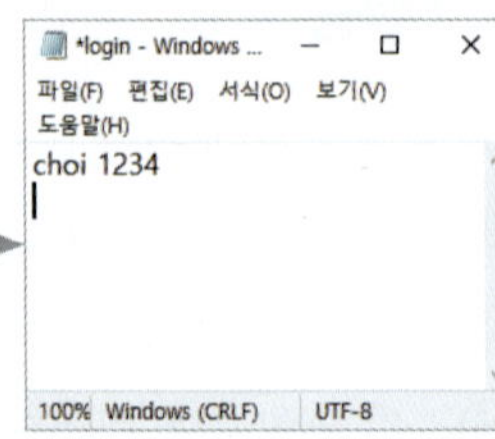

첫 번째 회원 등록

실행 결과

```
아이디와 비밀번호를 등록하세요.
아이디 : han
비밀번호 : 2222
등록되었습니다.
```

파일의 끝에 데이터를 추가

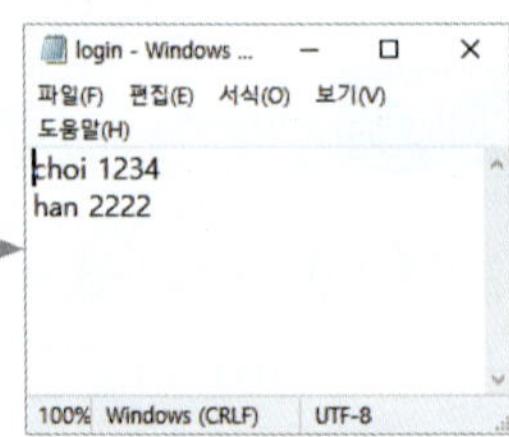

두 번째 회원 등록

그림 9-18 신규 회원 등록

실습 9-12 회원 로그인 프로그램 만들기 code09-12.py

아이디와 비밀번호를 입력하면 회원 정보 파일에 등록되어 있는지 찾아보고, 적절한 메시지를 출력하는 프로그램을 작성하시오. 회원 정보는 'login.txt' 파일에 있다.

1 프로그램을 실행하면 다음과 같이 동작한다.

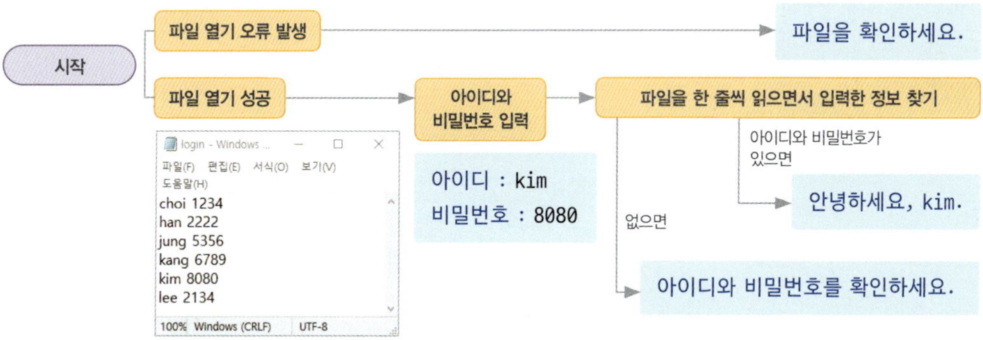

그림 9-19 회원 로그인 프로그램 실행 순서

2 파일 열기에 성공한 경우 아이디와 비밀번호를 입력받고, 파일을 읽어 로그인이 가능한지 판단해야 한다. 파일을 읽을 때 for 문을 사용하면 한 줄씩 읽고 반환하는 동작을 반복하는데, 끝까지 다 읽으면 반복이 종료된다. 첫 번째 줄을 읽었을 때 for 문의 변수 data에 저장된 문자열은 'choi 1234\n'이 된다.

```
for data in f :
```

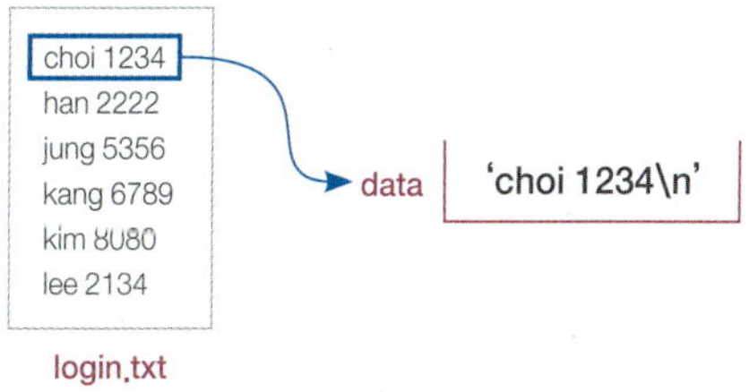

그림 9-20 첫 번째 줄 읽기

rstrip() 메소드로 끝에 있는 줄바꿈 문자('\n')를 제거하고, 아이디와 비밀번호만 data에 다시 저장한다.

```
for data in f :
        data = data.rstrip()
```

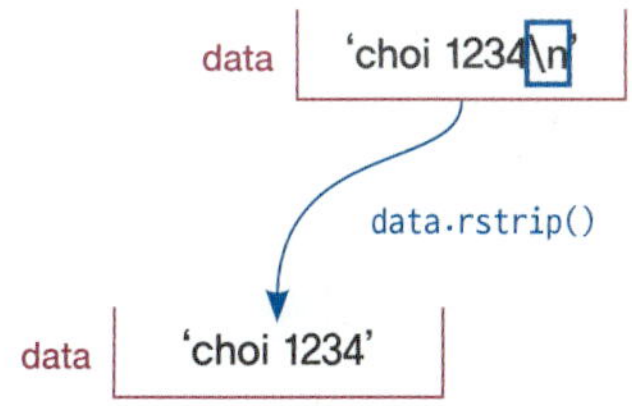

그림 9-21 줄바꿈 문자를 빼고 저장

split()를 사용하여 문자열을 분리하고 items에 저장한다. items는 아이디와 비밀번호를 항목으로 갖는 리스트가 되고, 로그인이 가능한지 판단할 때 사용한다.

```
for data in f :
    data = data.rstrip()
    items = data.split()
```

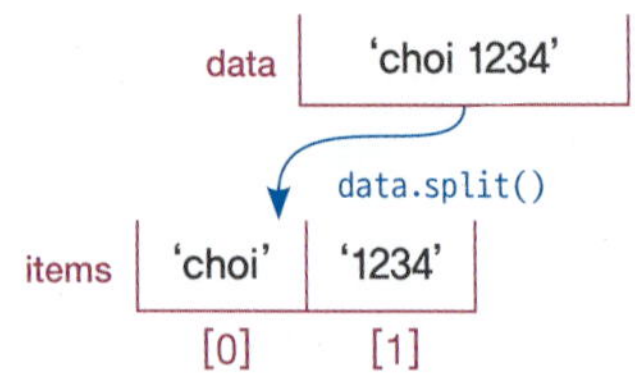

그림 9-22 아이디와 비밀번호를 분리

3 실행 순서와 파일 읽기 방법을 이용해 다음과 같이 전체 프로그램을 작성한다.

```
try :
    f = open("c:/python/login.txt", "r")
except :
    print("파일을 확인하세요.")
else :
    inid = input("아이디 입력 : ")
    inpwd = input("비밀번호 입력 : ")
    result = 0                    # 아이디와 비밀번호를 찾으면 1로 변경

    for data in f :
        data = data.rstrip()      # 읽은 문자열의 오른쪽에 있는 '\n'을 제거
        items = data.split()      # 공백을 기준으로 잘라서 리스트에 저장

        if items[0] == inid and items[1] == inpwd :
            print("안녕하세요, %s." % inid)
            result = 1            # 일치하는 아이디와 비밀번호를 찾음
            break

    f.close()
    if result == 0 :              # 일치하는 아이디와 비밀번호가 없음
        print("아이디와 비밀번호를 확인하세요.")
```

4 저장한 프로그램을 다양하게 실행시켜 결과를 확인한다.

실행 결과

```
파일을 확인하세요.
```

파일이 지정 위치에 없는 경우

실행 결과

```
아이디 입력 : lee
비밀번호 입력 : 2134
안녕하세요, lee.
```
아이디와 비밀번호를 모두 올바르게 입력한 경우

실행 결과

```
아이디 입력 : lee
비밀번호 입력 : 5678
아이디와 비밀번호를 확인하세요.
```
비밀번호를 잘못 입력한 경우

실습 9-13 단어 찾기와 바꾸기 code09-13.py

한글이나 워드 같은 문서 편집 프로그램에는 단어 찾기와 바꾸기 기능이 있다. 문자열 메소드와 파일 처리 방법을 이용해 직접 만들어 보기로 한다. 특정 단어가 파일('peom.txt')에서 사용된 횟수를 측정하고, 다른 단어로 바꾸는 프로그램이다. 검색할 단어와 바꿀 단어를 각각 입력받아 실행한다.

1 프로그램의 동작 순서를 생각해 보자. 파일 내용을 먼저 읽어서 보여주고, 검색할 단어와 바꿀 단어를 입력받는다. 검색할 단어가 파일에 몇 번 사용되는지 검사(`count()`)하고, 바꿀 단어로 교체(`replace()`)하면 된다.

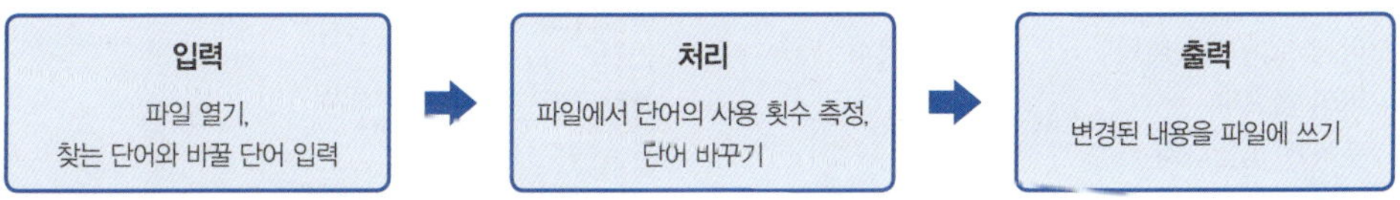

그림 9-23 **단어 찾기와 바꾸기 실행 순서**

2 동작 순서에 따라 프로그램을 작성하고 저장한다. 파일을 읽고 수정하기 위해서는 "r+" 모드로 파일을 열어야 한다. 파일 읽기 오류가 없는 경우에만 프로그램이 실행되도록 예외 처리 구문을 적용한다.

```
try :
    f = open("poem.txt", "r+", encoding = "utf-8")
except :
    print("파일을 확인하세요.")            # 파일 읽기 오류가 발생하면 실행
else :
    text = f.read()                        # 파일 읽기
    print(text)

    org = input("\n찾을 내용 : ")
```
파일의 인코딩 형식에 따라 생략해도 됨

```python
    new = input("바꿀 내용 : ")

    print("%d 번을 모두 바꿉니다." % text.count(org))
    text = text.replace(org, new)
    f.seek(0)                          # 파일 포인터를 처음으로 이동
    f.write(text)                      # 파일 수정
    f.close()
```

3 저장한 프로그램을 실행한다.

```
흔들리며 피는 꽃
도종환/

흔들리지 않고 피는 꽃이 어디 있으랴
이 세상 그 어떤 아름다운 꽃들도
다 흔들리면서 피었나니
흔들리면서 줄기를 곧게 세웠나니
흔들리지 않고 가는 사랑이 어디 있으랴
젖지 않고 피는 꽃이 어디 있으랴
이 세상 그 어떤 빛나는 꽃들도
다 젖으며 젖으며 피었나니
바람과 비에 젖으며
꽃잎 따뜻하게 피웠나니
젖지 않고 가는 삶이 어디 있으랴

찾을 내용 : 꽃
바꿀 내용 : 사람
6 번을 모두 바꿉니다.
```

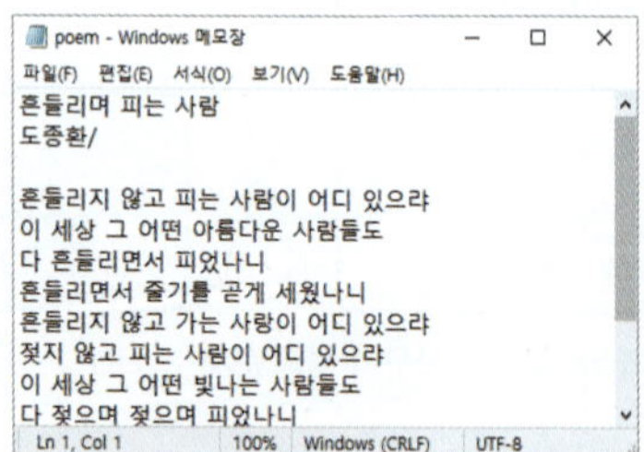

그림 9-24 변경된 내용 확인

실습 9-14 파일 복사하기 code09-14.py

윈도우의 탐색기나 구글 드라이브와 같은 각종 파일 처리 프로그램들에서는 목록에서 선택한 파일을 마우스로 쉽게 복사할 수 있다. 간단한 파일 복사 프로그램을 파이썬으로 만들어 보자.

1 프로그램의 동작 순서를 생각해 보자. 원본과 복사본 파일 이름을 입력받고, 원본 파일의 내용을 모두 읽어 복사본에 그대로 쓰면 된다.

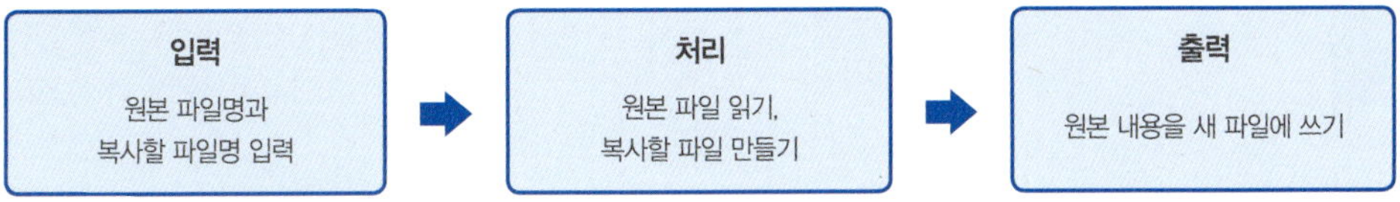

그림 9-25 파일 복사 실행 순서

2 파일 복사는 원본 파일을 모두 읽어 새 파일에 쓰는 작업으로, 텍스트 파일이나 바이너리 파일을 구별할 필요가 없다. 원본 파일이 바이너리 파일인 경우에는 줄 단위로 읽을 수 없기 때문에, 전체 내용을 바이트 단위로 읽고 쓰는 "rb"와 "wb" 모드로 파일을 처리한다.

```
orgfile = open(org, "rb")          # 바이트 단위로 파일 읽기
newfile = open(new, "wb")          # 바이트 단위로 파일 쓰기
```

3 동작 순서와 파일 복사 방법을 참고하여 전체 프로그램을 작성하고 저장한다. 원본 파일이 없는 경우에는 예외 처리 구문으로 '파일 확인' 메시지를 출력한다.

```
org = input("원본 파일명 : ")
new = input("복사할 파일명 : ")

try :
    orgfile = open(org, "rb")                # 바이트 단위로 파일 읽기
except :
    print("파일을 확인하세요.")
else :
    data = orgfile.read()
    orgfile.close()

    with open(new, "wb") as newfile :        # 바이트 단위로 파일 쓰기
        newfile.write(data)
    print("파일이 복사되었습니다.")
```

4 저장한 프로그램을 실행한다.

실행 결과

```
원본 파일명 : photo.png
본사본 파일명 : photo(2).png
파일이 복사되었습니다.
```

바이너리 파일의 복사

실행 결과

```
원본 파일명 : member.txt
본사본 파일명 : me2.txt
파일이 복사되었습니다.
```

텍스트 파일의 복사

실행 결과

```
원본 파일명 : p.jpg
복사할 파일명 : p(2).jpg
파일을 확인하세요.
```

파일 오류로 예외 처리

요약

01 문자열은 하나 이상의 문자character가 끈처럼 차례대로 연결되어 있는 구조이다.

02 문자열은 큰따옴표(" ")나 작은따옴표(' ')를 사용해서 값을 정의할 수 있다.

03 문자열은 리스트나 튜플처럼 대괄호 안에 [0]부터 시작하는 인덱스를 사용하고, 마지막 글자부터 번호를 매기는 음수 인덱스도 이용할 수 있다.

04 파일은 보조기억장치인 하드디스크나 USB 메모리 등에 저장되고, 프로그램 종료나 전원 연결 여부와 상관없이 데이터를 영구적으로 보관할 수 있다.

05 프로그램에서 파일을 읽고 쓰려면 '열기 → 읽기/쓰기 → 닫기' 과정을 순서대로 실행해야 한다.

06 파일을 읽을 때는 `read()`, `readline()`, `readlines()` 메소드를 사용할 수 있다.

07 데이터를 파일에 저장하려면 `write()`나 `writelines()` 메소드를 사용할 수 있고, 숫자 데이터인 경우 문자열로 변환해서 저장해야 한다.

08 프로그램 실행 과정에서 예상치 못한 상황이 발생할 때를 대비해, 실행할 동작을 미리 정해 두는 것을 예외 처리라고 한다.

연습 문제

01 문자열을 조작하기 위한 다음 명령문 중 잘못된 것을 하나 고르시오.

```
>>> s1 = "import this"
>>> s2 = "3"
```

① s1 + s2

② s1 * s2

③ s2.join(s1)

④ "{0}를 {1}번 입력하세요.".format(s1, s2)

02 다음 코드의 실행 결과가 무엇인지 고르시오.

```
>>> s1 = "Simple is better than complex."
>>> s1.split()
```

① ['Simple is better than complex.']

② ('Simple', 'is', 'better', 'than', 'complex.')

③ ['Simple', 'is', 'better', 'than', 'complex.']

④ {'Simple':'is better than complex.'}

03 다음 문자열의 단어 첫 글자를 모두 대문자로 바꾸어 출력하는 코드를 작성하시오.

```
s1 = "Now is better than never."
```

→

```
"Now Is Better Than Never."
```

연습문제

04 8장에서 만든 모스 부호 자동 번역기 프로그램은 단어를 대문자로만 입력해야 모스 부호로 변환할 수 있었다. 다음의 빈칸에 알맞은 코드를 넣어 입력한 값을 소문자로 입력해도 실행할 수 있도록 프로그램을 수정하시오.

```
code = {'A':'.-', 'B':'-...', 'C':'-.-.', 'D':'-..', 'E':'.', 'F':'..-.', 'G':'--.',
        'H':'....', 'I':'..', 'J':'.---', 'K':'-.-', 'L':'.-..', 'M':'--', 'N':'-.',
        'O':'---', 'P':'.--.', 'Q':'--.-', 'R':'.-.', 'S':'...', 'T':'-', 'U':'..-',
        'V':'...-', 'W':'.--', 'X':'-..-', 'Y':'-.--', 'Z':'--..'}
word = input("모스 부호로 표시할 단어 : ")
word = [          ]
for ch in word :
    if ch in code :
        print(code.get(ch), end = " ")   # 부호마다 뒤에 빈칸 추가
    else :
        print("None", end = " ")
```

실행 결과

```
모스 부호로 표시할 단어 : sos
None None None
```

기존 프로그램에서 소문자를 입력하는 경우

실행 결과

```
모스 부호로 표시할 단어 : sos
... --- ...
```

소문자를 입력해도 변환되도록 수정

05 'member.txt' 파일에 읽어올 정보가 저장되어 있는 경우 다음 실행 결과처럼 줄 번호를 각각 붙여서 파일 내용을 화면에 출력하는 프로그램을 작성하시오.

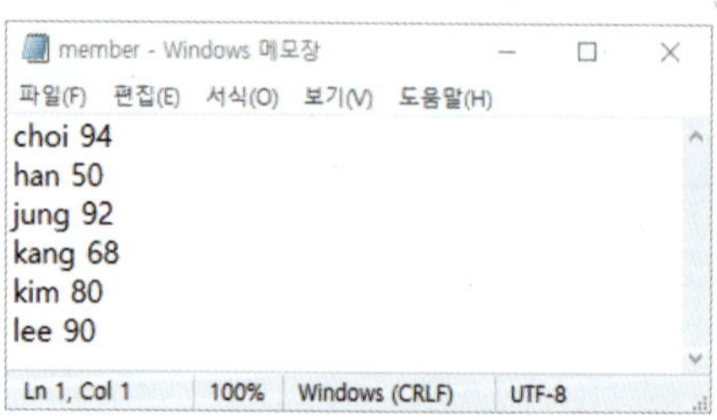

실행 결과

```
[1] choi 94
[2] han 50
[3] jung 92
[4] kang 68
[5] kim 80
[6] lee 90
```

06 1부터 45 사이의 숫자 6개를 랜덤으로 만들고(`random.randint()` 사용), 텍스트 파일('lotto.txt')에 저장하는 로또 번호 발생기를 만드시오. 기존에 파일이 없는 경우에는 파일을 생성한 다음 번호를 저장하고, 기존 파일이 있는 경우 새로 저장할 번호를 가장 아래에 추가한다.

```
41 8 14 45 4 11
```

```
26 32 35 40 26 8
```

```
16 12 17 35 35 10
```

프로그램을 3번 실행시킨 경우

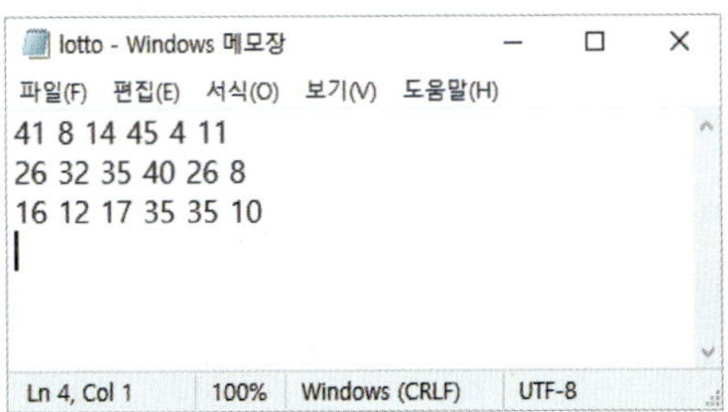

07 'grade.txt' 파일에 있는 학생 성적을 모두 읽고, 평균을 계산해서 화면에 출력하는 프로그램을 작성하시오. 파일 열기 오류에 대한 예외 처리 구문을 추가하고, 평균은 소숫점 이하 2자리까지 표시되도록 하시오.

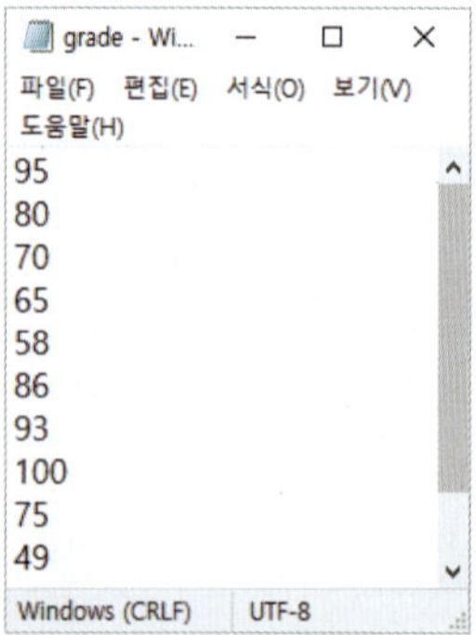

파일에 있는
점수를 모두 읽고,
평균을 출력

```
평균 : 77.10
```

CHAPTER 10

함수

학습목표

- 문제를 분해하는 목적과 함수의 개념을 이해한다.
- 함수를 정의하고 호출하는 방법을 이해한다.
- 복잡한 문제를 분해하여 해결하기 위한 프로그램에 함수를 활용한다.

SECTION

01 분해와 함수

컴퓨팅 사고력에 있어 중요한 구성 요소 중 하나는 분해이다. 이 절에서는 문제를 분해하는 목적을 이해하고 실생활에서 다양하게 활용되고 있는 분해의 형태를 알아보기로 한다.

1 분해의 개념

복잡한 문제를 해결 가능한 수준의 작은 문제로 나누는 과정을 분해decomposition라고 한다. 하나의 문제를 여러 개의 작은 부분으로 나누어 해결해 나가는 방법으로 분할 정복divide and conquer이라고도 한다.

우리는 실생활에서 이미 다양한 형태로 문제의 분해를 활용하고 있다. 수식을 계산할 때 먼저 처리할 부분에 괄호를 사용하고, 발표 자료를 만들 때는 서론-본론-결론의 형태로 나누어 구성하는 것이 일반적이다. 또, 많은 분량의 책을 개요나 목차로 구분하는 것도 분해라 할 수 있다. 블록으로 쌓기 놀이를 할 때 작은 부분들을 먼저 만들고 나서 전체를 완성하는 것도 마찬가지이고, 이진 탐색에서 탐색의 범위를 반씩 줄이는 것도 문제 분해의 활용이라 할 수 있다.

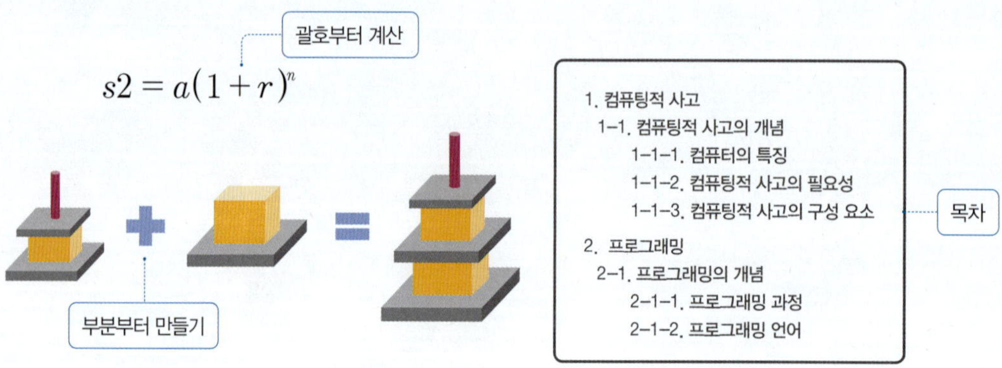

그림 10-1 분해의 활용

실습 10-1 무인판매기의 동작을 분해하기

로봇이 커피를 직접 내려주는 무인 로봇 카페가 점점 늘고 있다. 키오스크에서 주문한 커피를 로봇이 준비하고, 만들어진 커피를 서빙까지 해 준다. 전 과정을 자동화하는 것이다. 만약, 이 바리스타 로봇이 해야 할 일을 직접 프로그래밍한다면 어떤 동작들이 필요한지 분해해서 생각해 보자. 또, 아메리카노나 라떼 등 종류가 다른 커피를 만드는 경우나, 한꺼번에 여러 잔을 주문할 때의 동작이 어떻게 다른지도 생각해 보자.

그림 10-2 **로봇 바리스타**

1 필요한 작업을 나누어 순서대로 나열해 보자. 전체 작업을 분해하면 아메리카노나 라떼 등 다른 종류의 커피를 만들 때에도 필요한 동작만 가져와 재사용할 수 있다.

그림 10-3 **전체 작업을 동작별로 분해**

2 전체 작업을 동작별로 분해하면 아이스커피나 라떼 등 다른 종류의 커피를 만들 때에도 필요한 동작을 가져와 재사용할 수 있다.

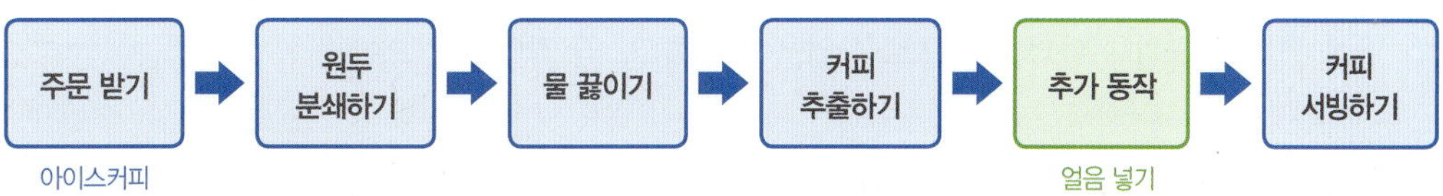

그림 10-4 **분해한 동작을 다른 작업에 재사용**

3 여러 잔의 커피를 주문하는 경우를 생각해 보자. 친구 3명이 같이 커피를 마시려면 바리스타 로봇은 같은 동작을 3번 반복해야 한다. 하지만, 커피가 한 잔씩 만들어지기 때문에 친구들이 함께 커피를 마시려면 오래 기다려야 한다.

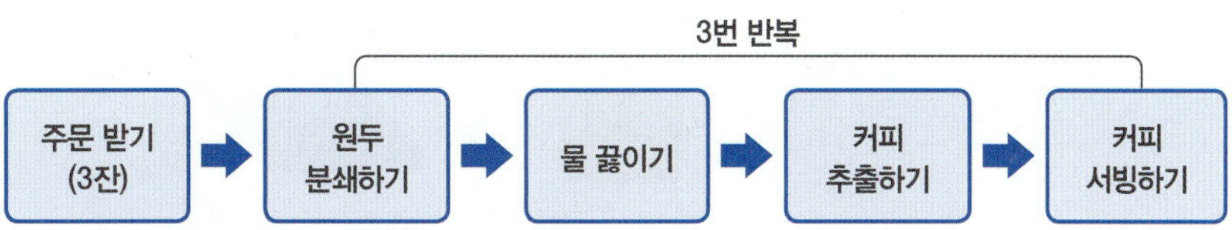

그림 10-5 **작업의 반복**

4 여러 잔의 커피를 각각 만드는 것보다 더 좋은 방법은 원두와 물을 주문한 수량에 맞게 더 많이 준비하고 추출한 커피를 3개의 잔에 나누어 서빙하는 방법이다. 세 잔의 커피라는 동일한 결과물을 출력하지만 훨씬 더 영리한 로봇 바리스타를 만들 수 있다.

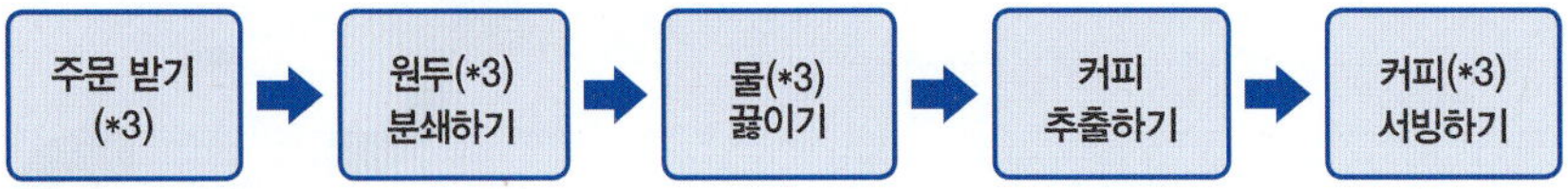

그림 10-6 **효율적인 작업의 반복**

실습 10-2 탑 쌓기에 필요한 블록의 개수 구하기

1cm 크기의 정육면체 블록으로 다음과 같은 모양의 삼층탑을 만들려고 한다. 탑을 완성하기 위한 작업을 분해해서, 전체 탑을 쌓기 위해 사용되는 블록의 개수를 계산해 보자.

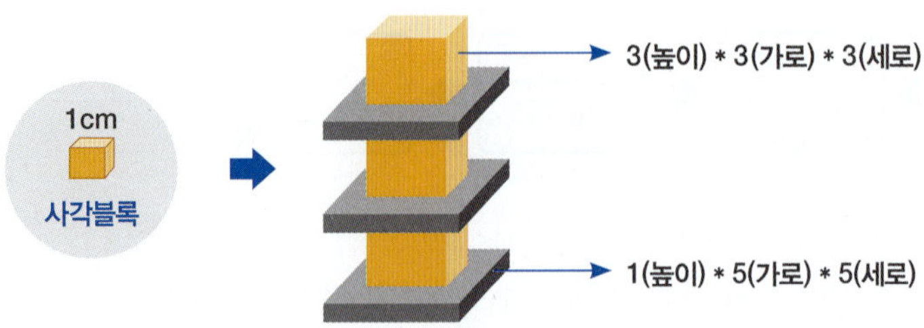

그림 10-7 **탑의 구조**

1 탑을 완성하기 위해 판과 기둥으로 작업을 분해하고, 각 작업에 필요한 블록 개수를 계산한다.

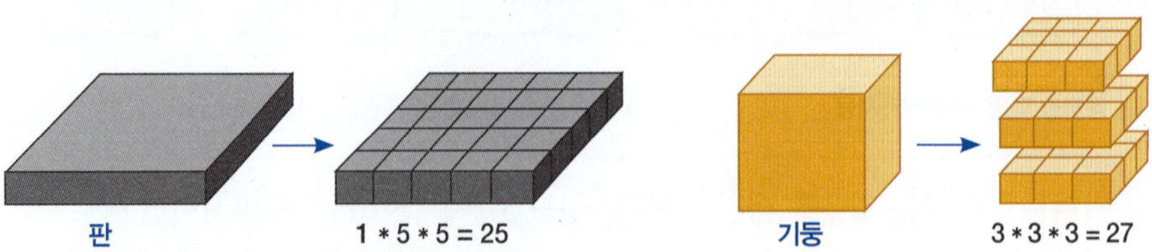

그림 10-8 **판과 기둥에 필요한 블록의 개수**

2 삼층탑을 만들기 위한 전체 블록의 개수는 다음과 같이 구할 수 있다.

블록 합계 = (판 + 기둥) * 3 = (25 + 27) * 3 = 156

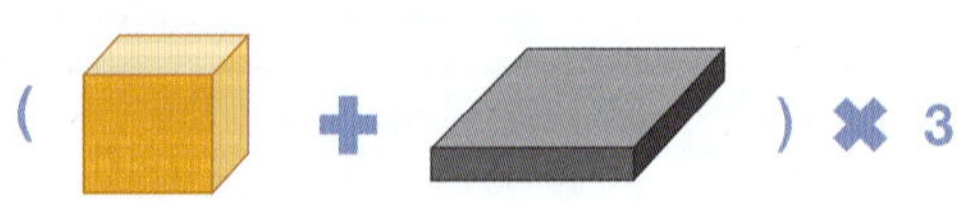

그림 10-9 **전체 블록의 개수 계산**

2 함수의 개념

처음 만들어 본 파이썬 코드를 떠올려보자. 학습이 진행될수록 코드의 길이가 점점 더 길어졌다. 복잡한 문제를 해결하기 위한 작업이라면 코드는 더 복잡하고 길이는 더 길어진다. 어렵고 복잡한 문제를 쉽게 해결하는 방법으로 분해에 대해 알아보았는데, 여러 기능이 필요한 프로그램도 작은 단위로 분해하여 서로 연결하면 하나의 복잡한 문제를 해결할 수 있다. 또, 팀 단위로 여러 사람이 함께 개발해야 하는 프로그래밍에서는 기능을 분해하면 작업의 효율을 높일 수 있고, 프로그램을 수정하거나 관리하기도 더 좋다.

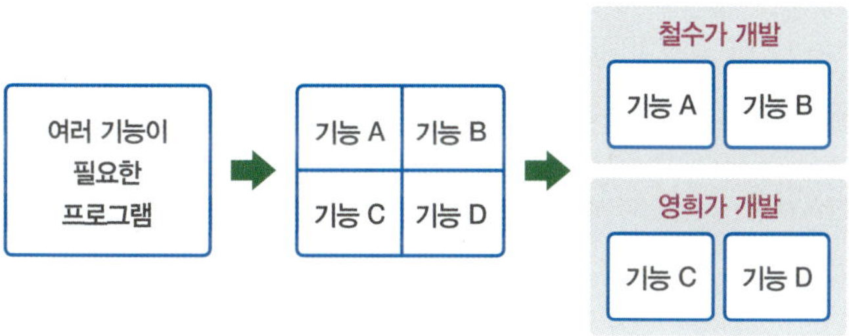

그림 10-10 기능의 분해

프로그램 내에서 분해된 작은 단위의 작업을 함수function라고 한다. 목적하는 일을 수행하는 여러 개의 명령문을 하나의 함수 이름으로 묶어 놓고, 필요할 때마다 이름으로 호출한다. 함수를 사용하면 문제를 분해함으로써 해결이 쉬워질 뿐만 아니라, 공통으로 사용하는 기능이나 반복되는 코드를 재사용할 수 있다. 또, 프로그램을 구조화시킬 수 있어서 가독성을 높이는 효과도 있다.

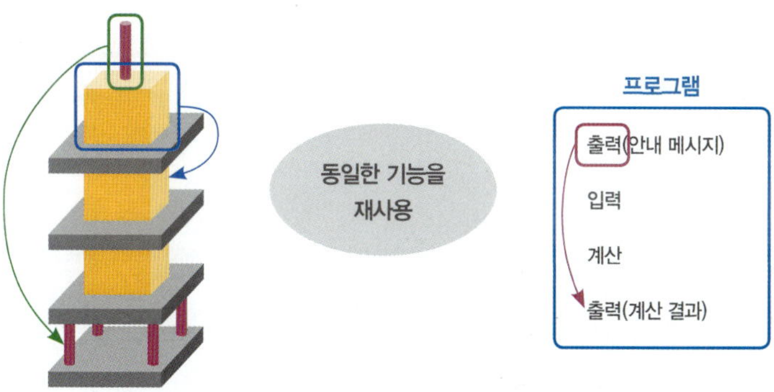

그림 10-11 함수의 재사용

SECTION 02

함수의 사용

1 함수 정의와 호출

그동안 프로그램에 사용해 왔던 input()이나 print()도 파이썬에서 미리 만들어 두고 필요할 때 호출하도록 한 표준 입출력 함수이다. 이제 필요한 동작을 수행하는 함수를 직접 만들고 호출하는 방법을 알아보자. 이렇게 직접 만드는 함수를 사용자 정의 함수user-defined function라고 한다.

파이썬에서 함수를 만들 때는 다음의 함수 정의 형식처럼 def를 사용하여 함수의 이름과 필요한 명령을 나열하면 된다. 함수가 만들어지면, 프로그램 내 어떤 위치에서든 필요할 때마다 함수 이름을 사용해 호출하면 된다.

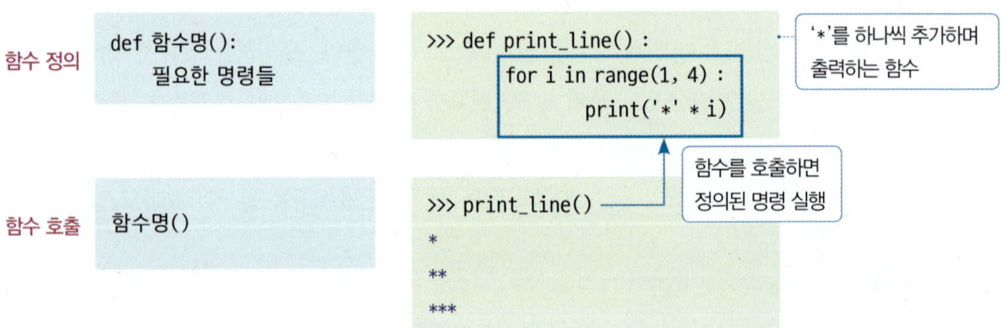

그림 10-12 **함수의 정의와 호출 구조**

실습 10-3 **원 그리기 함수를 만들고 호출하기** code10-03.py

원을 그리는 함수를 정의하고, 원하는 위치에서 함수를 호출하면 그림을 그리는 프로그램을 작성해 보자. 다음과 같이 3개의 원을 위쪽으로 쌓아 원기둥 모양으로 그려 보자.

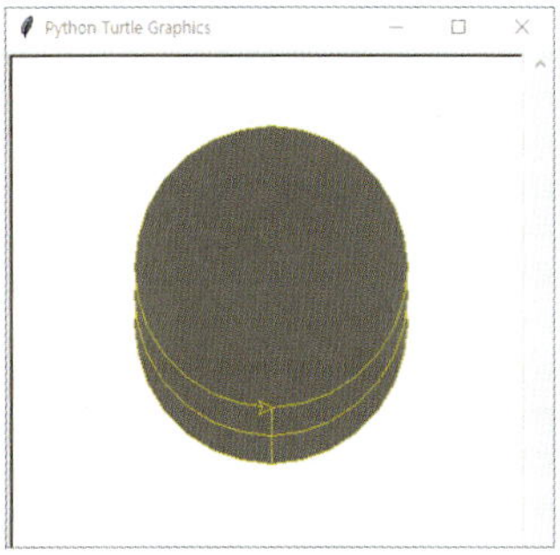

그림 10-13 **실행 결과**

1 원을 채워서 그리는 함수 draw_circle()을 정의한다. 원의 반지름은 100으로 고정하였다.

```
def draw_circle() :                # 함수 정의
    begin_fill()
    circle(100)
    end_fill()
```

2 정의한 draw_circle() 함수를 호출하는 부분을 추가하여 전체 프로그램을 작성한다. 원을 그릴 위치를 정한 다음 함수를 호출한다.

```
01 from turtle import *
02 color("yellow", "gray")
03
04 def draw_circle() :             # 함수 정의
05     begin_fill()
06     circle(100)
07     end_fill()
08
09 for i in range(3) :
10     goto(0, i * 20)             # 원을 그릴 위치로 이동
11     draw_circle()               # 함수 호출
```

TIP 함수가 정의되어 있는 프로그램은 처음부터 마지막 줄까지 순서대로 실행되는 것이 아니다. 04~07행의 함수 정의 코드는 11행의 함수 호출이 있어야 실행된다. 따라서 전체 프로그램은 01~02행과 09~11행이 실행된 다음, 04~07행이 실행된다. 함수를 정의한 코드가 실행 순서로 보면 함수 호출 다음이지만, 함수 정의 코드는 호출하는 문장보다 반드시 먼저 기술되어야 한다.

여 기 서 잠 깐

함수를 사용하지 않고 반복문으로 작성하기

[실습 10-3]의 코드는 함수를 사용하지 않고 반복문만으로도 작성할 수 있다. 하지만 다음 그림처럼 필요한 위치에 원을 계속 그리고 싶다면 함수를 사용하는 경우보다 코드가 더 길어지게 된다.

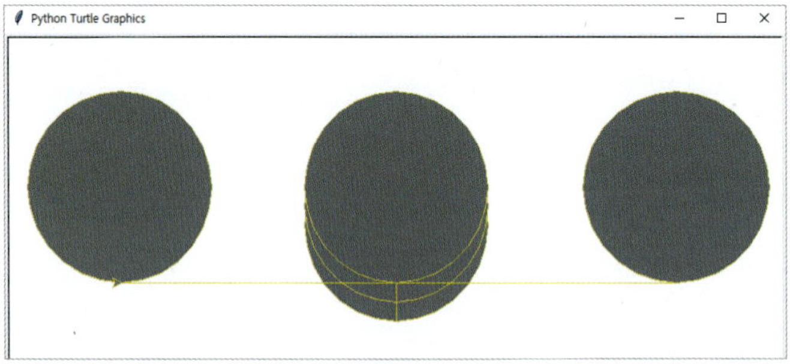

그림 10-14 동일한 실행 결과

```
# 함수를 사용하는 경우
from turtle import *
color("yellow", "gray")

def draw_circle() :          # 함수 정의
    begin_fill()
    circle(100)
    end_fill()

for i in range(3) :
    goto(0, i * 20)
    draw_circle()            # 함수 호출

goto(300, i * 20)
draw_circle()                # 함수 호출

goto(-300, i * 20)
draw_circle()                # 함수 호출
```

```
# 함수를 사용하지 않는 경우
from turtle import *
color("yellow", "gray")

for i in range(3) :
    goto(0, i * 20)
    begin_fill()             # 원 그리기
    circle(100)
    end_fill()

goto(300, i * 20)
begin_fill()                 # 원 그리기
circle(100)
end_fill()

goto(-300, i * 20)
begin_fill()                 # 원 그리기
circle(100)
end_fill()
```

2 함수의 인수

함수는 인수에 의한 값 전달을 통해 반복문처럼 같은 동작만 반복하는 것이 아니라 원하는 형태로 동작을 변형할 수 있다. 함수를 호출할 때 괄호 안에 인수argument를 기술하면, 함수를 만들 때 정의된 매개변수parameter에 값이 전달된다.

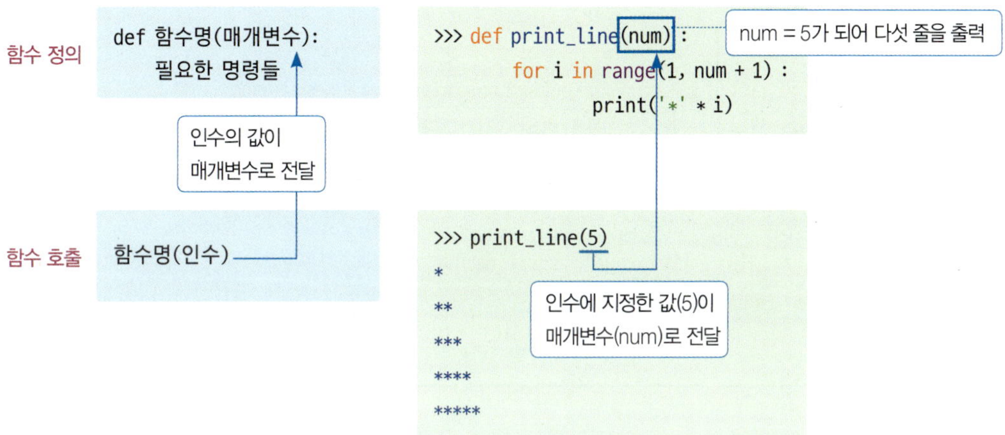

그림 10-15 **매개변수와 인수의 값 전달**

TIP 함수의 매개변수는 함수 내에서만 사용되는 변수라고 할 수 있다. 이 매개변수에 값을 전달할 목적으로 함수 호출에 사용하는 인수는 숫자나 문자 등 여러 가지 값이나 변수 혹은 수식을 사용할 수도 있다.

여러 개의 인수를 이용하면 함수의 동작을 더 다양하게 실행할 수 있다. 다음과 같이 출력할 행의 수와 기호 모양을 원하는 대로 지정해서 함수를 호출할 수 있다.

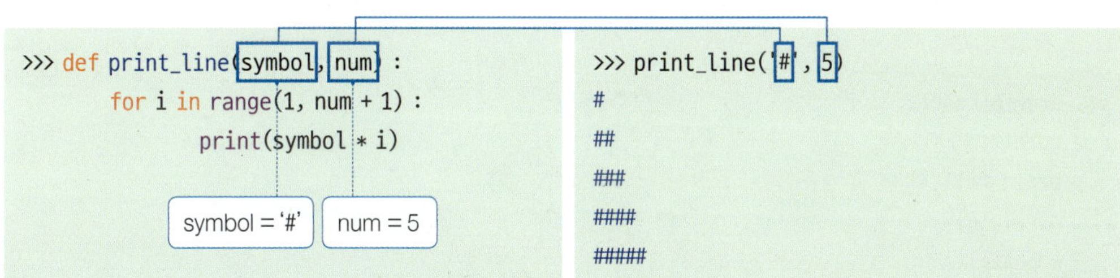

여기서 잠깐

매개변수와 인수의 기술 방법

함수를 정의할 때 사용한 매개변수와 호출할 때의 인수는 개수와 순서에 맞게 기술해야 한다.

```
>>> print_line()                          인수의 개수가 다르므로 오류 발생
Traceback (most recent call last):
    File "<pyshell#9>", line 1, in <module>
        print_line()
TypeError: print_line() missing 1 required positional argument: 'num'
>>> print_line(5, '#')                    인수의 순서가 잘못 지정되어 오류 발생
Traceback (most recent call last):
    File "<pyshell#15>", line 1, in <module>
        print_line(5, '#')
    File "<pyshell#13>", line 2, in print_line
        for i in range(1, num + 1) :
TypeError: can only concatenate str (not "int") to str
```

실습 10-4 매개변수를 사용하여 원 그리기 함수 수정하기 code10-04.py

원을 그리는 함수를 수정해 보자. 매개변수를 사용해서 원을 그릴 위치와 반지름을 전달받아 그림을 그리도록 한다.

1 draw_circle() 함수를 수정하여 매개변수를 가지도록 정의한다. 원을 그릴 위치(x, y 좌표), 원의 반지름(r)을 매개변수로 한다.

```
def draw_circle(x, y, r) :          # 함수 정의
    goto(x, y)
    begin_fill()
    circle(r)
    end_fill()
```

2 정의한 draw_circle() 함수를 호출하는 부분도 수정하여 프로그램을 완성한다. 함수를 호출할 때 원을 그릴 위치와 반지름을 인수로 전달한다.

```
from turtle import *
color("yellow", "gray")

def draw_circle(x, y, r) :                    # 함수 정의
    goto(x, y)
    begin_fill()
    circle(r)
    end_fill()

for i in range(3) :
    draw_circle(0, i * 20, 100)               # 함수 호출

draw_circle(300, 0, 100)                      # 함수 호출
draw_circle(-300, 0, 100)                     # 함수 호출
```

3 작성한 프로그램을 실행한다.

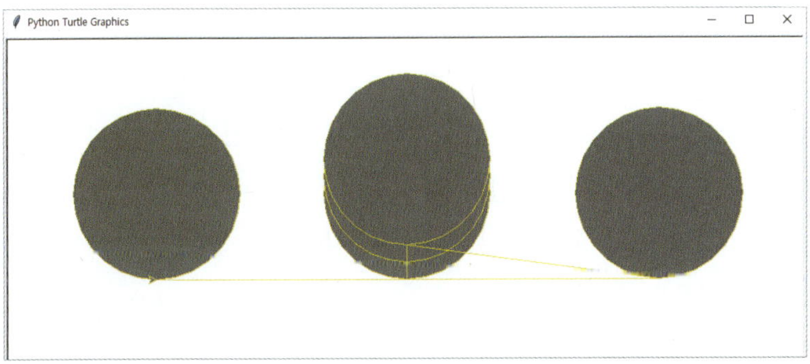

그림 10-16 실행 결과

3 다양한 인수 설정

파이썬에서는 함수의 인수를 다양하게 정의할 수 있어서, 인수의 개수나 순서가 다르더라도 올바르게 실행되도록 할 수 있다. 다양한 인수의 종류와 설정 방법을 알아보자.

디폴트(default) 인수

함수를 정의할 때 매개변수의 기본값을 지정하면 함수를 호출할 때 인수를 생략해도 된다. 디폴

트 인수를 가진 함수는 인수와 매개변수의 개수가 맞지 않아도 설정된 기본값을 사용하여 함수의 동작을 실행한다.

```
>>> def print_line(symbol = '*', num = 3) :    # 매개변수의 기본값 지정
        for i in range(1, num + 1) :
            print(symbol * i)
```

인수를 생략해도 실행 가능

```
>>> print_line()
*
**
***
```

```
>>> print_line('=')
=
==
===
```

```
>>> print_line('#', 5)
#
##
###
####
#####
```

키워드(keyword) 인수

인수가 순서에 맞지 않아도 함수의 동작이 실행되도록 하려면 함수를 호출할 때 인수의 이름을 지정한다. 키워드 인수의 사용법을 알아보기 위해 디폴트 인수를 가진 print_line() 함수를 호출하는 2가지 방법을 비교해 보자. 디폴트 값이 정의된 함수에서도 인수를 순서에 맞게 지정하지 않으면 원하는 동작을 실행할 수 없다. 하지만, 필요한 인수의 이름을 지정하는 키워드 인수를 사용하면 순서에 상관없이 매개변수에 값을 전달할 수 있다.

```
>>> def print_line(symbol = '*', num = 3) :    # 함수 정의
        for i in range(1, num + 1) :
            print(symbol * i)
```

인수의 값(5)이 symbol에 전달

인수의 이름(num)을 지정하여 전달

```
>>> print_line(5)
5
10
15
```

```
>>> print_line(num = 5)
*
**
***
****
*****
```

가변(variable length) 인수

함수에 전달되는 인수가 몇 개인지 미리 정하지 않고 사용하는 방법도 있다. 함수의 매개변수를 '*'로 정의하면 가변 인수가 되어 인수의 개수에 상관없이 함수를 호출할 수 있다. 가령, 인수로 전달되는 모든 수의 합계를 구하는 add() 함수를 만들어 보자. 함수를 가변 인수로 정의하고 호출하는 방법은 다음 코드와 같다.

```
>>> def add(*numbers) :                # 매개변수의 개수가 정해지지 않음
        result = 0
        for x in numbers :
            result += x
        print(result)
```

인수의 개수에 상관없이 호출

```
>>> add()
0
```

```
>>> add(10, 20)
30
```

```
>>> add(10, 20, 30, 40)
100
```

실습 10-5 디폴트 인수를 사용하여 원 그리기 함수 수정하기 code10-05.py

[실습 10-4]의 원을 그리는 함수를 수정해 보자. 함수를 호출할 때 반지름을 지정하지 않으면 반지름 100인 원을 그리도록 설정한다.

1 draw_circle() 함수의 반지름을 디폴트 인수로 수정하여 기본값을 100으로 설정한다.

```
def draw_circle(x, y, r = 100) :        # 반지름을 디폴트 인수로 함수 정의
    goto(x, y)
    begin_fill()
    circle(r)
    end_fill()
```

2 수정한 draw_circle() 함수를 호출하는 부분을 추가하여 프로그램을 완성한다. 함수를 호출할 때 반지름 값은 생략해도 된다.

```
from turtle import *
color("yellow", "gray")

def draw_circle(x, y, r = 100) :            # 반지름을 디폴트 인수로 함수 정의
    goto(x, y)
    begin_fill()
    circle(r)
    end_fill()

for i in range(3) :
    draw_circle(0, i * 20)                  # 반지름을 지정하지 않고 함수 호출

draw_circle(300, 0, 50)                     # 함수 호출
draw_circle(-300, 0, 80)                    # 함수 호출
```

3 작성한 프로그램을 실행한다.

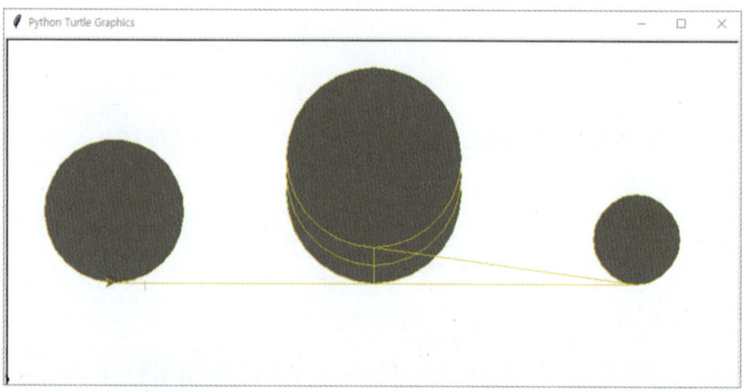

그림 10-17 실행 결과

4 함수의 반환

함수는 작업을 작게 분해하여 목적하는 일을 수행하도록 묶어 놓은 명령문이라고 정의하였다. [실습 10-1]에서 로봇 바리스타의 작업을 분해했을 때 원두 분쇄하기도 하나의 함수로 볼 수 있다. 원두 분쇄하기에서는 원두(input)를 넣으면 가루(output)로 만들어 내보내는데, 함수 역시 인수로 전달된 값(input)을 이용해 필요한 동작을 수행하고 그 결과를 반환(output)할 수 있다.

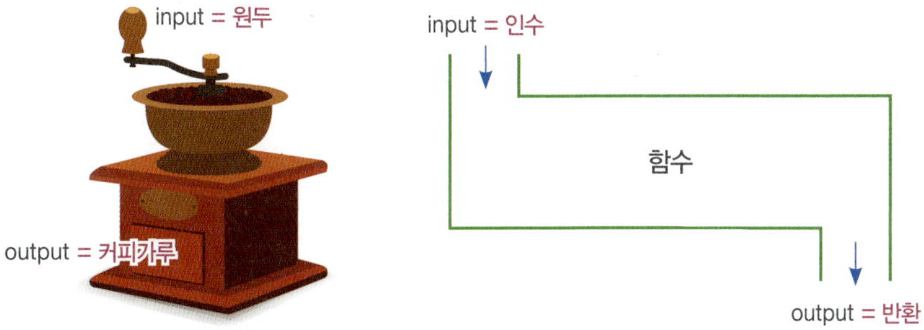

그림 10-18 **함수의 input과 output**

반환값이 있는 함수를 만드는 방법은 함수 정의 블록에 return과 함께 반환값return value을 기술하면 된다. return 문장이 실행될 때 함수의 동작은 끝나고, 함수를 호출한 부분으로 반환값이 전달된다.

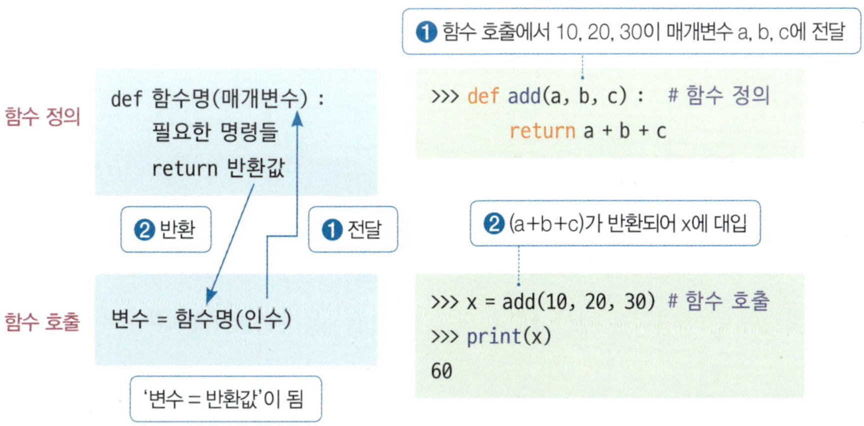

그림 10-19 **값의 전달과 결과의 반환 구조**

여기서 잠깐

반환값의 여러 가지 형태

함수 정의 블록 안에서 사용할 수 있는 return은 값이나 변수, 수식을 반환값으로 사용한다. 하지만, 반환값을 생략하거나 여러 개를 사용하는 경우도 있다. 다음은 반환값을 생략하고 함수를 종료하기 위한 목적으로 사용한 코드이다.

```
>>> def func1(x, y) :
        if y == 0 :
```

```
            return                    # y가 0이면 함수를 종료
        print(x / y)

>>> func1(5, 0)
>>> func1(5, 3)
1.6666666666666667
```

반환값이 여러 개인 경우 튜플 데이터형으로 반환된다. 함수 호출 문장에서 반환값을 대입할 변수를 여러 개 사용할 수 있다.

```
>>> def func2(x, y) :
        return (x + y), (x - y)         # 두 수의 합과 차를 반환
>>> a, b = func2(5, 3)
>>> print(a, b)
8 2
```

실습 10-6 반환값이 있는 원 그리기 code10-06.py

[실습 10-5]의 코드를 수정해서 원을 그리고 나서, 원의 면적을 계산해서 반환하도록 하자.

1 draw_circle() 함수에 원의 면적을 계산하고 결과를 반환하는 문장을 추가한다.

```
def draw_circle(x, y, r = 100) :
    goto(x, y)
    begin_fill()
    circle(r)
    end_fill()
    return (3.14 * r ** 2)              # 원의 면적을 계산하고 반환
```

2 수정한 draw_circle() 함수를 호출하는 부분을 추가하여 프로그램을 완성한다. 함수에서 반환된 결과를 print() 함수로 출력하면 셸 창에 표시된다.

```
from turtle import *
color("yellow", "gray")
```

```
def draw_circle(x, y, r = 100) :                # 함수 정의
    goto(x, y)
    begin_fill()
    circle(r)
    end_fill()
    return (3.14 * r ** 2)                      # 원의 면적을 계산하고 반환

print("원의 면적 = ", draw_circle(0, 0))          # 함수 호출
print("원의 면적 = ", draw_circle(300, 0, 50))    # 함수 호출
```

3 작성한 프로그램을 실행한다.

실행 결과

```
원의 면적 = 31400.0
원의 면적 = 7850.0
```

그림 10-20 실행 결과

5 전역변수와 지역변수

다음 코드에는 어떤 문제가 있을까? 두 수를 전달받아 합계를 구하는 함수 add()를 호출한 후 출력하는 문장(print(total))에서 오류가 발생하였다. 변수 total은 add() 함수 안에서 정의되었기 때문에 함수 밖에서는 사용할 수 없다.

```
def add(a, b) :
    total = a + b

add(10, 20)
print(total)
```

→

```
print(total)
NameError: name 'total' is not defined
```

이처럼 변수는 함수 내에서만 사용되는 지역변수local variable와 프로그램 전체 범위에서 사용할 수 있는 전역변수global variable로 구분할 수 있다. 다음의 코드처럼 함수 바깥에서 정의한 변수 name은 전역변수로 프로그램의 어느 위치에서든 사용할 수 있지만, total은 함수 내에서만 사용 가능하다.

```
def add(a, b) :
    total = a + b
    print(name)
    print(total)

name = "kim"
add(10, 20)
```

지역변수 total의 사용 범위

전역변수 name의 사용 범위

출력 결과

```
kim
30
```

그렇다면 total 변수를 전역변수로 선언하고 함수 안에서 값을 바꾸면 어떻게 될까? 다음 코드처럼 total 변수를 사용하면 2개의 total이 만들어져서 메모리의 다른 공간을 사용하게 되고, 합계를 올바르게 출력하지 못한다.

```
def add(a, b) :
    total = a + b         # 지역변수 total 생성

total = 0                 # 전역변수 total 생성
add(10, 20)
print(total)              # 전역변수 total 출력
```

total 30

total 0

출력 결과

```
0
```

이런 경우, 함수 안에서 'global' 키워드로 변수를 선언하면 함수 바깥에 정의된 전역변수를 사용할 수 있다. 다음 코드에서는 함수 안에서 전역변수 total이 사용되므로, 합계를 올바르게 출력한다.

```
def add(a, b) :
    global total          # 전역변수 total 사용 선언
    total = a + b

total = 0                 # 전역변수 total 생성
add(10, 20)
print(total)
```

total 30

출력 결과

```
30
```

SECTION

03 함수의 활용

복잡한 문제를 분해하여 해결하기 쉽게 만들 수 있는 것처럼 작게 나누어 작성한 프로그램은 구조적 형태로 가독성이 좋을 뿐 아니라, 공통으로 사용하거나 반복되는 코드를 재사용할 수 있다는 장점이 있다. 이 절에서는 프로그램을 작은 단위로 나누는 함수의 정의와 호출 방법을 복습하면서 다양한 문제를 해결하는 데 활용해 보자.

실습 10-7 함수와 딕셔너리를 이용한 환율 계산기 만들기 code10-07.py

[실습 5-14]에서 만들어본 환율 계산기를 함수와 딕셔너리를 활용한 프로그램으로 수정해 보자. 각국의 환율 정보를 딕셔너리에 저장하고 환전 금액을 계산해서 출력하는 함수를 만들어 두고, 국가명을 입력받으면 함수를 호출하도록 한다.

1 각국의 환율 정보를 참고하여 데이터를 딕셔너리에 저장한다. 국가명을 딕셔너리의 키로 하고, 환율과 단위를 튜플로 묶어서 값으로 저장한다.

표 10-1 딕셔너리에 저장할 환율 정보

국가	환율(원)	단위
미국	1188.50	달러
영국	1570.13	파운드
러시아	15.01	루블
중국	173.93	위안

↓

```
moneyInfo = {"미국":(1188.50, "달러"), "영국":(1570.13, "파운드"),
             "러시아":(15.01, "루블"), "중국":(173.93, "위안")}
```

2 국가명과 금액을 매개변수 n, m에 전달받아 환전 금액을 계산하는 함수를 정의한다. 딕셔너리에 저장된 환율 정보를 국가명으로 검색한 후 결과를 출력한다.

```
def calc_money(n, m) :
    moneyInfo = {"미국":(1188.50, "달러"), "영국":(1570.13, "파운드"),
                "러시아":(15.01, "루블"), "중국":(173.93, "위안")}
    if n in moneyInfo:
        rate, unit = moneyInfo.get(n)                # 검색한 값(튜플)을 두 변수에 나누어 담기
        print("%d(원)을 %.2f(%s)로 교환합니다." % (m, m/rate, unit))
    else :
        print("국가를 잘못 입력했습니다.")
```

3 사용자로부터 환전할 금액과 국가를 입력받은 후, 정의한 함수를 호출하는 순서로 다음과 같이 전체 프로그램을 작성한다. 금액을 숫자로 입력하지 않으면 예외 처리 구문으로 안내 메시지를 출력하도록 한다.

```
def calc_money(n, m) :                           # 함수 정의
    moneyInfo = {"미국":(1188.50, "달러"), "영국":(1570.13, "파운드"),
                "러시아":(15.01, "루블"), "중국":(173.93, "위안")}
    if n in moneyInfo:
        rate, unit = moneyInfo.get(n)    # 검색한 값(튜플)을 두 변수에 나누어 담기
        print("%d(원)을 %.2f(%s)로 교환합니다." % (m, m/rate, unit))
    else :
        print("국가를 잘못 입력했습니다.")

money = 0    # 금액
nation = 0   # 국가

try:
    money = int(input("환전하려는 금액(원) : "))
except:
    print("금액은 숫자로 입력하세요.")
else:
    nation = input("국가(미국/영국/러시아/중국) : ")
    calc_money(nation, money)                    # 함수 호출
```

4 작성한 프로그램을 다양하게 실행해 본다.

실행 결과

```
환전하려는 금액(원) : 200000
국가(미국/영국/러시아/중국) : 중국
200000(원)을 1149.89(위안)로 교환합니다.
```

실행 결과

```
환전하려는 금액(원) : 이십만원
금액은 숫자로 입력하세요.
```

실행 결과

```
환전하려는 금액(원) : 200000
국가(미국/영국/러시아/중국) : 태국
국가를 잘못 입력했습니다.
```

실습 10-8 공의 포물선 그리기 code10-08.py

지면에서 하늘로 쏘아올린 공의 x초 후의 높이를 y라고 하고, y(높이) = $40x-2x^2$의 식으로 계산된다고 가정하자. 공이 다시 지면에 떨어질 때까지의 시간이 몇 초가 걸리는지 출력하고, 공의 움직임을 포물선으로 그려 보자. 터틀 그래픽스를 이용하여 x 좌표는 초의 값으로, y 좌표는 계산한 높이 값으로 하여 공의 이동 경로를 그린다.

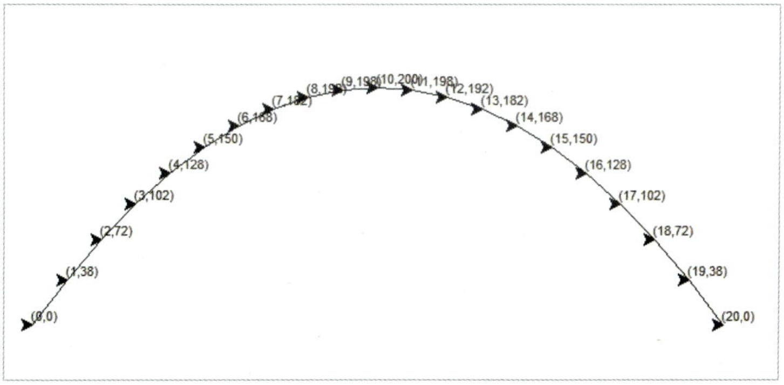

그림 10-21 공의 포물선 그리기

1 초 단위 시간(x)에 따라 공의 높이(y)를 계산하고 해당 좌표(x, y)를 표시(stamp())하는 함수 draw_arc()를 다음과 같이 정의한다. 함수의 인수로 시간을 전달받고, 계산한 높이를 반환한다.

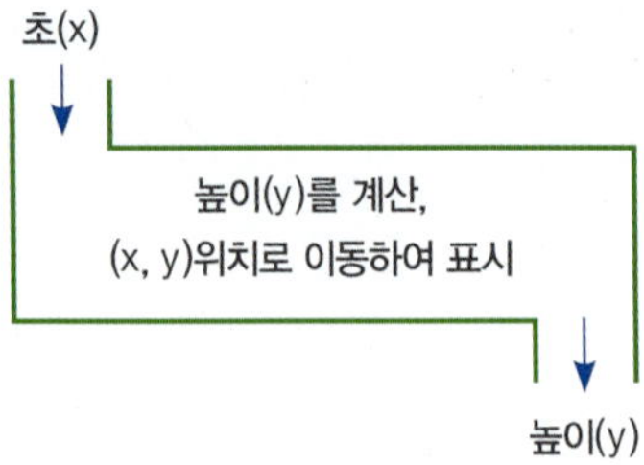

그림 10-22 함수의 정의

```
from turtle import *

def draw_arc(x) :
    y = 40 * x - 2 * (x ** 2)          # 공의 높이를 계산하는 수식
    if y >= 0 :                        # 공이 지면 위에 있을 때만 그림 그리기
        goto(x, y)
        write("(%d,%d)" %(x, y))       # (x,y) 좌표 값을 터틀 윈도우에 쓰기
        stamp()
    return y                           # 공의 높이를 반환
```

TIP turtle.write()는 터틀 윈도우에 글자를 쓰는 메소드로서, 문자열 형식으로 표시할 값을 설정해 준다.

2 정의한 draw_arc() 함수를 호출하는 전체 프로그램을 다음과 같이 작성한다. 1초부터 시작해서 공의 높이가 지면 위에 있는 동안 그리기 동작을 계속하도록 함수를 반복 호출한다. 함수를 호출할 때 인수로 시간을 전달하고 높이를 반환값으로 받아서 반복의 조건으로 판단한다.

```
from turtle import *

def draw_arc(x) :                      # 함수 정의
    y = 40 * x - 2 * (x ** 2)
    if y >= 0 :
        goto(x, y)
        write("(%d,%d)" %(x, y))
        stamp()
    return y
```

```
10
11  shape('classic')              # 터틀 모양 설정
12  sec = 1                       # 시간(초)의 초기화
13  while draw_arc(sec) > 0 :     # 공이 지면 위에 있는 동안 반복
14      sec += 1                  # 1초 증가
15
16  print("공이 떨어지는 데 %d초 걸렸네요." % sec)
```

3 작성한 프로그램을 실행해 보면, x 좌표의 간격이 너무 좁아 보기 좋게 표시되지 않는다. 초당 간격을 30픽셀로 설정하고 다시 그려 보자. 06행의 x를 x * 30으로 변경한다.

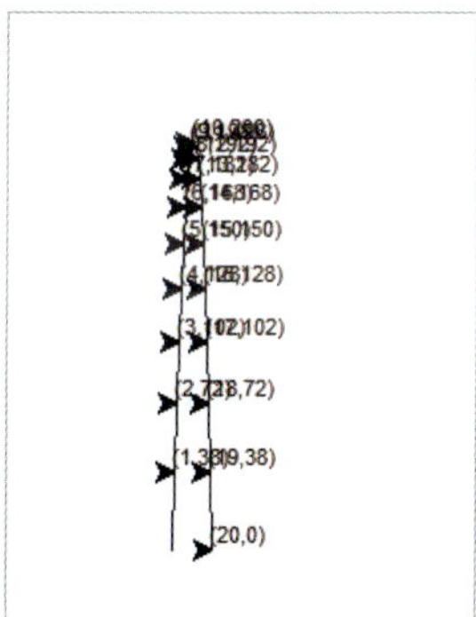

```
06        goto(x * 30, y)
```

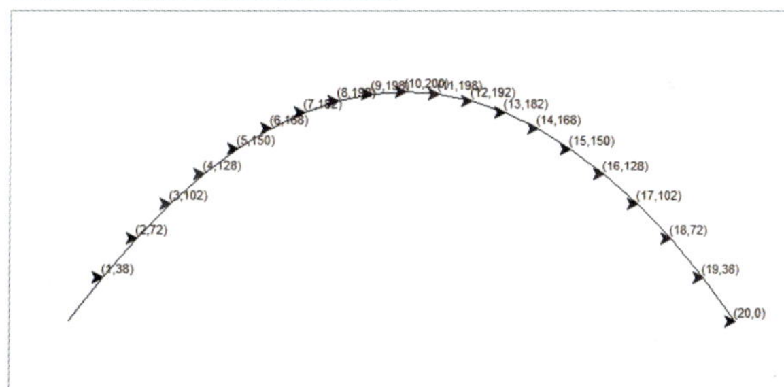

그림 10-23 실행 결과

실행 결과

```
공이 떨어지는 데 20초 걸렸네요.
```

실습 10-9 함수를 이용한 사칙연산기 만들기 code10-09.py

정수와 연산자를 입력받아 사칙연산을 수행하는 프로그램을 함수 정의와 호출로 만들어 보자. 연산자별로 함수를 정의하고, 두 개의 정수를 인수로 전달받아 계산한 결과를 반환하도록 한다.

그림 10-24 **사칙연산을 수행하는 프로그램 동작 순서**

1 사칙연산을 수행하는 함수를 각각 정의한다. 4개의 함수는 두 정수를 인수로 전달받아 계산한 결과를 반환하는 형태로 동일하게 구성한다.

```
def f_add(x, y) :                  # 덧셈 함수
    return x + y
```

```
def f_sub(x, y) :                  # 뺄셈 함수
    return x - y
```

```
def f_mul(x, y) :                  # 곱셈 함수
    return x * y
```

```
def f_div(x, y) :                  # 나눗셈 함수
    return x / y
```

2 프로그램의 동작 순서를 고려하여 입력과 함수 호출, 출력을 위한 코드를 함수 정의에 추가하여 다음과 같이 전체 프로그램을 작성한다.

```
def f_add(x, y) :
    return x + y

def f_sub(x, y) :
    return x - y

def f_mul(x, y) :
    return x * y

def f_div(x, y) :
    return x / y

try :
    num1 = int(input("정수 입력 : "))
    num2 = int(input("정수 입력 : "))
    operator = int(input("연산 종류(1:덧셈 2:뺄셈 3:곱셈 4:나눗셈) : "))
except :
    print("정수를 입력하세요.")
else :
```

```python
    if 1 <= operator <= 4 :
        if operator == 1 :
            result = f_add(num1, num2)
        elif operator == 2 :
            result = f_sub(num1, num2)
        elif operator == 3 :
            result = f_mul(num1, num2)
        else :
            result = f_div(num1, num2)
        print("계산 결과 = ", result)
    else :
        print("잘못된 연산자입니다.")
```

3 작성한 프로그램을 다양하게 실행해 본다.

실행 결과

```
정수 입력 : 5
정수 입력 : 8
연산 종류(1:덧셈 2:뺄셈 3:곱셈: 4:나눗셈) : 3
계산 결과 = 40
```

실행 결과

```
정수 입력 : 5
정수 입력 : 8
연산 종류(1:덧셈 2:뺄셈 3:곱셈: 4:나눗셈) : 4
계산 결과 = 0.625
```

실행 결과

```
정수 입력 : 10.5
정수를 입력하세요.
```

실행 결과

```
정수 입력 : 5
정수 입력 : 8
연산 종류(1:덧셈 2:뺄셈 3:곱셈: 4:나눗셈) : 0
잘못된 연산자입니다.
```

실습 10-10 터틀 그림판 만들기 code10-10.py

윈도우의 그림판처럼 터틀 윈도우에 그림을 그리는 프로그램을 만들어 보자. 터틀 윈도우에서 마우스가 클릭되거나 방향키가 눌리는 위치에 선을 그리면 되는데, 터틀 그래픽스의 이벤트 처리 관련 메소드와 함수를 이용하면 만들 수 있다. 다음 표에 있는 터틀 그래픽스의 메소드를 이용하여 단계별로 코드를 작성해 보자.

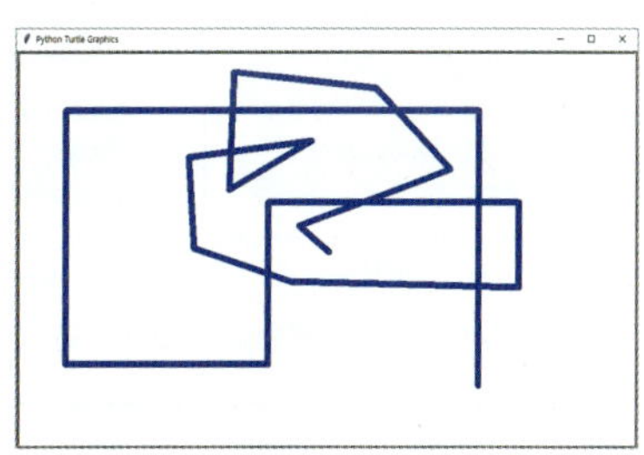

그림 10-25 실행 결과

표 10-2 그림판 만들기에 필요한 터틀 그래픽스의 메소드

메소드명	동작	예시	인수 설명
onscreenclick()	마우스를 클릭하면 지정한 함수를 호출	turtle. onscreenclick(func)	함수명
onkeypress()	특정 키를 클릭하면 지정한 함수를 호출	turtle. onkeypress(func,"Up")	함수명과 키 이름
listen()	키 입력 대기 모드	turtle.listen()	–
setheading(), seth()	이동 방향을 지정한 각도로 설정	turtle. setheading(90), turtle.seth(180)	동쪽부터 시계 반대 방향으로 각도 증가 (동:0, 북:90, 서:180, 남:270)

여기서 잠깐

이벤트 처리

우리의 일상에서는 전화벨이 울리면 전화를 받고, 기온이 내려가면 외투를 입는 동작이 자연스레 뒤따른다. 전화벨이 울리거나 기온이 내려가는 것처럼 어떤 동작을 실행시키는 사건을 이벤트events라고 하고, 전화를 받거나 외투를 입는 것처럼 특정 이벤트가 일어났을 때 실행하는 동작을 이벤트 처리events handling라고 한다.

그림 10-26 일상에서의 사건과 동작

컴퓨터 프로그램에서의 이벤트는 컴퓨터에 의해 인식되는 액션action으로 볼 수 있고, 특정 부분에 대한 마우스 클릭이나 스크린 터치, 키보드에서 특정 키를 누르는 것 등이 이에 해당한다. 그리고 어떤 이벤트가 발생했을 때 작동하도록 미리 정해놓은 명령문들이 바로 이벤트 처리다. 가령 아이콘을 터치하면 앱이 실행되거나, Enter 를 누르면 입력한 문장이 전송되도록 하는 실행 명령들이다. 파이썬 터틀 그래픽스에서는 이벤트 처리를 위해 onscreenclick()이나 onkeypress() 등의 메소드를 제공하고 있다.

그림 10-27 프로그램에서의 이벤트와 이벤트 처리

1 그림을 그리기 위한 터틀 윈도우를 먼저 생성한다.

```
from turtle import *

hideturtle()                # 커서를 숨김
pensize(10)
pencolor("blue")
```

2 마우스를 클릭한 위치로 이동시켜 선을 그리는 함수 go()를 정의하고, 마우스 이벤트 처리를 위한 onscreenclick() 메소드의 인수로 사용한다. 작성한 코드를 실행시키면 마우스를 클릭할 때 그림을 그릴 수 있다.

```
def go(x, y):               # 마우스 클릭 때의 동작을 정의, 현재 좌표를 인수로 사용
    goto(x, y)

onscreenclick(go)           # 마우스를 클릭하면 go() 함수를 실행
```

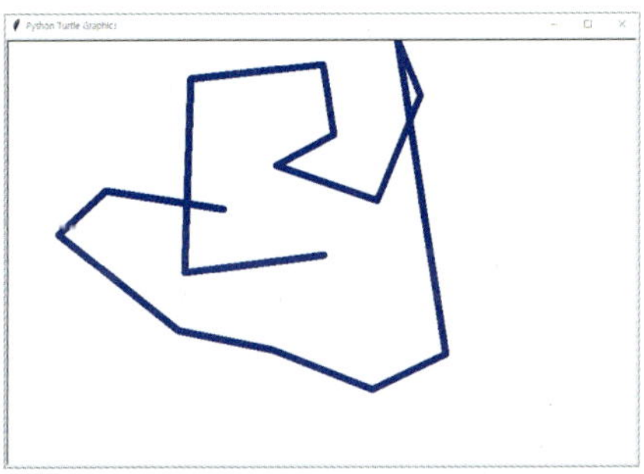

그림 10-28 마우스 클릭으로 그림 그리기

3 방향키(←, ↑, ↓, →)를 누를 때도 그림을 그리도록 해 보자. 각 키에 해당하는 네 개의 함수를 정의하고 키 이벤트 처리를 위한 onkeypress() 메소드의 인수로 지정한다. 코드의 마지막에는 listen() 메소드를 사용하여 키 입력을 기다리도록 대기 모드로 설정한다. 작성된 코드를 실행하고 방향키를 눌러 그림을 그려 본다.

```
def east() :                    # 오른쪽 방향키가 눌렸을 때의 동작
    setheading(0)               # 이동 방향 설정
    forward(10)
```

```
def north() :                    # 위쪽 방향키가 눌렸을 때의 동작
    setheading(90)
    forward(10)

def west() :                     # 왼쪽 방향키가 눌렸을 때의 동작
    seth(180)
    forward(10)

def south() :                    # 아래쪽 방향키가 눌렸을 때의 동작
    seth(270)
    forward(10)

onkeypress(north, "Up")          # 키 이벤트 처리
onkeypress(south, "Down")
onkeypress(west, "Left")
onkeypress(east, "Right")

listen()                         # 키 입력 대기
```

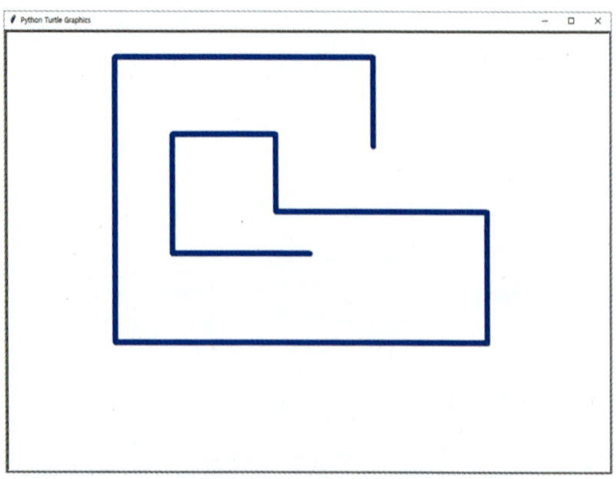

그림 10-29 **키보드 방향키로 그림 그리기**

TIP 키 이름의 대소문자는 반드시 구별해서 적어야 한다. 키 이름으로는 "Up", "Down", "Left", "Escape", "space" 등을 사용할 수 있다.

4 단계별로 작성한 코드를 하나의 프로그램으로 모으면 다음과 같다. 함수의 정의는 가급적 전체 프로그램 중 앞 부분에 기술하여 가독성을 높이도록 한다.

```
from turtle import *

def go(x, y):                    # 마우스 클릭 때의 동작을 정의, 현재 좌표를 인수로 사용
    goto(x, y)

def east() :                     # 오른쪽 방향키가 눌렸을 때의 동작
    setheading(0)                # 이동 방향 설정
    forward(10)

def north() :                    # 위쪽 방향키가 눌렸을 때의 동작
    setheading(90)
    forward(10)

def west() :                     # 왼쪽 방향키가 눌렸을 때의 동작
    seth(180)
    forward(10)

def south() :                    # 아래쪽 방향키가 눌렸을 때의 동작
    seth(270)
    forward(10)

hideturtle()                     # 터틀을 화면에서 숨김
pensize(10)
pencolor("blue")
onscreenclick(go)                # 마우스를 클릭하면 go() 함수를 실행
onkeypress(north, "Up")          # 키 이벤트 처리
onkeypress(south, "Down")
onkeypress(west, "Left")
onkeypress(east, "Right")
listen()                         # 키 입력 대기
```

요약

01 복잡한 문제를 해결 가능한 수준의 작은 문제로 나누는 과정을 분해decomposition라고 한다.

02 분해는 하나의 문제를 여러 개의 작은 부분으로 나누어 해결함으로써 원래의 문제를 해결해 나가는 방법이다.

03 프로그램 내에서 분해된 작은 단위의 작업을 함수function라고 한다.

04 사용자가 직접 만드는 함수를 사용자 정의 함수user-defined function라고 한다.

05 함수를 호출할 때 괄호 안에 인수argument를 기술하면, 함수를 만들 때 정의된 매개변수parameter에 값이 전달된다.

06 함수의 매개변수는 함수 내에서만 사용되는 지역변수로, 프로그램 전체 범위에서 사용할 수 있는 전역변수global variable와 구분된다.

07 함수를 정의할 때 매개변수의 기본값을 지정하는 것을 디폴트default 인수라고 한다.

08 키워드keyword 인수는 함수를 호출할 때 인수의 이름을 지정해서 값을 전달하는 형태를 말한다.

09 함수에 전달되는 인수가 몇 개인지 미리 정하지 않고 사용하는 것을 가변variable length 인수라고 한다.

10 반환값이 있는 함수는 함수 정의 블록에 return과 함께 반환값return value을 기술한다.

11 return 문장이 실행될 때 함수의 동작은 끝나고, 함수를 호출한 부분으로 반환값이 전달된다.

12 컴퓨터에 의해 인식되는 사건 혹은 액션을 이벤트events라 하고, 이벤트가 발생할 때 작동하도록 미리 정해놓은 명령들을 이벤트 처리events handling라고 한다.

연습문제

01 다음과 같이 f_print() 함수를 정의하면 함수를 호출할 때 오류가 생긴다. 함수 정의 부분을 수정하여 다음과 같이 오류 없이 실행되도록 하시오.

```
def f_print(a, b, c) :        # 함수 정의
    print(a, b, c)

# 함수 호출
f_print(1, 2, 3)
f_print(1, 2)
f_print(1)
```

→

```
1 2 3
1 2 0
1 0 0
```

TIP 함수를 정의할 때 디폴트 인수를 설정한다.

02 다음 프로그램의 실행 결과가 무엇인지 고르시오.

```
def change_name(x) :
    name_dic = ["kim", "lee", "park", "song"]
    name = name_dic[x]

name = "kim"
change_name(2)
print(name)
```

① kim ② lee ③ park ④ song

03 입력받은 정수를 인수로 전달하면 짝수인지 홀수인지 판단하는 함수 even_odd()를 정의하고, 다음과 같이 실행되도록 프로그램을 작성하시오.

실행 결과

```
정수 입력 : 35
홀수입니다.
```

실행 결과

```
정수 입력 : 20
짝수입니다.
```

연습문제

04 두 개의 정수 x, y를 입력받아 x에서 y까지의 합계를 출력하는 다음의 코드를 완성하시오. x와 y의 값을 인수로 전달받아 합계를 반환하는 함수 sum_xy()를 정의해서 사용한다.

```
def sum_xy(start, end) :
    sum = 0
    for i in range(__________, __________) :
        sum += i
        __________ sum

x = int(input("첫 번째 정수 입력 : ")
y = int(input("두 번째 정수 입력 : ")
print(__________)
```

→

```
첫 번째 정수 입력 : 1
두 번째 정수 입력 : 100
5050
```

05 터틀 윈도우에서 마우스를 클릭할 때마다 클릭한 위치에 별을 그리는 프로그램을 작성하시오. 다음의 별 그리기 코드를 참고한다.

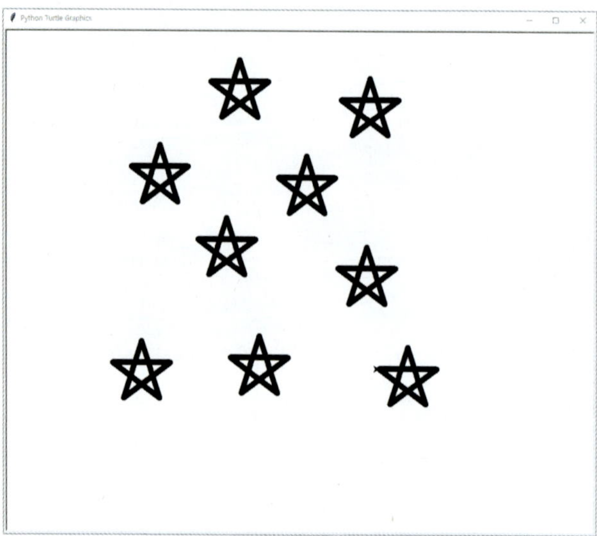

```
# 별 그리기

from turtle import *

for i in range(5) :
    forward(100)
    right(144)
```

06 [실습 5-10]에서 만들었던 단위 변환기 프로그램을 수정해 보자. 온도와 무게, 길이를 변환하는 함수를 호출하여 계산한 값을 각각 출력하도록 함수 정의 부분을 완성하시오. 단위 변환 계산에 필요한 수식은 다음의 표와 같다.

화씨(℉) → 섭씨(℃)	(화씨 온도 - 32) / 1.8
파운드(lb) → 킬로그램(kg)	파운드 무게 * 0.453592
인치(in) → 센티미터(cm)	인치 길이 * 2.54

```
# 온도 변환 함수 정의


# 무게 변환 함수 정의


# 길이 변환 함수 정의

```

```
try :
    menu = int(input("번호 입력(1:온도, 2:무게, 3:길이) : "))
    value = float(input("변환할 값 입력 : "))
except :
    print("입력 값 오류!")
else :
    if menu == 1 :
        temp(value)
    elif menu == 2 :
        weight(value)
    elif menu == 3 :
        length(value)
    else :
        print("메뉴 선택 오류!")
```

CHAPTER 11

그래픽 프로그래밍

학습목표

- 사용자 인터페이스의 개념과 종류를 이해한다.
- 파이썬의 tkinter 모듈을 GUI 프로그래밍에 활용한다.

SECTION

01 사용자 인터페이스

컴퓨터를 이용한 작업에서는 키보드와 마우스가 컴퓨터와의 중요한 대화 수단이다. 텍스트를 입력하거나 메뉴를 선택하고, 폴더를 이동하거나 파일을 복사하는 등 다양한 사용자의 요구를 컴퓨터가 정확하게 이해하고 실행하는 방법이 사람과 컴퓨터의 상호작용에 꼭 필요하다. 이를 사용자 인터페이스라고 한다. 이 절에서는 사용자 인터페이스의 개념과 사용자 인터페이스의 종류에 대해 알아보기로 한다.

1 사용자 인터페이스의 개념

사용자 인터페이스User Interface, UI란 사람과 컴퓨터가 상호작용하는 방법을 의미하며, 편리하고 효율적인 의사소통이 목적이다. 사용자 인터페이스를 위해서는 키보드나 마우스, 스크린 등 다양한 도구와 방법이 있어야 한다. 응용 프로그램을 실행할 때 아이콘을 마우스로 클릭하거나 스크린을 터치한다든지, 메뉴나 버튼을 선택하고 텍스트를 입력하는 등 필요한 기능을 동작시키기 위해 여러 가지 명령 전달 방법이 사용된다. 사용자 인터페이스는 원하는 기능을 쉽게 찾고 사용하기 쉬워야 하며, 간결하고 명확하게 명령이 전달되어야 한다. 또, 기능을 단순화해 조작에 필요한 사용자의 학습 부담을 줄이는 것도 고려해야 한다.

그림 11-1 사용자 인터페이스

2 사용자 인터페이스의 종류

키보드와 마우스 같은 다양한 인터페이스 장치의 개발로 사용자 인터페이스 기술은 점점 더 발전하고 있다. 최근에는 사람의 말이나 동작, 표정 등을 자연스럽게 인식하고 반응하는 인터페이스 기술까지 개발되어 많은 분야에 활용되고 있다. 현재까지 발전되어 온 사용자 인터페이스의 종류는 다음과 같이 구분할 수 있다.

CUI(Character UI) 혹은 CLI(Command-line UI) 방식

키보드를 사용한 텍스트 입력 방식으로 명령을 전달하여 사용자가 원하는 동작이나 프로그램을 실행하도록 한다. MS-DOS 운영체제에서 사용하던 방식이지만, 윈도우 운영체제에서도 명령 프롬프트라고 하는 DOS 셸이나 우리가 프로그래밍에 활용하고 있는 파이썬 셸 등에서는 명령어를 직접 입력하는 CUI 방식을 사용하고 있다.

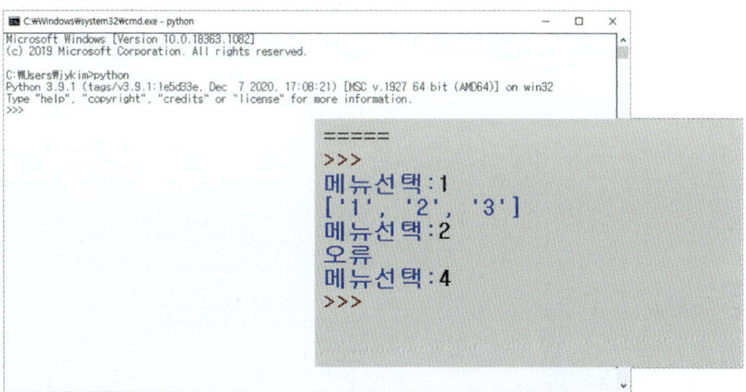

그림 11-2 CUI 방식

GUI(Graphic UI) 방식

1968년 마우스가 등장한 이후 윈도우나 맥과 같은 그래픽 환경 기반의 운영체제가 사용되면서, 화면의 특정 지점을 클릭하거나 드래그하는 등의 방식으로 사용자의 명령을 컴퓨터에게 전달하게 되었다. 특히, 스마트폰에서는 스크린 터치와 같은 직관적이고 편리한 여러 가지 인터페이스 기술이 활용되고 있다.

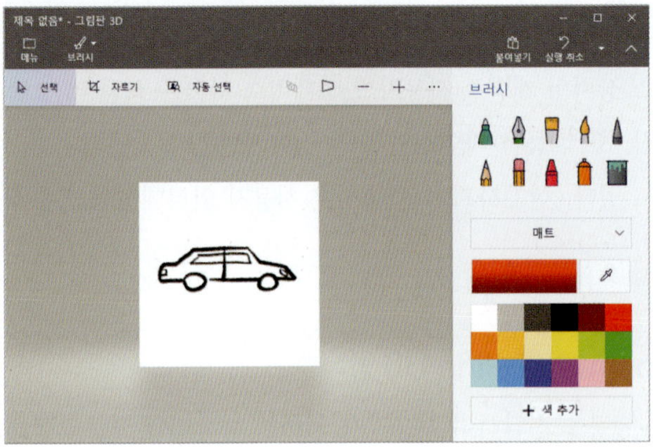

그림 11-3 GUI 방식

NUI(Natural UI) 방식

사람의 음성과 표정, 몸이나 손가락의 움직임 등을 인식하여 사용자가 원하는 명령을 입력받고, 실행한 결과를 표현할 때에도 사람의 자연스러운 표현 방법처럼 출력하는 방식이다. 컴퓨터에 직접 손을 대지 않고도 사람끼리 의사소통하듯이 음성이나 제스처를 사용한다거나, 얼굴 표정, 심지어 뇌파나 맥박, 체온 같은 생체 정보를 측정하여 사람의 기분이나 상태에 맞추어 필요한 동작을 실행하는 진보된 형태의 인터페이스 기술이다.

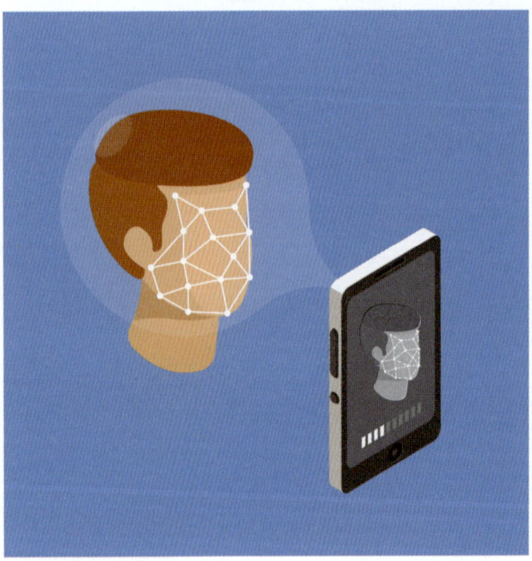

그림 11-4 NUI 방식

SECTION
02

GUI 프로그래밍

지금까지 만든 파이썬 프로그램들은 대부분 CUI 방식으로, 파이썬 셸에서 텍스트를 이용하여 입력과 출력 작업을 실행하였다. 하지만 파이썬 언어에는 터틀 그래픽스처럼 기본으로 제공하는 tkinter라고 하는 그래픽 모듈이 있어서, GUI 프로그래밍도 쉽게 구현할 수 있다. 윈도우 창이 나타나고 마우스로 단추를 누르거나 메뉴를 선택하는 등 우리가 사용하는 일반적인 응용 프로그램처럼 GUI 방식으로 동작하는 프로그램을 직접 만들어 보자.

1 tkinter 모듈의 개념과 사용법

파이썬을 설치할 때 기본적으로 내장되어 있는 tkinter tk interface를 사용하면 GUI 프로그램을 작성할 수 있다. 오픈소스 open source로 운영되며 Tcl/Tk Tool Command Language/Toolkit 라고 불리는 GUI 프로그래밍 도구를 파이썬에서 표준 인터페이스 모듈로 제공하고 있는데, 이것이 tkinter이다. tkinter 모듈로 그래픽 프로그램을 작성하려면 다음과 같은 순서로 문장을 구성한다.

❶ 먼저 import 문으로 tkinter 모듈 사용을 선언하고, Tk( ) 객체를 생성하면 root라고 불리는 기본 윈도우가 만들어진다. 기본 윈도우명은 원하는 이름으로 만들면 된다.

```
import tkinter    # tkinter 모듈 사용 선언
윈도우명 = tkinter.Tk() # 기본 윈도우 생성
```

=

```
from tkinter import *
윈도우명 = Tk()
```

```
>>> from tkinter import *
>>> w = Tk()
```

→

그림 11-5 기본 윈도우 생성

❷ 생성된 윈도우 안에 위젯widget이라고 불리는 구성 요소components를 추가한다. 다음 코드에서는 기본 윈도우(w)에 버튼을 만들고(bt) 배치(`bt.pack()`)했다.

```
>>> bt = Button(w, text="버튼을 누르세요.")
>>> bt.pack()      # 윈도우에 버튼을 표시
```

그림 11-6 버튼 생성

❸ 닫기(×)를 눌러 윈도우를 종료할 때까지 사용자의 키 입력이나 마우스 클릭 등의 이벤트 처리를 위해 대기한다. 해야 할 동작을 함수로 만들어 연결하여, 해당 이벤트가 발생할 때 실행되도록 한다.

```
>>> w.mainloop()      # 이벤트 처리를 위한 대기
```

TIP 현재 만든 버튼에는 이벤트 처리가 연결되지 않아 버튼을 눌러도 아무런 동작도 하지 않는다.

실습 11-1 윈도우 창에 위젯 표시하기 code11-01.py

tkinter 모듈로 다음 그림처럼 위젯이 표시되도록 프로그램을 작성해 보자. 표시되는 순서대로 레이블(`Label()`), 엔트리(`Entry()`), 버튼(`Button()`) 위젯을 만들어 윈도우에 배치하고 이벤트 처리를 위해 대기하도록 만든다.

그림 11-7 실행 결과

1 모듈 사용을 선언하고 기본 윈도우를 생성한다.

```
from tkinter import *

w = Tk()                # 기본 윈도우 만들기
```

2 레이블, 엔트리(입력 상자), 버튼 위젯을 생성하여 윈도우에 추가한다.

```
lb = Label(w, text = "이름을 입력하세요.")      # 레이블 만들기
en = Entry(w)                                   # 엔트리 만들기
bt = Button(w, text = "확인")                   # 버튼 만들기
```

3 생성한 위젯을 배치하여 표시되게 한다. 위젯을 pack()으로 배치하면 기술한 순서대로 위에서부터 표시된다.

```
lb.pack()                                       # 레이블 표시하기
en.pack()                                       # 엔트리 표시하기
bt.pack()                                       # 버튼 표시하기
```

4 이벤트가 발생하면 처리하기 위해 대기한다. 대기 모드에서는 윈도우의 종료 단추를 눌러야 프로그램이 종료된다.

```
w.mainloop()                                    # 이벤트 처리를 위해 대기
```

5 단계별로 작성한 코드를 파이썬 파일로 저장하고 실행한다. 전체 프로그램은 다음과 같다.

```
from tkinter import *

w - Tk()                                   # 기본 윈도우 만들기

lb = Label(w, text = "이름을 입력하세요.")  # 레이블 만들기
en = Entry(w)                              # 엔트리 만들기
bt = Button(w, text = "확인")              # 버튼 만들기

lb.pack()                                  # 위젯 표시하기
en.pack()
bt.pack()

w.mainloop()                               # 이벤트 처리를 위해 대기
```

2 다양한 위젯의 사용

윈도우를 구성하는 레이블, 버튼, 엔트리나 메뉴 등을 위젯이라고 한다. 메모장과 같은 응용 프로그램을 실행하면, 화면에 표시되는 윈도우 안에 많은 위젯이 포함되어 있는 것을 확인할 수 있다. 이러한 위젯을 클릭하거나 입력하는 등의 동작을 통해 사용자 인터페이스를 구현한다.

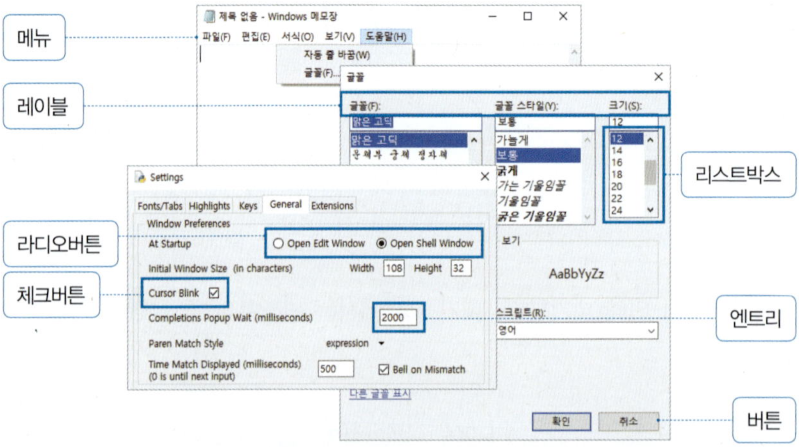

그림 11-8 윈도우에 표시되는 다양한 위젯

파이썬의 tkinter 모듈에서도 다음 표와 같이 많은 위젯을 사용할 수 있다. 위젯을 생성하고 윈도우에 표시하는 기본 사용법을 앞에서 알아보았다. 이번에는 위젯의 속성 설정과 이벤트 처리 방법에 대해서 학습해 보기로 한다.

표 11-1 tkinter 모듈의 위젯 종류

위젯명	설명
Button	클릭 이벤트를 만들 수 있는 버튼
Canvas	선과 점으로 그림을 그리는 데 사용
Checkbutton	여러 개의 항목을 동시에 선택할 수 있는 옵션에 사용
Entry	한 줄로 텍스트를 입력하는 입력 상자
Frame	기본 윈도우 하위에서 위젯을 묶을 수 있는 컨테이너
Label	텍스트나 이미지를 표시할 때 사용
LabelFrame	제목을 추가한 프레임 위젯
ListBox	목록에서 하나를 선택하는 데 사용

위젯명	설명
Menu	메뉴 항목을 구성할 때 사용
Menubutton	기본 윈도우에 메뉴 버튼을 만들 때 사용
Message	크기 축소가 가능하고 레이블처럼 텍스트를 표시
PanedWindow	위젯을 묶을 수 있는 컨테이너로 크기 조절이 가능
Radiobutton	여러 개의 항목 중 하나를 선택하는 옵션에 사용
Scale	숫자 조정을 위한 슬라이더를 표시
Scrollbar	위젯에 스크롤바를 추가할 때 사용
Spinbox	화살표를 클릭하여 범위 내의 숫자를 선택하거나 입력
Text	여러 줄의 텍스트를 표시할 때 사용
Toplevel	새 윈도우를 추가로 만들 때 사용하는 컨테이너

TIP 여러 위젯 중 Frame, LabelFrame, PanedWindow, Toplevel 같은 컨테이너container 위젯은 다른 위젯들을 만들어 담아두는 역할을 한다. 기본 윈도우에 위젯을 추가하는 것처럼 컨테이너 위젯에도 다른 위젯을 추가할 수 있다.

위젯의 속성

위젯에는 배경색이나 글자색, 크기와 커서 모양 등 여러 가지 속성parameter을 설정할 수 있는데, 위젯의 종류에 따라 사용할 수 있는 속성도 조금씩 다르다. 가령, 버튼의 경우 버튼 클릭을 감지하는 속성이 있지만, 텍스트나 이미지를 표시할 때, 사용하는 레이블의 경우에는 이 속성이 필요하지 않다. 위젯의 속성은 다음과 같이 위젯을 생성할 때 설정할 수도 있고, 위젯을 생성하고 나서 필요할 때 config() 메소드로 변경할 수도 있다.

```
# 위젯을 생성할 때 속성 설정
bt = Button(컨테이너, 속성1 = 값1, ...)
```

TIP 컨테이너 자리에는 기본 윈도우나 프레임과 같은 컨테이너 위젯 객체를 사용할 수 있다.

```
# 위젯을 생성한 후 속성 설정, 변경
bt.config(속성1 = 값1, 속성2 = 값2, ...)
```

여기서 잠깐

위젯의 사용 가능한 속성 찾기

쓰임새도 다양한 위젯은 각기 다른 속성을 가지기 때문에, 필요할 때 다음과 같이 찾아보면 된다. 위젯 객체를 생성하고 `configure()` 또는 `config()` 메소드를 실행하면 사용할 수 있는 속성의 종류를 표시해 준다.

```
>>> from tkinter import *
>>> bt = Button()
>>> bt.configure()                  # 버튼의 모든 속성 검색
{'activebackground': ('activebackground', 'activeBackground', 'Foreground', <string
object: 'SystemButtonFace'>, 'SystemButtonFace'), 'activeforeground':
('activeforeground', 'activeForeground', 'Background', ...
```

실습 11-2 위젯 속성 설정하기 code11-02.py

위젯 속성을 설정하여 다음 그림처럼 표시되도록 [실습 11-1] 프로그램을 수정해 보자.

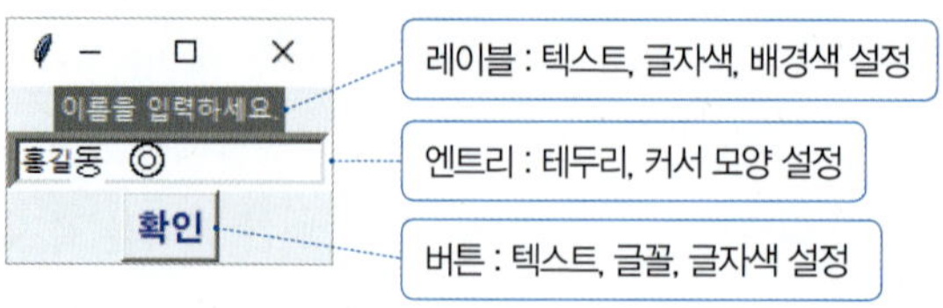

그림 11-9 실행 결과

1 버튼이나 레이블, 엔트리 위젯에 설정할 속성을 정리해 보면 다음 표와 같다.

표 11-2 프로그램에 필요한 위젯 속성

속성	설명	사용 예
bd, border	테두리 두께	bd=5
bg, background	배경색	bg="gray"
cursor	커서 모양	cursor="circle"(arrow(기본), cross, pirate, plus)
fg, foreground	글자색	fg="white"
font	글꼴	font="Tahoma"
text	표시할 내용	text="확인"

2 기본 윈도우를 생성하고, 속성을 설정한 위젯을 만들어 윈도우에 표시한다.

```python
from tkinter import *

w = Tk()

lb = Label(w, text="이름을 입력하세요.", bg="gray", fg="white")          # 레이블 생성
en = Entry(w, bd = 5, cursor="circle")                                  # 엔트리 생성
bt = Button(w, text="확인")                                             # 버튼 생성
bt.config(font="Tahoma", fg="blue")                                     # 버튼 속성 변경
lb.pack()                                                               # 위젯 배치
en.pack()
bt.pack()

w.mainloop()
```

여기서 잠깐

위젯의 속성 변경하기

위젯을 생성하고 윈도우에 표시한 이후에도 config() 메소드를 사용하여 속성을 변경할 수 있다. [실습 11-2]의 레이블은 텍스트를 표시하도록 생성하였지만, 속성 설정을 수정하여 다음과 같이 이미지를 표시하도록 할 수도 있다. 이렇게 속성을 변경하는 작업은 버튼 클릭과 같은 이벤트가 발생하는 경우 이벤트 처리 동작에 많이 사용된다. 가령 다음의 코드는 이름을 입력하고 확인 버튼을 누르면 커피 이미지를 표시하고 '커피 쿠폰 당첨'이라고 보여주는 코드로 활용될 수 있다.

```python
...
lb = Label(w, text="이름을 입력하세요.", bg="gray", fg="white")          # 레이블 생성
...
lb.pack() # 레이블 표시
...
img = PhotoImage(file="coffee.gif") # 이미지 객체 생성
lb.config(image=img) # 레이블에 이미지를 표시하도록 변경
bt.config(text="커피 쿠폰 당첨")   # 버튼의 텍스트 변경

w.mainloop()
```

그림 11-10 레이블과 버튼의 속성 변경

실습 11-3 라디오버튼과 스케일 위젯 사용하기 code11-03.py

여러 항목 중 하나를 선택할 때 사용하는 라디오버튼과 슬라이더로 숫자를 입력할 수 있는 스케일 위젯을 이용한 프로그램을 작성해 보자.

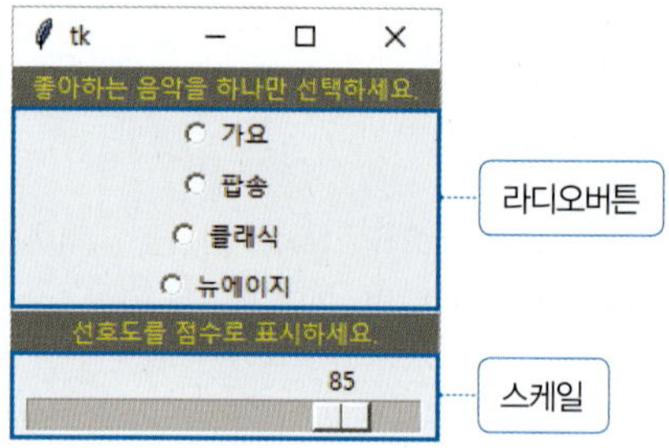

그림 11-11 실행 결과

1 필요한 위젯의 속성을 정리해 보면 다음 표와 같다.

표 11-3 라디오 버튼과 스케일 위젯 속성

위젯명	속성	설명	기본값
Radiobutton	value	항목별 값을 설정	–
	variable	value 값을 저장하는 변수	–
Scale	width	슬라이더의 너비	15
	length	슬라이더의 길이	100
	orient	슬라이더의 표시 방향	vertical
	tickinterval	수치 값 간격	0

2 기본 윈도우를 생성하고 레이블과 라디오버튼을 만들어 실행한다.

```
from tkinter import *

w = Tk()

# 레이블 만들기
Label(w, text="좋아하는 음악을 하나만 선택하세요.", bg="gray", fg="yellow", width=30).pack()

# 라디오버튼 만들기
x = IntVar() # 정수형 변수 생성(라디오버튼에서 선택한 값을 저장하기 위한 변수)
Radiobutton(w, text="가요", variable=x, value=1).pack()
Radiobutton(w, text="팝송", variable=x, value=2).pack()
```

위젯 객체 생성과 배치를 한 문장으로 실행

```
Radiobutton(w, text="클래식", variable=x, value=3).pack()
Radiobutton(w, text="뉴에이지", variable=x, value=4).pack()
```

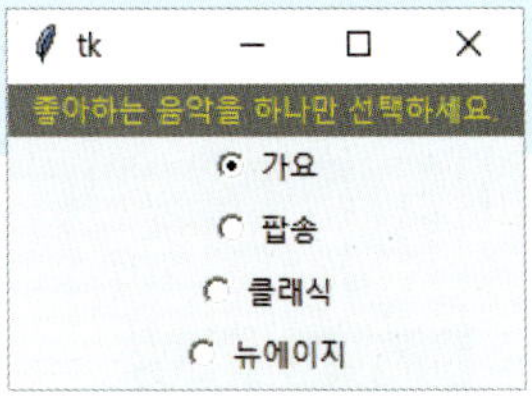

그림 11-12 **라디오버튼 생성**

3 슬라이더의 설명을 위한 레이블과 스케일 위젯으로 만든 슬라이더를 윈도우에 추가한다.

```
# 레이블 만들기
Label(w, text="선호도를 점수로 표시하세요.", bg="gray", fg="yellow", width=30).pack()

# 슬라이더 만들기
y = IntVar()
Scale(w, variable=y, orient="horizontal", length=200).pack()
```

그림 11-13 **슬라이더 생성**

TIP 슬라이더의 방향(orient)과 길이(length)의 기본값은 'vertical'과 100이다.

4 이벤트가 발생하면 처리하기 위해 mainloop()을 마지막에 추가한다. 전체 프로그램은 다음과 같다.

```
from tkinter import *

w = Tk()

Label(w, text="좋아하는 음악을 하나만 선택하세요.",
    bg="gray", fg="yellow", width=30).pack()

x = IntVar()
Radiobutton(w, text="가요", variable=x, value=1).pack()
Radiobutton(w, text="팝송", variable=x, value=2).pack()
Radiobutton(w, text="클래식", variable=x, value=3).pack()
Radiobutton(w, text="뉴에이지", variable=x, value=4).pack()

Label(w, text="선호도를 점수로 표시하세요.",
    bg="gray", fg="yellow", width=30).pack()

y = IntVar()
```

```
18  Scale(w, variable=y, orient="horizontal", length=200).pack()
19
20  w.mainloop()
```

여기서 잠깐

tkinter 모듈에서의 변수 생성

파이썬 기본 프로그램에서는 변수에 정수 값을 대입하면 정수형 변수가 바로 만들어지는데, tkinter 모듈은 조금 다르다. 라디오버튼에서 선택한 값을 저장하기 위해 변수를 만들 때 08행(`x = IntVar()`)의 문장을 사용한 것처럼 정수형 변수를 만들 때는 `IntVar()`, 실수형은 `DoubleVar()`, 문자형에는 `StringVar()`을 사용한다. 또, 변수의 값을 확인하거나 변경할 때에는 다음 코드처럼 `get()`과 `set()` 메소드를 사용한다.

```
from tkinter import *
w = Tk()

x = DoubleVar()   # 실수형 변수 생성
print(x.get())    # x의 값을 쉘에 출력

x.set(123.45)     # x의 값을 변경
print(x.get())    # 변경된 값을 쉘에 출력

w.mainloop()
```

```
0.0
123.45
```

그림 11-14 `get()`, `set()` 메소드 사용

위젯의 배치

여러 개의 위젯을 화면에 표시할 때는 위젯의 위치와 크기를 조정하여 보기 편하고 사용하기 쉽게 보여주어야 한다. 위젯을 기본 윈도우나 프레임 같은 컨테이너에 배치하는 방법으로 다음의 3가지 종류가 있다. 각 방법에 따라 위젯이 배치되는 모양과 작성법을 알아보자.

표 11-4 위젯을 배치하는 방법

배치 방법	설명	사용 예
Pack	위에서 아래 방향으로 순서대로 배치하고, 구역이나 방향을 설정	bt.pack(side="left")
Grid	행(row)과 열(column) 번호로 위젯을 배치하여 표(table) 모양으로 표시	bt.grid(row=0, column=0)
Place	위젯을 절대 좌표(x,y)로 배치. 윈도우의 왼쪽 상단이 (0,0)의 위치	bt.place(x=10, y=10)

실습 11-4 Pack으로 위젯 배치하기 code11-04.py

위에서부터 순서대로 위젯을 배치하는 Pack 방법을 사용하여, 다음 그림과 같이 표시되도록 프로그램을 작성해 보자.

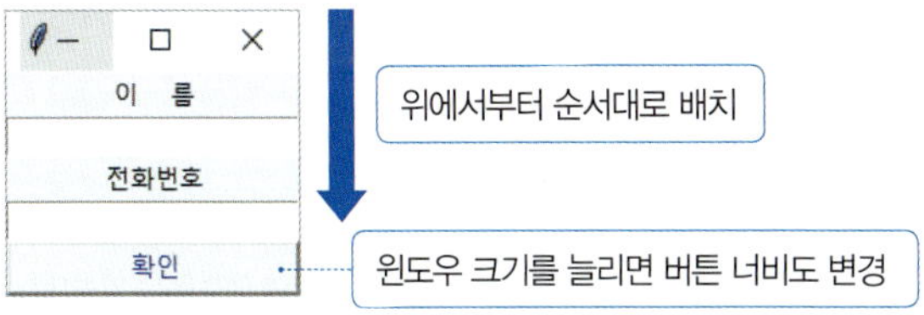

그림 11-15 실행 결과

1 Pack의 여러 속성 가운데 자주 사용되는 기능은 다음과 같고, 버튼의 크기를 배치된 영역에 맞게 채우기 위해 fill 속성을 사용한다.

표 11-5 Pack의 속성

메소드명	속성	설명	기본값
pack()	side	지정된 영역(top, bottom, left, right)에 배치	top
	anchor	배치된 영역 내의 특정 위치(center, n, e, s, w, ne, nw, se, sw)를 지정	center
	fill	위젯 크기를 배치된 영역 크기에 맞게 채우기(none, x, y, both)	-

2 기본 윈도우에 각 위젯을 생성하고 pack() 메소드를 사용해 순서에 맞게 배치한다.

```
from tkinter import *

w = Tk()                              # 윈도우 제목
w.title("회원 가입")

Label(w, text="이    름").pack()
nameEn = Entry(w)
nameEn.pack()

Label(w, text="전화번호").pack()
phoneEn = Entry(w)
phoneEn.pack()

```

```
Button(w, text="확인", fg="blue").pack(fill="x")   # 버튼 너비를 윈도우에 맞게 채우기

w.mainloop()
```

실습 11-5 Grid로 위젯 배치하기 code11-05.py

열과 행을 지정하는 Grid로 위젯을 배치하도록 [실습 11-4] 프로그램을 수정해 보자.

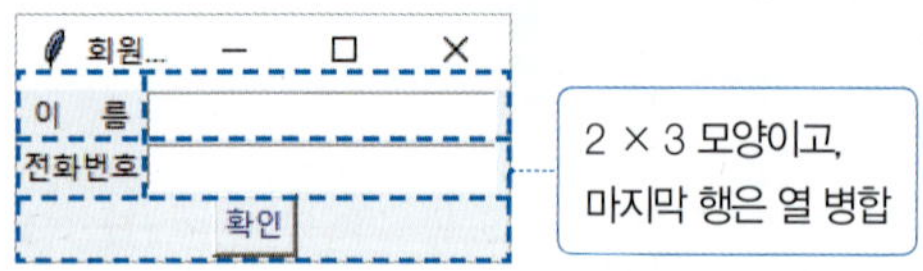

그림 11-16 실행 결과

1 Grid의 여러 속성 가운데 자주 사용되는 기능은 다음과 같다. 표를 구성하는 행과 열, 셀의 개념과 병합은 다음 그림을 참고한다.

표 11-6 Grid 속성

메소드명	옵션명	설명	기본값
grid()	column	열 번호	0
	row	행 번호	0
	columnspan	병합하는 열의 개수	1
	rowspan	병합하는 행의 개수	1
	sticky	셀 내에서 위치 조정(n, e, s, w, nw, ne, sw, se)	–

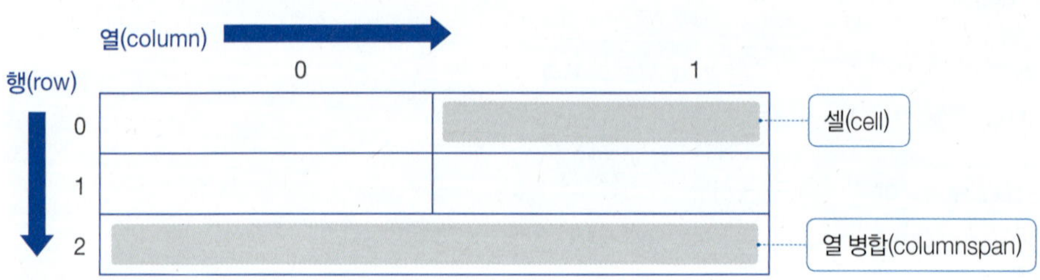

그림 11-17 표의 구성

2 기본 윈도우에 각 위젯을 생성하고 grid() 메소드를 사용해 열과 행으로 배치한다.

```
from tkinter import *

w = Tk()
w.title("회원 가입")

Label(w, text="이   름").grid(row=0, column=0)      # 첫 번째 행
nameEn = Entry(w)
nameEn.grid(row=0, column=1)

Label(w, text="전화번호").grid(row=1, column=0)  # 두 번째 행
phoneEn = Entry(w)
phoneEn.grid(row=1, column=1)

Button(w, text="확인", fg="blue").grid(row=2, column=0, columnspan=2)       # 열 병합

w.mainloop()                                     # 이벤트 처리를 위해 대기
```

실습 11-6 Place로 위젯 배치하기 code11-06.py

이번에는 위젯을 절대 좌표의 위치에 배치하는 Place로 프로그램을 작성해 보자. place()를 사용하면 원하는 어떤 위치에도 위젯을 표시할 수 있지만 윈도우 크기가 조정되어도 위젯은 고정되어 있다는 단점이 있고, 좌표를 잘못 설정하면 윈도우 영역을 벗어날 수도 있어서 주의해야 한다.

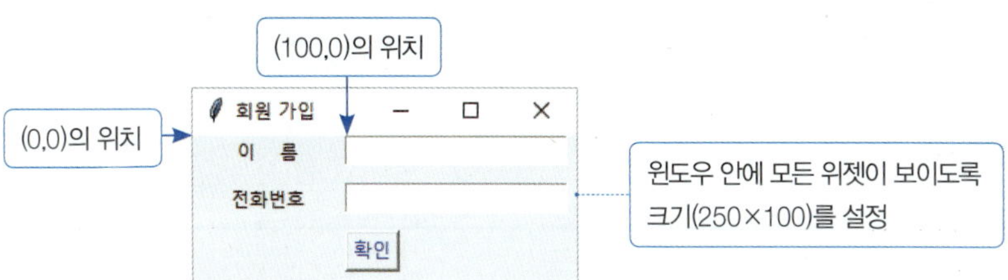

그림 11-18 실행 결과

1 Place에서는 x, y 좌표와 위젯의 크기 등을 지정하는 속성을 사용할 수 있다.

표 11-7 Place 속성

메소드명	속성	설명	기본값
place()	x	가로 방향 좌표	–
	y	세로 방향 좌표	–
	width	위젯의 너비	–
	height	위젯의 높이	–

2 기본 윈도우와 위젯을 생성하고, place() 메소드로 위젯이 표시될 위치를 지정하는 전체 프로그램을 다음과 같이 작성하고 실행한다.

```
from tkinter import *

w = Tk()
w.title("회원 가입")
w.geometry("250x100")                                    # 윈도우 크기("가로x세로") 설정

Label(w, text="이    름").place(x=0, y=0, width=100)     # 레이블의 위치와 너비 지정
nameEn = Entry(w)
nameEn.place(x=100, y=0)

Label(w, text="전화번호").place(x=0, y=30, width=100)
phoneEn = Entry(w)
phoneEn.place(x=100, y=30)

Button(w, text="확인", fg="blue").place(x=100, y=60)

w.mainloop()                                             # 이벤트 처리를 위해 대기
```

여기서 잠깐

윈도우의 크기와 위치 설정하기

Tk.geometry()를 사용하면 실행 윈도우의 크기뿐 아니라, 윈도우가 나타나는 스크린의 위치도 설정할 수 있다. geometry() 메소드의 인수는 문자열 형식이며, 가로, 세로의 크기와 x, y 좌표값으로 사용된다.

표 11-8 geometry 메소드

메소드명	옵션명	설명
geometry()	w	윈도우 너비(픽셀 단위)
	h	윈도우 높이(픽셀 단위)
	±x	x 좌표(+ 값은 스크린 왼쪽 끝에서의 거리, − 값은 오른쪽 끝에서의 거리)
	±y	y 좌표(+ 값은 스크린 위쪽 끝에서의 거리, − 값은 아래쪽 끝에서의 거리)

```
from tkinter import *

w = Tk()
w.geometry("250x100+0+0")
w.mainloop()
```

윈도우의 크기는 250×100, 윈도우의 위치는 스크린 왼쪽 상단(+0+0)에 나타나도록 설정

위젯의 이벤트 처리

위젯은 그래픽 프로그램에서 사용자 인터페이스를 위해 필요한 요소이므로, 버튼 클릭이나 키보드 입력 등의 이벤트가 감지되면 그에 알맞은 동작을 만들어 주어야 한다. 이를 이벤트 처리event handling라고 하고, 함수를 이용하여 필요한 동작을 정의한다.

10장에서 학습한 터틀 그래픽스에서의 이벤트 처리와 비슷하지만, tkinter 프로그램에서는 동작할 함수를 위젯에 연결해서 이벤트를 처리한다.

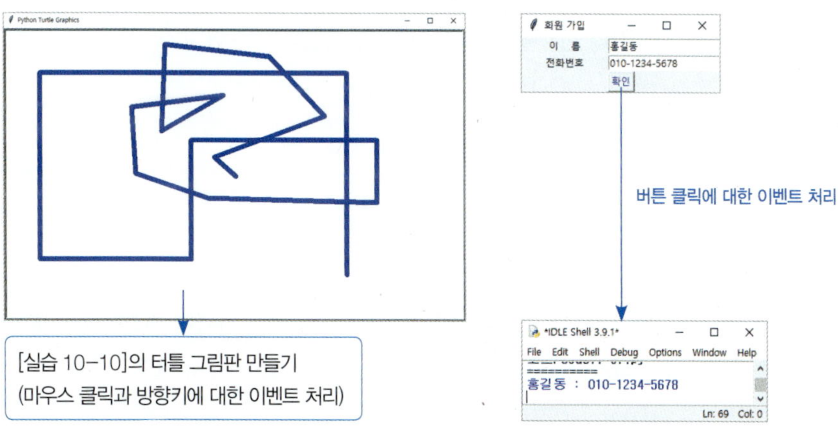

터틀 그래픽스 tkinter

그림 11-19 이벤트 처리 비교

위젯에 이벤트 처리 함수를 연결하는 방법은 다음 2가지 형태가 있다. 버튼 위젯에 함수를 연결하는 경우를 가정한다.

■ 버튼 위젯의 command 속성에 이벤트 처리 함수를 지정

```
def 함수명() :
    이벤트 처리 동작

bt = tkinter.Button(컨테이너, 속성1 = 값1, ..., command = 함수명)
```

■ 버튼 위젯의 bind() 메소드로 이벤트 처리 함수를 지정

하나의 위젯에 여러 개 이벤트를 연결할 수도 있고, 마우스와 키보드의 다양한 동작에 대한 이벤트를 처리할 수 있다.

```
def 함수명(event) :
    이벤트 처리 동작

bt = tkinter.Button(컨테이너, 속성1 = 값1, ...)
bt.bind('<이벤트명>', 함수명)
```

실습 11-7 버튼 위젯에 이벤트 처리 기능 추가하기 code11-07.py

이름과 전화번호를 입력하고 버튼을 누르면 입력한 데이터를 쉘에 출력하는 프로그램을 만들어 보자. 입력된 값을 출력하는 이벤트 처리 함수를 만들어 버튼에 연결하도록 한다.

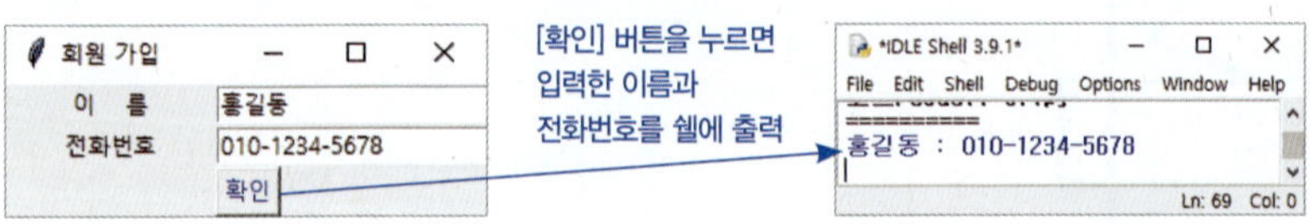

그림 11-20 실행 결과

1 엔트리에 입력된 값은 `get()` 메소드로 추출할 수 있다. 이름(nameEn)과 전화번호(phoneEn)에 입력된 값을 가져와 출력하는 `bt_click()` 이벤트 처리 함수를 다음과 같이 정의한다.

```python
def bt_click() :
    name = nameEn.get()                 # 이름을 가져와 name에 저장
    phone = phoneEn.get()               # 전화번호를 가져와 phone에 저장
    print(name, ":", phone)             # 이름과 전화번호를 쉘에 출력
```

위젯의 get() 메소드는 다음 사용법을 참고한다.

표 11-9 get 메소드

메소드명	동작	예시
get()	위젯에 입력된 텍스트를 추출	entry.get()

2 이벤트 처리 함수를 위젯의 command 속성에 연결한 전체 프로그램은 다음과 같다.

```python
from tkinter import *

def bt_click() :
    name = nameEn.get()          # 이름을 가져와 name에 저장
    phone = phoneEn.get()        # 전화번호를 가져와 phone에 저장
    print(name, ":", phone)      # 이름과 전화번호를 쉘에 출력

w = Tk()
w.title("회원 가입")

Label(w, text="이   름", width=15).grid(row=0, column=0)
nameEn = Entry(w)
nameEn.grid(row=0, column=1)

Label(w, text="전화번호", width=15).grid(row=1, column=0)
phoneEn = Entry(w)
phoneEn.grid(row=1, column=1)

bt = Button(w, text="확인", fg="blue", command=bt_click)    # 이벤트 처리 함수 연결
bt.grid(row=2, column=0, columnspan=2)

w.mainloop()
```

3 bind()로 이벤트 처리 함수를 연결하려면 프로그램을 다음과 같이 수정한다.

```
01 from tkinter import *
02
03 def bt_click(event) :            # 함수의 매개변수 추가, 매개변수명은 원하는 대로 작성
04 ~ 18행은 동일
19 bt = Button(w, text="확인", fg="blue")
20 bt.bind('<Button-1>', bt_click)  # 이벤트 처리 함수 연결
21 bt.grid(row=2, column=0, columnspan=2)
22
23 w.mainloop()
```

여기서 잠깐

이벤트의 종류

위젯의 bind() 메소드에 지정하는 이벤트는 '〈Button-1〉'과 같이 이벤트명을 문자열로 기술하면 된다. 이벤트의 종류는 매우 다양하므로 마우스와 키보드 관련 이벤트명을 몇 가지 소개하면 다음 표와 같다.

표 11-10 바인드되는 이벤트

동작	이벤트명	설명
마우스	〈Button-1〉	마우스 왼쪽 버튼 클릭
	〈Button-2〉	마우스 휠 버튼 클릭
	〈Button-3〉	마우스 오른쪽 버튼 클릭
	〈Button-4〉	스크롤 업
	〈Button-5〉	스크롤 다운
	〈Motion〉	마우스가 움직일 때
	〈B1-Motion〉	마우스 왼쪽 버튼을 누르면서 움직일 때
	〈ButtonRelease-1〉	마우스 왼쪽 버튼을 뗄 때
	〈Double-Button-1〉	마우스 왼쪽 버튼을 더블 클릭
	〈Enter〉	마우스 포인터가 위젯 안으로 들어왔을 때
	〈Leave〉	마우스 포인터가 위젯 밖으로 나갔을 때
키보드	〈Key〉	특정 키가 눌렸을 때
	〈Return〉	[Enter] 키가 눌렸을 때
	〈Escape〉	[ESC] 키가 눌렸을 때
	〈F1〉	[F1] 키가 눌렸을 때
	〈Up〉	방향키 [↑] 가 눌렸을 때
	〈Down〉	방향키 [↓] 가 눌렸을 때
	〈Left〉	방향키 [←] 가 눌렸을 때
	〈Right〉	방향키 [→] 가 눌렸을 때
	〈0〉	숫자키 [0] 이 눌렸을 때
	〈a〉	알파벳 [a] 키가 눌렸을 때

SECTION

03 tkinter의 활용

tkinter 모듈을 이용하여 다양한 위젯을 만들어 배치하거나 이벤트를 처리하는 GUI 프로그래밍에 대해 알아보았다. 학습한 내용을 바탕으로 기존에 만들어 보았던 사칙연산기나 무인판매기와 같은 프로그램을 GUI 버전으로 바꾸어 보자. 전반적인 제어 구조는 동일하지만, 그래픽 환경의 사용자 인터페이스를 지원함으로써 좀 더 보기 좋고 사용하기 편한 프로그램이 된다.

실습 11-8 GUI 방식의 환율 계산기 만들기 code11-08.py

[실습 10-7]에서 만들어본 환율 계산기를 그래픽 프로그램으로 바꿔 보자. 국가를 선택하고, 금액을 입력하면 환전 금액을 보여준다.

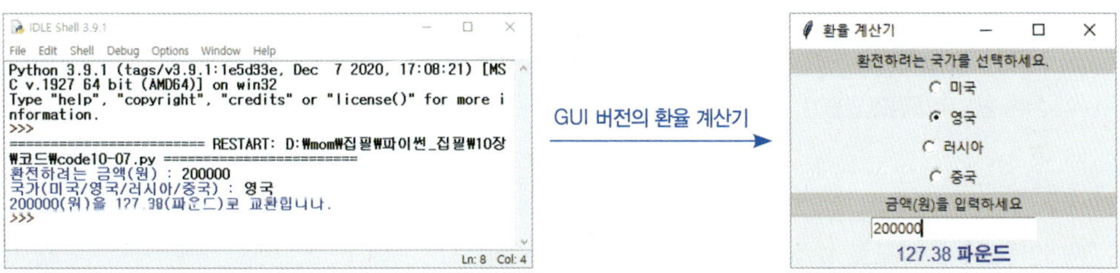

그림 11-21 실행 결과

1 값을 입력하기 위한 라디오버튼과 엔트리, 메시지를 표시하는 레이블을 기본 윈도우에 순서대로 추가해서 전체 모양을 먼저 만든다.

```
from tkinter import *
# 기본 윈도우 생성
w = Tk()
w.title("환율 계산기")
# 국가 선택
```

```
Label(w, text="환전하려는 국가를 선택하세요.", bg="lightgray", width=40).pack()
nation = IntVar()              # 선택한 국가를 저장하는 변수
nation.set(1)                  # 기본값을 "미국"으로 설정
rb1 = Radiobutton(w, text="미국", variable=nation, value=1).pack()
rb2 = Radiobutton(w, text="영국", variable=nation, value=2).pack()
rb3 = Radiobutton(w, text="러시아", variable=nation, value=3).pack()
rb4 = Radiobutton(w, text="중국", variable=nation, value=4).pack()
# 금액 입력
Label(w, text="금액(원)을 입력하세요", bg="lightgray").pack(fill="x")
en = Entry(w)
en.pack()
# 결과 표시
result = Label(w, text="", fg="blue", font="arial")
result.pack()
w.mainloop()
```

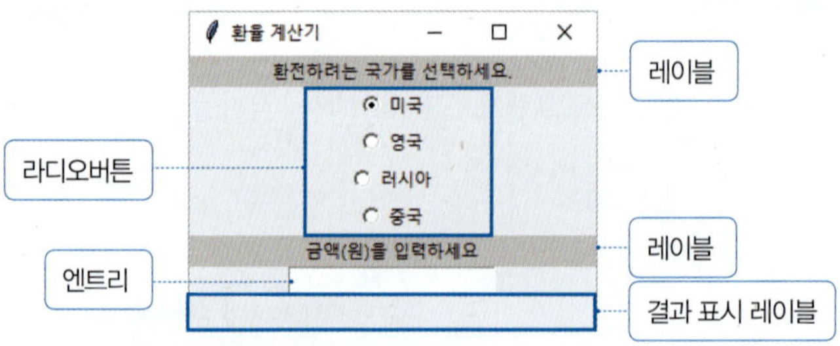

그림 11-22 기본 윈도우와 위젯 만들기

2 금액을 입력하고 Enter를 누르면 계산 결과를 표시하는 함수를 작성한다. 엔트리에 입력된 금액은 문자열로 추출되므로 수식에 사용하기 위해 정수형으로 변환하고, 예외 처리 구문을 넣어 입력 오류를 방지한다. 함수 내에 생성된 딕셔너리에서 환율 정보를 검색한 후, 계산한 결과를 레이블에 표시한다.

```
def calc_money(e) :                              # 함수 정의
    moneyInfo = {1:(1188.50, "달러"), 2:(1570.13, "파운드"),
                 3:(15.01, "루블"), 4:(173.93, "위안")}
    n = nation.get()                             # 국가 번호 추출
    try :
        money = int(en.get())                    # 금액 추출(문자열), 정수형으로 변환
    except :
        result.config(text="금액은 정수형으로 입력하세요.")
```

```
    else :
        rate, unit = moneyInfo.get(n)                       # 검색한 결과를 두 변수에 담기
        result.config(text="%.2f %s" % (money/rate, unit))  # 레이블에 결과 표시
```

3 정의한 함수 calc_money()를 금액 입력 엔트리(en)에 연결한다.

```
# 엔트리 객체를 생성한 이후에 추가
en.bind("<Return>", calc_money)
```

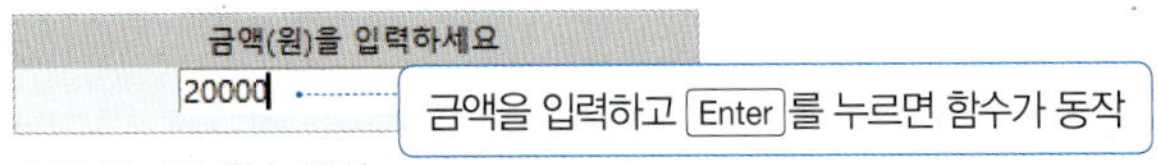

그림 11-23 함수 동작

4 전체 프로그램은 다음과 같다. 프로그램을 저장하고 실행한다. [실습 10-7]의 프로그램과 비교해 보면, 입력 과정이 쉽고 입력 오류도 줄일 수 있는 더 편리한 사용자 인터페이스를 제공한다.

```
from tkinter import *

def calc_money(e) :                     # 함수 정의
    moneyInfo = {1:(1188.50, "달러"), 2:(1570.13, "파운드"),
                 3:(15.01, "루블"), 4:(173.93, "위안")}
    n = nation.get()                    # 국가 번호 추출
    try :
        money = int(en.get())   # 금액 추출(문자열), 정수형으로 변환
    except :
        result.config(text="금액은 정수형으로 입력하세요.")
    else :
        rate, unit = moneyInfo.get(n)                   # 검색한 결과를 두 변수에 담기
        result.config(text="%.2f %s" % (money/rate, unit))     # 레이블에 결과 표시

w = Tk()
w.title("환율 계산기")
# 국가 선택
Label(w, text="환전하려는 국가를 선택하세요.", bg="lightgray", width=40).pack()
nation = IntVar()                       # 선택한 국가를 저장하는 변수
nation.set(1)                           # 기본값을 "미국"으로 설정
rb1 = Radiobutton(w, text="미국", variable=nation, value=1).pack()
rb2 = Radiobutton(w, text="영국", variable=nation, value=2).pack()
rb3 = Radiobutton(w, text="러시아", variable=nation, value=3).pack()
rb4 = Radiobutton(w, text="중국", variable=nation, value=4).pack()
# 금액 입력
```

```
Label(w, text="금액(원)을 입력하세요", bg="lightgray").pack(fill="x")
en = Entry(w)
en.pack()
en.bind("<Return>", calc_money)
# 결과 표시
result = Label(w, text="", fg="blue", font="arial")
result.pack()
w.mainloop()
```

실습 11-9 GUI 방식의 사칙연산기 만들기 code11-09.py

tkinter 모듈을 활용하여 사칙연산기를 만들어 보자. 2개의 숫자를 입력하고 연산의 종류를 선택하면 결과를 출력하도록 한다.

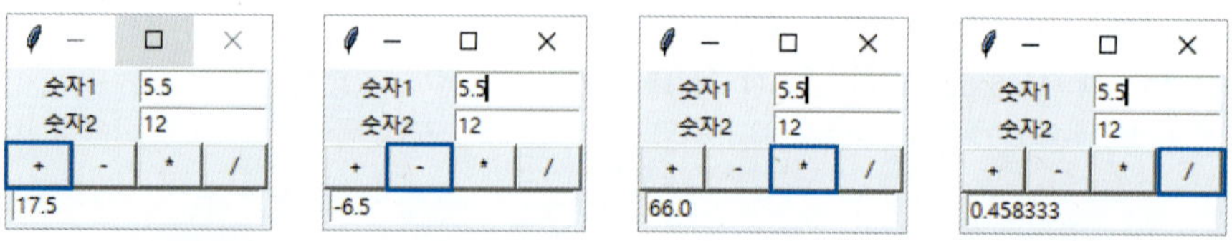

그림 11-24 실행 결과

1 원하는 모양으로 위젯이 표시되도록 만들어 보자. 기본 윈도우와 필요한 위젯을 모두 생성한 다음, Grid로 열과 행 번호를 지정하여 배치한다.

```
from tkinter import *

# 이벤트 처리 함수를 정의해 넣을 부분

w = Tk()
w.title("사칙연산기")
l1 = Label(w, text="숫자1")
l2 = Label(w, text="숫자2")
e1 = Entry(w, width=10)
e2 = Entry(w, width=10)
bAdd = Button(w, text="+", width=4)
bSub = Button(w, text="-", width=4)
bMul = Button(w, text="*", width=4)
```

```
bDiv = Button(w, text="/", width=4)
eResult = Entry(w)                           # 결과를 표시하는 엔트리

l1.grid(row=0, column=0, columnspan=2)   # Grid 배치
e1.grid(row=0, column=2, columnspan=2)
l2.grid(row=1, column=0, columnspan=2)
e2.grid(row=1, column=2, columnspan=2)
bAdd.grid(row=2, column=0)
bSub.grid(row=2, column=1)
bMul.grid(row=2, column=2)
bDiv.grid(row=2, column=3)
eResult.grid(row=3, column=0, columnspan=4)

w.mainloop()                         # 이벤트 처리를 위해 대기
```

2 2개의 숫자 엔트리에 입력된 값을 추출하여 계산하는 4개의 함수를 정의한다.

```
def f_add() :                                # 덧셈 버튼 클릭 이벤트 처리
    num1 = float(e1.get())                   # 엔트리에 입력된 숫자 가져오기
    num2 = float(e2.get())
    eResult.delete(0, END)                   # 기존에 표시한 결과를 모두 지우기
    eResult.insert(0, "%s" % (num1+num2))    # 계산 결과를 표시하기
```

```
def f_sub() :                                # 뺄셈 버튼 클릭 이벤트 처리
    num1 = float(e1.get())
    num2 = float(e2.get())
    eResult.delete(0, END)
    eResult.insert(0, "%s" % (num1-num2))
```

```
def f_mul() :                                # 곱셈 버튼 클릭 이벤트 처리
    num1 = float(e1.get())
    num2 = float(e2.get())
    eResult.delete(0, END)
    eResult.insert(0, "%s" % (num1*num2))
```

```
def f_div() :                                # 나눗셈 버튼 클릭 이벤트 처리
    num1 = float(e1.get())
    num2 = float(e2.get())
    eResult.delete(0, END)
    eResult.insert(0, "%.6f" % (num1/num2))  # 자릿수를 소수점 이하 6자리로 표시
```

엔트리에 입력된 값을 get()으로 추출하면 문자열 데이터이므로 숫자로 변환(float()나 int())해야 계산할 수 있다. 엔트리의 값을 삭제하거나 추가하는 메소드는 다음 표를 참고한다.

표 11-11 엔트리의 값을 삭제, 추가하는 메소드

메소드명	동작	예시	인수 설명
delete()	지정한 범위의 텍스트를 삭제	entry.delete(0, "end")	(시작 위치, 끝 위치)
insert()	지정한 위치에 텍스트를 추가	entry.insert(0, "안녕")	(추가할 위치, "문자열")

3 하나의 프로그램으로 **1** 위젯 만들기와 **2** 함수 정의 코드를 저장한다. 단, 버튼을 생성할 때 command 속성을 추가하여 이벤트 처리 함수가 연결되도록 수정해야 한다.

```
01     from tkinter import *
02
03~26  # 단계 2에서 정의한 4개의 함수를 넣는 부분
27~32  # 단계 1의 05~10행과 동일
33     bAdd = Button(w, text="+", width=4, command=f_add)
34     bSub = Button(w, text="-", width=4, command=f_sub)
35     bMul = Button(w, text="*", width=4, command=f_mul)
36     bDiv = Button(w, text="/", width=4, command=f_div)
37~46  # 단계 1의 15~27행과 동일
```

버튼별 함수 연결

실습 11-10 GUI 방식의 그림판 만들기 code11-10.py

터틀 그래픽스로 만들었던 것처럼 tkinter 모듈로 그림판 프로그램을 작성해 보자. 다양한 위젯의 이벤트 처리 기능을 이용하면 터틀 그래픽스보다 사용하기 편한 그림판을 만들 수 있다.

그림 11-25 실행 결과

1 프로그램의 작성 순서는 다음과 같다. 그림판의 모양을 먼저 만들고 처리할 동작을 함수로 만들어 위젯에 연결한다.

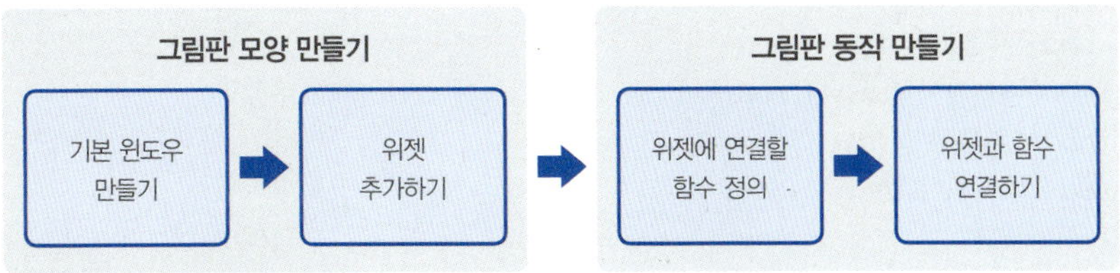

그림 11-26 그림판 작성 순서

2 기본 윈도우를 생성하고, 그림을 그리기 위해 캔버스 위젯을 추가한다. 캔버스는 크기와 배경색을 지정하도록 한다.

```
from tkinter import *
w = Tk()
w.title("그림판")
cv = Canvas(w, width=800, height=600, background="lightblue")
cv.pack()
```

그림 11-27 윈도우에 캔버스 생성

3 그림을 그릴 때 필요한 버튼을 배치하기 위해 프레임을 만들고 캔버스 아래에 추가한다.

```
fr = Frame(w)
fr.pack()
```

4 버튼 4개를 만들어 프레임에 추가하고, 행과 열 번호를 지정하여 Grid로 배치한다. 마지막에는 이벤트 처리를 위해 mainloop()을 기술한다.

```
bThick = Button(fr, text="두껍게", font="Tahoma")
bThin = Button(fr, text="가늘게", font="Tahoma")
bClear = Button(fr, text="지우기", font="Tahoma")
bExit = Button(fr, text="나가기", font="Tahoma")
bThick.grid(row=0, column=0)
bThin.grid(row=0, column=1)
bClear.grid(row=0, column=2)
bExit.grid(row=0, column=3)

w.mainloop()
```

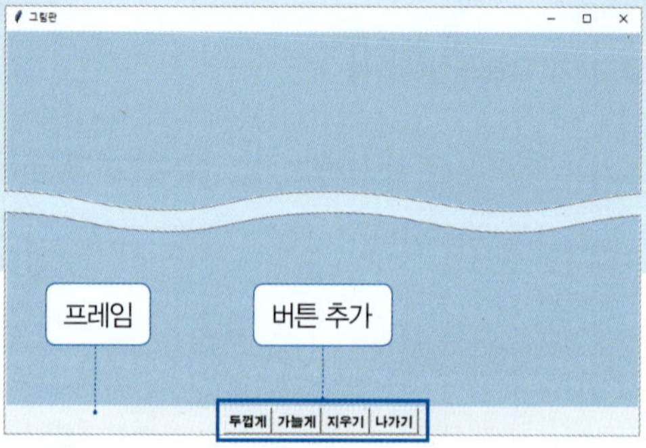

그림 11-28 프레임과 버튼 추가

5 각 버튼을 클릭할 때 실행할 동작을 다음과 같이 함수로 정의한다. 펜 두께를 설정할 때 필요한 변수 penWidth를 만들고, 함수 내에서 사용하기 위해 전역변수global로 선언한다.

```
penWidth = 5                    # 펜 두께 설정

def f_thick() :                 # 두껍게 버튼을 눌렀을 때
    global penWidth
    penWidth = 10

def f_thin() :                  # 가늘게 버튼을 눌렀을 때
    global penWidth
    penWidth = 5

def f_clear() :                 # 지우기 버튼을 눌렀을 때
    cv.delete("all")

def f_exit() :                  # 나가기 버튼을 눌렀을 때
    w.destroy()
```

캔버스의 delete()와 윈도우의 destroy() 메소드는 다음 설명을 참고한다.

표 11-12 캔버스의 delete()와 윈도우의 destroy() 메소드

메소드명	동작	예시
delete()	캔버스(cv) 위의 특정 항목(타원, 사각형, 선, 호, 글자 등)이나 모든 항목을 삭제	cv.delete('항목명') cv.delete("all")
destroy()	기본 윈도우(w) 닫기	w.destroy()

6 각 버튼을 생성하는 문장에 command 속성을 추가해서 이벤트 처리 함수를 연결한다.

```
bThick = Button(fr, text="두껍게", font="Tahoma", command=f_thick)
bThin = Button(fr, text="가늘게", font="Tahoma", command=f_thin)
bClear = Button(fr, text="지우기", font="Tahoma", command=f_clear)
bExit = Button(fr, text="나가기", font="Tahoma", command=f_exit)
```

문장 수정

7 캔버스 위에서 그림을 그리는 함수를 정의한다. 마우스 왼쪽 버튼을 클릭하면 캔버스에 작은 타원을 그려넣는데, 마우스를 누른 채 움직이면 이 타원이 연결된 선처럼 보인다. 마우스의 현재 좌표는 함수의 인수에서 구할 수 있다.

```
def f_draw(event) :
    global penWidth
    x = event.x                                         # 마우스의 현재 좌표
    y = event.y
    cv.create_oval(x, y, x+1, y+1, width=penWidth)      # width는 타원의 선 두께
```

여기서 잠깐

모양을 그리는 캔버스 메소드

다음과 같은 캔버스 메소드를 이용하면 원하는 모양을 다양하게 그릴 수 있다.

표 11-13 캔버스의 그리기 메소드

메소드명	동작	예시	인수 설명
create_line()	선 그리기	cv.create_line(50,50,100,100)	시작과 끝 좌표(x0,y0,x1,y1)
create_oval()	타원 그리기	cv.create_oval(150,150,180,180, fill="red")	왼쪽 위와 오른쪽 아래 좌표(x0,y0,x1,y1), 채우기 색상(fill)

메소드명	동작	예시	인수 설명
create_ rectangle()	사각형 그리기	cv.create_rectangle(200,200,300 ,300,width=10)	왼쪽 위와 오른쪽 아래 좌표 (x0,y0,x1,y1), 선 두께(width)

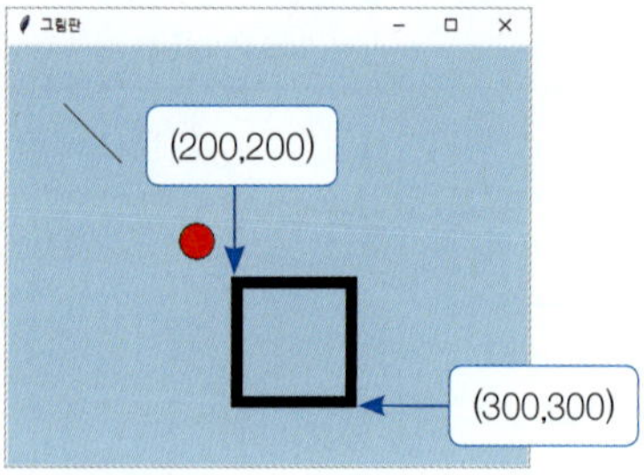

그림 11-29 캔버스 메소드 사용

8 캔버스 위에서 마우스 왼쪽 버튼을 눌렀을 때(〈B1−Motion〉), 처리할 동작으로 `f_draw()` 함수를 연결(`cv.bind()`)한다.

```
cv.bind("<B1-Motion>", f_draw)        # 마우스 왼쪽 버튼 클릭을 함수 f_draw에 연결
```

9 작성한 전체 프로그램은 다음과 같다.

```
from tkinter import *

penWidth = 5                        # 펜 두께 설정(전역변수로 사용)

def f_thick() :
    global penWidth
    penWidth = 10

def f_thin() :
    global penWidth
    penWidth = 5

def f_clear() :
    cv.delete("all")

def f_exit() :
```

```
    w.destroy()

def f_draw(event) :
    global penWidth
    x = event.x                                     # 마우스의 현재 좌표
    y = event.y
    cv.create_oval(x, y, x+1, y+1, width=penWidth)  # width는 타원의 선 두께

w = Tk()
w.title("그림판")
cv = Canvas(w, width=800, height=600, background="lightblue")
cv.pack()
cv.bind("<B1-Motion>", f_draw)    # 마우스 왼쪽 버튼 클릭을 함수 f_draw에 연결
fr = Frame(w)
fr.pack()                         # 프레임을 윈도우에 추가
bThick = Button(fr, text="두껍게", font="Tahoma", command=f_thick)
bThin = Button(fr, text="가늘게", font="Tahoma", command=f_thin)
bClear = Button(fr, text="지우기", font="Tahoma", command=f_clear)
bExit = Button(fr, text="나가기", font="Tahoma", command=f_exit)
bThick.grid(row=0, column=0)
bThin.grid(row=0, column=1)
bClear.grid(row=0, column=2)
bExit.grid(row=0, column=3)

w.mainloop()
```

요약

01 사용자와 컴퓨터가 상호작용하는 방법을 사용자 인터페이스라고 한다.

02 사용자 인터페이스의 종류로는 CUI Character UI, GUI Graphic UI, NUI Natural UI 방식이 있다.

03 CUI 방식은 키보드를 사용한 텍스트 입력 방식으로 명령을 전달한다.

04 GUI 방식은 화면의 특정 지점을 클릭하거나 드래그하는 등의 방식으로 사용자의 명령을 컴퓨터에게 전달한다.

05 NUI 방식은 사람의 음성과 표정, 몸이나 손가락의 움직임 등을 인식하여 명령을 입력받고, 실행 결과도 사람이 사용하는 자연스러운 표현 방법으로 출력하는 방식이다.

06 GUI 프로그래밍 도구를 파이썬에서 표준 인터페이스 모듈로 제공하는데 이를 tkinter라고 한다.

07 윈도우를 구성하는 레이블, 버튼, 엔트리나 메뉴 등을 위젯이라고 한다. 위젯을 클릭하거나 입력하는 등의 동작을 통해 사용자 인터페이스를 구현한다.

08 위젯을 기본 윈도우나 프레임 같은 컨테이너에 배치하는 방법으로 3가지 종류가 있다. Pack은 위에서 아래 방향으로 순서대로 배치, Grid는 행 row과 열 column 번호로 위젯을 배치, Place는 위젯을 절대 좌표(x, y)로 배치한다.

09 버튼 클릭이나 키보드 입력 등의 이벤트가 감지되면 그에 알맞은 동작을 만들어 주어야 한다. 이를 이벤트 처리 event handling 라고 한다. 이벤트 처리는 함수를 이용하여 필요한 동작을 정의하고 위젯에 연결한다.

연습문제

01 사용자 인터페이스에 대한 다음의 설명 중 잘못된 것을 하나 고르시오.

① 컴퓨터가 인간과 상호작용하는 방법으로, 효율적인 정보 전달을 위해 다양한 데이터를 활용하고 있다.

② 텍스트를 입력하여 사용자가 원하는 동작이나 프로그램을 실행하도록 하는 CUI 방식은 현재 사용되고 있지 않다.

③ 사람의 수준에 가까운 표현으로 명령을 입력하고 전달하기 위해 시각이나 청각 등 다양한 형태의 정보가 활용되고 있다.

④ 사용자 인터페이스는 조작이 쉬워야 하며, 정확하게 필요한 기능이 수행되도록 해야 한다.

02 제목이 SMS인 윈도우에 다음 그림과 같이 위젯이 표시되도록 프로그램의 빈칸을 채워서 완성하시오.

```
from [          ] import *

win = Tk()
[          ]("SMS")

lbl = Label(win, text="메시지를 입력하세요.")
ent = Entry(win, width=25)
bSend = Button(win, text=[          ], width=10)
bCancel = Button(win, text=[          ], width=10)

lbl.pack()
ent.pack()
bSend.pack(side="left")
bCancel.pack(side="right")

win.mainloop()
```

03 '전송' 버튼을 누르면 엔트리에 입력한 메시지를 파이썬 쉘로 출력하도록 연습문제 **02**에서 만든 프로그램을 수정하시오. 버튼 클릭에 대한 이벤트 처리 함수 `f_send()`를 만들고 연결한다.

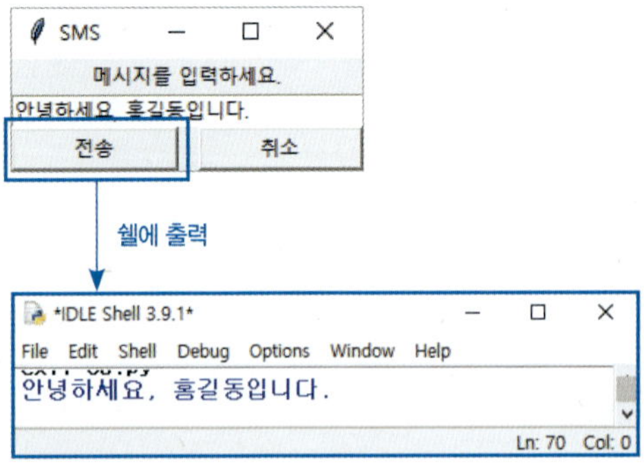

04 '취소' 버튼을 누르면 엔트리에 입력한 메시지를 모두 지우도록 연습문제 **02**에서 만든 프로그램을 수정하시오. 클릭 이벤트 처리를 위한 함수 `f_cancel()`을 만들고, '취소' 버튼에 연결한다.

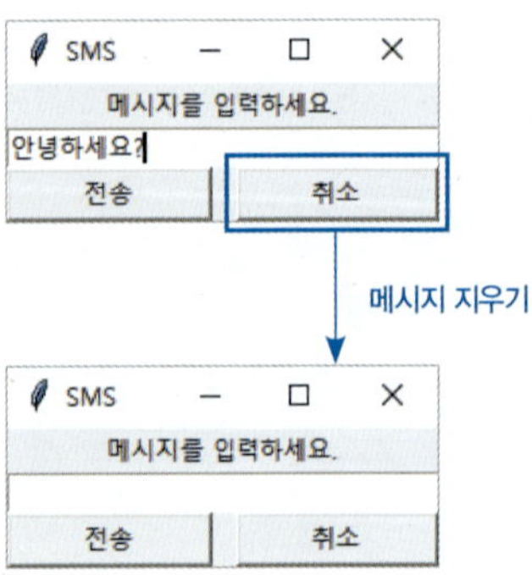

05 온도를 입력하고 '변환' 버튼을 누르면 화씨 온도로 표시하는 프로그램이다. 온도 입력은 엔트리 위젯을 이용하고, 변환한 화씨 온도는 레이블 위젯에 표시하도록 한다. 또, 윈도우의 제목은 '온도 변환기', 창 크기는 '240×100'으로 설정한다. 프로그램의 빈칸을 채워 올바르게 실행되도록 하시오.

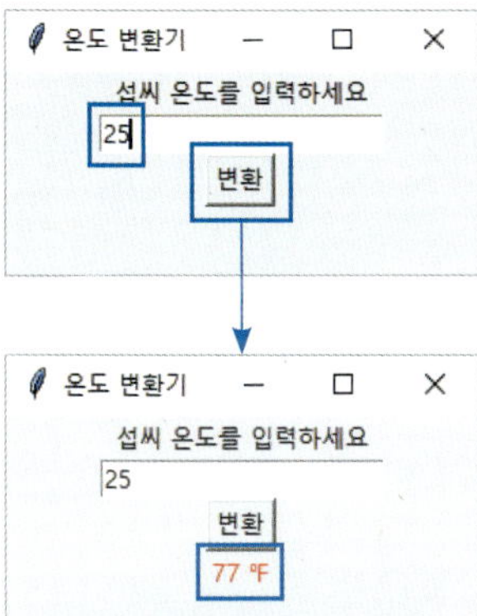


```
from ____________ import *

def f_convert() :
    try:
        temp=int(____________)            # 엔트리에 입력된 텍스트 추출->정수로 변환
    except:
        result.config(text="다시 입력하세요")
    else:
        result.config(text=str(int(9.0/5.0*temp+32))+" ℉")

win = Tk()
win.____________("온도 변환기")
win.________________("240x100")

label=Label(win, text="섭씨 온도를 입력하세요")
entry=Entry(win)
button=Button(win, text="변환", command=____________)     # 클릭 이벤트 처리
```

연습
문제

```
result=Label(win, text="", fg="red")

label.pack()
entry.pack()
button.pack()
result.pack()

win.mainloop()
```

CHAPTER 12

모듈

학습목표

- 재사용의 필요성과 모듈의 개념을 이해한다.
- 파이썬에서 제공하는 표준 모듈의 사용법을 알고 활용한다.
- 재사용 가능한 기능을 모듈로 직접 만들고 활용해 본다.

SECTION 01

재사용과 모듈

프로그램을 작성할 때 처음부터 끝까지 모든 기능을 일일이 다 작성해야 한다면 굉장히 어렵고 힘든 작업이 될 것이다. 지금까지 작성해 보았던 프로그램에서도 화면에 출력하거나 키보드로 입력하는 일, 윈도우 창을 만들고 버튼을 생성하는 등의 동작은 직접 만들지 않고, 파이썬에서 기본으로 제공하는 기능을 사용하여 간단히 처리할 수 있었다. 이처럼 다른 사람이 이미 만들어 놓은 코드를 가져와 사용하는 것을 재사용reuse이라 한다. 이 절에서는 재사용의 필요성과 재사용을 목적으로 하는 모듈의 개념에 대해 알아보자.

1 재사용의 필요성

개발 시간이나 비용을 절감하기 위해 기존의 시스템에서 검증된 기능을 재구성하여 또 다른 시스템을 구축하는 작업을 재사용이라 할 수 있다. 특히, 코딩 작업에 소비되는 시간이나 노력을 절감하기 위해 기존 프로그램의 특정 기능을 다른 프로그램에 사용하는 기법을 코드 재사용code reuse이라 한다. 중복 코드로 인한 문제가 발생할 수 있는, 코드 일부분을 복사해서 붙여 넣는 것과는 다른 개념이다. 대부분의 프로그램 언어에서는 라이브러리library라는 이름으로 입력이나 출력 등 공통으로 사용하는 기능들을 파일로 만들어 제공하고 있는데, 이 라이브러리의 가장 중요한 목적이 코드 재사용이라 할 수 있다.

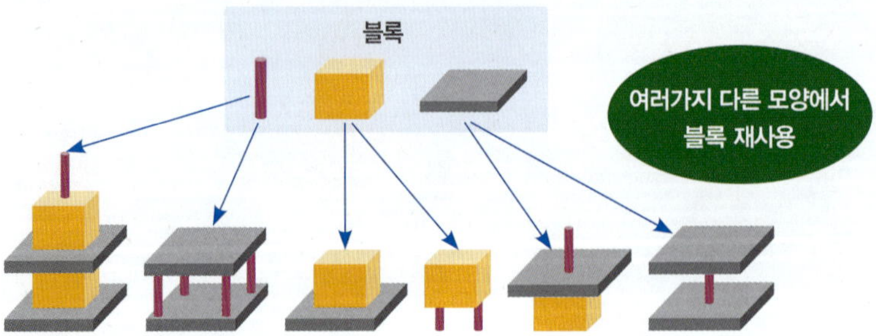

그림 12-1 재사용의 개념

2 모듈의 개념

모듈module이란 프로그램을 만들 때 자주 사용하는 코드를 별도의 파일로 만들어서 필요할 때마다 재사용할 수 있게 한 것이다. 파이썬의 모듈은 파이썬 파일(.py)로 제공되며 각종 변수, 함수, 클래스를 담고 있다.

참고로, 파이썬을 설치할 때 기본으로 설치되는 표준 모듈standard module과 `input()`, `print()` 등의 내장 함수built-in function 및 자료형 등을 모두 포함한 개념을 표준 라이브러리standard library라고 한다.

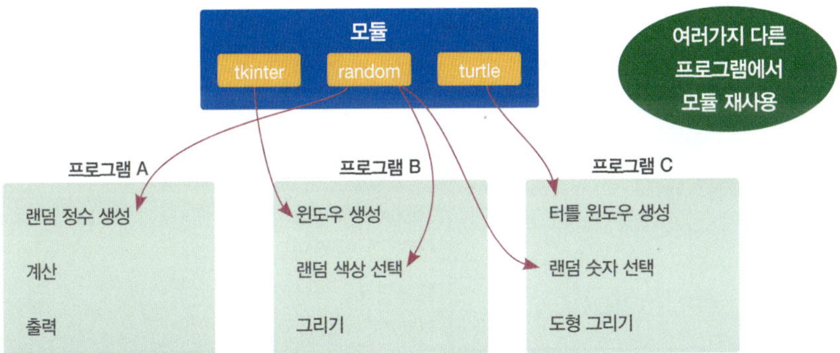

그림 12-2 모듈의 개념

모듈을 사용할 때의 장점은 다음과 같다.

- 자주 사용되는 기능을 재사용할 수 있어서 프로그램 개발이 효율적이다.
- 기능의 분리와 복잡성의 감소로 프로그램의 유지보수가 용이하다.
- 필요한 부분만 불러 사용할 수 있어서 메모리 사용을 절약할 수 있다.
- 오류가 발생하는 경우 파급 효과를 최소화시킬 수 있다.

함수와 모듈의 구분

10장에서 학습하였듯이 함수는 특정 작업을 수행하는 명령문들의 묶음이다. 파이썬에서는 함수를 내장 함수와 사용자 정의 함수로 구분할 수 있고, 객체를 생성하여 사용할 수 있는 메소드도 있다.

표 12-1 **함수의 구분**

구분		설명	종류 및 사용 예
함수	내장 함수	파이썬에서 제공하는 함수	`input(), print(), int(), type(), range(), len(), max(), pow()` 등
	사용자 정의 함수	사용자가 직접 만드는 함수	`def 함수명 :` `    명령문`
	메소드	객체 이름으로 사용하는 함수	`list.sort(), tuple.index(), str.split(), turtle.forward()` 등

모듈은 이러한 함수들과 필요한 변수, 클래스를 정의해서 담아 둔 파일이다. 파이썬에서는 기본적으로 제공하는 표준 모듈과 사용자 정의 모듈로 구분할 수 있다.

표 12-2 **모듈의 구분**

구분		설명	종류 및 사용 예
모듈	표준 모듈	파이썬에서 제공하는 모듈	`import random` `random.randint(1,50)`
	사용자 정의 모듈	사용자가 직접 만드는 모듈	`모듈명.py 파일 작성,` `import 모듈명`

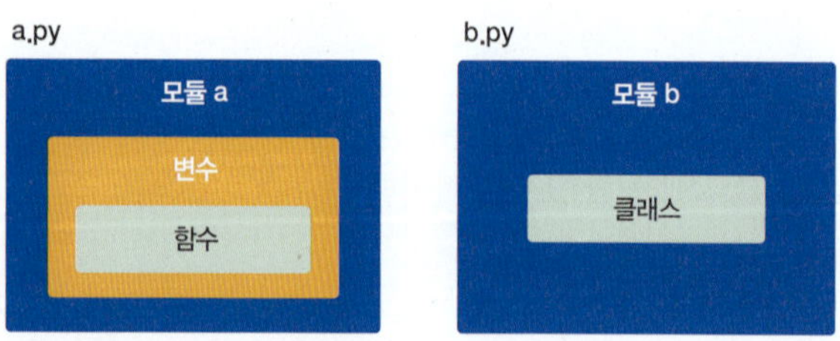

그림 12-3 **함수와 모듈의 구분**

SECTION 02

표준 모듈

파이썬에는 이미 여러 개발자가 만들어 놓은 많은 모듈이 있어서 프로그램을 손쉽게 작성할 수 있다. 특히, 파이썬을 설치할 때 함께 제공되는 표준 모듈은 import 문으로 간단하게 불러올 수 있다. 이 절에서는 파이썬의 표준 모듈 중에서 몇 가지 기능의 사용 방법을 학습하고 활용해 보기로 한다.

1 sys 모듈

sys 모듈은 파이썬에서 제공하는 변수와 함수를 직접 제어할 수 있는 모듈로, 컴퓨터 환경이나 프로그램 실행 등 시스템 관련 정보를 다루기 위해 활용된다.

실습 12-1 sys 모듈 다양하게 사용하기

sys 모듈에서 제공하는 다양한 함수를 이용하여 컴퓨터 시스템이나 파이썬 실행 관련 정보를 확인해 보자.

1 sys 모듈을 import하고, 파이썬에서 제공하는 표준 모듈의 종류를 확인한다.

```
>>> import sys
>>> print(sys.builtin_module_names)
('_abc', '_ast', '_bisect', '_blake2', '_codecs', '_codecs_cn', '_codecs_hk', '_codecs_
iso2022', '_codecs_jp', '_codecs_kr', '_codecs_tw', '_collections', '_contextvars', '_csv',
'_datetime', '_functools', '_heapq', '_imp', '_io', '_json', '_locale', '_lsprof', '_md5', '_
multibytecodec', '_opcode', '_operator', '_peg_parser', '_pickle', '_random', '_sha1', '_
sha256', '_sha3', '_sha512', '_signal', '_sre', '_stat', '_statistics', '_string', '_
struct', '_symtable', '_thread', '_tracemalloc', '_warnings', '_weakref', '_winapi', '_
xxsubinterpreters', 'array', 'atexit', 'audioop', 'binascii', 'builtins', 'cmath',
'errno', 'faulthandler', 'gc', 'itertools', 'marshal', 'math', 'mmap', 'msvcrt', 'nt',
'parser', 'sys', 'time', 'winreg', 'xxsubtype', 'zlib')
```

2 sys 모듈에서 사용할 수 있는 변수와 함수는 어떤 종류가 있는지 dir()로 확인한다.

```
>>> dir(sys)
['__breakpointhook__', '__displayhook__', '__doc__', '__excepthook__', '__
interactivehook__', '__loader__', '__name__', '__package__', '__spec__', '__stderr__', '__
stdin__', '__stdout__', '__unraisablehook__', '_base_executable',

'set_asyncgen_hooks', 'set_coroutine_origin_tracking_depth', 'setprofile',
'setrecursionlimit', 'setswitchinterval', 'settrace', 'stderr', 'stdin', 'stdout',
'thread_info', 'unraisablehook', 'version', 'version_info', 'warnoptions', 'winver']
```

여기서 잠깐

내장 함수 dir()

dir()은 모듈 이름이나 객체 이름을 인수로 넣으면 해당 모듈이나 객체에 사용 가능한 속성을 알려 준다.

• 문자열을 인수로 사용하면 문자열 관련 변수와 사용 가능한 메소드를 확인

```
>>> a = 'kim'
>>> dir(a)
['__add__', '__class__', '__contains__', '__delattr__', '__dir__', '__doc__', '__
eq__', '__format__', '__ge__', '__getattribute__', '__getitem__', '__getnewargs__',
'__gt__', ...
'rsplit', 'rstrip', 'split', 'splitlines', 'startswith', 'strip', 'swapcase',
'title', 'translate', 'upper', 'zfill']
```

• 리스트를 만들어 인수에 넣으면 관련 변수와 메소드 목록을 확인

```
>>> b = [1, 2, 3]
>>> dir(b)
['__add__', '__class__', '__class_getitem__', '__contains__', '__delattr__', '__
delitem__', '__dir__', '__doc__', '__eq__', '__format__', '__ge__',
...
'append', 'clear', 'copy', 'count', 'extend', 'index', 'insert', 'pop', 'remove',
'reverse', 'sort']
```

• 파이썬에서 제공하는 내장 함수 목록을 확인하고 싶으면 인수에 '__builtins__'을 사용

```
>>> dir(__builtins__)
['ArithmeticError', 'AssertionError', 'AttributeError', 'BaseException',
...
'__build_class__', '__debug__', '__doc__', '__import__', '__loader__', '__name__',
'__package__', '__spec__', 'abs', 'all', 'any', 'ascii', 'bin', 'bool', 'breakpoint',
'bytearray', 'bytes', 'callable', 'chr', 'classmethod', 'compile', 'complex',
'copyright', 'credits', 'delattr', 'dict', 'dir', 'divmod', 'enumerate', 'eval',
'exec', 'exit', 'filter', 'float', 'format', 'frozenset', 'getattr', 'globals',
'hasattr', 'hash', 'help', 'hex', 'id', 'input', 'int', 'isinstance', 'issubclass',
'iter', 'len', 'license', 'list', 'locals', 'map', 'max', 'memoryview', 'min',
'next', 'object', 'oct', 'open', 'ord', 'pow', 'print', 'property', 'quit', 'range',
'repr', 'reversed', 'round', 'set', 'setattr', 'slice', 'sorted', 'staticmethod',
'str', 'sum', 'super', 'tuple', 'type', 'vars', 'zip']
```

3 사용하고 있는 컴퓨터의 운영체제 정보를 getwindowsversion() 함수로 확인해 본다.

```
>>> print(sys.getwindowsversion())
sys.getwindowsversion(major=10, minor=0, build=18363, platform=2, service_pack='')
```

4 실행 중인 파이썬 버전 정보를 확인해 본다.

```
>>> print(sys.version)
3.9.1 (tags/v3.9.1:1e5d33e, Dec  7 2020, 17:08:21) [MSC v.1927 64 bit (AMD64)]
```

5 파이썬이 설치된 경로 정보를 확인해 본다.

```
>>> print(sys.prefix)
C:\Users\jykim\AppData\Local\Programs\Python\Python39
```

6 문자열 파일을 다룰 때 필요한 기본 인코딩 방법을 getdefaultencoding() 함수로 확인해 본다.

```
>>> print(sys.getdefaultencoding())
utf-8
```

2 os 모듈

OS Operating System는 윈도우와 같은 운영체제를 의미하고, 파이썬의 os 모듈을 이용하면 운영체제의 여러 기능을 파이썬에서 직접 실행할 수 있다. 시스템 환경 변수나 디렉토리 정보를 가져오거나 변경할 수도 있고, 다른 프로그램의 실행이나 시스템 명령어를 파이썬 프로그램에서 사용할 수도 있다.

실습 12-2 os 모듈 다양하게 사용하기

os 모듈에서 제공하는 다양한 함수 중에서 몇 가지만 살펴보도록 하자.

1 os 모듈을 import하고, `getcwd()` 함수로 프로그램이 실행되고 있는 현재 경로를 확인해 본다.

```
>>> import os
>>> os.getcwd()
'C:\\python'
```

TIP 9장에서 파일을 다룰 때나 이 장의 3절에서 다룰 사용자 정의 모듈의 저장 위치 등을 판단할 때 유용한 문장이다.

2 `listdir()`을 사용하면 현재 경로에 존재하는 파일과 디렉토리 목록을 리스트 형태로 확인할 수 있다.

```
>>> os.listdir()
['login.txt', 'member.txt', 'poem.txt']
```

3 `rename()`으로 파일 이름을 변경하거나, `mkdir()`로 디렉토리를 만들 수도 있다.

```
>>> os.rename('login.txt', 'user_id.txt')
>>> os.mkdir('temp')
>>> os.listdir()
['member.txt', 'poem.txt', 'temp', 'user_id.txt']
```

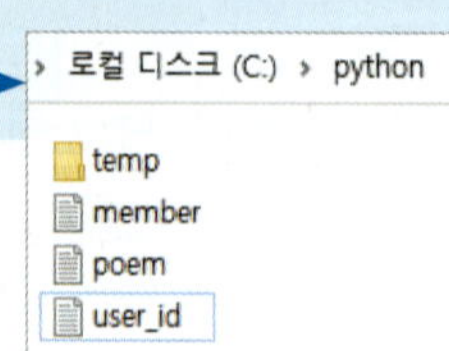

그림 12-4 탐색기에서 확인하기

TIP 디렉토리를 지울 때는 `rmdir()` 함수를 사용한다.

4 system()은 윈도우의 명령 프롬프트나 유닉스에서 사용 가능한 시스템 명령어를 직접 실행하도록 한다.

```
>>> os.system('date')
```

날짜를 변경하는 명령, 수정하지 않으려면 Enter를 누름

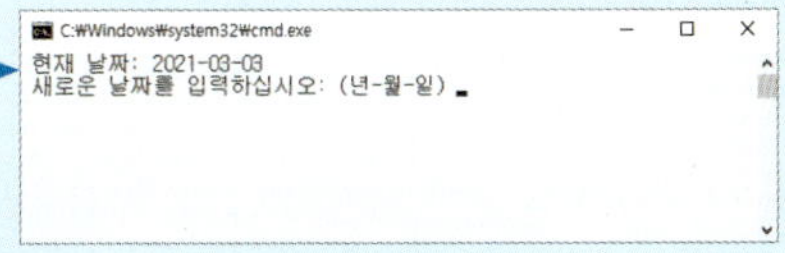

그림 12-5 날짜 변경 명령 실행

```
>>> os.system('copy member.txt member(2).txt')
0
>>> os.listdir()
['login.txt', 'member(2).txt', 'member.txt', 'poem.txt', 'temp']
```

파일을 복사하는 명령

복사본 생성

TIP 2장에서 파이썬 실행 창이 닫히지 않도록 하기 위해 os.system('Pause')를 사용했다.

3 random 모듈

random 모듈은 이전 학습에서도 사용해 보았듯이 정해진 범위 내에서 임의의 수를 하나 혹은 여러 개 고르거나(randint(), random(), randrange()), 리스트의 원소를 무작위로 섞거나(shuffle()) 랜덤하게 선택(sample())하는 등의 함수를 제공한다.

실습 12-3 중복 없는 로또 번호 생성하기 code12-03.py

로또 복권의 번호를 선택할 때처럼 같은 숫자를 또 고를 수 없는 경우를 생각해 보자. random 모듈의 함수를 이용하여 중복되지 않는 숫자의 조합을 만들면 된다. 1부터 49까지의 숫자에서 6개의 번호 조합을 중복되지 않게 5번 만들어 출력하는 프로그램을 작성해 보자.

```
1 : [6, 26, 11, 19, 21, 23]
2 : [21, 39, 18, 27, 10, 23]
3 : [38, 24, 6, 35, 33, 11]
4 : [5, 19, 22, 40, 31, 18]
5 : [12, 39, 28, 19, 36, 30]
```

그림 12-6 중복되지 않는 번호 생성하기

1 필요한 작업을 단계별로 실행한다. 먼저 49개의 숫자(1~49)를 내장 함수 range()로 생성한 후 리스트에 저장한다.

```
numbers = list(range(1, 50))
```

2 random 모듈의 sample()을 이용하면 리스트 항목 중에서 필요한 수만큼 고를 수 있어서, 중복되지 않게 번호를 조합할 수 있다.

```
from random import *

numbers = sample(numbers, 6)          # 리스트 항목 6개를 샘플링
```

3 6개 숫자를 5번 반복 생성하도록 for 문을 활용한다. 다음과 같이 전체 프로그램을 만들어 실행한다.

```
from random import *

for x in range(5) :
    numbers = list(range(1, 50))
    numbers = sample(numbers, 6)
    print("{0} : {1}".format(x+1, numbers))
```

실행 결과

```
1 : [34, 14, 33, 21, 39, 19]
2 : [40, 41, 31, 39, 11, 26]
3 : [8, 29, 13, 6, 25, 1]
4 : [32, 39, 38, 18, 26, 36]
5 : [7, 40, 21, 38, 11, 46]
```

4 math 모듈

math 모듈은 수학 계산에 관련된 기능으로 이루어져 있다. 제곱근(sqrt()), 팩토리얼(factorial()), 로그(log()), 올림(ceil())이나 내림(floor()) 등 여러 가지 수학적인 계산을 위한 함수를 사용

할 수 있다. 참고로 절대 값(abs()), 제곱(pow()), 반올림(round()) 계산은 파이썬 내장 함수로 제공되고 있다.

실습 12-4 삼각함수표 만들기 code12-04.py

지구에서 별까지의 거리를 측정하는 문제나 해수면의 높이 계산, 바이오 리듬, 악기의 고유 진동수를 이용한 조율 등은 모두 삼각함수trigonometric functions가 실생활에 사용되고 있는 사례이다. math 모듈에서 제공하는 사인(sin()), 코사인(cos()), 탄젠트(tan())를 이용해 삼각함수표를 만들어 다음과 같이 출력해 보자.

```
 x   sin(x)   cos(x)               tan(x)
==================================================
 0   0.0000   1.0000               0.0000
10   0.1736   0.9848               0.1763
20   0.3420   0.9397               0.3640
30   0.5000   0.8660               0.5774
40   0.6428   0.7660               0.8391
50   0.7660   0.6428               1.1918
60   0.8660   0.5000               1.7321
70   0.9397   0.3420               2.7475
80   0.9848   0.1736               5.6713
90   1.0000   0.0000  16331239353195370.0000
```

1 math 모듈의 사용을 선언하고, sin(), cos(), tan()에 각도 x를 인수로 넣어 계산 결과를 각각 저장한다.

```
from math import *

x = 0    # x는 각도
s = sin(radians(x))
c = cos(radians(x))
t = tan(radians(x))
```

여기서 잠깐

각도의 단위

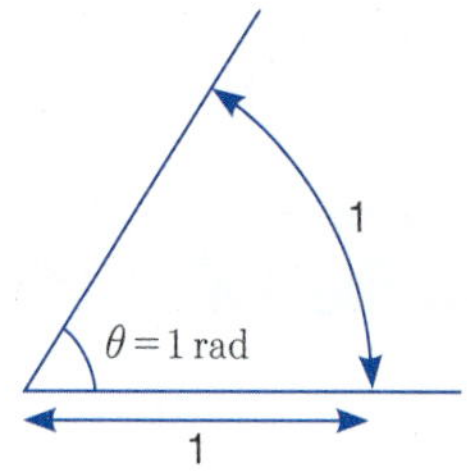

그림 12-7 라디안 단위

우리가 일상적으로 사용하는 각도의 단위는 디그리degree이고, 원 한 바퀴를 360도로 표현하는 방법이다. 각도를 표시하는 또 다른 방법으로 라디안radian이 있다. 다음 그림처럼 호의 길이가 반지름과 같게 되는 만큼의 각을 1 라디안이라고 정의하고, 이는 약 57.3 디그리에 해당하는 값이다. math 모듈의 삼각함수들은 라디안 값이 인수로 사용되므로, radians()를 사용해 일반적으로 사용하는 디그리 각도를 라디안 값으로 변환해야 한다.

2 반복문을 활용해 0도부터 90도까지 10도 간격으로 계산되도록 수정한다.

```
for x in range(0, 91, 10) :                # x는 각도
    s = sin(radians(x))
    c = cos(radians(x))
    t = tan(radians(x))
```

3 print()문에 문자열 포맷팅(format())으로 자릿수를 설정해서 알아보기 쉽게 출력한다. 값을 출력하는 문장은 반복문 블록에 넣어 주어야 한다.

```
# 필드명 출력
print("{0:>3} {1:>10} {2:>10} {3:>25}".format("x", "sin(x)", "cos(x)", "tan(x)"))
print("="*52)
# 값 출력
print("{0:3d} {1:10.4f} {2:10.4f} {3:25.4f}".format(x, s, c, t))
```

여기서 잠깐

출력 문자열의 자릿수 지정과 정렬

9장에서 소개한 것처럼, 문자열 객체의 format() 메소드는 문자열 내에 중괄호를 사용해 인덱스를 지정하고 인수 목록 중 해당 위치에 있는 값을 가져와 문자열을 구성한다.

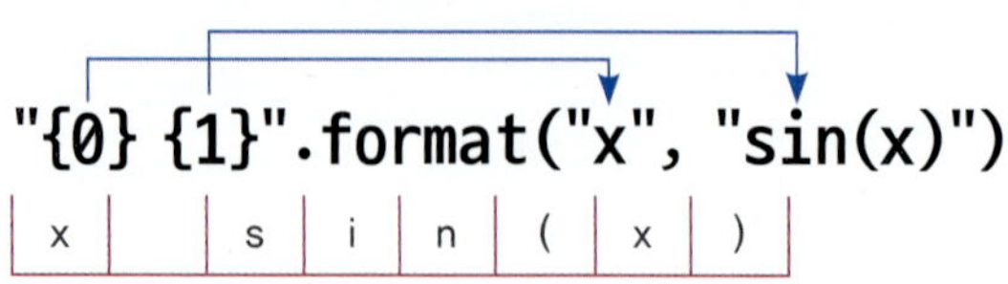

그림 12-8 인덱싱으로 문자열 구성하기

중괄호 안에 인덱스와 함께 콜론(:)을 사용하면 자릿수나 정렬 방법도 지정할 수 있다. 가령, {0:>3}으로 지정한 경우, 첫 번째 항목이 3자리를 차지하고 오른쪽 정렬(>)된다는 의미이다. 값이 숫자라면 오른쪽 정렬이 기본이라 따로 지정하지 않아도 되고, 왼쪽 정렬일 때는 '<' 기호를 사용한다.

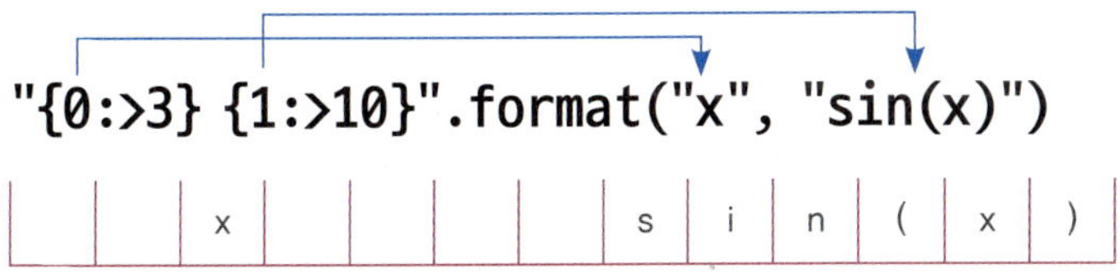

그림 12-9 **자릿수와 정렬 방법 지정하기**

4 전체 프로그램은 다음과 같다. 프로그램을 실행해서 결과를 확인한다.

```
from math import *

print("{0:>3} {1:>10} {2:>10} {3:>25}".format("x", "sin(x)", "cos(x)", "tan(x)"))
print("="*52)

for x in range(0, 91, 10) :
    s = sin(radians(x))
    c = cos(radians(x))
    t = tan(radians(x))
    print("{0:3d} {1:10.4f} {2:10.4f} {3:25.4f}".format(x, s, c, t))          # 값 출력
```

실행 결과

```
  x     sin(x)     cos(x)                    tan(x)
====================================================
  0     0.0000     1.0000                    0.0000
 10     0.1736     0.9848                    0.1763
 20     0.3420     0.9397                    0.3640
 30     0.5000     0.8660                    0.5774
 40     0.6428     0.7660                    0.8391
 50     0.7660     0.6428                    1.1918
 60     0.8660     0.5000                    1.7321
 70     0.9397     0.3420                    2.7475
 80     0.9848     0.1736                    5.6713
 90     1.0000     0.0000   16331239353195370.0000
```

5 datetime 모듈

날짜와 시간은 파이썬의 기본 데이터형은 아니지만, 데이터 분석에서 중요한 정보로 사용될 때가 많다. datetime 모듈에는 날짜를 다루는 date 클래스, 시간을 다루는 time 클래스, 날짜와 시간의 조합으로 년, 월, 일, 시, 분, 초, 마이크로초, 시간대 정보를 모두 포함하는 형인 datetime 클래스 등을 제공한다. 다양한 클래스의 여러 메소드를 이용하면 현재 날짜와 시간을 구하거나, 경과 기간을 계산하여 날짜 찾기 혹은 특정 날짜까지의 남은 기간 계산 문제 등을 해결할 수 있다.

실습 12-5 **기념일 계산기 만들기** code12-05.py

100일, 1000일 등 원하는 기념일을 계산하는 프로그램을 작성해 보자. 일 수를 입력하면 오늘 날짜부터 계산해서 연, 월, 일의 형식으로 출력하는 프로그램이다.

```
오늘부터 며칠 후의 날짜를 알고 싶나요?
일 수 입력 : 1000
오늘부터 1000일 후는 2023년 11월 29일입니다.
```

그림 12-10 기념일 확인

1 datetime 모듈의 사용을 선언하고 date 클래스의 `today()` 메소드로 오늘 날짜를 구한다.

```
from datetime import *

today = date.today()
```

TIP 오늘 날짜를 구할 때 객체를 생성하지 않고 클래스 이름(date)을 붙여서 `date.today()`와 같은 형태로 사용하는 함수를 클래스 메소드라고 한다. `date.today()`는 현재 컴퓨터의 날짜 정보를 가져와 date 객체(년, 월, 일로 구성)로 반환한다.

2 날짜 계산에 사용할 일 수를 입력받는다.

```
period = int(input("일 수 입력 : "))
```

3 오늘 날짜에 일 수를 더하는 계산은 datetime 모듈의 `timedelta()`를 이용한다.

```
result = today + timedelta(days=period)
```

여 기 서 잠 깐

`timedelta()` 메소드

날짜와 시간 데이터형(date, time, datetime)에는 정수형과 같은 숫자를 직접 더하거나 뺄 수 없다. 가령, 오늘부터 100일 후의 날짜를 구할 때 오늘 날짜에 100을 더하면 다음과 같이 오류가 생긴다.

```
>>> date.today() + 100
Traceback (most recent call last):
    File "<pyshell#13>", line 1, in <module>
        date.today() + 100
TypeError: unsupported operand type(s) for +: 'datetime.date' and 'int'
```

날짜와 시간의 산술 연산이나 대소 비교를 위해서는 `timedelta()`를 사용하며, `timedelta()`에는 날짜뿐만 아니라 시간을 계산할 수 있는 다양한 속성을 제공하고 있다.

표 12-3 날짜와 시간 계산을 위한 `timedelta()` 메소드

메소드명	예시	인수의 종류
timedelta()	datetime.timedelta(days=100)	weeks, days, hours, minutes, seconds, milliseconds, microseconds

4 계산된 날짜 정보를 년, 월, 일 단위로 구분해서 출력한다.

```
print("오늘부터 {0}일 후는 {1}년 {2}월 {3}일입니다."
      .format(period, result.year, result.month, result.day))
```

TIP date 객체는 객체명.year, 객체명.month, 객체명.day로 년, 월, 일 정보를 각각 추출할 수 있다.

5 전체 프로그램은 다음과 같다. 파일로 저장하고 실행해 보자.

```
from datetime import *

```

```
today = date.today()

print("오늘부터 며칠 후의 날짜를 알고 싶나요?")
period = int(input("일 수 입력 : "))

result = today + timedelta(days=period)

print("오늘부터 {0}일 후는 {1}년 {2}월 {3}일입니다."
      .format(period, result.year, result.month, result.day))
```

TIP 계산할 일수에 너무 큰 숫자를 입력하면 OverflowError가 발생한다.

여기서 잠깐

파이썬의 이스터 에그

이스터 에그easter egg는 본래 '부활절 달걀'이란 뜻이지만, 프로그래머가 사용자의 재미를 위해 넣어두는 소소한 장난을 의미하기도 한다. 재미있게도 import 문에 'this'를 사용하면 다음과 같이 파이썬에서 추구하는 방향the Zen of Python을 표현한 글귀가 나타난다. 팀 피터스Tim Peters라는 프로그래머가 파이썬의 설계 원리로 작성한 이스터 에그라고 한다. 파이썬에는 import 문에 'antigravity'를 사용하는 또 다른 이스터 에그도 있다. 단순함과 명확함, 가독성 등 파이썬의 특징을 잘 나타내고 있는 메시지들을 글이나 재미난 그림으로 보여주고 있다.

```
>>> import this
The Zen of Python, by Tim Peters

Beautiful is better than ugly.
Explicit is better than implicit.
Simple is better than complex.
Complex is better than complicated.
Flat is better than nested.
Sparse is better than dense.
Readability counts.
Special cases aren't special enough to break the rules.
Although practicality beats purity.
Errors should never pass silently.
Unless explicitly silenced.
In the face of ambiguity, refuse the temptation to guess.
There should be one-- and preferably only one --obvious way to do it.
Although that way may not be obvious at first unless you're Dutch.
```

```
Now is better than never.
Although never is often better than *right* now.
If the implementation is hard to explain, it's a bad idea.
If the implementation is easy to explain, it may be a good idea.
Namespaces are one honking great idea -- let's do more of those!
```

```
>>> import antigravity
```

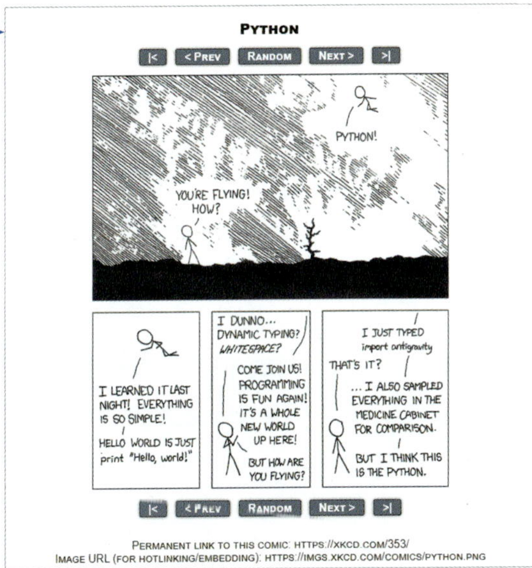

그림 12-11 파이썬의 antigravity 이스터 에그

SECTION 03

사용자 정의 모듈

파이썬에서 기본적으로 제공하는 표준 모듈 외에 필요한 기능이 있을 때 직접 만들어 두고 재사용하는 모듈을 사용자 정의 모듈이라고 한다. 모듈을 이용하면 코드를 효율적으로 재사용할 수 있고, 프로그램의 복잡도를 낮출 수 있는 장점이 있다. 이번 절에서는 사용자가 직접 모듈을 만들고 사용하는 방법을 학습해 보자.

1 모듈 작성과 사용

모듈은 특정 기능을 하는 메소드와 변수, 클래스가 저장되어 있는 파이썬 파일이다. 따라서, 모듈 작성은 기존에 만들어 본 여러 파이썬 프로그램 작성과 다르지 않다. 필요한 동작을 파이썬 파일로 만들어 참조 가능한 경로에 저장하면 된다. 만들어진 모듈이 필요한 프로그램에서는 표준 모듈을 불러올 때처럼 import 문으로 모듈을 가져올 수 있다.

모듈의 참조 경로

모듈을 찾을 때 참조하는 경로는 다음과 같이 sys 모듈의 path를 조회해 보면 된다. 파이썬 쉘이 실행(C:/python으로 가정)되고 있는 현재 디렉토리와 파이썬 라이브러리가 설치된 경로가 표시됨을 확인할 수 있다. 실습에서는 현재 디렉토리에 모듈을 만들어 저장하기로 한다.

```
>>> import sys
>>> sys.path                                   파이썬 라이브러리 설치 경로
['C:/python',  현재 디렉토리
'C:\\Users\\jykim\\AppData\\Local\\Programs\\Python\\Python39\\python39.zip', 'C:\\Users\\
jykim\\AppData\\Local\\Programs\\Python\\Python39\\DLLs', 'C:\\Users\\jykim\\AppData\\
Local\\Programs\\Python\\Python39\\lib', 'C:\\Users\\jykim\\AppData\\Local\\Programs\\
Python\\Python39', 'C:\\Users\\jykim\\AppData\\Local\\Programs\\Python\\Python39\\lib\\
site-packages']
```

만약 모듈을 검색하는 경로에 특정 디렉토리를 추가하려면 다음과 같이 append()를 사용한다.

```
>>> sys.path.append("D:\\source")
>>> sys.path
['C:/python',
'C:\\Users\\jykim\\AppData\\Local\\Programs\\Python\\Python39\\python39.zip'
..., 'D:\\source']
```

실습 12-6 모듈 작성과 사용하기 code12-06.py

오늘 날짜를 가져와 출력할 때 사용하기 위한 myprint 모듈(myprint.py)을 직접 작성해 본다. 또, 작성한 myprint 모듈을 메인 프로그램(code12-06.py)에서 불러와 사용하는 방법도 알아본다.

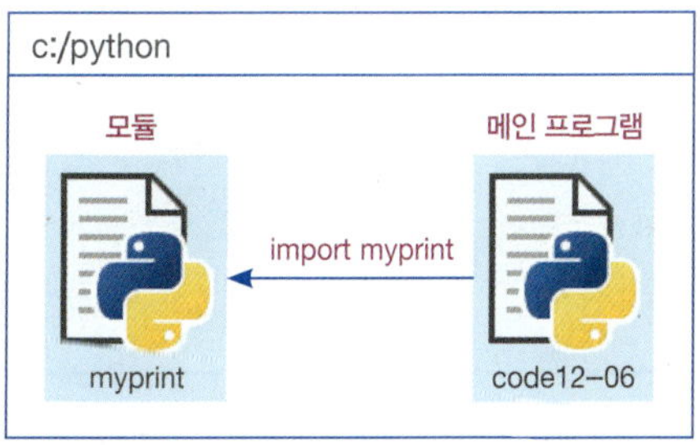

그림 12-12 모듈 작성 후 불러오기

1 코드 편집기에 다음과 같이 입력하고 'myprint.py'로 파일을 저장(저장 위치는 'C:/python'으로 가정)한다.

```
# 사용자 정의 모듈 myprint
from datetime import *

def print_line() :
    print('*' * 30)

def print_title() :
    print_line()
    print("작성일 :", date.today())
    print_line()
```

여기서 잠깐

__pycache__ 폴더

모듈을 저장만 해도 되지만 F5를 누르면 코드가 컴파일된다. 실행 결과는 아무것도 없지만, 탐색기를 열면 '__pycache__'가 생성되어 있다. 만약 컴파일 과정에서 오류가 발생하면 모듈을 사용할 수 없으므로, 오류를 반드시 수정한다.

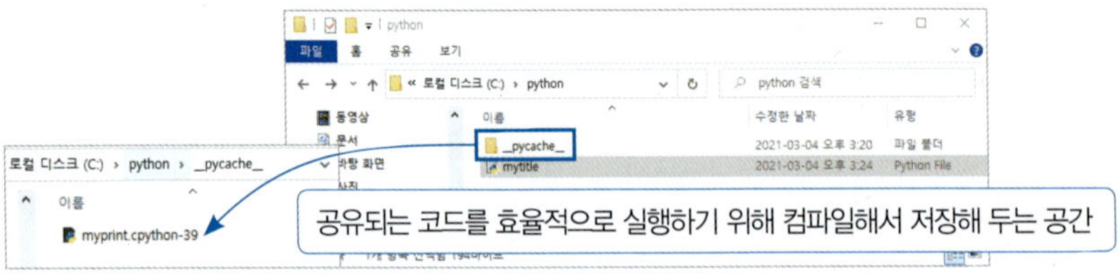

그림 12-13 __pycache__ 폴더 내부

내장 함수 dir()을 이용하면 myprint 모듈에서 사용할 수 있는 변수나 함수가 무엇인지 확인해 볼 수도 있다.

```
>>> import myprint
>>> dir(myprint)
['MAXYEAR', 'MINYEAR', '__builtins__', '__cached__', '__doc__', '__file__', '__loader__', '__name__', '__package__', '__spec__', 'date', 'datetime', 'print_line', 'print_title', 'time', 'timedelta', 'timezone', 'tzinfo']
```

2 코드 편집기에서 새 파일([File]-[New File])을 선택한다. 모듈을 가져와 사용하는 메인 프로그램을 다음과 같이 입력하고 모듈을 만들어 둔 디렉토리('C:/python')에 저장('code12-06.py')한다.

```
from myprint import *              # 모듈 사용 선언

contents = input("내용을 입력하세요. : ")

print_title()                      # myprint 모듈의 print_title() 호출
print(contents)
print_line()                       # myprint 모듈의 print_line() 호출
```

3 F5를 눌러 메인 프로그램을 실행한다. 문장을 입력하면 작성일과 '*' 기호로 만든 구분선을 내용에 덧붙여서 출력한다.

실행 결과

```
내용을 입력하세요. : Beautiful is better than ugly.
******************************
작성일 : 2021-03-05
******************************
Beautiful is better than ugly.
******************************
```

여기서 잠깐

모듈의 재사용

이제 다른 프로그램에서도 myprint 모듈을 사용할 수 있는데, 다음은 [실습 6-8]에서 만든 구구단 프로그램에 myprint 모듈의 `print_line()`을 재사용해 수정한 형태이다.

```
import myprint                        # myprint 모듈 사용 선언

dan = int(input("몇 단을 출력할까요? : "))
myprint.print_line()                  # myprint 모듈의 함수 호출

for i in range(1, 10):
    print("%d x %d = %2d" %(dan, i, dan * i))

myprint.print_line()                  # myprint 모듈의 함수 호출
```

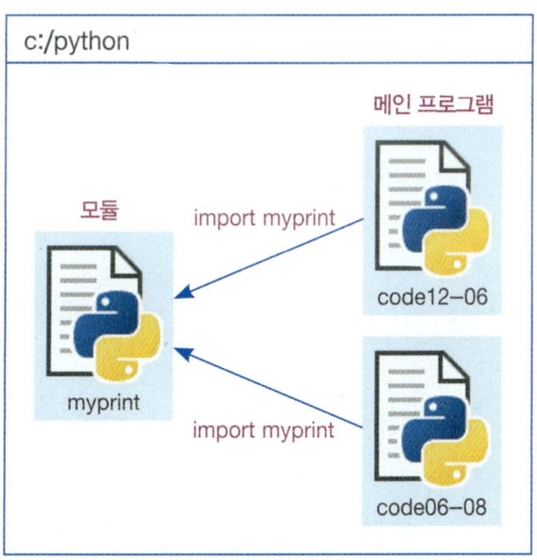

그림 12-14 모듈의 재사용

실행 결과

```
몇 단을 출력할까요? : 7
******************************
7 x 1 =  7
7 x 2 = 14
7 x 3 = 21
7 x 4 = 28
7 x 5 = 35
7 x 6 = 42
7 x 7 = 49
7 x 8 = 56
7 x 9 = 63
******************************
```

2 사용자 정의 모듈의 활용

파이썬에서 제공하는 표준 모듈에는 여러 가지 기능이 있지만, 사용자가 직접 만들어 써야 하는 경우도 많다. 원하는 문제를 해결하기 위해 필요한 기능을 직접 만들고, 다른 프로그램에서도 필요할 때 다시 사용하려면 모듈을 활용하는 것이 효율적이다. 파이썬에서 제공하는 표준 모듈의 다양한 기능과 함께 사용자 정의 모듈을 활용하는 프로그램을 만들어 보기로 한다.

실습 12-7 D-Day 계산기 만들기 code12-07.py

중요한 날짜를 잊지 않고 기억할 수 있는 D-Day 계산기를 만들어 보자. 특정 날짜를 입력하고 버튼을 클릭하면 오늘 날짜부터 남은 날과 시간을 함께 표시하도록 한다.

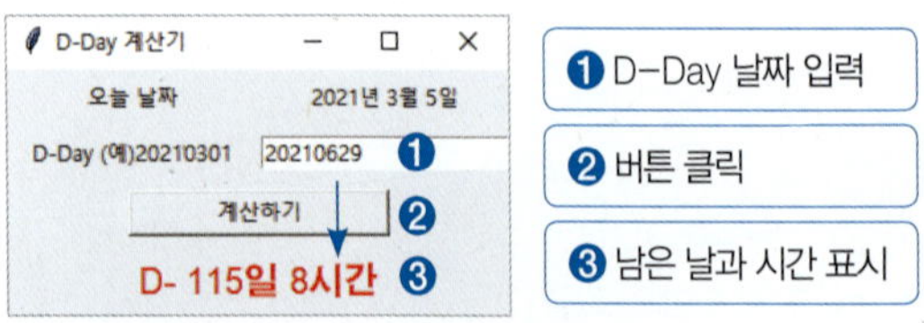

그림 12-15 D-Day 계산기의 모양과 동작 방법

1 메인 프로그램을 먼저 작성해 보자. 그래픽 사용자 인터페이스로 프로그램이 동작되도록 tkinter 표준 모듈을 사용하고 기본 윈도우를 생성한다.

```
from tkinter import *

w = Tk()
w.title('D-Day 계산기')
```

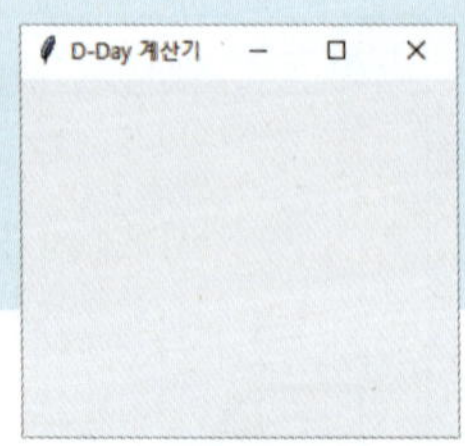

그림 12-16 기본 윈도우 생성

2 오늘 날짜를 표시하기 위한 레이블을 만들어 윈도우에 배치한다.

```
yy = mm = dd = 99          # 오늘 날짜를 구하는 함수를 모듈에 만들 예정이므로 임시 값을 설정
Label(w, text="오늘 날짜", width=20).grid(row=0, column=0, pady=5)
```

```
lbToday = Label(w, text="{0}년 {1}월 {2}일".format(yy, mm, dd))
lbToday.grid(row=0, column=1)
```

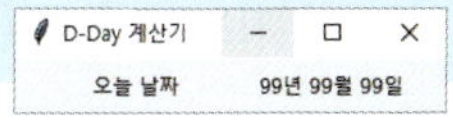

그림 12-17 날짜 표시 레이블 추가

TIP 위젯을 Grid 배치할 때 pady를 설정하면, 위젯 바깥의 위·아래쪽 여백을 넣을 수 있다.

3 D-Day를 입력하는 엔트리를 윈도우에 추가한다.

```
Label(w, text="D-Day (예)20210301").grid(row=1, column=0, pady=5)
enDday = Entry(w)
enDday.grid(row=1, column=1)
```

4 '계산하기' 버튼을 윈도우에 추가한다. 버튼 클릭 이벤트에 대한 처리는 f_click() 함수로 하고, 모듈에 해당 기능을 만든 후에 함수 동작을 수정하기로 한다.

```
def f_click() :
    pass      # '아무것도 실행하지 않음'을 의미하는 예약어
```

TIP 함수 정의는 통상 import 문 다음에 넣는 것이 가독성을 높일 수 있다.

```
btCalc = Button(w, text="계산하기", width=20, command=f_click)
btCalc.grid(row=2, column=0, columnspan=2, pady=5)
```

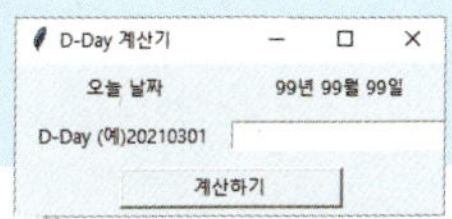

그림 12-18 엔트리와 버튼 추가

5 결과를 표시할 레이블을 추가하고 이벤트 처리를 대기하는 문장을 추가한다.

```
lbResult = Label(w, text="D-", font=("arial",15), fg="red")
lbResult.grid(row=3, column=0, columnspan=2, pady=5)

w.mainloop()
```

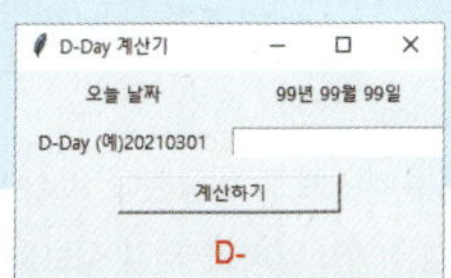

그림 12-19 결과 표시 레이블 추가

6 이번에는 모듈을 만들어 보자. 오늘 날짜를 연도, 월, 일로 반환하는 get_today(), 문자열을 날짜/시간 데이터형으로 바꿔주는 str_to_date(), 입력된 날짜로 남은 날과 시간을 계산하는

calc_days()를 다음과 같이 정의하고 'mydays.py'로 저장한다. 저장 위치는 메인 프로그램과 동일한 디렉토리로 하고, F5를 눌러 컴파일해 둔다.

```
01 from datetime import *
02
03 def get_today() :                                 # 오늘 날짜를 반환하는 함수
04     today = datetime.today()
05     return today.year, today.month, today.day     # 연도, 월, 일을 반환
06
07 def str_to_date(s) :                              # 문자열을 datetime 형으로 변환
08     try :
09         y = int(s[:4])                            # 연도, 월, 일 추출
10         m = int(s[4:6])
11         d = int(s[6:])
12     except :                                      # 날짜 형식에 맞지 않는 경우, 예외 처리
13         print("날짜 입력 오류")
14         return -1
15     else :
16         return datetime(y, m, d)
17
18 def calc_days(date) :                # D-Day(예, '20210629')를 전달받아 남은 날과 시간을 계산
19     days = hours = 0
20     if str_to_date(date) != -1 :
21         result = str_to_date(date) - datetime.today()
22         days = result.days
23         hours = result.seconds//3600
24
25     return days, hours               # 남은 날과 시간 반환(날짜 오류인 경우 0, 0 반환)
```

TIP 21행에서 두 날짜의 차이(-)를 계산한 결과, result에는 (days=115, seconds=12647, microseconds=678375)가 저장된다. 남은 시간을 표시하기 위해서는 결과의 초 단위 값(result.seconds)을 3600으로 나눈 몫이 필요하다.

TIP datetime 클래스는 년, 월, 일, 시, 분, 초, 마이크로초, 시간대 정보 등의 형식으로 값을 저장하고, 날짜와 관련된 여러 가지 기능을 메소드로 제공한다. `datetime.today()` 메소드는 현재 지역의 시간대를 기준KST, Korean Standard Time으로 하는 컴퓨터의 날짜와 시각 정보를 가져와 datetime 형으로 반환한다. 국제 표준시간의 기준인 협정세계시UTC, Universal Time Coordinated를 기준으로 하려면 `datetime.now()` 메소드를 사용하면 된다.

7 메인 프로그램(단계 **1** ~ **5**)을 다음과 같이 수정한다. mydays 모듈을 import하고, 모듈에 정의된 함수 get_today()와 calc_days()를 호출하여 오늘 날짜와 남은 날, 시간을 표시하도록 한다. 저장한 프로그램을 실행하여 동작을 확인한다.

```
from tkinter import *
from mydays import *                                    # mydays 모듈의 사용 선언

def f_click() :
    days, hours = calc_days(enDday.get())          # mydays 모듈의 calc_days()를 호출
    lbResult.config(text="D- {0}일 {1}시간".format(days, hours))    # 반환 결과를 출력

w = Tk()
w.title('D-Day 계산기')

yy, mm, dd = get_today()                                # mydays 모듈의 get_today()를 호출
Label(w, text="오늘 날짜", width=20).grid(row=0, column=0, pady=5)
lbToday = Label(w, text="{0}년 {1}월 {2}일".format(yy, mm, dd))        # 반환 결과 출력
lbToday.grid(row=0, column=1)

Label(w, text="D-Day (예)20210301").grid(row=1, column=0, pady=5)
enDday = Entry(w)
enDday.grid(row=1, column=1)

btCalc = Button(w, text="계산하기", width=20, command=f_click)
btCalc.grid(row=2, column=0, columnspan=2, pady=5)

lbResult = Label(w, text="D-", font=("arial",15), fg="red")
lbResult.grid(row=3, column=0, columnspan=2, pady=5)

w.mainloop()
```

실습 12-8 모듈을 이용한 그림판 만들기 code12-08.py

GUI 프로그램은 기본적으로 코드가 길어서 모듈화가 잘 되지 않으면 가독성이 떨어진다. 위젯을 만들어 배치하는 문장과 이벤트 처리 함수만으로도 많은 양을 차지하기 때문에 분리 가능하고 재사용할 수 있는 기능은 따로 모아 모듈로 만드는 것이 효율적이다.

다음 프로그램은 11장에서 만들어 본 그림판 만들기에서 색상을 선택하는 기능을 추가한 것이다. 색상을 선택하고, 펜의 두께를 선택하는 함수는 mypainter 모듈에 넣어 두고 활용한다. 지금까지 만들어 보았던 프로그램에 비해 길이가 꽤 길지만, 파이썬을 처음 시작했을 때를 생각하면서 이만큼 늘어난 학습량에 뿌듯함을 느끼며 작성해 보자.

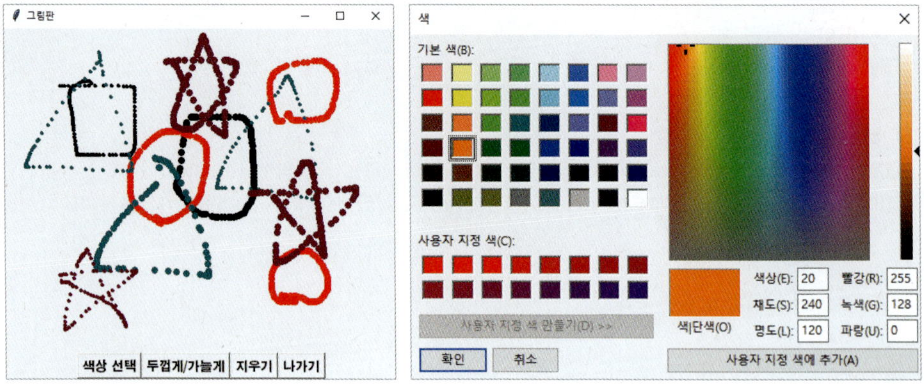

그림 12-20 실행 결과

1 mypainter 모듈을 다음과 같이 작성하고 'mypainter.py'로 저장한다.

```
from tkinter import colorchooser                    # 색상 선택 대화 상자의 사용

def get_color():
    color = colorchooser.askcolor()                 # 선택한 색상 정보를 튜플로 반환
    return color[1]                                 # 튜플의 두 번째 항목(색상 코드)을 반환

def get_xy(x, y, bold):                             # 펜 두께(bold)에 따라 타원의 크기 결정
    if bold:
        return (x-4, y-4, x+4, y+4)                 # 타원의 좌표를 넓게 = 두껍게
    else:
        return (x-2, y-2, x+2, y+2)                 # 타원의 좌표를 좁게 = 가늘게
```

TIP tkinter.colorchooser 모듈의 askcolor() 메소드를 이용하면 색상을 선택하는 대화 상자를 만들 수 있다. 사용자가 특정 색상을 선택하면 색상 정보를 튜플로 반환한다. 반환되는 값은 ((97.37890625, 208.8125, 224.875), '#61d0e0')와 같은 형태인데, 두 번째 항목('#61d0e0')이 색상 코드이다.

2 메인 프로그램을 다음과 같이 작성하고 실행하면서, 색상과 펜 두께를 변경해 가며 그림을 그려 본다.

```
from tkinter import *
from mypainter import *

color = 'black'                     # 색상 초기화
bold = False                        # 펜 두께 초기화(False:가늘게, True:두껍게)
```

```

def draw(event):
    x1, y1, x2, y2 = get_xy(event.x, event.y, bold)          # 좌표 계산 함수 호출
    canvas.create_oval(x1, y1, x2, y2, fill=color, outline=color)

def clear_canvas():
    canvas.delete("all")

def change_color():
    global color
    color = get_color()                                        # 색상 선택 함수 호출

def change_bold():
    global bold
    bold = not(bold)                      # 버튼을 누를 때마다 '두껍게↔가늘게' 전환

w = Tk()
w.title("그림판")
canvas = Canvas(w, width=500, height=400)
canvas.pack()
canvas.bind("<B1-Motion>", draw)          # 마우스 왼쪽 클릭에 함수 draw()를 연결

frame = Frame(w)
frame.pack()
bColor = Button(frame, text="색상 선택", font="Tahoma", command=change_color)
bBold = Button(frame, text="두껍게/가늘게",
               font="Tahoma", command=change_bold)
bClear = Button(frame, text="지우기", font="Tahoma", command=clear_canvas)
bExit = Button(frame, text="나가기", font="Tahoma", command=w.destroy)
bColor.grid(row=0, column=0)
bBold.grid(row=0, column=1)
bClear.grid(row=0, column=2)
bExit.grid(row=0, column=3)

w.mainloop()
```

요약

01 개발 시간이나 노력을 절감하기 위해 기존 프로그램의 특정 기능을 다른 프로그램에 사용하는 것을 재사용reuse이라 한다.

02 모듈module이란 프로그램을 만들 때 자주 사용하는 코드를 별도의 파일로 만들어서 필요할 때마다 재사용할 수 있게 한 것이다.

03 모듈은 재사용 용이, 유지보수 용이, 메모리 사용 절약 등의 장점이 있다.

04 sys 모듈은 파이썬에서 제공하는 변수와 함수를 직접 제어할 수 있는 모듈로, 컴퓨터 환경이나 프로그램 실행 등 시스템 관련 정보를 다루기 위해 활용된다.

05 os 모듈을 이용하면 운영체제의 여러 기능을 파이썬에서 직접 실행할 수 있다.

06 random 모듈은 정해진 범위 내에서 임의의 수를 하나 혹은 여러 개 고르거나, 리스트의 원소를 무작위로 섞거나 랜덤하게 선택하는 등의 함수를 제공한다.

07 math 모듈은 수학 계산에 관련된 기능으로 이루어져 있다. 제곱근, 팩토리얼, 로그 등 여러 가지 수학 함수가 있다.

08 datetime 모듈에는 날짜를 다루는 date 클래스, 시간을 다루는 time 클래스, 날짜와 시간 정보를 모두 포함하는 형인 datetime 클래스 등을 제공한다.

09 파이썬에서 기본적으로 제공하는 표준 모듈 외에 필요한 기능이 있을 때 직접 만들어 두고 재사용하는 모듈을 사용자 정의 모듈이라고 한다.

연습 문제

01 모듈에 대한 다음 설명 중 잘못된 것을 하나 고르시오.

① 모듈은 효율적인 개발을 위해 코드를 재사용하기 위한 방법이다.

② 모듈은 함수나 변수, 클래스를 모아 놓은 파이썬 파일이다.

③ 사용자가 직접 만들어 사용하는 모듈을 표준 모듈이라고 한다.

④ 모듈을 사용하면 기능을 분리하고 복잡성을 감소할 수 있어 유지보수가 용이하다.

02 random 모듈을 이용해 구구단 게임을 만들어 보려고 한다. 컴퓨터가 2~9 사이의 정수 2개를 랜덤하게 뽑아서(randint() 사용) 문제를 내면 정답을 맞히는 게임이다. 다음과 같이 작성한 프로그램의 빈칸을 채우시오.

```
import random

print("게임을 종료하려면 Ctrl+C를 누르세요.")
while True :
    x = [          ](2, 9)        # 정수 랜덤 추출
    y = [          ](2, 9)        # 정수 랜덤 추출

    answer = int(input("{0} X {1}은 얼마일까요? :".format(x, y)))
    if answer == [          ] :
        print("맞았습니다~")
    else :
        print("틀렸네요ㅠㅠ")
```

실행 결과

```
게임을 종료하려면 Ctrl+C를 누르세요.
5 X 9은 얼마일까요? : 45
맞았습니다~
2 X 9은 얼마일까요? : 12
틀렸네요ㅠㅠ
2 X 9은 얼마일까요? :
Traceback (most recent call last):  ... KeyboardInterrupt
```

연습 문제

03 datetime 모듈을 이용해 프로그램을 작성하려고 한다. 다음의 파이썬 문장에서 잘못된 것을 하나 고르시오.

① `import datetime`

② `import datetime from *`

③ `from datetime import *`

④ `import datetime as dt`

04 생일을 입력하면 태어난지 며칠이 되었는지 알려주는 프로그램이다. 입력받은 생일은 문자열이므로, datetime 형으로 바꾸기 위해 [실습 12-7]에서 작성한 mydays 모듈을 이용한다. 프로그램의 빈칸을 채워 올바르게 실행되도록 하시오.

```
from datetime import *
from mydays import *

birthday = input("생일을 입력하세요(예, 20210305) : ")
birthday = [          ](birthday)          # 날짜형으로 변환

if birthday != -1 :                        # 날짜 형식 오류가 없는 경우 출력
    result = [          ] - birthday
    print("생후 {0}일이 지났습니다.".format(result.days))
```

```
def str_to_date(s) :                       # mydays 모듈의 일부분
    try :
        y = int(s[:4])
        m = int(s[4:6])
        d = int(s[6:])
    except :
        print("날짜 입력 오류")
        return -1
```

```
    else :
        return datetime(y, m, d)
```

실행 결과

```
생일을 입력하세요(예, 20210305) : 20210101
생후 64일이 지났습니다.
```

05 터틀 그래픽스를 이용해 다음과 같이 10개의 원을 그리려고 한다. 원의 반지름, 원의 색상, 원을 그릴 위치는 모두 랜덤값으로 선택한다. 랜덤값을 선택하는 함수들을 myrandom 모듈에 만들어 두고, 메인 프로그램에서 불러서 사용하는 프로그램이다. 빈칸을 채워 그림과 같이 실행되도록 하시오.

```
from turtle import *             # 메인(ex12-05.py)
[            ]                   # myrandom 모듈 사용

setup(1200, 800)
speed(10)

for _ in range(10) :
    color([          ])          # 랜덤 색상 가져오기
    penup()
    goto([          ])           # 랜덤 좌표 가져오기
    pendown()
    begin_fill()
    circle([          ])         # 랜덤 반지름 가져오기
    end_fill()
```

연습 문제

```
from random import *                        # 모듈(myrandom.py)

def random_color() :
    r = random()
    g = random()
    b = random()
    return (r, g, b)

def random_xy() :
    x = randint(-500, 500)
    y = randint(-400, 300)
    return (x, y)

def random_radius() :
    return(randint(80, 130))
```

CHAPTER 13

데이터 수집과 시각화

학습목표

- 라이브러리의 개념을 알고 라이브러리 설치 방법을 이해한다.
- 데이터 시각화를 위한 matplotlib의 사용법을 이해하고 활용한다.
- 웹 데이터 수집을 위한 BeautifulSoup의 사용법을 이해하고 활용한다.

SECTION

01 라이브러리 개념

라이브러리Library라고 하면 도서관을 떠올리게 된다. 방대한 자료를 모아 놓은 도서관처럼 많은 정보를 사용자가 이용하기 쉽게 모아둔 형태를 프로그래밍 언어에서는 라이브러리라고 부른다. 파이썬에는 기본으로 제공하는 표준 라이브러리Python Standard Library가 있지만, 특정 용도에 맞게 필요한 기능을 모아 놓은 외부 라이브러리Third Party Library도 매우 다양하게 제공되고 있다. 파이썬의 큰 장점인 확장성을 보여주는 많은 라이브러리 중 몇 가지 라이브러리를 설치하고 활용해 보자.

그림 13-1 라이브러리

1 모듈과 라이브러리

12장에서 모듈은 변수나 함수, 클래스를 저장하고 있는 파일이라고 배웠다. 라이브러리는 이러한 모듈들을 여러 개 묶어 놓은 형태이다. 파이썬을 설치할 때 함께 제공되는 표준 라이브러리 안에도 sys, os, random, math, turtle, tkinter 등 많은 모듈이 포함되어 있다. 표준 라이브러리뿐 아니라 많은 개발자들이 이미지 처리(Pillow)나 데이터 시각화(matplotlib, seaborn), 통계(NumPy)나 데이터 수집과 분석(BeautifulSoup, pandas), 게임(pygame) 등 필요한 영역의 용도에 알맞게 만들어 놓은 외부 라이브러리를 다양하게 사용할 수 있다.

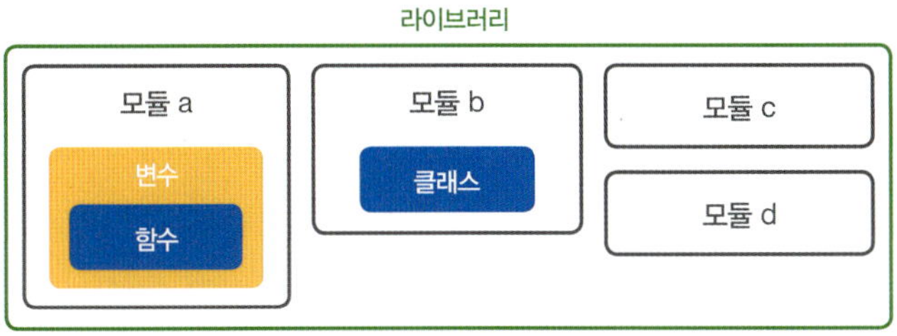

그림 13-2 라이브러리 구조

여기서 잠깐

라이브러리와 패키지의 차이

라이브러리와 패키지의 개념은 유사하지만, 패키지는 여러 개의 모듈을 디렉토리에 모아 놓은 것으로 구분할 수 있다. 계층적으로 모듈을 관리하기 위해 디렉토리 구조를 이용하는 형태라고 할 수 있고, 모듈을 넣어둔 디렉토리명이 패키지명이 된다. 패키지 안에 정의된 모듈을 사용할 때는 패키지 이름과 모듈 이름 사이에 '.'을 붙여 '패키지명.모듈명'과 같이 표시한다. 라이브러리는 이러한 패키지와 모듈을 모두 포함하는 개념이다.

표 13-1 패키지의 구조

최상위 디렉토리	하위 디렉토리나 모듈	모듈
lives	animals	fish.py
		cat.py
	plants	pine.py
		rose.py
	mushroom.py	

fish, cat 모듈을 참조하려면

```
import lives.animals.fish
```

mushroom 모듈을 참조하려면

```
import lives.mushroom
```

2 라이브러리 설치

필요한 외부 라이브러리를 설치하려면 pip라는 도구를 사용해야 하는데, 파이썬을 설치할 때 기본적으로 제공된다. 파이썬을 설치할 때 경로 설정 항목을 클릭했다면 어떤 디렉토리에서도 pip를 실행할 수 있다. 경로 설정은 [실습 2-5]의 5 단계에서 진행했었다.

윈도우의 명령 프롬프트를 실행한 후에 'pip'를 입력했을 때 다음과 같이 표시되면 사용 가능한 상태이다.

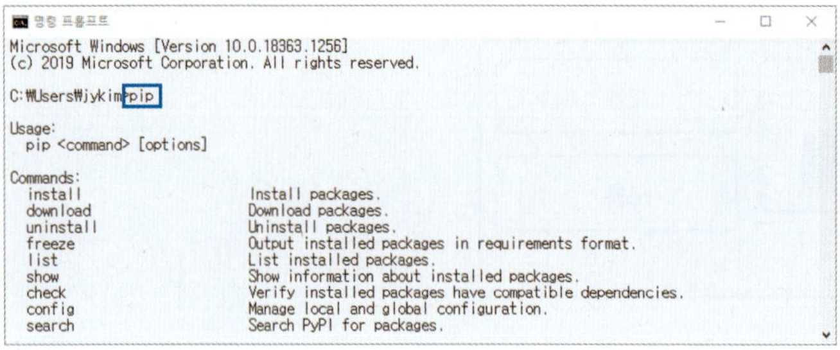

그림 13-3 pip 입력

여 기 서 잠 깐

명령 프롬프트 열기

윈도우 키(⊞)와 R을 누르고 'cmd'를 입력하면 명령 프롬프트를 실행할 수 있다.

그림 13-4 cmd 입력

실습 13-1 matplotlib 라이브러리 설치하기

외부 라이브러리 중 데이터 시각화 도구로 많이 활용되는 matplotlib을 설치해 보자. 주의할 점은 라이브러리를 설치할 때는 파이썬 쉘이 아니라 윈도우의 명령 프롬프트를 사용해야 한다.

1 명령 프롬프트 창에서 현재 설치되어 있는 라이브러리의 목록을 먼저 확인해 보자. 'pip list'라고 입력하면 표준 라이브러리를 제외하고 설치되어 있는 라이브러리들을 보여준다.

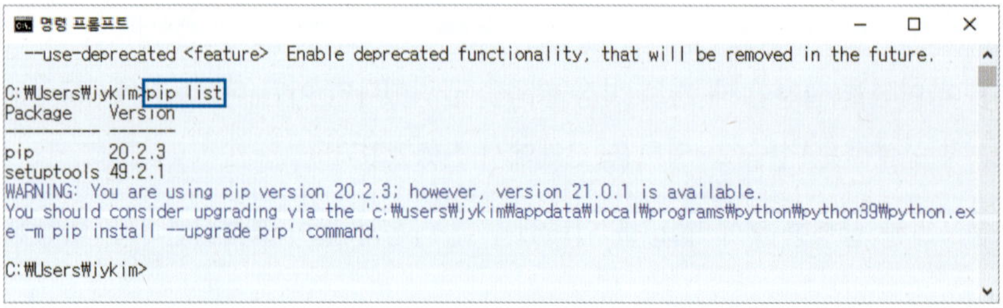

그림 13-5 pip list 입력

2 matplotlib 라이브러리를 설치하기 위해 '`pip install matplotlib`'라고 입력한다. 'Successfully installed~' 메시지가 나타나면 라이브러리 설치가 완료된 것이다.

```
명령 프롬프트 - pip install matplotlib
pip        20.2.3
setuptools 49.2.1
WARNING: You are using pip version 20.2.3; however, version 21.0.1 is available.
You should consider upgrading via the 'c:₩users₩jykim₩appdata₩local₩programs₩python₩python39₩python.ex
e -m pip install --upgrade pip' command.

C:₩Users₩jykim>pip install matplotlib
Collecting matplotlib
  Downloading matplotlib-3.3.4-cp39-cp39-win_amd64.whl (8.5 MB)
     |████████████████████
Collecting pyparsing!=2.0.4,!=2.1.2,!=
  Using cached pyparsing-2.4.7-py2.py3
Collecting python-dateutil>=2.1
  Using cached python_dateutil-2.8.1-p
Collecting kiwisolver>=1.0.1
  Downloading kiwisolver-1.3.1-cp39-cp
     |████████████████████
Collecting cycler>=0.10
  Using cached cycler-0.10.0-py2.py3-n
```

```
명령 프롬프트
     |████████████████████████████████| 51 kB 3.8 MB/s
Collecting cycler>=0.10
  Using cached cycler-0.10.0-py2.py3-none-any.whl (6.5 kB)
Collecting numpy>=1.15
  Downloading numpy-1.20.1-cp39-cp39-win_amd64.whl (13.7 MB)
     |████████████████████████████████| 13.7 MB 6.8 MB/s
Collecting pillow>=6.2.0
  Downloading Pillow-8.1.2-cp39-cp39-win_amd64.whl (2.2 MB)
     |████████████████████████████████| 2.2 MB 6.4 MB/s
Collecting six>=1.5
  Using cached six-1.15.0-py2.py3-none-any.whl (10 kB)
Installing collected packages: pyparsing, six, python-dateutil, kiwisolver, cycler, numpy, pillow, mat
plotlib
Successfully installed cycler-0.10.0 kiwisolver-1.3.1 matplotlib-3.3.4 numpy-1.20.1 pillow-8.1.2 pypar
sing-2.4.7 python-dateutil-2.8.1 six-1.15.0
WARNING: You are using pip version 20.2.3; however, version 21.0.1 is available.
You should consider upgrading via the 'c:₩users₩jykim₩appdata₩local₩programs₩python₩python39₩python.ex
e -m pip install --upgrade pip' command.

C:₩Users₩jykim>
```

그림 13-6 pip install matplotlib 입력

TIP 라이브러리 간의 충돌 등으로 인한 오류가 생기면 설치된 라이브러리를 삭제해야 할 수 있다. 이 때 설치된 라이브러리를 삭제하려면 'pip uninstall 라이브러리명'을 사용한다.

3 설치가 끝나면 '`pip show matplotlib`'으로 matplot 라이브러리가 설치된 곳을 확인할 수 있다. 일반적으로 파이썬이 설치된 경로 하위의 'lib' 디렉토리에 만들어진다.

```
명령 프롬프트

C:₩Users₩jykim>pip show matplotlib
Name: matplotlib
Version: 3.3.4
Summary: Python plotting package
Home-page: https://matplotlib.org
Author: John D. Hunter, Michael Droettboom
Author-email: matplotlib-users@python.org
License: PSF
Location: c:₩users₩jykim₩appdata₩local₩programs₩python₩python39₩lib₩site-packages   ← 설치 경로
Requires: kiwisolver, python-dateutil, pillow, cycler, numpy, pyparsing
Required-by:

C:₩Users₩jykim>
```

그림 13-7 pip show matplotlib 입력

SECTION

02

데이터 시각화

디지털 시대를 살아가고 있는 우리의 일상에서는 매일같이 수많은 데이터가 만들어지고 있다. 대량의 다양한 데이터를 분석하여 필요한 정보나 가치를 추출하고자 하는 빅데이터 기술의 발전과 더불어, 데이터 시각화 또한 그 중요성이 높아지고 있다. 그래프와 같은 시각적 도구를 이용해 정보를 표현하는 과정을 데이터 시각화data visualization라고 하고, 데이터 시각화의 목적은 전달하려는 정보를 더 명확하고 효과적으로 표현하는 데 있다.

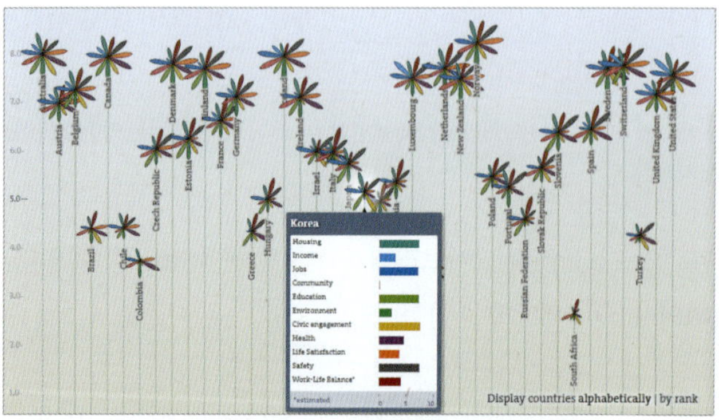

그림 13-8 데이터 시각화 사례: OECD 회원국의 삶의 질 시각화 © http://www.oecdbetterlifeindex.org

파이썬에서 사용할 수 있는 데이터 시각화 라이브러리들 중 하나인 matplotlib은 다양한 모양의 그래프와 차트로 수치 데이터를 보기 쉽게 표현할 수 있다. 이 절에서는 matplotlib 라이브러리를 사용하는 방법을 학습하고 데이터 시각화가 필요한 문제에 활용해 본다.

1 matplotlib 사용법

matplotlib을 이용하면 파이썬에서 다루는 수치 데이터를 막대형, 선형, 분산형, 원형 등 다양한 그래프로 표시할 수 있고, 데이터의 추이나 여러 종류의 데이터를 비교하기 위한 차트를 만들 수도 있다. 명령 프롬프트 창에서 matplotlib이 설치되어 있는지 확인하고, 설치가 필요하면 [실습 13-1]을 참고해서 설치한다.

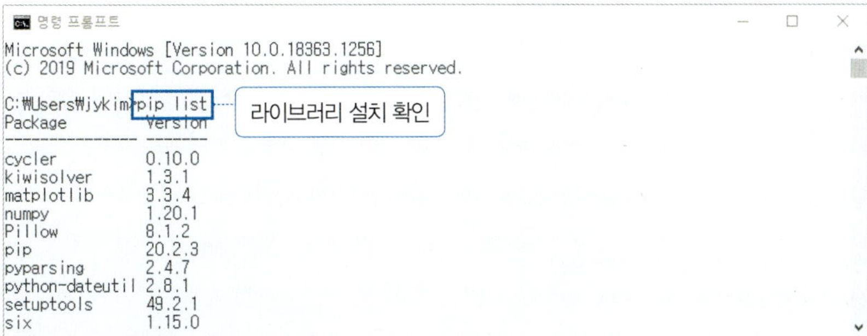

그림 13-9 matplotlib 설치 확인

실습 13-2 막대형 그래프 그리기 code13-02.py

설치한 matplotlib의 pyplot 모듈을 이용하여 다음 그림과 같은 막대형 그래프를 그려 보자. pyplot 모듈의 `bar()` 함수를 사용하면 막대형 그래프를 만들 수 있다.

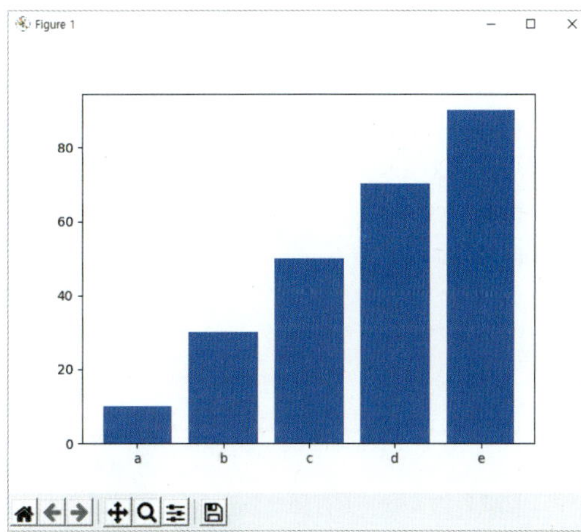

그림 13-10 막대형 그래프 그리기

1 그래프를 그리는 함수들이 정의되어 있는 pyplot 모듈을 사용하기 위해 import 문을 작성한다.

```
import matplotlib.pyplot as plt
```

TIP pyplot 모듈은 matplotlib 디렉토리(패키지)에 만들어져 있어서 matplotlib.pyplot으로 사용해야 한다. 또, pyplot 모듈에 정의되어 있는 함수를 호출하려면 '`matplotlib.pyplot.함수명()`'처럼 긴 이름을 사용해야 하므로 plt와 같은 간단한 이름 alias(별칭)을 만들어 사용하는 것이 더 효율적이다.

2 그래프로 표현할 데이터를 리스트에 저장한다.

```
x = ['a', 'b', 'c', 'd', 'e']
y = [10, 30, 50, 70, 90]
```

3 리스트 x와 y의 값을 각각 x축(가로 방향)과 y축(세로 방향)으로 지정하여 막대형 그래프를 그린다.

```
plt.bar(x, y)
plt.show()
```

(plt.show(): 생성된 그래프의 모양을 그림 창에 표시 그래프 설정이 끝난 후, 마지막으로 호출)

4 전체 프로그램은 다음과 같다. 파일로 저장하고 실행하면 그래프와 확대, 축소 등 조작 메뉴를 보여주는 창이 나타난다.

```
import matplotlib.pyplot as plt

x = ['a', 'b', 'c', 'd', 'e']
y = [10, 30, 50, 70, 90]

plt.bar(x, y)
plt.show()
```

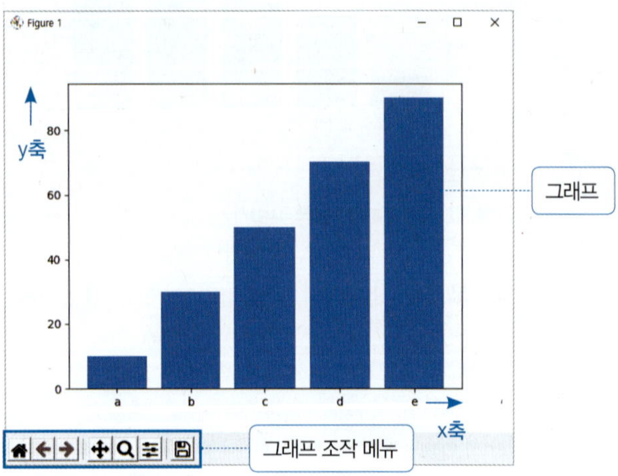

그림 13-11 실행 결과

실습 13-3 분산형 그래프 그리기 code13-03.py

pyplot 모듈의 scatter() 함수를 사용하면 다음과 같이 분산형 그래프를 그릴 수 있다. 분산형 그래프는 좌표 위에서 점으로 표현되는 그래프이며, 데이터의 분포를 시각화할 때 많이 사용한다. 그래프의 제목(title)과 축 제목(xlabel, ylabel), 눈금선(grid)을 표시하고 그래프의 모양도 설정해 보자.

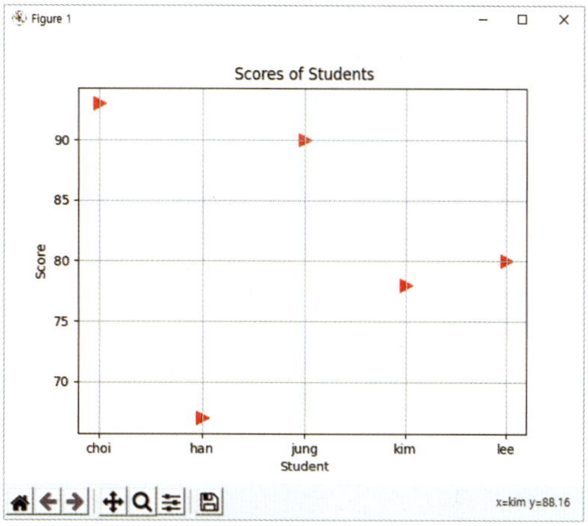

그림 13-12 분산형 그래프 그리기

1 pyplot 모듈을 import하고, 데이터를 리스트에 저장한다.

```
import matplotlib.pyplot as plt

x = ['choi', 'han', 'jung', 'kim', 'lee']
y = [93, 67, 90, 78, 80]
```

2 리스트의 값을 x축과 y축으로 지정하여 분산형 그래프를 그린다.

```
plt.scatter(x, y)
plt.show()
```

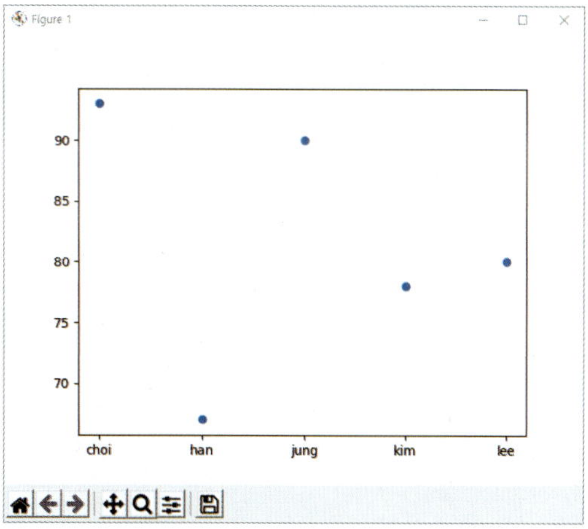

그림 13-13 그래프 생성

3 그래프의 제목과 레이블, 눈금선이 표시되도록 코드를 추가한다.

```
plt.title('Scores of Students')
plt.xlabel('Student')
plt.ylabel('Score')
plt.grid()
```

단계 2의 코드 앞에 추가

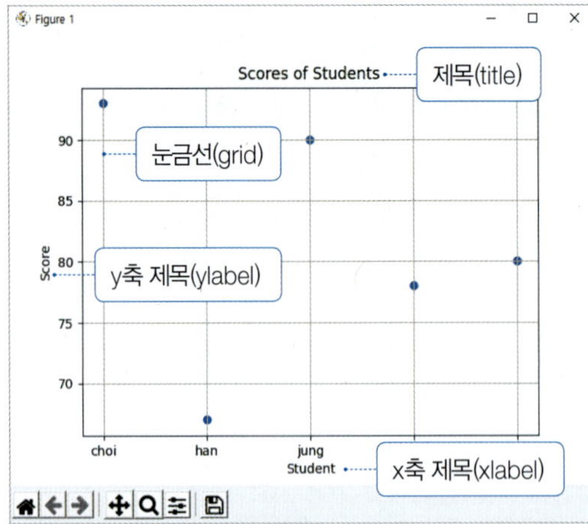

그림 13-14 그래프 요소 설정

4 그래프의 색상, 마커의 모양과 크기를 설정한 전체 프로그램은 다음과 같다. 파일로 저장하고 실행한다.

```
import matplotlib.pyplot as plt

x = ['choi', 'han', 'jung', 'kim', 'lee']
y = [93, 67, 90, 78, 80]

plt.title('Scores of Students')
plt.xlabel('Student')
plt.ylabel('Score')
plt.grid()                                            # 눈금선
plt.scatter(x, y, c='red', s=100, marker='>')        # 그래프 모양 수정
plt.show()
```

marker 인수를 지정하지 않으면 기본 마커 모양인 도트 형태('o')로 표현

TIP scatter()의 인수로 설정한 c는 색상, s는 마커의 크기를 의미한다. marker에는 다양한 스타일의 마커를 지정할 수 있는데, 사용 가능한 마커의 종류는 https://matplotlib.org/stable/api/markers_api.html#module-matplotlib.markers 링크를 참조하기 바란다.

실습 13-4 선형 그래프 그리기 code13-04.py

pyplot 모듈의 `plot()` 함수를 사용하면 선형 그래프를 그릴 수 있다. 두 종류의 선형 그래프(일정하게 증가하는 데이터와 랜덤 데이터)를 하나의 그림으로 표시해 보기로 한다. 데이터를 구분하기 위한 범례(legend)를 표시하고, 그래프 색상이나 선 스타일, 마커도 다르게 설정해 보자.

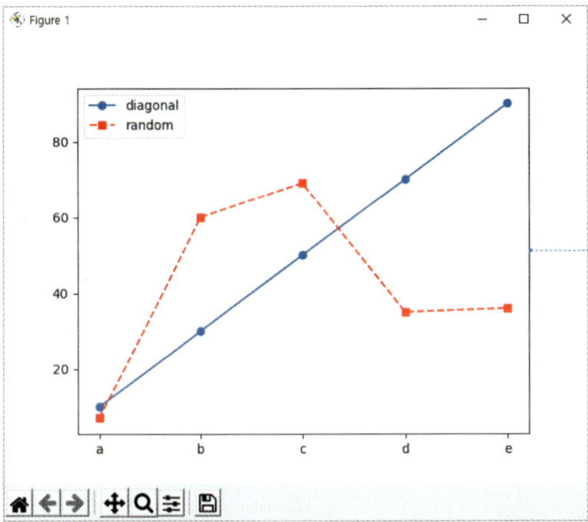

random 값을 생성해서 그리므로, 실행할 때마다 그래프 모양이 다름

그림 13-15 선형 그래프 그리기

1 pyplot과 random 모듈을 import하고 데이터를 리스트에 저장한다.

```
import matplotlib.pyplot as plt
import random

x = ['a', 'b', 'c', 'd', 'e']          # x축에 표시할 값
y = [10, 30, 50, 70, 90]               # 첫 번째 그래프에 사용할 데이터
```

2 `random.sample()`과 `range()` 함수를 이용해서, 0에서 100 사이의 정수 5개를 랜덤 선택하고 리스트에 저장한다.

```
z = random.sample(range(0, 100), 5)    # 두 번째 그래프에 사용할 랜덤 데이터
```

3 pyplot 모듈의 `plot()`를 사용하여 x축과 y축에 표시할 리스트를 각각 지정하여 2개의 선형 그래프를 그린다.

```
plt.plot(x, y, x, z)
plt.show()
```

혹은

```
plt.plot(x, y)
plt.plot(x, z)
plt.show()
```

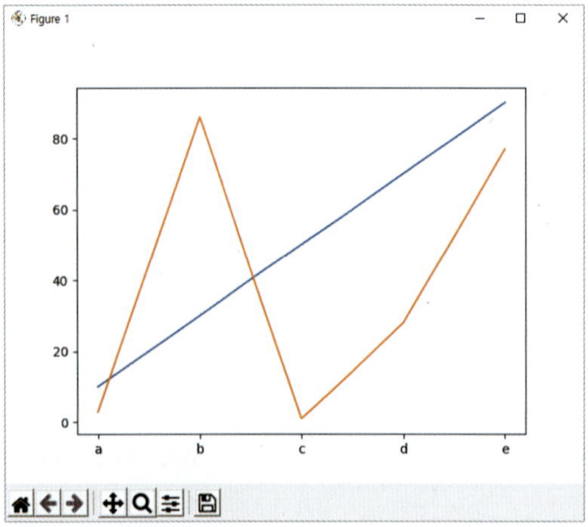

그림 13-16 그래프 생성

TIP 두 종류의 데이터를 하나의 그림으로 표시하면 서로 비교하기가 쉽다. 여러 데이터를 하나의 창에 표시하는 방식은 막대형이나 분산형 그래프에서도 가능하다.

4 그래프를 보기 좋게 수정해 보자. 두 종류의 데이터를 구분하기 위해 범례(legend)를 표시하고, 그래프 색상이나 선 스타일, 마커의 색상과 크기, 모양을 다르게 설정한다.

```
plt.plot(x, y, label='diagonal', marker='o')
plt.plot(x, z, label='random', c='red', linestyle='dashed', marker='s')
plt.legend()                          # 범례 표시
plt.show()                            # 단계 3의 코드를 수정
```

범례에 표시할 레이블 설정

TIP `plot()` 함수의 인수 linestyle, marker, c(=color)에 지정할 수 있는 값의 종류는 https://matplotlib.org/2.1.2/api/_as_gen/matplotlib.pyplot.plot.html 링크를 참조한다.

여기서 잠깐

legend()의 위치 설정

범례를 표시하는 legend()를 호출할 때 인수 loc을 사용하면 범례의 위치를 정해줄 수 있다. 기본값은 0('best') 으로 그래프의 모양에 따라 범례의 위치를 자동으로 설정한다. 가능한 값의 종류는 0에서 10 사이의 값으로, plt.legend(loc=2) 혹은 plt.legend(loc='upper left')와 같이 사용한다.

인수 loc의 값에 따른 범례의 위치는 다음과 같다.

```
0('best'), 1('upper right'), 2('upper left'), 3('lower left'), 4('lower right'),
5('right'), 6('center left'), 7('center right'), 8('lower center'),
9('upper center'), 10('center')
```

5 전체 프로그램은 다음과 같다. 파일로 저장하고 실행한다.

```
import matplotlib.pyplot as plt
import random

x = ['a', 'b', 'c', 'd', 'e']
y = [10, 30, 50, 70, 90]
z = random.sample(range(0, 100), 5)

plt.plot(x, y, label='diagonal', marker='o')
plt.plot(x, z, label='random', c='red', linestyle='dashed', marker='s')
plt.legend()                        # 그래프의 모양에 따라 자동으로 범례 위치 설정
plt.show()
```

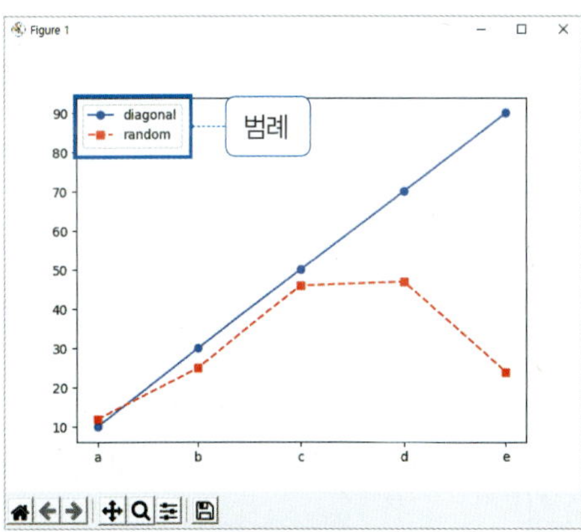

그림 13-17 범례를 추가한 선형 그래프

여기서 잠깐

여러 개의 그래프 그리기

pyplot 모듈에는 3 단계처럼 여러 개의 그래프를 하나의 그림에 표시할 수도 있지만, 값의 범위가 달라 하나의 그림으로 표시하기 어려울 때는 그래프를 분리할 수도 있다. 표시할 데이터 리스트는 다음과 같이 저장되어 있다고 가정하자.

```
x = ['a', 'b', 'c', 'd', 'e']
y = [10, 30, 50, 70, 90]
z = [1, 3, 5, 7, 9]
```

plt.plot(x,y,x,z)

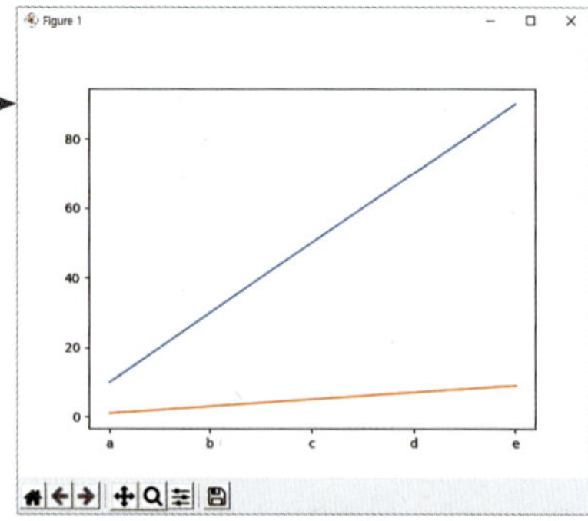

그림 13-18 하나의 그림 창에 표시한 그래프

■ **subplot() 이용하기**

pyplot 모듈의 subplot()을 사용하면 하나의 그림을 열과 행을 가지는 표 형태로 나누고, 정해지는 순서에 따라 그래프를 표시한다.

```
plt.subplot(1, 2, 1)
plt.plot(x, y)
```

1열 2행의 첫 번째

```
plt.subplot(1, 2, 2)
plt.plot(x, z)
```

1열 2행의 두 번째

```
plt.subplot(2, 1, 1)
plt.plot(x, y)
```

2열 1행의 첫 번째

```
plt.subplot(2, 1, 2)
plt.plot(x, z)
```

2열 1행의 두 번째

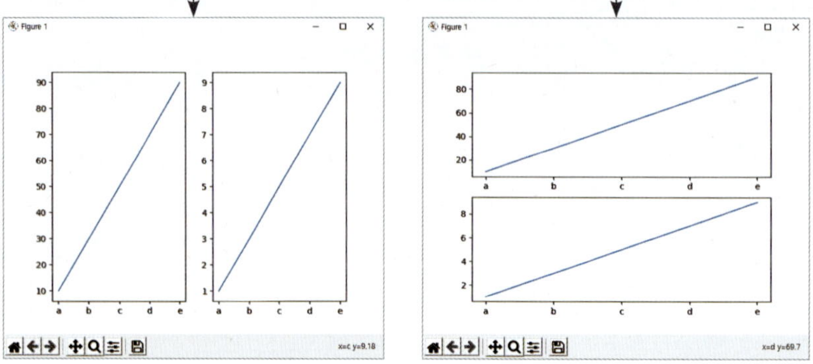

그림 13-19 그림 창을 나누어 표시한 그래프

- **`figure()` 이용하기**

pyplot의 `figure()`는 여러 개의 그림 창을 동시에 열어 그래프를 창마다 하나씩 표시한다.

```
plt.figure(1)
plt.plot(x, y)
plt.figure(2)
plt.plot(x, z)
```

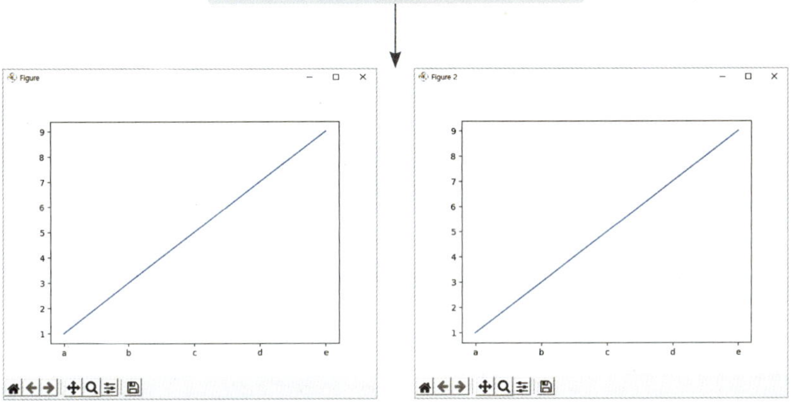

그림 13-20 2개의 그림 창에 각각 표시한 그래프

2 matplotlib의 활용

공공기관이 보유한 많은 데이터를 국민에게 개방하기 위해 웹사이트에 등록해눈 것을 공공데이터 포털이라고 한다. 날씨나 교통 정보, 의료 정보, 인구 정보 등 많은 공공데이터를 누구나 쉽게 이용할 수 있어서 정보의 공유뿐 아니라, 효율적인 정책의 개발과 새로운 비즈니스 모델의 창출 등 다양한 목적에 활용할 수 있다.

정부의 각 기관을 비롯해 지자체별로도 운영하는 많은 공공데이터 포털을 통해 다양한 정보를 쉽게 다운로드하거나 오픈 API(Open API, 응용 프로그램을 개발할 수 있도록 인터페이스를 공개)로 제공받을 수 있다. 공공데이터 포털을 이용해 필요한 데이터를 찾고, 이를 시각화하는 데 파이썬의 matplotlib을 활용해 보자.

그림 13-21 **통합 공공데이터 포털(https://www.data.go.kr/tcs/opd/ndm/view.do)**

실습 13-5 연도별 교통사고통계 그래프 그리기 code13-05.py

공공데이터 포털에서 시도별 교통사고 데이터를 가져와 matplot 라이브러리로 데이터를 시각화해 보자. 공공데이터 포털에서 다운로드받은 파일(.csv)을 처리하기 위해 표준 모듈인 csv를 사용하도록 한다.

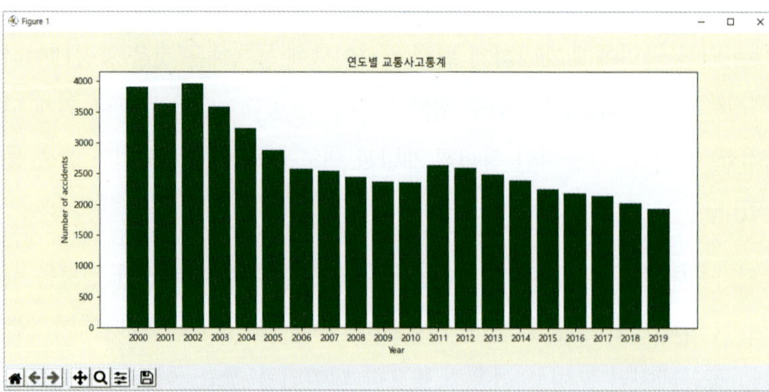

그림 13-22 **연도별 교통사고통계 그래프**

TIP .csv 파일은 많은 양의 데이터를 처리하기 위한 파일 형식으로, 몇 가지 필드를 쉼표로 구분한 텍스트 파일이다.

1 웹브라우저를 실행하고 공공데이터 포털에 접속하여 '연도별 교통사고'를 검색어로 입력한다. 검색 결과 목록에서 '한국도로공사_교통사고통계'의 [다운로드] 버튼을 누른다.

그림 13-23 **교통사고통계 다운로드**

2 파일의 저장 경로는 파이썬 코드가 저장되는 디렉토리(C:\python으로 가정)로 한다. [파일 이름]을 '교통사고통계'로 수정하고 [저장]을 누른다. [파일 형식]이 'Microsoft Excel 쉼표로 구분된 값 파일'로 되어 있어서 저장되는 파일은 '교통사고통계.csv'가 된다.

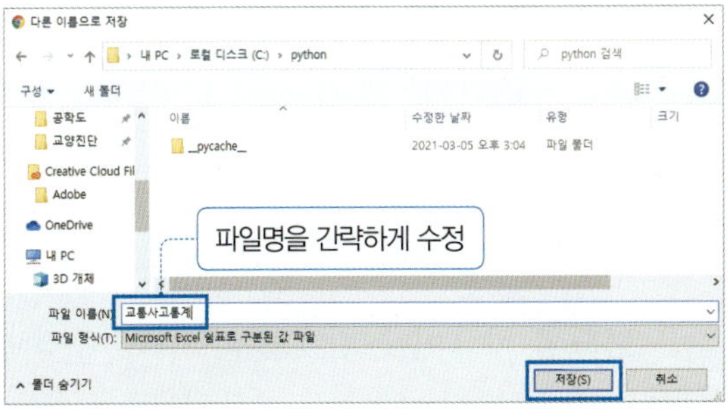

그림 13-24 **파일 저장**

TIP 단계 1~2를 생략하고 제공되는 '교통사고통계.csv' 파일을 사용해도 된다.

여기서 잠깐

csv 파일 보기와 편집

csv(comma separated value)는 콤마(,)로 구분된 텍스트 파일이라는 의미로 엑셀 프로그램이나 메모장으로 열어서 편집할 수 있다. 탐색기에서 csv 파일을 더블클릭하면 기본으로 연결된 엑셀 프로그램이 실행되지만, 메모장 프로그램으로 파일을 드래그해서 열어 볼 수도 있다.

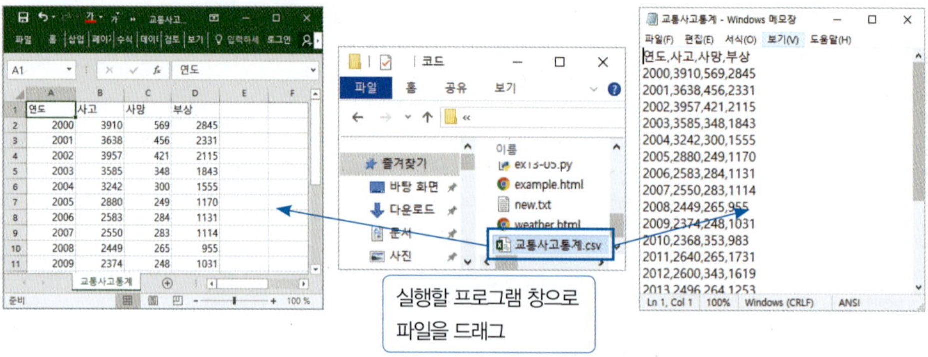

그림 13-25 csv 파일 보기

3 파이썬 코드 편집기를 열고 다음과 같이 입력하고 실행한다. csv 파일을 열고 데이터를 읽어서 쉘 창에 출력하는 코드이다. csv 모듈의 reader()를 사용하면 행 단위로 텍스트를 읽어 리스트에 저장할 수 있다.

```
import csv

f = open("교통사고통계.csv", "r")
data = csv.reader(f)    # 데이터를 읽어 리스트에 저장
for row in data :
    print(row)
f.close()
```

```
['연도', '사고', '사망', '부상']
['2000', '3910', '569', '2845']
['2001', '3638', '456', '2331']
['2002', '3957', '421', '2115']
['2003', '3585', '348', '1843']
...
['2018', '2030', '227', '858']
['2019', '1931', '176', '830']
```

TIP 파이썬 프로그램의 저장 위치는 csv 파일이 저장된 디렉토리로 한다.

4 파일에 저장된 데이터 중 그래프로 표시할 값은 '연도'와 '사고'이다. 단계 3 의 코드를 수정해서 2개의 리스트에 '연도'와 '사고'의 값을 분리하여 저장한다.

```
import csv

f = open("교통사고통계.csv", "r")
data = csv.reader(f)
next(data)              # 제목 행 건너뛰기
x = []
y = []
for row in data:
    x.append(row[0])
    y.append(int(row[1]))  # 정수형으로 변환
print(x)
print(y)

f.close()
```

필요한 데이터만 추출해서 출력

```
['2000', '2001', '2002', '2003',
'2004', '2005', '2006', '2007',
'2008', '2009', '2010', '2011',
'2012', '2013', '2014', '2015',
'2016', '2017', '2018', '2019']

[3910, 3638, 3957, 3585, 3242,
2880, 2583, 2550, 2449, 2374,
2368, 2640, 2600, 2496, 2395,
2251, 2195, 2145, 2030, 1931]
```

TIP next() 내장 함수는 리스트나 튜플처럼 반복에 의해 항목을 하나씩 처리할 수 있는 이터러블Iterable 객체에 대해 사용할 수 있다. next()를 호출할 때마다 항목을 하나씩 반환하면서 다음 항목으로 위치를 이동한다.

5 리스트 x와 y에 저장된 데이터를 파이썬 쉘에 출력하는 대신, 막대형 그래프로 표시하도록 수정한다. 전체 프로그램을 다음과 같이 작성하고 실행해 보자.

```
import matplotlib.pyplot as plt
import csv

f = open("교통사고통계.csv", "r")
data = csv.reader(f)
next(data)                          # 제목 행 건너뛰기
x = []
y = []
for row in data:
    x.append(row[0])
    y.append(int(row[1]))
f.close()

plt.rcParams['font.family']='Malgun Gothic'                 # 한글 폰트 설정
plt.figure(figsize=(12, 5), facecolor='lightyellow')        # 그림 크기(가로, 세로)와 배경색
plt.bar(x, y, color="darkgreen")
plt.xlabel('Year')
plt.ylabel('Number of accidents')
plt.title('연도별 교통사고통계')
plt.show()
```

SECTION 03

웹 데이터 수집

새로운 권력이라고 불릴 만큼 데이터의 중요성이 점차 커지고 있어서, 데이터의 수집과 분석 기술은 많은 의사 결정과 가치 창출의 도구로 자리 잡고 있다. 시시때때로 생성되고 있는 많은 데이터는 포털이나 SNS 등 각종 웹 사이트를 통해 누구나 손쉽게 접근하고 공유할 수 있어서, 웹 데이터를 수집하고 이를 활용하기 위한 기술들이 각광받고 있다.

파이썬 언어에서도 웹스크래핑Web scraping이라고 부르는 웹 데이터 수집을 위한 여러 가지 라이브러리를 사용할 수 있는데, 그 중 BeautifulSoup이라는 외부 라이브러리가 많이 사용되고 있다. 이 절에서는 BeautifulSoup을 설치하고 사용하는 방법을 학습하기로 한다.

1 BeautifulSoup 설치와 사용

BeautifulSoup은 오픈소스 라이브러리로, 간편한 사용법이 장점이라 파이썬에서 웹 데이터를 수집할 때 많이 사용한다. 웹 문서를 구성하는 HTMLHypertext Markup Language이나 XMLeXtensible Markup Language 파일에 있는 내용을 검색해서 필요한 부분을 추출할 수 있다.

TIP BeautifulSoup의 공식 문서에 링크하면 주요 특징과 예제를 볼 수 있다. https://www.crummy.com/software/BeautifulSoup/bs4/doc/를 참고하기 바란다.

실습 13-6 BeautifulSoup 설치와 기본 사용법 알기 code13-06.py

명령 프롬프트 창에서 pip를 이용하여 BeautifulSoup을 설치하고, 기본적인 사용 방법을 알아보자.

1 명령 프롬프트를 실행하고, 'pip install bs4'라고 입력한 후, 설치 완료 메시지 'Successfully installed~'가 표시될 때까지 기다린다.

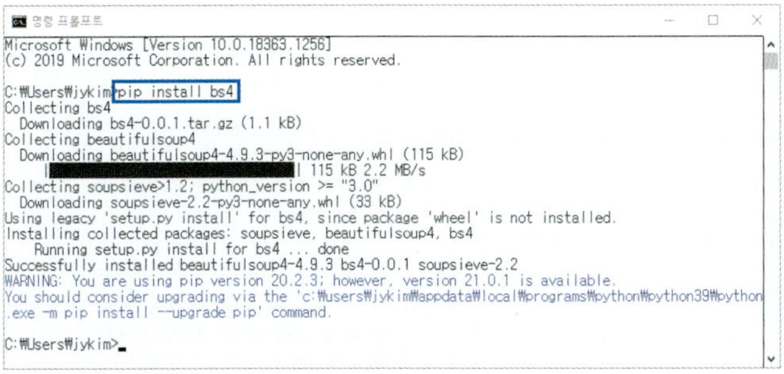

그림 13-26 pip install bs4 입력

TIP 설치 문장은 'pip install beautifulsoup4'로 입력해도 된다.

2 설치가 끝나면 'pip list'로 현재 설치되어 있는 라이브러리 목록에 beautifulsoup4, bs4 등이 표시되는지 확인한다.

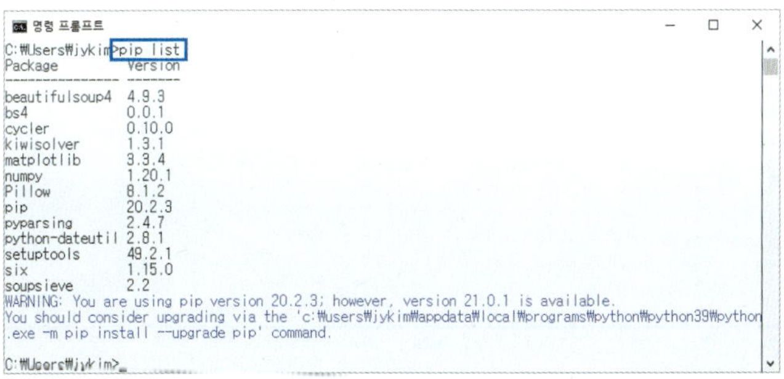

그림 13-27 beautifulsoup4와 bs4 확인

3 파이썬 셸에서 설치한 라이브러리를 import한다.

```
>>> from bs4 import BeautifulSoup
```

4 제공하는 'example.html' 파일을 읽어 변수 html에 텍스트형으로 저장한다. 실제 웹스크래핑을 위해서는 파일을 읽는 대신에 특정 웹사이트에 접속해 HTML 파일을 가져와야 한다.

```
>>> f = open("example.html", "r", encoding="utf-8")
>>> html = f.read()
```

여기서 잠깐

웹과 HTML의 관계

실제 운영되는 웹 페이지들은 변경이 자주 일어나므로, 코드도 웹 페이지의 구조에 알맞게 수정해야 한다. HTML의 구성 형식과 기본 사용법을 먼저 이해하기 위해 제공하는 파일로 대신한다. 'example.html'을 웹 브라우저로 실행한 모양과 메모장으로 열어본 파일의 코드는 다음 그림과 같다.

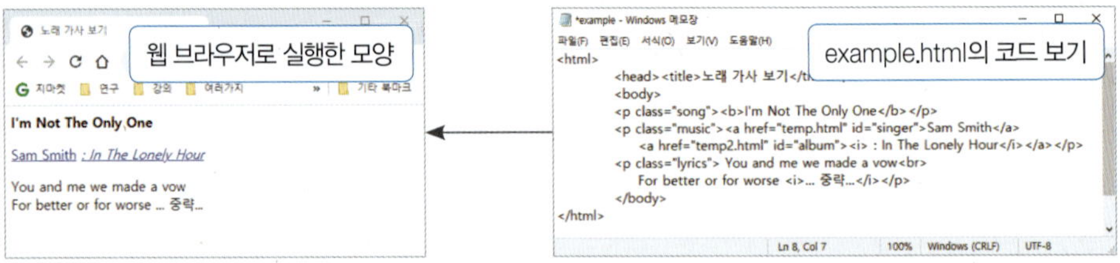

그림 13-28 html 파일의 실행 모양과 코드 보기

5 읽어온 텍스트는 HTML 형식으로 구문을 분석(html.parser)하고 BeautifulSoup 객체로 생성한다.

```
>>> soup = BeautifulSoup(html, "html.parser")
```

여기서 잠깐

HTML 구문의 형식

HTML은 웹 문서를 만들기 위한 표준 언어이다. HTML로 만든 문서(.html)는 크롬이나 인터넷 익스플로러와 같은 웹브라우저가 번역해서 보여주는데, '<'와 '>'로 둘러싸인 태그tags와 속성, 속성값에 따라 구조와 표시 형식이 달라진다. 즉, 텍스트를 웹 브라우저에서 어떻게 보여줄 것인지를 태그나 속성 정보로 결정한다.

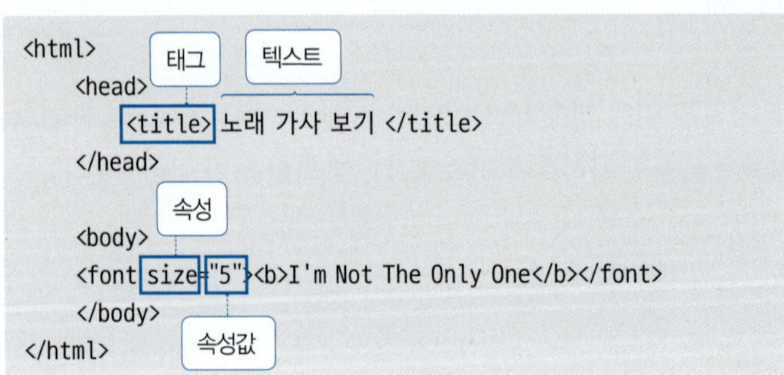

그림 13-29 HTML의 구조

6 구문 분석이 끝나면 prettify()로 읽어온 HTML 문서를 모두 볼 수 있고, get_text()로 태그를 제외한 텍스트만 추출할 수도 있다.

```
>>> print(soup.prettify())
<html>
 <head>
  <title>
   노래 가사 보기
 ...
 </body>
</html>
```

```
>>> print(soup.get_text())
노래 가사 보기

I'm Not The Only One
Sam Smith
 : In The Lonely Hour
 You and me we made a vow
        For better or for worse ... 중략...
```

7 문서의 제목(title)을 추출해 본다. 태그를 제외한 텍스트만 가져오려면 .string이나 .text를 사용한다.

```
>>> soup.title
<title>노래 가사 보기</title>
```

```
>>> soup.title.string    # 텍스트만 가져오기
'노래 가사 보기'
```

8 find()에 특정 태그('a')를 지정해서 찾아본다. 같은 태그가 여러 개 있는 경우 find_all()을 사용하면 리스트형으로 가져올 수 있다. 예제 파일에는 2개의 <a> 태그가 있다.

```
>>> soup.find('a')
<a href="temp.html" id="singer">Sam Smith</a>
>>> soup.find('a').string              # 태그를 찾아서 텍스트만 가져오기
'Sam Smith'
```

```
>>> soup.find_all('a')
[<a href="temp.html" id="singer">Sam Smith</a>, <a href="temp2.html" id="album"><i> : In The
Lonely Hour</i></a>]
```

9 같은 태그가 여러 개 있는 경우, 속성값을 지정해서 가져올 수도 있다. 2회 사용되고 있는 <a> 태그 중에서 id가 'album'인 항목을 가져오려면 다음과 같이 입력할 수 있다.

```
>>> soup.find('a', {'id':'album'})
<a href="temp2.html" id="album"><i> : In The Lonely Hour</i></a>
>>> soup.find('a', {'id':'album'}).string           # 텍스트(앨범 이름)만 가져오기
' : In The Lonely Hour'
```

여 기 서 잠 깐

id와 class 속성값 지정하기

id와 class는 자주 사용되는 속성이라, 다음과 같이 간편하게 사용하는 방법도 있다.

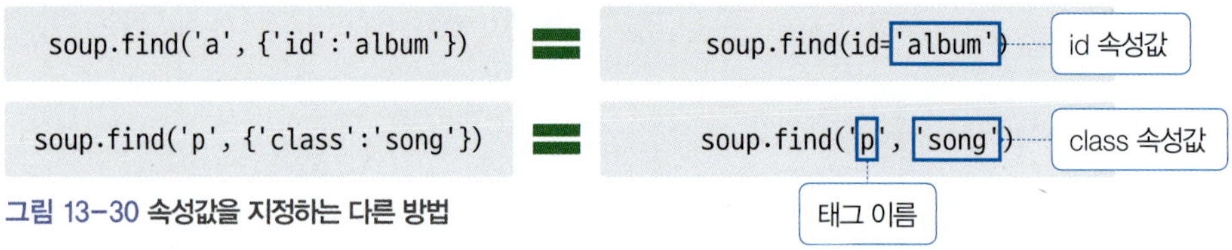

그림 13-30 속성값을 지정하는 다른 방법

10 find()나 find_all() 대신에 select_one()이나 select()를 사용할 수 있다.

```
>>> soup.select_one('i')
<i> : In The Lonely Hour</i>
>>> soup.select('i')
[<i> : In The Lonely Hour</i>, <i>... 중략...</i>]
```

11 select_one()이나 select()에도 태그 이름과 속성값을 이용할 수 있다. '태그 이름.속성값'('p.song')의 형태로 인수에 사용한다.

```
>>> soup.select_one('p.song')                # soup.find('p', 'song')과 같다.
<p class="song"><b>I'm Not The Only One</b></p>
>>> soup.select_one('p.song').string         # 텍스트(노래 제목)만 가져오기
"I'm Not The Only One"
```

12 select()나 select_one() 함수는 중첩된 태그 구조를 이용해 필요한 값을 추출할 수 있어서 편리하다. 가령 두 개의 〈i〉 태그가 있는 경우, 가져올 부분의 태그 이름('i')과 상위 태그('p')를 묶어서 '상위 태그 〉 하위 태그'('p 〉 i')로 찾으면 원하는 부분만 가져올 수 있다.

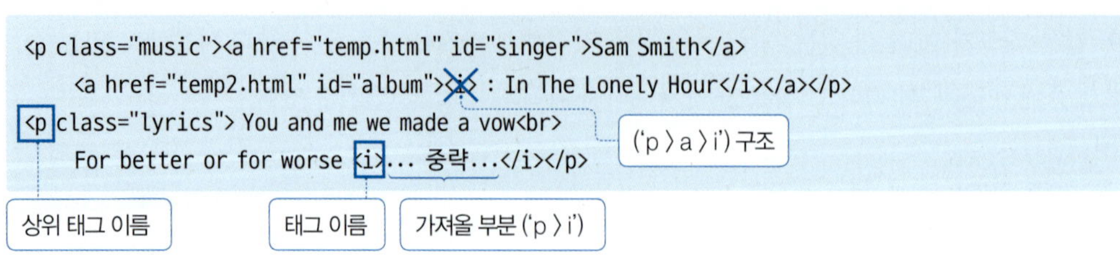

그림 13-31 태그 이용하기

```
>>> soup.select_one('p > i').string
'... 중략...'
```

TIP ⟨p⟩ 태그의 속성값을 추가로 지정해서 'p.lyrics > i'으로 추출해도 된다.

2 BeautifulSoup의 활용

웹을 통해 실시간으로 제공되는 많은 정보를 필요한 것만 골라 수집하는 웹스크래핑은 시장 조사나 마케팅, SNS 게시물을 통한 트렌드 분석, 상품 가격 정보 비교 등 다양한 영역에 활용될 수 있다. 필요한 데이터를 더욱 정교하게 가져오고 분석하기 위해서는 더 많은 과정이 필요하지만, 우리가 학습한 BeautifulSoup의 몇 가지 기능만으로도 작성해 볼 수 있는 간단한 웹스크래핑 프로그램을 만들어 보기로 하자.

실습 13-7 오늘의 뉴스 가져오기 code13-07.py

포털에서 제공하는 뉴스 정보를 가져오는 프로그램을 작성해 보자. 다음 그림처럼 뉴스 페이지에 접속해서 데이터를 모두 가져온 후, 뉴스 타이틀에 번호를 붙여서 출력한다. https://news.daum.net/ranking/popular 링크를 이용한다.

출력할 부분

```
*** 뉴스 랭킹 | 다음뉴스 ***

[ 1] "동생 안내렸는데"..제천서 정비소 간 유치원 버스에 5세
[ 2] "전 재산 잃었다" 호주 100억대 땅이 850원으로..정부 용
[ 3] 오뚜기 이번엔 중국산 미역 혼입 의혹..흔들리는 '갓뚜기
...
```

그림 13-32 오늘의 뉴스 가져오기

1 파이썬의 표준 모듈인 urllib과 BeautifulSoup을 import 한다.

```
from urllib import request
from bs4 import BeautifulSoup
```

2 urllib 모듈의 `request.urlopen()` 함수에 웹 주소를 넣어주면 해당 페이지의 내용을 가져오게 되고, HTML 구문 분석 후 객체가 생성된다.

```
target = request.urlopen("https://news.daum.net/ranking/popular")
soup = BeautifulSoup(target, "html.parser")
```

3 가져온 정보 중 웹 문서의 제목을 출력한다.

```
print("*** {0} ***\n".format(soup.title.string))
```

```
*** 뉴스 랭킹 | 다음뉴스 ***
```

4 뉴스 타이틀을 모두 추출하기 위해 `select()` 함수를 사용한다. 뉴스 타이틀 영역의 태그('a')를 기준으로 상위에 있는 태그 이름('div 〉 strong 〉 a')을 묶어서 필요한 정보를 추출할 수 있다.

```
news = soup.select('div > strong > a')
```

여기서 잠깐

웹브라우저의 개발자 도구로 태그 이름 찾기

복잡한 구조로 되어 있는 HTML 문서에서는 필요한 코드 부분과 태그 이름을 찾아내기가 쉽지 않다. 웹브라우저에서 제공하는 개발자 도구의 셀렉터selector를 이용해 보자.

❶ 필요한 웹사이트에 연결하고 개발자 도구 메뉴를 선택한다. 크롬이나 인터넷 익스플로러에서는 F12를 누르면 개발자 도구 창이 나타난다.

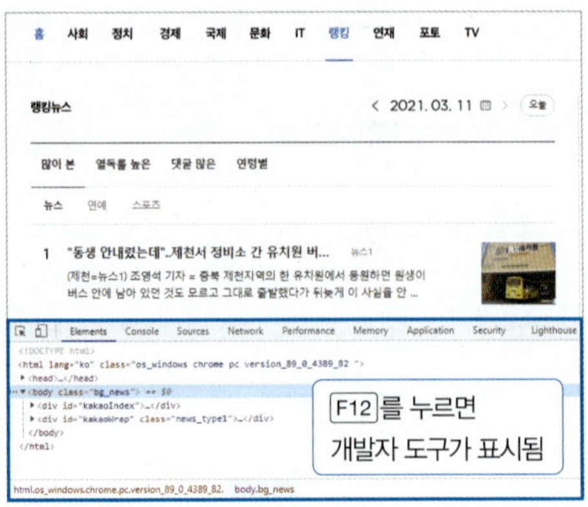

그림 13-33 개발자 도구 열기

❷ 개발자 도구 창의 셀렉터 버튼(⬚)을 클릭하고 태그 정보가 필요한 영역을 누르면, 개발자 도구 창에 해당 코드가 표시된다. 출력할 텍스트(뉴스 타이틀)가 들어있는 〈a〉 태그를 기준으로 상위 태그(〈div〉, 〈strong〉)도 찾을 수 있다. 상위 태그의 단계는 문서의 구조에 따라 다르고, 만약 원하는 내용이 추출되지 않으면 상위 태그를 더 많이 묶어 주어야 한다. 단계가 복잡해지면 개발자 도구의 [Copy selector] 메뉴 사용법을 찾아 이용해 보기 바란다.

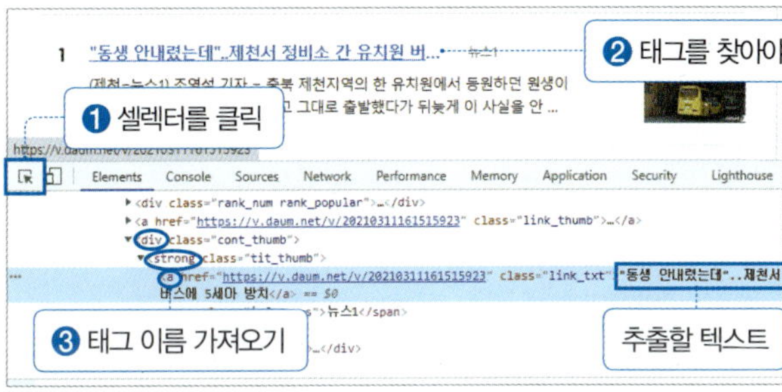

그림 13-34 **태그 찾기**

5 뉴스 타이틀에 번호를 붙여서 출력한다. 태그를 제거하고 텍스트만 추출하기 위해 `get_text()`를 사용한다.

```
rank = 1
for title in news :
    print("[{0:2d}] {1}".format(rank, title.get_text()))        # title.text와 동일
    rank += 1
```

6 전체 프로그램은 다음과 같다. 이제 오늘의 뉴스를 검색하기 위해 웹브라우저를 열어 찾지 않고, 작성한 파이썬 프로그램을 실행시키기만 하면 된다.

```
from urllib import request
from bs4 import BeautifulSoup

target = request.urlopen("https://news.daum.net/ranking/popular")
soup = BeautifulSoup(target, "html.parser")

print("*** {0} ***\n".format(soup.title.string))
news = soup.select('div > strong > a')

rank = 1
```

```python
for title in news :
    print("[{0:2d}] {1}".format(rank, title.get_text()))
    rank += 1
```

실습 13-8 무비차트 가져오기 code13-08.py

인터넷으로 언제 어디서든 방송 프로그램이나 영화를 볼 수 있는 다양한 OTT Over The Top 서비스가 인기를 끌고 있지만, 많은 사람이 여전히 영화관을 찾고 있다. 현재 상영하고 있는 영화의 순위와 예매율 정보를 웹스크래핑하는 프로그램을 작성해 보자.

```
*** 실시간 무비차트 ***

[1] 반지의 제왕-반지원정대 (예매율 21.3%)
[2] 미나리 (예매율 15.4%)
[3] 극장판 귀멸의 칼날-무한열차편 (예매율 12.7%)
[4] 라야와 마지막 드래곤 (예매율 6.6%)
[5] [아지트라이브프리미엄]새소년 콘서트 (예매율 3.9%)
[6] 리스타트 (예매율 3.4%)
[7] 페이트 스테이 나이트 헤븐즈필 III.스프링 송 (예매율 3.1%)
```

그림 13-35 **무비차트 가져오기**

1 라이브러리를 import하고, 영화 사이트에 접속한다. 연결한 웹페이지를 구문 분석한 후, 제목(title)을 출력한다. 링크는 http://www.cgv.co.kr/movies를 사용한다.

```python
from urllib import request
from bs4 import BeautifulSoup

target = request.urlopen("http://www.cgv.co.kr/movies/")
soup = BeautifulSoup(target, "html.parser")

print('*** 실시간 무비차트 ***\n')
```

2 웹브라우저의 개발자 도구(F12)로 영화 제목의 태그 정보를 확인하고 select()의 인수로 사용하면, 영화 제목을 모두 가져와 리스트로 저장하게 된다.

```
movies = soup.select('strong.title')          # <strong> 태그의 "title" 속성값으로 추출
```

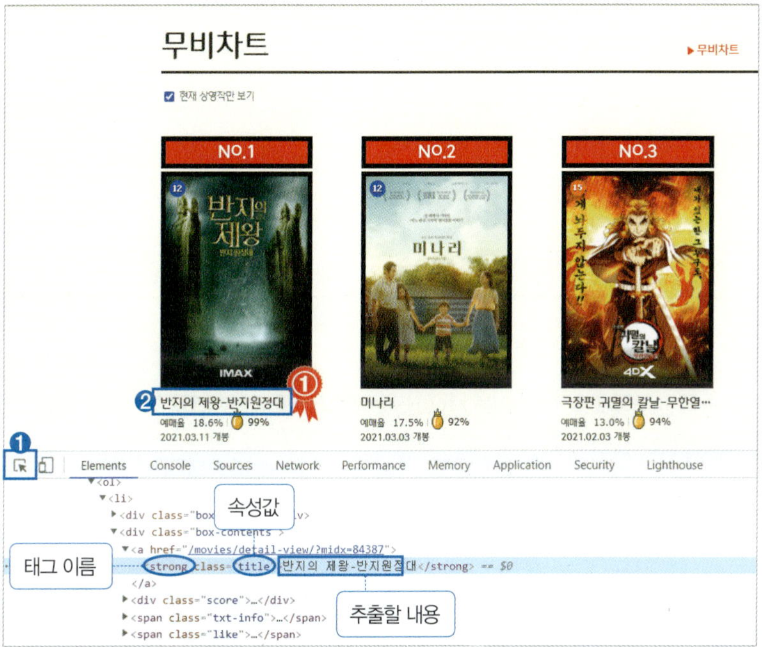

그림 13-36 영화 제목 가져오기

3 웹 브라우저에서 예매율에 대한 태그도 확인하고 데이터를 추출한다. 〈strong〉의 'percent' 하위에 있는 〈span〉 태그의 내용('18.6%')이 필요하기 때문에, select()의 인수를 다음과 같이 설정한다.

```
rates = soup.select('strong.percent > span')     # <strong>의 "percent" 하위에 있는 <span>
```

그림 13-37 예매율 가져오기

4 리스트 movies와 rates에 저장해 놓은 값들을 zip() 함수로 묶어서 출력한다.

```
num = 1
for m in zip(movies, rates):
    title = m[0].text
    rate = m[1].text
    print("[{0}] {1} (예매율 {2})".format(num, title, rate))
    num = num + 1
```

여기서 잠깐

내장 함수 zip()

파이썬에서 제공하는 내장 함수 중 리스트에 자주 활용되는 zip()은 동일한 개수를 가진 자료를 묶어 주는 함수이다. 가령, 두 개의 리스트 name과 score가 있을 때, 두 리스트를 하나의 연관 리스트로 만들거나 묶어서 출력할 때 사용할 수 있다.

```
>>> name=['kim', 'lee', 'park']
>>> score=[90, 80, 70]
```

```
# 하나의 리스트로 만들기
>>> name_score = list(zip(name, score))
>>> name_score
[('kim', 90), ('lee', 80), ('park', 70)]
```

```
>>> for x in zip(name, score) :
        print(x)     # 묶어서 출력하기
('kim', 90)
('lee', 80)
('park', 70)
```

5 전체 프로그램은 다음과 같다. 파일로 저장하고 실행해 보자.

```
from urllib import request
from bs4 import BeautifulSoup

target = request.urlopen("http://www.cgv.co.kr/movies/")
soup = BeautifulSoup(target, "html.parser")

print('*** 실시간 무비차트 ***\n')

movies = soup.select('strong.title')
```

```
rates = soup.select('strong.percent > span')

num = 1
for m in zip(movies, rates):
    title = m[0].text
    rate = m[1].text
    print("[{0}] {1} (예매율 {2})".format(num, title, rate))
    num = num + 1
```

요약

01 라이브러리Library는 많은 모듈을 사용하기 쉽게 모아둔 형태를 의미한다.

02 파이썬에는 기본으로 제공하는 표준 라이브러리Python Standard Library와 특정 용도에 맞게 필요한 기능을 모아 놓은 외부 라이브러리Third Party Library도 다양하게 제공된다.

03 필요한 외부 라이브러리를 설치하려면 pip라는 도구를 사용해야 한다.

04 그래프와 같은 시각적 도구를 이용해 정보를 표현하는 과정을 데이터 시각화data visualization라고 한다.

05 파이썬에서 사용할 수 있는 데이터 시각화 라이브러리들 중 하나인 matplotlib은 다양한 모양의 그래프와 차트로 수치 데이터를 분석하기 쉽게 표현한다.

06 파이썬에서는 웹스크래핑Web scraping이라고 부르는 웹 데이터 수집을 위한 여러 가지 라이브러리를 사용할 수 있는데, 그 중 BeautifulSoup이라는 외부 라이브러리가 많이 사용된다.

07 웹 스크래핑은 웹 문서를 구성하는 HTMLHypertext Markup Language이나 XMLeXtensible Markup Language 파일의 구문을 분석하여 필요한 부분을 추출한다.

연습 문제

01 파이썬의 라이브러리에 대한 설명으로 잘못된 것을 하나 고르시오.

① 파이썬을 설치할 때 함께 제공되는 라이브러리를 표준 라이브러리라고 한다.
② 라이브러리는 함수나 클래스가 저장된 모듈을 용도별로 묶어 놓은 개념이다.
③ 파이썬은 확장성을 위해 외부 라이브러리를 모두 기본으로 제공하므로 설치할 필요가 없다.
④ 데이터 시각화나 웹스크래핑, 이미지 처리 등의 작업을 위해 외부 라이브러리를 사용한다.

02 5개 상품의 시장 점유율을 matplotlib을 이용해 원형 그래프를 만들어 표시하는 프로그램이다. 다음 그림처럼 나타나도록 프로그램의 빈칸을 알맞게 채우시오.

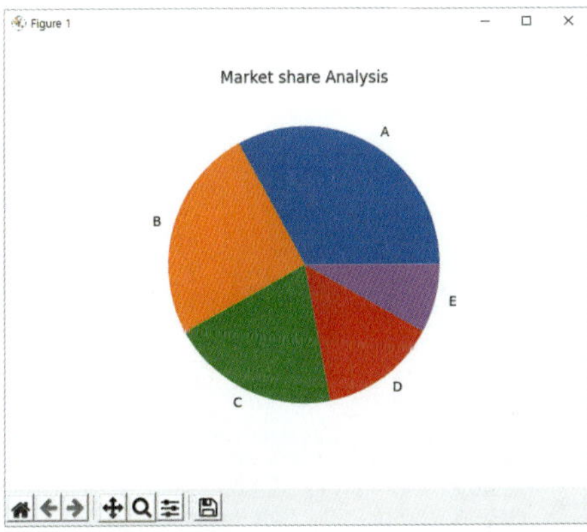


```
import [          ] as plt

names = ['A', 'B', 'C', 'D', 'E']
rates = [33, 25, 20, 14, 8]

[          ]("Market share Analysis")
plt.pie(rates, labels=names)        # 원형 그래프 그리기
plt.show()
```

TIP 원형 그래프는 pie() 함수를 사용한다.

연습 문제

03 연습문제 **02**에서 사용한 시장 점유율 분석 데이터를 사용하여 다음과 같이 막대형 그래프를 그리도록 프로그램을 수정하시오. 막대의 색상은 빨강('red')으로 하고, x축 이름('Product')과 y축 이름('Rates')이 표시되도록 하시오.

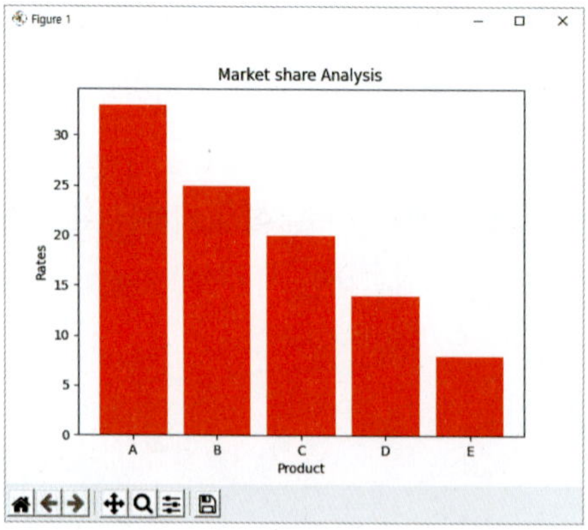

04 [실습 13-7]을 수정하여 웹에서 가져온 오늘의 뉴스를 파일('news.txt')에 저장하도록 하시오.

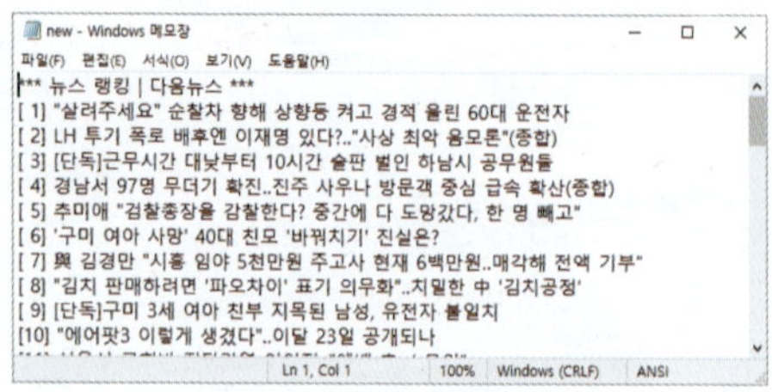

05 출판사에서 발행한 새로 나온 책 목록을 웹사이트에서 가져와 출력하는 프로그램이다. BeautifulSoup 라이브러리를 올바르게 활용하도록 프로그램의 빈칸을 알맞게 채우시오.

```
*** 한빛아카데미 ***

[ 1] 4차 산업혁명 시대를 위한 e-비즈니스 개론(4판)
[ 2] IT CookBook, C 언어 일취월장(2판)
[ 3] IT CookBook, SQL Server로 배우는 데이터베이스 개론과 실습(2판)
[ 4] IT CookBook, 손에 잡히는 데이터 통신
[ 5] IT CookBook, 파이썬 자료구조와 알고리즘 for Beginner
[ 6] STEM CookBook, 대학물리학(5판)
[ 7] STEM CookBook, 재료역학(2판)
[ 8] IT CookBook, 디지털 회로 실험 with PSpice
[ 9] 한번에 통과하는 논문 세트
[10] 데이터 과학을 위한 기초수학 with 파이썬
...
```

```
from urllib import request as rq
from bs4 import BeautifulSoup

url = rq.urlopen("https://www.hanbit.co.kr/academy/books/new_book_list.html")
soup = [          ](url, "html.parser")

print("*** {0} ***\n".format([          ]))        # 문서의 제목(title) 출력하기

books = [          ]('div > p > a')        # 하위 태그 구조를 이용해 책 제목 추출하기
rank = 1
for title in books :
    print("[{0:2d}] {1}".format(rank, title.get_text()))
    rank += 1
```

찾아보기

찾아보기

찾아보기

찾아보기